W0172199

Besetzt

Volker Koop

Besetzt

Sowjetische Besatzungspolitik in Deutschland

be.bra verlag

Bibliografische Information der Deutschen Nationalbibliothek
Die Deutsche Nationalbibliothek verzeichnet diese Publikation in der Deutschen Nationalbibliografie; detaillierte bibliografische Daten sind im Internet über http://dnb.d-nb.de abrufbar.

© be.bra verlag GmbH
Berlin-Brandenburg, 2008
KulturBrauerei Haus S
Schönhauser Allee 37, 10435 Berlin
post@bebraverlag.de
Lektorat: Martin Regenbrecht, Berlin
Umschlag: hawemannundmosch, Berlin
Satz: typegerecht, Berlin
Schrift: Dante 10,5 pt, Frutiger
Druck und Bindung: GGP Media GmbH, Pößneck

Alle Rechte vorbehalten.
Dieses Werk, einschließlich aller seiner Teile, ist urheberrechtlich geschützt. Jede Verwertung außerhalb der engen Grenzen des Urheberrechtsgesetzes ist ohne Zustimmung des Verlages unzulässig und strafbar. Das gilt insbesondere für Vervielfältigungen, Übersetzungen, Mikroverfilmungen, Verfilmungen und die Einspeicherung und Verarbeitung auf DVDs, CD-ROMs, CDs, Videos, in weiteren elektronischen Systemen sowie für Internet-Plattformen.
ISBN 978-3-89809-076-6

www.bebraverlag.de

Inhalt

Zu diesem Buch 7

Einleitung 9
Hitler-Stalin-Pakt: Schulterschluss der Diktatoren

Kriegsgefangene in der Sowjetunion 37
Ausnahmezustand in den Gefangenenlagern

Reparationen und Demontagen 77
Die eigene Besatzungszone ausgeplündert

Die schlimme Seite der Besatzung 115
Vergewaltigungen an der Tagesordnung

Die »Gruppe Ulbricht« als Moskaus Statthalter 136
Demokratisierung nach sowjetischem Muster

Die Hungerzone 147
Mangelwirtschaft und kein Hoffnungsschimmer

Entnazifizierung als Instrument der Willkür 177
Gut gemeinte Direktiven der Alliierten

Umerziehung 193
Vom Lautsprecherwagen zum Rundfunk

Bodenreform: »Junkerland in Bauernhand« 199
Beseitigung des freien Bauerntums

Justiz in der SBZ: Menschenrechte spielen keine Rolle **222**
Angst und Schrecken durch »tschekistische Maßnahmen«

Die Fiktion von der wirtschaftlichen Einheit Deutschlands **244**
Das absehbare Scheitern des Alliierten Kontrollrats

Die Militarisierung der SBZ **263**
Militärische Ausbildung der Volkspolizei

Von der Besatzungszone zur DDR **269**
Wechsel der Besatzer und der Bevölkerung

Schlussbetrachtung **283**

Anhang
Annotiertes Personenverzeichnis 287
Abkürzungen 292
Archive 293
Zitierhinweis 293
Abbildungsnachweis 293
Literatur und gedruckte Quellen 294
Anmerkungen 296
Ortsregister 313

Zu diesem Buch

Als 1994 die letzten russischen Soldaten Deutschland verließen, endete damit ein Kapitel deutsch-sowjetischer beziehungsweise deutsch-russischer Geschichte, das 1941 mit dem Überfall von Nazi-Deutschland auf die Sowjetunion seinen Anfang genommen hatte. 1944 kehrte der Krieg an seinen Ausgangspunkt zurück – im Westen durch amerikanische, britische und französische Truppen, im Osten durch die Rote Armee. In der Besatzungszone östlich der Elbe, die der Sowjetunion zustand, begann ein hartes Regime, das geprägt war von Massenverhaftungen, Deportationen, von Demontagen und wirtschaftlicher Ausbeutung. Der sowjetische Diktator Josef Stalin setzte alles daran, mit Hilfe seiner Truppen und seiner deutschen Statthalter um Walter Ulbricht ein kommunistisches System nach dem Vorbild der Sowjetunion zu etablieren. Nur scheinbar gelang ihm das. Zu stark waren die Bindungen zwischen Ost- und Westdeutschen, und der »Pfahl im Fleisch der DDR«, West-Berlin, trug dazu bei, die Anomalität der deutschen Teilung Tag für Tag bewusst zu machen.

Die SED als sozialistische Einheitspartei war nur so lange stark, wie sie sich auf sowjetische Bajonette stützen konnte. Im Volk verwurzelt war sie nie, wie der Volksaufstand vom 17. Juni 1953, der Mauerfall und dann die Wiedervereinigung zeigten.

Es wäre sicherlich »politisch korrekt«, einleitend die Gräueltaten der Deutschen – insbesondere der SS –, das Leiden der sowjetischen Bevölkerung in den Kriegsjahren zu beschreiben. Das aber ist nicht Aufgabe dieses Buches. Es wird dabei keineswegs vergessen, dass die Deutschen es waren, die die Sowjetunion überfallen hatten. Diese Schuld kann aber nicht dazu führen, Unrecht, das nach 1945 geschah, zu verschweigen. Nach der friedlichen Revolution des Jahres 1989 war häufig die Rede davon, welches Glück es doch gewesen sei, westlich der Elbe aufgewachsen zu sein, in einem »Wirtschaftswunderland«, in dem aus den Besatzungsmächten Freunde geworden waren. »Freunde« waren auch die sowjetischen Soldaten, aber in der Regel war diese »Freundschaft« staatlich verordnet.

Natürlich kann dieses Buch nur einige Aspekte der Jahre unter sowjetischem Besatzungsregime beleuchten. Es geht nicht darum, alte Wunden aufzureißen, sondern Anliegen ist, damalige Verhältnisse darzustellen. Erst aus den Dokumenten aus den Jahren 1945 bis 1950 wird deutlich, vor welche Herausforderungen sich die Menschen in der sowjetischen Besatzungszone gestellt sahen und welche Leistung sie erbracht haben. Auch den Westdeutschen wurde nichts in den Schoß gelegt, doch hatten sie ungleich günstigere Startbedingungen als die Ostdeutschen. Nach der Realität der sowjetischen Besatzungspolitik grenzt es beinahe an ein Wunder, dass die russischen Truppen nach den Erfahrungen, die beide Seiten machen mussten, tatsächlich als »Freunde« in ihre Heimat zurückkehrten. Beide Völker haben offensichtlich aus der Geschichte gelernt – und das kann nur hoffnungsvoll stimmen.

Volker Koop
Berlin im Herbst 2008

Einleitung

Hitler-Stalin-Pakt: Schulterschluss der Diktatoren

Am 22. Juni 1941 überfiel Nazi-Deutschland die Sowjetunion. Damit erhielt der Zweite Weltkrieg eine völlig neue Dimension, zumal Hitler in seinem Größenwahn im Dezember 1941 auch noch den USA den Krieg erklärte. Was gegenüber der Sowjetunion als »Unternehmen Barbarossa« begann, endete in dem völligen politischen, militärischen und wirtschaftlichen Zusammenbruch des Deutschen Reiches, im Verlust großer Teile des Reichsgebietes und in der jahrzehntelangen Teilung Deutschlands, die erst mit der Wiedervereinigung am 3. Oktober 1990 endete.

Schon bevor Deutschland mit dem Einmarsch in Polen am 1. September 1939 den Krieg vom Zaun brach, hatten sowohl Großbritannien wie auch Frankreich Anstrengungen unternommen, Moskau als Bündnispartner zu gewinnen. Die westlichen Bemühungen scheiterten jedoch, als Hitler gegenüber Stalin seine Bereitschaft erkennen ließ, den gegen die baltischen Staaten und Finnland gerichteten sowjetischen Expansionsbestrebungen nicht im Wege zu stehen. Am 28. März 1939 wurde der Hitler-Stalin-Pakt unterzeichnet, der beide Seiten im Falle kriegerischer Auseinandersetzungen mit Dritten zu strikter Neutralität verpflichtete. In einer geheimen Zusatzvereinbarung wurden das westliche Polen und Litauen der deutschen Interessensphäre zugeordnet, Finnland, Estland, Lettland und das östliche Polen dagegen der sowjetischen. Der Pakt schien beiden Diktatoren Vorteile zu bringen: Er erleichterte Hitler den Angriff auf Polen, ohne einen Zweifrontenkrieg befürchten zu müssen, Stalin dagegen wurde der Weg nach Mitteleuropa geebnet. Nach dem »Blitzkrieg« gegen Polen und der polnischen Niederlage innerhalb weniger Wochen ergänzten beide Seiten den Pakt um den »Deutsch-Sowjetischen Grenz- und Freundschaftsvertrag« vom 28. September 1939, mit dem die deutsch-sowjetische Demarkationslinie, bekannt auch als »Molotow-Linie«, endgültig festgelegt wurde. Die bisherige sowjetische Verteidigungslinie wurde damit rund 300 Kilometer weiter nach Westen verschoben. Während Deutschland nun Europas Westen mit Krieg überzog, nutzte Stalin die durch den Pakt gewonnenen Freiheiten, um im Winter 1939/40 Teile Finnlands zu annektieren, Estland, Lettland und Gebiete Bessarabiens zu besetzen und in die Nord-Bukowina beziehungsweise in das Gebiet von Herta einzumarschieren.

Am 12. Dezember 1940 besuchte der sowjetische Außenminister Wjatscheslaw M. Molotow Berlin, um die Möglichkeiten für einen Beitritt zum am 27. September 1940 geschlossenen Dreimächte-Pakt Deutschland–Italien–Japan zu sondieren, dem bis Juni 1941 auch Ungarn, Rumänien, die Slowakei, Bulgarien, Jugoslawien und Kroatien angehörten. Moskaus Expansionsbestrebungen ließen das Vorhaben scheitern. Denn Stalin wollte sich nicht nur einen entscheidenden Einfluss in Ungarn, Jugoslawien, Griechenland und in der Türkei sichern, sondern verlangte auch, dass Japan auf Rechte an der Halbinsel Nordsachalin verzichtete. Der Hitler-Stalin-Pakt war zwar auf zehn Jahre geschlossen worden, doch sein Scheitern stand Ende 1940 fest. Eine Woche nach Molotows Berlin-Besuch ordnete Hitler in der »Weisung Nr. 21« vom 18. Dezember 1940 an, die Vorbereitungen für einen Krieg gegen die Sowjetunion, das »Unternehmen Barbarossa«, aufzunehmen. Die Pläne sahen die Besetzung des europäischen Teils der Sowjetunion innerhalb von wenigen Monaten vor, dann sollte die Rote Armee geschlagen sein.

Am frühen Morgen des 22. Juni 1941 übergaben der deutsche Außenminister Joachim von Ribbentrop in Berlin und der deutsche Botschafter in Moskau, Friedrich-Werner Graf von der Schulenburg, der sowjetischen Regierung die Kriegserklärung, die damit begründet wurde, die Sowjetunion habe den Freundschaftsvertrag verletzt und sei mit ihrer gesamten Armee »sprungbereit« an der deutschen Grenze aufmarschiert. Mit 153 Divisionen, denen 264 sowjetische gegenüberstanden, eröffnete Deutschland den selbstmörderischen Krieg, der die Welt bis heute veränderte. Über den militärischen Verlauf, der mit

Der Blutzoll, den die Rote Armee entrichtete, war hoch; hier die Bergung eines verwundeten Soldaten in der »Schlacht um Berlin«.

Erfolgen für die Wehrmacht begann, deutsche Soldaten bis kurz vor Moskau führte und mit der Kapitulation vor Stalingrad am 2. Februar 1943 seine endgültige Wende erfuhr, sind zahllose Bücher geschrieben worden, weshalb hier nicht näher darauf eingegangen werden muss.

Annäherung zwischen Moskau und dem Westen

Der deutsche Überfall hatte zwangsläufig eine Annäherung der Westmächte an die Sowjetunion zur Folge. Am 12. Juli 1941 schlossen Großbritannien und die Sowjetunion ein erstes Bündnis und am 16. Dezember 1941 besuchte der britische Außenminister Anthony Eden Moskau, um ein britisch-sowjetisches Militärabkommen vorzubereiten. Bereits bei diesem Treffen schlug Stalin erstmals eine Teilung Deutschlands vor, wobei aus dem Rheinland und aus Bayern selbstständige Staaten werden sollten. Ihm schwebte die Aufteilung Europas in eine östliche und eine westliche Machtsphäre mit einer Reihe kleiner Pufferstaaten vor.[1] Die ihm von Hitler zugestandenen Einflussgebiete wollte Stalin behalten. Großbritannien versuchte er mit dem Angebot, westliche Führungsmacht zu werden, für seine Vorstellungen zu gewinnen, die Reaktion der Briten war jedoch zurückhaltend. Es war unverkennbar, dass Stalin an seinen Großmachtbestrebungen festhielt und seinen deutschen Partner lediglich gegen einen britischen austauschen wollte. Doch dem stand entgegen, dass Großbritannien mit Polen verbündet war und die polnische Exilregierung ihren Sitz in London hatte. Eden beschied Stalin, wenn die Sowjetunion die europäischen Grenzen von 1939 akzeptiere und nicht auf denen von 1941 bestehe, werde es keine Probleme zwischen London und Moskau geben. Am 20. Mai 1942 traf Molotow an der Themse ein, um einen sowjetisch-britischen Beistandsvertrag auszuhandeln. Inzwischen war Großbritannien zwar bereit, die baltischen Staaten als Teil der Sowjetunion anzuerkennen, doch nun intervenierte der amerikanische Außenminister Cordell Hull. Eine solche Vereinbarung verstoße eindeutig gegen die 1941 zwischen Großbritannien und den USA geschlossene Atlantik-Charta, in der beide Länder ihre Vorstellung von der Weltordnung nach dem Krieg festgelegt hatten. Er telegrafierte, die USA müssten sich in diesem Fall ausdrücklich distanzieren. Nach Rücksprache mit Moskau gab Molotow nach, zumal der Sowjetunion vor allem an Materialhilfe im Kampf gegen die Wehrmacht gelegen war. In dem Vertrag akzeptierte der Kreml sogar die Formulierung, sie werde »weder nach territorialen Erweiterungen für sich selbst (…) streben, noch sich in die inneren Angelegenheiten anderer Staaten einmischen«.[2]

Die amerikanische Regierung brauchte lange Zeit, um sich zu einem Zusammengehen mit der Sowjetunion durchzuringen. Präsident Franklin D. Roosevelt hatte nach dem sowjetischen Angriff auf Finnland erklärt, die Sowjetunion werde von einer Diktatur beherrscht, die ebenso absolut sei, wie alle anderen auf der Welt[3], zugleich war er entschiedener Gegner der NS-Ideologie. Schließlich ließ er sich von der raschen Industrialisierung der UdSSR ebenso beeindrucken wie von den Erfolgen der Roten Armee bei Stalingrad. Er war sich der Moskauer Expansionsgelüste durchaus bewusst, doch äußerte er gegenüber dem einflussreichen Kardinal Francis Joseph Spellmann die Hoffnung, die Russen würden, wenn sie zehn oder zwanzig Jahre unter europäischem Einfluss gestanden hätten, »weniger barbarisch« sein und die Europäer könnten dann gut mit ihnen zusammenleben.[4] Da es für die USA zu dieser Zeit kaum denkbar erschien, sich mit eigenen Truppen am Krieg auf dem europäischen Kontinent zu beteiligen, bezogen sie am 6. November 1941 die Sowjetunion in den mit Großbritannien bereits bestehenden Pacht- und Leihvertrag ein, kraft dessen die sowjetische Armee über die folgenden Jahre mit Rüstungsgütern in einem Wert von rund zehn Milliarden Dollar versorgt wurde. Bis 1945 erhielt die Sowjetunion von Großbritannien und Kanada mehr als 5 000 Flugzeuge, 5 000 Panzer und 200 000 t Weizen und Mehl. Noch gewaltiger waren die Mengen, mit denen die USA Moskau unterstützten: 427 000 Kraftfahrzeuge, 13 000 gepanzerte Kampffahrzeuge – darunter 10 000 Panzer – 35 000 Motorräder, fast 19 000 Flugzeuge, 1 900 Lokomotiven, 11 000 offene Güterwaggons, 90 Frachtschiffe, 105 U-Boot-Jäger, 197 Torpedoboote, 4,5 Millionen Tonnen Lebensmittel sowie Rohstoffe unterschiedlichster Art.[5] Moskau spielte nach Kriegsende die westliche Hilfe herunter, aber es ist unumstritten, dass der Vormarsch der Roten Armee ohne sie zumindest nicht so schnell hätte vonstatten gehen können, wie er dann tatsächlich ablief.

Moskauer Triumphe in Teheran und Jalta

Vom 28. November bis 1. Dezember 1943 trafen sich Stalin, Roosevelt und Churchill in Teheran zu ihrer ersten Kriegskonferenz. Stalin erhielt dabei von Churchill die Zusage, Großbritannien werde die Annexion Ostpolens durch die Sowjetunion anerkennen. Roosevelt äußerte sich dazu nicht, erklärte Stalin aber unter vier Augen, er könne sich angesichts der bevorstehenden Präsidentschaftswahlen nicht offen äußern, weil er Rücksicht auf die Millionen Wählerstimmen der Amerikaner polnischer Herkunft nehmen müsse. Die einzige Konzession, die Stalin eingehen musste, bestand in der Zusage, Finnland milde zu behandeln. Von einer Rückgabe der annektierten finnischen Gebiete war jedoch keine Rede. Hinsichtlich Deutschlands schlug Roosevelt die Aufteilung in fünf selbstständige Staaten vor, was Stalin sofort akzeptierte.[6] Ebenso stimmte er Churchills Anliegen zu, Polen für die Abtretung Ostpolens an die Sowjetunion mit den deutschen Gebieten östlich von Oder und Neiße zu entschädigen. Gegenüber Stalins Forderungen, sich das Memelland und Königsberg einzuverleiben, erhob sich kein westlicher Widerspruch. Die Konferenz von Teheran bedeutete einen riesigen Erfolg Stalins, ohne dass er viel dazu hatte beitragen müssen. Die USA und Großbritannien offerierten ihm von sich aus riesige Territorialgewinne und eine Weltmachtstellung, Stalin musste lediglich beipflichten.

Die drei Kriegsalliierten Sowjetunion, USA und Großbritannien waren sich darin einig, dass der Zweite Weltkrieg nur mit der völligen Vernichtung der deutschen Truppen und der bedingungslosen Kapitulation Deutschlands enden könne.[7] Im Detail festgelegt wurden die Bestimmungen über den Umgang mit dem besiegten Deutschland auf der so genannten Krimkonferenz, bekannt auch als Jaltakonferenz, vom 3. bis 11. Februar 1945. Auf Drängen Churchills wurde Frankreich in den Kreis der Siegermächte mit einer eigenen Besatzungszone aufgenommen. Seit dem Treffen von Teheran hatte sich die militärische Lage wesentlich verändert. Von einem Sieg Nazi-Deutschlands konnte keine Rede mehr sein. Im westlichen und südlichen Deutschland standen amerikanische und britische Truppen, die Rote Armee bereitete sich auf den Sturm auf Berlin vor. Die Verträge, die die Sowjetunion mit den Westmächten geschlossen hatte, und alle mündlichen Vereinbarungen waren für den Kreml angesichts seiner neuen Machtposition weitgehend obsolet. Den Westmächten wurde zunehmend bewusst, dass mit der Niederlage Deutschlands der Puffer zwischen ihnen und der expansionistischen Sowjetunion wegbrach.

Streit um Reparationskosten und Deutschlands Zerstückelung

Was die Welt von der siegreichen Sowjetunion zu erwarten hatte, machte Stalin hinlänglich deutlich. Um zunächst die Skepsis des Westens zu zerstreuen, hatte er beispielsweise am 30. Juli 1941 die polnische Exilregierung in London diplomatisch anerkannt und versichert, die deutsch-sowjetischen Verträge in Bezug auf die territorialen Veränderungen in Polen hätten ihre Gültigkeit verloren. Nach dem Sieg der Roten Armee bei Stalingrad wollte er davon nichts mehr wissen und machte schon im Januar 1943 seinen Anspruch auf Polen offiziell geltend.

Als bei Katyn Massengräber mit den Leichen von etwa 12 000 polnischen Offizieren gefunden wurden, griff die polnische Exilregierung Gerüchte über die Ermordung der Offiziere durch die Rote Armee auf und forderte Untersuchungen durch das Internationale Rote Kreuz. Daraufhin brach Stalin am 26. April 1943 die Beziehungen zur polnischen Exilregierung ab. In Teheran wies er die westliche Forderung, diese Beziehungen wieder aufzunehmen, brüsk zurück und veranlasste stattdessen am 21. Juli 1944 die Gründung eines »Polnischen Komitees für die nationale Befreiung«, des so genannten »Lubliner Komitees«, das er als legitime polnische Regierung und einzigen Ansprechpartner betrachtete.

Von der Aufteilung Deutschlands war zum Ende der Krimkonferenz – anders noch als in Teheran – keine Rede mehr, auch wenn Stalin zu Beginn der Konferenz noch auf ihr beharrte. Beschlossen wurde die Bildung von drei Besatzungszonen und die Einrichtung einer gemeinsamen Zentralkommission aus den drei Oberbefehlshabern mit Sitz in Berlin. Frankreich sollte eingeladen werden, sich an der Verwaltung des besiegten Deutschlands zu beteiligen.[8] Einen wesentlichen Teil der Beratungen nahm die Frage der Reparationsleistungen ein. Stalin hatte diesen Punkt am 5. Februar 1945 auf die Tagesordnung setzen lassen und seinen stellvertretenden Außenminister Iwan M. Majskij angewiesen, den sowjetischen Plan zu erläutern.[9] Danach war Moskau weniger an Geld, als vielmehr an Gütern gelegen. Achtzig Prozent der deutschen Schwermaschinenindustrie sollten innerhalb von zwei Jahren demontiert werden, um für die im Krieg erlittenen Zerstörungen zu entschädigen. Die Reparationen aus der laufenden Produktion sollten sich über zehn Jahre hinziehen. Flugzeugfabriken, Anlagen zur synthetischen Brennstoffherstellung und andere spezialisierte Werke, die nur militärischen Zwecken dienen konnten, sollten völlig eliminiert werden. Während Churchill gegen die Höhe der Reparationsforderungen protestierte, versuchte Roosevelt zu vermitteln. Er unterstütze die sowjetische Forderung, kein Deutscher solle besser leben als ein Russe, jedoch dürften keine Massenhungersnöte in Deutschland hervorgerufen werden. Am 7. Februar bezifferte Molotow bei einem Außenministertreffen die Gesamthöhe der Forderungen mit zwanzig Milliarden Dollar. Die Hälfte davon reklamierte die Sowjetunion für sich. Majskij gab das deutsche Vorkriegsvermögen mit 125 Milliarden Dollar an, das durch den Krieg um 75 Milliarden Dollar reduziert worden sei. Es sei also möglich, etwa 22 Milliarden Dollar zu transferieren, ohne den Deutschen eine zu große Not zuzumuten. Da die Großen Drei keine Einigkeit in der Frage der Höhe der Reparationsleistungen erzielten, beschlossen sie, eine Reparationskommission mit Sitz in Moskau zu gründen.

Scheinbar offen war nun wieder die Frage der Aufteilung Deutschlands. Der britische Außenminister Anthony Eden sprach davon, sie solle nur noch erwogen werden, falls es nötig sei. Eine »Zerstückelungs-Kommission« wurde ins Leben gerufen, die ihren Sitz in London erhielt. Selbst der sowjetische Vertreter in diesem Gremium erklärte bald darauf in einem Schreiben an Eden, die sowjetische Regierung verstehe »den Beschluss der Krimkonferenz in der Frage der Aufteilung Deutschlands nicht als eine unbedingte Verpflichtung, sondern nur als eine Möglichkeit, auf Deutschland Druck auszuüben, falls sich andere Mittel als nicht wirksam genug erweisen, um dieses Land unschädlich zu machen«.[10]

Warnung vor sowjetischem Expansionsstreben

Die Krimkonferenz hatte die Sowjetunion ermuntert, ohne Rücksicht auf die Bündnispartner eine selbstständige Politik zu verfolgen. Diese sah die Ausweitung des eigenen Machtbereichs vor und ließ die ohnehin brüchige Kriegsallianz endgültig zerbrechen. Vor allem der britische Premierminister Churchill machte aus seinem Misstrauen gegenüber Stalin kein Hehl. Schon während der Konferenz in Jalta hatte das Londoner Außenministerium diese Einschätzung formuliert: »Mit sowjetischen Besatzungskräften westlich der Elbe und eventuell sogar in Rheinland-Westfalen, mit vier slawischen Satellitenstaaten – Polen, Tschechoslowakei, Jugoslawien und Bulgarien – als einer nach Westen und Süden gerichteten Vorhut, mit einem von inneren Wirren geschwächten und von Großbritannien entfremdeten Frankreich, mit einem verringerten britischen und gar keinem amerikanischen Kontingent in Deutschland, hätten die Russen in der Tat den Ball auf den Füßen.«[11] Vergeblich warnte Churchill die USA vor dem sowjetischen Expansionismus. Er verlangte von den Amerikanern, vor den Russen in Berlin einzumarschieren, zumal amerikanische Truppen bei Magdeburg 80 Kilometer vor der Reichshauptstadt standen und der britische Feldmarschall Bernard L. Montgomery leicht auf Berlin hätte vorstoßen können. Der Oberbefehlshaber des westlichen Expeditionskorps, General Dwight D. Eisenhower, entschied sich jedoch, Berlin der Roten Armee zu überlassen und stattdessen nach Süddeutschland zu marschieren. Ebenso hatte Churchill gefordert, die westlichen Truppen, die ganz Thüringen, Teile Sachsens, Sachsen-Anhalts und Mecklenburgs erobert hatten, erst dann zurückzuziehen, wenn Stalin all seinen Verpflichtungen nachgekommen wäre. In Washington verhallten seine Warnungen. Harry S. Truman als Nachfolger des verstorbenen Präsidenten Roosevelt zog die US-Truppen aus den Gebieten östlich der Elbe Anfang Juli 1945 zurück. Er begründete diesen Schritt damit, er könne der amerikanischen Bevölkerung ein vertragswidriges Verhalten nicht begründen.

»Moskau hat den Ball auf dem Fuß«

Stalin wurde durch die US-Regierung geradezu ermutigt, gemeinsame Beschlüsse zu ignorieren. So hatte Präsident Truman am 11. Mai 1945 den Pacht- und Leihvertrag mit der Sowjetunion gekündigt und zum Auslaufen bereite Schiffe wieder entladen lassen, weil der Krieg beendet war. Nur 24 Stunden später setzte er ihn nach Protesten aus Moskau wieder in Kraft. Am 25. Mai 1945 traf US-Sonderbotschafter Averell W. Harriman in Moskau ein. Stalin nutzte bei den folgenden sechs Treffen die Gelegenheit, all seine Beschwerden über die westliche Politik ihm gegenüber und über vermeintliche Vertragsbrüche anzusprechen. Er monierte, dass der Reparationskommission nun auch Frankreich angehören solle. Das sei angesichts des französischen militärischen Zusammenbruchs eine Beleidigung für die Sowjetunion. Wenn Frankreich Mitglied werden solle, warum dann nicht auch Polen und Jugoslawien, Staaten, die härter gegen die Deutschen gekämpft und mehr unter ihnen gelitten hätten? Die US-Vertreter zeigten sich nachgiebig, wie Harrimans Erinnerungen zu entnehmen ist. Wenn die Russen sich dagegen verwahrten, würden die Vereinigten Staaten nach seiner festen Überzeugung keine französische Teilnahme verlangen, ließ der US-Gesandte John Hopkins wissen. Und weiter: »Vor allem aber hatte die Kürzung der Pacht- und Leihlieferungen Stalins Groll geweckt. Die Art und Weise, wie man das getan habe, sei ›ungeschickt und sogar brutal‹ gewesen. Wenn die Entscheidung getroffen worden sei, um Druck auf die Russen auszuüben, sei sie ein fundamentaler Fehler gewesen. Zwar habe Truman seine Anordnung jetzt rückgängig gemacht, doch sie habe der sowjetischen Regierung große Sorge bereitet. Nach dem amerikanischen Protokoll der Unterhaltung sagte er: ›Er müsse Mr. Hopkins offen sagen, dass viel zu erreichen sei, wenn man sich den Russen freimütig und freundschaftlich nähere, dass aber Repressalien in jeder Form genau den entgegengesetzten Effekt haben würden‹.«[12]

Eine weitere Klage Stalins betraf die Aufteilung der von den westlichen Alliierten erbeuteten deutschen Kriegs- und zivilen Flotte. Er habe gehört, die USA und Großbritannien wollten die russische Forderung nach einem Drittel der Schiffe zurückweisen; das werde unangenehme Folgen haben. Umgehend versicherte Hopkins, die USA hätten nichts dagegen, der Sowjetunion die Schiffe zu überlassen. Den meisten Konfliktstoff bot der Umgang mit Polen, das längst unter beherrschendem kommunistischen Einfluss stand. Die Diskussion hierüber erlaubt tiefe Einblicke in das Denken Stalins und in die schwache Haltung des Westens gegenüber dem sowjetischen Diktator. Hopkins betonte bei dem Gespräch am 6. Juni 1945 anfangs, Polen sei vor allem ein Symbol der amerikanischen Fähigkeit, zusammen mit der Sowjetunion

Probleme zu lösen. »Stalins Argumente waren mehr als vertraut: Ein schwaches, feindseliges Polen habe zweimal in einer Generation als Haupteingangstor für deutsche Angriffe auf Russland gedient. Es sei daher Russlands Interesse, dass Polen sowohl stark wie freundschaftlich gesinnt sei. (…) Stalin räumte ein, dass Russland in Polen einseitige Aktionen ergriffen habe, aber nur deshalb, weil es gezwungen gewesen sei, die Nachhut der Roten Armee zu schützen, während sie auf Berlin vorrückte. Es wäre unmöglich gewesen, zunächst auf eine Absprache der Alliierten hinsichtlich Polens zu warten.« Bei einem vorherigen Treffen am 30. Mai 1945 behauptete Stalin, keine Einwände gegen ein parlamentarisches System in Polen zu haben, nachdem der US-Vertreter betont hatte, was man in den USA darunter verstehe: unter anderem Rede- und Versammlungsfreiheit zusammen mit dem Recht auf Freizügigkeit und ungehinderte Religionsausübung. Alle politischen Parteien – außer den Faschisten – müssten unterschiedslos Gelegenheit haben, Zusammenkünfte abzuhalten und ihre Ansichten über Presse und Rundfunk zu verbreiten. Wenn Stalin diese und einige andere Prinzipien akzeptiere, auf die man sich in Jalta geeinigt habe, sei er zuversichtlich, dass die Alliierten das Polen-Problem bald lösen könnten. Stalin antwortete darauf, solche Freiheiten könnten nur in Friedenszeiten angewendet werden, und selbst dann nur mit Einschränkungen. Was die Religionsfreiheit anbelange, sei dieses Recht zur Zeit der Revolution auch von der russischen Kommunistischen Partei proklamiert worden. Als aber die Kirche dazu aufgerufen habe, den Militärdienst und die Zahlung von Steuern zu verweigern, sei nichts anderes übrig geblieben, als der Kirche den Krieg zu erklären.[13]

Übernahme der Regierungsgewalt

In den Wochen nach der Kapitulation der deutschen Wehrmacht am 8. Mai 1945 gab es in Deutschland keine handlungsfähige Regierung, die fähig gewesen wäre, die Ordnung im Land wieder herzustellen, das besiegte Land zu verwalten oder den Alliierten gegenüber als Ansprechpartner aufzutreten. Erst mit ihrer »Erklärung in Anbetracht der Niederlage Deutschlands« übernahmen die vier Siegermächte am

Unterzeichnung der Kapitulationsurkunde am 8. Mai 1945 in Berlin-Karlshorst – Deutschland war nun für Wochen ohne jede Regierung.

5. Juni 1945 die oberste Regierungsgewalt und betonten, eine Annektierung Deutschlands werde damit nicht bewirkt. Verbunden damit war die gemeinsame Feststellung:

»1. Deutschland wird innerhalb seiner Grenzen, wie sie am 31. Dezember 1937 bestanden, für Besatzungszwecke in vier Zonen aufgeteilt, von denen eine jeder der vier Mächte wie folgt zugeteilt wird: eine östliche Zone der Union der Sozialistischen Sowjetrepubliken; eine nordwestliche dem Vereinigten Königreich; eine südwestliche den Vereinigten Staaten von Amerika; eine westliche Zone Frankreich.

Die Besatzungstruppen in jeder Zone unterstehen einem von der verantwortlichen Macht bestimmten Oberbefehlshaber. (…) 2. Das Gebiet von Groß-Berlin wird von den Truppen einer jeden der vier Mächte besetzt. Zum Zwecke gemeinsamer Leitung der Verwaltung dieses Gebietes wird eine interalliierte Behörde (Kommandantur) errichtet, welche aus vier von den entsprechenden Oberbefehlshabern

Provisorische weiße Flaggen signalisierten wie hier in Berlin überall in Deutschland: die Menschen wollten nur noch Frieden.

ernannten Kommandanten besteht.«[14] Zugleich wurde der Alliierte Kontrollrat ins Leben gerufen. Seine Beschlüsse mussten einstimmig erfolgen, was sich in der Praxis dann als undurchführbar erwies und zum Scheitern dieses Gremiums führte.

An diesem 5. Juni 1945 standen amerikanische und britischen Truppen noch in großen Teilen der sowjetischen Besatzungszone, die Westmächte wiederum hatten die ihnen zugesprochenen Sektoren in Groß-Berlin noch nicht bezogen.

In der »Täglichen Rundschau«, der »Frontzeitung für die deutsche Bevölkerung«, kündigte die Sowjetunion unterdessen an, was sie von den Deutschen erwartete. In einem Leitartikel unter der Überschrift »Aufbau der Landwirtschaft« sprach sie am Tag der Übernahme der Regierungsgewalt davon, man dürfe die Augen nicht vor der völligen Zerrüttung der deutschen Wirtschaft verschließen, aber auch nicht davor, dass die Rote Armee durch die Beschaffung von Lebensmitteln für Berlin und Dresden »großmütige Hilfe« geleistet habe.[15] Es wäre allerdings ein Irrtum zu glauben, dass die Sowjetunion die okkupierten deutschen Gebiete auf Dauer mit Lebensmitteln aus den eigenen Vorräten versorgen werde. Von größter Wichtigkeit sei die Hilfe für das Dorf durch Zufuhr von Arbeitskräften. Man müsse die Stadtbevölkerung zu Erntearbeiten heranziehen. Vor allem aber dürfe man die »Organisierung agronomischer Beratungen nicht vergessen« – und daran mangele es in vielen Bezirken. Ein paar Tage später, am 10. Juni, berichtete die »Tägliche Rundschau« über eine Pressekonferenz, die Marschall Georgij Konstaninowitsch Shukow und der Stellvertreter des Volkskommissars für Auswärtige Angelegenheiten, Andrei Januarjewitsch Wyschinski, in Berlin gegeben hatten.[16] Die Fragen hatten schriftlich eingereicht werden müssen. Shukow ließ sich ausführlich über die letzten Schlachten um Berlin aus, um so kürzer ging er auf die sowjetische Besatzungspolitik und die Zukunft Deutschlands unter alliierter Kontrolle ein. Auf die Frage, ob eine Verbrüderung der Roten Armee mit der Bevölkerung zugelassen werde, meinte er kurz und knapp: »Ein strenges Okkupationsregime muss zur Genüge verständlich sein.« Die Interpretation überließ er den Journalisten und der deutschen Bevölkerung. Auch die amerikanischen und britischen Befehlshaber hatten immer wieder betont, dass Deutschland auch nach der Niederlage »Feindesland« bleibe, dass sich die einfachen Soldaten nicht von hungrigen Kinderaugen beeindrucken und Mitleid zurückhalten sollten, denn das sei die einzige Waffe, die den Deutschen geblieben sei. Für die amerikanische und britische Besatzungszone galten strikte Nicht-Verbrüderungs-Regeln, die der Oberkommandierende Dwight D. Eisenhower erlassen hatte und die selbst ein Gespräch mit Deutschen auf der Straße untersagten. Ein Fraternisierungsverbot gab es für die Rote Armee zwar auch, doch es war weniger streng und vielen Soldaten wahrscheinlich gar nicht bekannt.[17]

Potsdamer Konferenz: Zum letzten Mal Einigkeit

Die Niederwerfung Deutschlands hatte als gemeinsames Ziel die Kriegsalliierten geeint. Nachdem es erreicht war, begann das Bündnis schnell zu bröckeln. Nur einmal noch schien die Allianz der Siegermächte zu halten, als sich am 17. Juli 1945 der sowjetische Parteichef Josef Wissarionowitsch Stalin, US-Präsident Harry S. Truman und der britische Regierungschef Winston Churchill zur »Potsdamer Konferenz« trafen. Die Franzosen waren auf dieser Konferenz nicht vertreten. Sie hatten sich durch die eigenmächtige Besetzung der Städte Karlsruhe und Stuttgart amerikanischen Befehlen widersetzt und wurden nun durch den Ausschluss vom Potsdamer Gipfel bestraft. Das Treffen musste am 25. Juli unterbrochen werden, da in Großbritannien Unterhauswahlen stattfanden und die konservative Regierung abgewählt wurde. Fortgesetzt wurde sie am 28. Juli, nunmehr mit dem neuen britischen Premierminister Clement R. Attley.

Die »Großen Drei« kamen überein, in London einen Rat der Außenminister einzurichten und beschlossen ferner:

- die völlige Abrüstung und Entmilitarisierung Deutschlands und die Ausschaltung der gesamten deutschen Industrie, welche für eine Kriegsproduktion benutzt werden kann oder deren Überwachung
- die Auflösung aller deutschen Streitkräfte, aller militärischen und halbmilitärischen Organisationen
- die Vernichtung der NSDAP mit ihren angeschlossenen Gliederungen und Unterorganisationen
- die Bestrafung aller Kriegsverbrecher und derer, die das NS-Regime möglich gemacht beziehungsweise unterstützt hatten
- die Entfernung aller Nazis und aller Personen, »die den alliierten Zielen feindlich gegenüberstehen« aus öffentlichen und halböffentlichen Ämter oder verantwortlichen Posten in Privatunternehmen
- die Überwachung des Erziehungswesens

Ausdrücklich hieß es, während der Besatzungszeit solle Deutschland als wirtschaftliche Einheit betrachtet werden. Zur umstrittenen Reparationsfrage machte die Potsdamer Konferenz der Sowjetunion dieses Zugeständnis: »In Ergänzung der Reparationen, die die UdSSR aus ihrer eigenen Besatzungszone erhält, wird die UdSSR zusätzlich aus den westlichen Zonen erhalten:

Der sowjetische Diktator Stalin auf dem Weg zur Potsdamer Konferenz. Die dort gefassten Beschlüsse waren bald hinfällig.

a) 15 % derjenigen verwendungsfähigen und vollständigen industriellen Ausrüstung, vor allem der metallurgischen, chemischen und Maschinen erzeugenden Industrien, soweit sie für die deutsche Friedenswirtschaft unnötig und aus den westlichen Zonen Deutschlands zu entnehmen sind, im Austausch für einen entsprechenden Wert an Nahrungsmitteln, Kohle, Kali, Zink, Holz, Tonprodukten, Petroleumprodukten und anderen Waren, nach Vereinbarung.

b) 10 % derjenigen industriellen Ausrüstung, die für die deutsche Friedensindustrie unnötig ist und aus den westlichen Zonen zu entnehmen und auf Reparationskonto an die Sowjetregierung zu übertragen ist ohne Bezahlung oder Gegenleistung irgendwelcher Art.«[18]

Der Gesamtumfang der Reparationsleistungen aus den Westzonen sollte innerhalb von sechs Monaten festgelegt werden, allerdings wurden der UdSSR »Vorschussleistungen« zugestanden.

Die Frage der deutschen Ost- beziehungsweise der polnischen Westgrenze wurde späteren Friedensverhandlungen vorbehalten. Wörtlich hieß es: »In Übereinstimmung mit dem bei der Krimkonferenz erzielten Abkommen haben die Häupter der drei Regierungen die Meinung der Polnischen Provisorischen Regierung der nationalen Einheit hinsichtlich des Territoriums im Norden und Westen geprüft, das Polen erhalten soll. (...) Die Häupter der drei Regierungen bekräftigen ihre Auffassung, dass die endgültige Festlegung der Westgrenze Polens bis zu der Friedenskonferenz zurückgestellt werden soll. Die Häupter der drei Regierungen stimmen darin überein, dass bis zur endgültigen Festlegung der Westgrenze Polens die früher deutschen Gebiete östlich der Linie, die von der Ostsee unmittelbar westlich von Swinemünde und von dort die Oder entlang bis zur Einmündung der westlichen Neiße und die westliche Neiße entlang bis zur tschechoslowakischen Grenze verläuft, einschließlich des Teiles Ostpreußens, der nicht unter der Verwaltung der Union der Sozialistischen Sowjetrepubliken in Übereinstimmung mit den auf dieser Konferenz erzielten Vereinbarungen gestellt wird und einschließlich des Gebietes der früheren Freien Stadt Danzig und in dieser Hinsicht nicht als Teil der sowjetischen Besatzungszone Deutschlands gestellt wird.«

Vorläufige Grenzen werden endgültig

Von dieser Festlegung wollte Moskau, das sich sonst so gern auf die Potsdamer Beschlüsse berief, schon bald nichts mehr wissen. Am 18. September 1946 erschien in der »Täglichen Rundschau« der Wortlaut eines Interviews mit dem sowjetischen Außenminister Molotow, in dem er zur Vertreibung der Deutschen aus den Gebieten östlich von Oder und Neiße – in seinem Sprachgebrauch zur »Aussiedlung« – Stellung nahm. Zweieinhalb Millionen Deutsche seien bereits ausgesiedelt worden. An ihrer Stelle würden nun Polen aus anderen Teilen Polens angesiedelt. Molotow sagte wörtlich:[19] »All das ist den Vertretern der Vereinigten Staaten von Amerika wie auch den Vertretern anderer Länder sehr wohl bekannt. (...) Der Hinweis darauf, dass die Berliner Konferenz es für nötig erkannt habe, die endgültige Festlegung der Westgrenze Polens bis zur Friedenskonferenz aufzuschieben, ist natürlich richtig, formal verhält es sich auch wirklich so. Was aber den Kern der Sache anbelangt, so haben die Regierungen ihre Meinung über die zukünftige Westgrenze geäußert, indem sie Schlesien und die oben genannten Gebiete der Verwaltung der polnischen Regierung unterstellten und außerdem den Plan betreffs Aussiedlung der Deutschen aus diesen Gebieten annahmen. Wem könnte es einfallen, dass diese Aussiedlung der Deutschen lediglich als zeitweiliges Experiment unternommen wurde? Wer die Entscheidung traf, dass die Deutschen aus diesen Gebieten ausgesiedelt werden sollen, damit sich dort sogleich Polen aus anderen Gebieten Polens ansiedeln, kann nicht nach einiger Zeit die Durchführung entgegengesetzter Maßnahmen vorschlagen.« Es bleibe ihm, Molotow, nur, »den polnischen Freunden Erfolg zu ihrer gewaltigen Wiederaufbauarbeit in den Westgebieten zu wünschen«.

Kurswechsel in Moskau

Zwei Interviews, die Stalin innerhalb weniger Wochen im Herbst 1946 westlichen Journalisten gab, zeigten den rapiden Wandel im Verhältnis zwischen Ost und West. Der Bruch der einstigen Kriegskoalition wurde vor aller Öffentlichkeit sichtbar.

Der amerikanische Außenminister James F. Byrnes hatte seine berühmte »Speech of Hope« in Stuttgart gehalten und am 6. September 1946 erklärt, es liege nach Auffassung der USA nicht im Interesse des Weltfriedens, wenn Deutschland zwischen Ost und West zu einer bloßen Schachfigur werde. Europa könne nicht gesunden, wenn Deutschland sich zum Armenhaus entwickele. Zugleich hatte Byrnes erstmals von einem militärischen Machtkampf zwischen Ost und West gesprochen. Außerdem hatte London am 17. Juli 1946 die Gründung des Landes Nordrhein-Westfalen verkündet, um damit Begehrlichkeiten sowohl der Sowjetunion wie auch Frankreichs zu begegnen, die eine Internationalisierung des Rhein-Ruhr-Gebietes anstrebten und sich den Zugriff auf das industrielle Zentrum Deutschlands sichern wollten. Am 24. September 1946 zitierte die sowjetische

Nachrichtenagentur TASS einen sich noch relativ zurückhaltend gebenden Stalin.[20] Vor dem Hintergrund von Byrnes' Aussagen betonte der Kreml-Chef, er glaube nicht an die Gefahr eines neuen Krieges. Dem Moskauer Korrespondenten der »Sunday Times«, Alexander Werth, sagte er, es gebe gewisse naive Politiker, die ihren Regierungen mit dem »Gespenst des Krieges« helfen wollten, bei ihren politischen Gegnern Konzessionen herauszuschlagen. Ihnen gehe es darum, die Verminderung der Militärbudgets zu verhindern sowie um die Verlangsamung der Demobilisierung, um ein rasches Ansteigen der Arbeitslosenzahlen zu verhüten. Er sehe nicht, dass Großbritannien und die USA eine »kapitalistische Einkreisung« der Sowjetunion herbeiführen könnten.

Zum Vorwurf, die sowjetische Politik in Deutschland könne sich zu einem Instrument gegen Westeuropa gerichteter Ambitionen wandeln, erklärte Stalin: »Ich glaube, dass eine Zunutzemachung Deutschlands durch die Sowjetunion gegen Westeuropa und die Vereinigten Staaten von Amerika ausgeschlossen ist. Ich glaube, dass es nicht nur ausgeschlossen ist, weil die Sowjetunion an Großbritannien und Frankreich durch den gegenseitigen Unterstützungsvertrag gegen eine deutsche Aggression und durch die Entschlüsse der Potsdamer Konferenz an die Vereinigten Staaten von Amerika gebunden ist, sondern auch deshalb, weil eine Politik der Zunutzemachung Deutschlands gegen Westeuropa und die Vereinigten Staaten von Amerika eine Abkehr der Sowjetunion von ihren grundlegenden nationalen Interessen bedeuten würde. Kurz gesagt: Die Politik der Sowjetunion in Bezug auf das deutsche Problem beschränkt sich von selbst auf die Entmilitarisierung und Demokratisierung Deutschlands.«

Ende Oktober 1946 äußerte sich Stalin gegenüber Hugh Baillie von der amerikanischen Nachrichtenagentur United Press International. Seine Erklärungen hatten mit den Äußerungen vom September nichts mehr gemein und waren von Vorwürfen gegen den Westen, besonders gegen den früheren britischen Premierminister Churchill geprägt.[21] 28 Fragen hatten Baillie dem Generalissimus vorgelegt. Stalins Antworten waren kurz, aber aufschlussreich und zeigten das tiefe Zerwürfnis zwischen den einstigen Verbündeten auf. Die Fragen und Antworten, die das Verhältnis der Siegermächte untereinander berührten und Deutschland betrafen, werden nachfolgend im Wortlaut zitiert:

»6. Frage: Was ist Ihres Erachtens gegenwärtig die ernstlichste Bedrohung für den Frieden der ganzen Welt? – Antwort: Die Anstifter eines neuen Krieges, vor allem Churchill und seine Gesinnungsgenossen in England und den USA.

7. Frage: Welche Schritte müssen, falls eine solche Bedrohung entstehen sollte, von den Völkern der Welt unternommen werden, um einen neuen Krieg zu vermeiden? – Antwort: Man muss die Anstifter eines neuen Krieges entlarven und bändigen.

9. Frage: Glauben Sie, dass die vier Besatzungszonen in Deutschland in der nächsten Zeit hinsichtlich der Wirtschaftsverwaltung vereinigt werden müssen, um Deutschland als friedliche Wirtschaftseinheit wiederherzustellen und um den vier Mächten die Bürde der Besatzung zu erleichtern? – Antwort: Man muss nicht nur die wirtschaftliche, sondern auch die politische Einheit Deutschlands wiederherstellen.

10. Frage: Halten Sie es für möglich, jetzt eine gewisse Zentralverwaltung zu schaffen, welche in die Hände der Deutschen selbst gelegt werden soll, die jedoch unter alliierter Kontrolle steht und durch die es dem Rat der Außenminister möglich gemacht wird, den Friedensvertrag für Deutschland auszuarbeiten? – Antwort: Ja, ich halte es für möglich.

12. Frage: Glauben Sie, dass, wie es von einigen Kreisen vorgeschlagen wurde, das Deutschland gestattete Industrieniveau über das vereinbarte Niveau hinaus gehoben werden sollte, damit Deutschland besser versorgt wäre? – Antwort: Ja, das glaube ich.

14. Frage: Soll man dem deutschen Volke erlauben, seine Industrie und seinen Handel wieder herzustellen, damit es sich selbst versorgen kann? – Antwort: Ja, das soll man.

15. Frage: Werden Ihres Erachtens die Beschlüsse der Potsdamer Konferenz erfüllt? Falls nicht, was ist dann erforderlich, um die Potsdamer Deklaration zu einem wirksamen Instrument zu machen? – Ant-

wort: Sie werden nicht immer erfüllt, besonders auf dem Gebiet der Demokratisierung Deutschlands:

18. Frage: Hält Russland die Westgrenzen Polens für beständig? – Antwort: Jawohl.«

Wenn Stalin sich für eine deutsche Zentralverwaltung aussprach, dann wird niemand davon ausgegangen sein, dass er dies ernst meinte. Denn in Westdeutschland liefen die Vorbereitungen zum wirtschaftlichen Zusammenschluss der amerikanischen und der britischen Besatzungszone zur Bizone. Dem Streben der Sowjetunion nach einer deutschen Zentralregierung unter kommunistischen Vorzeichen hatten die drei Westalliierten längst eine entschiedene Absage erteilt. Durchsichtig war Stalins Ansinnen, das Industrieniveau in Deutschland anzuheben. Nicht die Deutschen sollten sich besser versorgen können. Ihm ging es darum, den Fluss der Reparationslieferungen und zusätzlicher Güter in die Sowjetunion zu sichern. Schließlich stand auch die Bekräftigung, Polens Westgrenzen seien endgültig, im Widerspruch zu den Potsdamer Abmachungen.

Während die Sowjetunion in ihrem Herrschaftsbereich ihre Machtposition festigte und dabei gegen zahlreiche mit den Westalliierten getroffene Vereinbarungen verstieß, beobachtete sie argwöhnisch das Verhältnis der westlichen Alliierten untereinander. Ende 1946 hatten Frankreich und Großbritannien Bündnisvereinbarungen geschlossen, die zu diplomatischen Auseinandersetzungen über die Gültigkeit des 1941 zwischen London und Moskau auf zwanzig Jahre geschlossenen Paktes führten. Stalin fragte beim Militärgouverneur der britischen Besatzungszone, Feldmarschall Bernard L. Montgomery, an, ob London sich nicht mehr an den Vertrag zwischen beiden Ländern gebunden fühle, woraufhin der britische Außenminister Ernst Bevin am 18. Januar 1947 Stalin mit der Erklärung besänftigte, natürlich sei der Bündnisvertrag noch gültig. Belastet wurde die Atmosphäre durch Artikel im Organ der KPdSU, der »Prawda«, die Bevin wiederholt massiv angegriffen hatten und ihm vorwarfen, das Bündnis mit der Sowjetunion für überflüssig zu halten.

Der Anschein der Normalität und eine katastrophale Versorgungslage

Früher als in den übrigen Besatzungszonen schien sich das Leben in der sowjetischen Besatzungszone zu normalisieren. Am 2. Mai 1945 hatten die sowjetischen Truppen Berlin endgültig erobert, doch bereits am 28. April 1945 hatte Generaloberst Nikolai Bersarin im »Befehl Nr. 1« die Berliner wissen lassen, dass er an diesem Tag zum Chef der Besatzung und zum Stadtkommandanten ernannt worden war.[22] Die gesamte administrative und politische Macht in der Reichshauptstadt war danach in seine Hände übergegangen. Am 13. Mai verkündeten Plakate, dass das Sowjetische Militärkommando durch die Militärkommandanten der Stadtverwaltung ausreichend Lebensmittel für die Bevölkerung zur Verfügung gestellt habe.[23] Pro Person und Tag sollte jeder Berliner unter anderem bis zu 600 g Brot, 80 g Nährmittel, 100 g Fleisch, 30 g Fett, 25 g Zucker und 400 g Kartoffeln erhalten, dazu 19 g Bohnenkaffee, 100 g Kaffeeersatz und 20 g echten Tee sowie monatlich 400 g Salz. »Verdiente Gelehrte, Ingenieure, Ärzte, Kultur- und Kunstschaffende sowie die leitenden Personen der Stadt- und Bezirksverwaltungen der großen Industrie- und Transportunternehmen« sollten die gleichen Rationen wie Schwerarbeiter bekommen. Lehrer und Geistliche waren bei der Zuteilung Arbeitern gleichgestellt. Diese Ankündigung weckte zwar Hoffnungen bei den Berlinern, war aber nicht einzuhalten.

Bersarins Aufmerksamkeit galt auch der Wiederaufnahme des kulturellen Lebens. Am 13. Mai fand das erste öffentliche Konzert des Berliner Kammerorchesters im Bürgersaal des Schöneberger Rathauses statt, am folgenden Tag trafen sich sowjetische Offiziere mit Berliner »Kunstschaffenden«, unter anderem mit Gustaf Gründgens, Paul Wegener, Ernst Legal und Victor de Kowa, bei Bersarin. Noch im Mai gab es ein erstes Symphoniekonzert im großen Sendesaal des Berliner Rundfunks, die Aufführung des Volksvarietés »Roter Stern« in Schöneberg, ein erstes öffentliches Funkkonzert der Roten Armee und ein ebenfalls öffentliches Fußballspiel im Bezirk Lichtenberg. Die Berliner Philharmoniker traten im Titania-Palast auf und im Renaissance-Theater war »Der Raub der Sabinerinnen« zu sehen. Am 17. Mai setzte

Die Versorgung der Bevölkerung war eines der größten Probleme, vor das sich die SMAD gestellt sah. Wie hier in Weimar drängten sich die Menschen, wenn Soldaten der Roten Armee Suppe verteilten.

Bersarin einen Magistrat für Berlin ein, der unter Führung des parteilosen Oberbürgermeisters Arthur Werner stand. Außerdem wurden in den Bezirken militärische Bezirks- und Revierkommandanturen eingerichtet. Die Bevölkerung wurde mit einer Flut von Befehlen konfrontiert, die sie überhaupt nicht erfüllen konnte. Sie lebte in einer Trümmerlandschaft und hatte Mühe, das zum Leben Notwendigste zu beschaffen. Gleichzeitig aber befahl Militärkommandant Muschkin, dass bis Ende Mai an jedem Haus im Bezirk Wedding »2 russische, 2 amerikanische, 2 englische und 2 französische Flaggen« zu wehen hätten. Mit 1,8 zu 0,85 m war die Größe exakt vorgegeben. Der Befehl wurde auf andere Bezirke erweitert und musste bis zum 1. Juni, 22 Uhr, befolgt werden. Strikt untersagt war es, die Flaggen aus Papier oder anderen Hilfsmitteln zu fertigen, weil dies eine »Missachtung« der sowjetischen Besatzungsmacht bedeutet hätte. Ähnlich absurd, wenn auch gut gemeint, war der Befehl, täglich die Straßen mit Wasser zu

Der sowjetische Marschall Georgij Konstaninowitsch Shukov, Oberbefehlshaber der sowjetischen Truppen in Deutschland, bei der Besichtigung der zerstörten Neuen Reichskanzlei.

sprengen, um der Belastung mit Staub vorzubeugen. Die Wasserversorgung war ohnehin zusammengebrochen und das wenige Wasser wurde zum Kochen oder Waschen benötigt.

Einzug unter Schwierigkeiten

Amerikanern und Briten standen festgelegte Sektoren in Berlin zu, doch ihr Einzug ließ auf sich warten und vollzog sich unter erheblichen Schwierigkeiten. Der amerikanische Oberbefehlshaber General Dwight D. Eisenhower hatte am 2. Juni 1945 vorausgesehen, dass die Sowjetunion die Räumung der von den westalliierten Truppen besetzten Teile der sowjetischen Besatzungszone als Vorbedingung für die Errichtung des Kontrollrats und die Übergabe der Berliner Sektoren stellen würde.[24] Mit Zustimmung von Präsident Truman teilten ihm die Vereinigten Stabschefs am 3. Juni 1945 mit, die Räumung fremder Zonen dürfe nicht als Vorbedingung für die Errichtung des Kontroll-

Die zerstörte Leipziger Innenstadt. Zum Abtransport der Trümmer war eigens eine Kleinbahn angelegt worden.

rats und die Übergabe der Berliner Sektoren anerkannt werden: »Sollten die Russen den Punkt zur Sprache bringen, müssen Sie den Standpunkt einnehmen, dass die Räumung der fremden Zonen zu den vom Kontrollrat zu behandelnden Fragen gehört.«[25] In einem vertraulichen Schreiben teilte Truman Stalin mit, die USA könnten am 21. Juni mit dem Abzug beginnen und erhielt am 16. Juni 1945 die folgende Antwort: »Zu meinem Bedauern muss ich Ihnen mitteilen, dass Ihr Vorschlag, am 21. Juni mit dem Rückzug der amerikanischen Truppen in ihre Zone und mit der Verlegung amerikanischer Truppen nach Berlin zu beginnen, auf Schwierigkeiten stößt. Marschall Shukow und andere militärische Befehlshaber sind nämlich zur Sitzung des Obersten Sowjets geladen worden, die am 19. Juni in Moskau beginnt. Außerdem müssen sie eine Parade am 24. Juni vorbereiten und an ihr teilnehmen. Überdies sind einige Berliner Bezirke noch nicht frei von Minen; die Minenräumung kann auch nicht vor Ende Juni beendet werden. Da

Marschall Shukow und die anderen sowjetischen Militärbefehlshaber nicht vor dem 28. oder dem 30. Juni nach Deutschland werden zurückkehren können, würde ich gern den Beginn des Rückzugs bis zum 1. Juli verschieben, wenn die Befehlshaber wieder auf ihrem Posten sind und die Minenräumung beendet ist.«[26] Tatsächlich legte die Sowjetunion den westlichen Alliierten, in erster Linie den Amerikanern, beim Einzug nach Berlin Steine in den Weg, wo immer es nur möglich war.

Ein Konvoi unter Führung von Colonel Frank L. Howley, dem künftigen amerikanischen Stadtkommandanten, hatte am 23. Juni 1945 nach Babelsberg fahren wollen, um dort am Standort der Potsdamer Konferenz Quartier zu beziehen. Da die Sowjetunion nur eine begrenzte Zahl von US-Fahrzeugen die Elbe bei Dessau überqueren ließ, musste Howley die 1. Abteilung, die nach Berlin einrücken sollte, auf dem anderen Elbufer zurücklassen. Als Howley am 1. Juli einen zweiten Versuch unternahm, den US-Sektor zu beziehen, verwehrten ihm Rotarmisten das mit der Begründung, die Stadt sei auf den Besatzungswechsel noch nicht vorbereitet. Erst im dritten Anlauf konnten die Amerikaner am 4. Juli 1945 ihren Sektor übernehmen.

Nachdem in den ersten Juli-Tagen amerikanische und britische Truppen die in Jalta festgelegten Berliner Sektoren bezogen hatten – Frankreich stieß erst später zu ihnen –, trafen sich am 10. Juli 1945 unter Vorsitz von Marschall Shukow Vertreter der drei Siegermächte und legten letzte Details für die Bildung der Interalliierten Militärkommandantur für Groß-Berlin fest. Diese Kommandantur stand unter der politischen Leitung des Alliierten Kontrollrates und tagte erstmals am 11. Juli 1945, nunmehr auch mit einem Vertreter Frankreichs. Unter Vorsitz des sowjetischen Militärkommandanten Generaloberst Alexander Wassilewitsch Gorbatow wurde entschieden, die vom Sowjetkommando bisher erlassenen Befehle in vollem Umfang weiter gelten zu lassen.

Am 1. August 1945 legte die Kommandantur fest, »dass keine Anordnung oder kein Befehl, welche die Bevölkerung und das Leben der Stadt angehen, ohne eine vorherige Übereinstimmung mit den Ver-

Kurz nach ihrem Einmarsch begannen sowjetische Soldaten mit dem Wiederaufbau der Saale-Brücke bei Jena.

tretern aller alliierten Kommandanten herausgeben wird«.[27] Eine gemeinsame Verwaltung Berlins schien damit gesichert. Die Versorgung der Bevölkerung mit Lebensmitteln und Brennstoffen stand in den ersten Sitzungen des Gremiums im Vordergrund. Ebenso ging es um die Wiederherstellung des öffentlichen Lebens, um Sicherheitsprobleme, die Einführung von Besatzungsgeld und selbst um die Genehmigung von Lotterien, deren Erlös dem Wiederaufbau Berlins zugute kommen sollte. Im Oktober wurde Generalleutnant Andrej Smirnow neuer sowjetischer Stadtkommandant, nachdem Bersarin bei einem Motorradunfall tödlich verunglückt war.

Kriegsgefangene in der Sowjetunion

Ausnahmezustand in den Gefangenenlagern

Am 4. Mai 1945 gab das Oberkommando der Roten Armee bekannt, dass der Sowjetunion seit Kriegsbeginn 1941 etwa 3,18 Millionen deutscher Soldaten als Kriegsgefangene in die Hände gefallen seien. Wenig später wurden die Angaben insofern ergänzt, als bis zum 14. Mai 1945 weitere 1,2 Millionen Soldaten der Wehrmacht in sowjetische Gefangenschaft geführt wurden. Bei etwa fünf Prozent der Kriegsgefangenen handelte es sich um Frauen, die als Flak- oder Wehrmachtshelferinnen, Ärztinnen, Rot-Kreuz-Mitarbeiterinnen oder SS-Angehörige von der Roten Armee gefangen genommen worden waren. Außerdem waren nach einer NKWD-Statistik vom 15. Juli 1950 insgesamt 271 672 deutsche Zivilisten als Internierte in sowjetischen Lagern untergebracht. Von ihnen starben schätzungsweise 69 000, also jeder Vierte.[1] Unter diesen Zivilinternierten befanden sich tausende Frauen, teilweise mit ihren Kindern, deren Schicksal besonders hart war. Das deutsche Sekretariat des Zonenbeirats erhielt am 10. November 1947 eine Aufstellung mit den Namen von 3 877 Frauen und Mädchen, die in die Sowjetunion verschleppt worden waren.[2] 387 von ihnen waren als Rot-Kreuz-Schwestern und Wehrmachtshelferinnen in Gefangenschaft geraten. Bei den anderen handelte es sich um Zivilisten, darunter um die gesamte weibliche Bevölkerung zweier Dörfer: 47 Frauen aus Maibaum, Kreis Elbing, sowie 49 aus Wiesenheit im Banat. 1 179 Frauen stammten aus Ostpreußen, die übrigen aus Westpreußen, Pommern, Mecklenburg, Brandenburg und Schlesien. Soweit überhaupt Unterlagen vorhanden waren, konnte ermittelt werden, dass sich unter den Verschleppten 188 Kinder, 458 Frauen unter 20 Jahren und 1 129 Frauen im Alter von 20 bis 30 Jahren befanden. 608 hatten ihren Angehörigen schreiben können; sie waren größtenteils im Bergbau unter Tage und bei anderen schweren Arbeiten eingesetzt.

Erste Lager schon 1939 errichtet

Den Befehl zur Errichtung von ersten Kriegsgefangenenlagern hatte der Volkskommissar des Inneren, Lawrentij P. Berija, schon am 19. September 1939 im Zusammenhang mit dem russisch-finnischen Krieg erteilt. Nachdem Deutschland die Sowjetunion überfallen hatte, mussten immer neue Kriegsgefangenenlager eingerichtet werden, zu Kriegsende gab es rund 5 000. Sie unterstanden der Hauptverwaltung für Angelegenheiten von Kriegsgefangenen und Internierten (HUPWI) und damit dem Volkskommissariat für innere Angelegenheiten (NKWD). Die Sowjetunion hatte die Genfer Konvention zum Schutz der Kriegsgefangenen nicht unterschrieben, sodass die Gefangenen der Willkür der Sieger ausgesetzt waren. In den meisten sowjetischen Lagern mussten sie unter erbärmlichsten Umständen Zwangsarbeit leisten. Ernährung und Bekleidung waren unzureichend, sodass die Todesrate generell außerordentlich hoch war. Zu Hunderttausenden verhungerten oder erfroren Gefangene, erlagen Seuchen, wurden zum Tode verurteilt oder bei Fluchtversuchen erschossen. Genaue Zahlen lassen sich hier nicht ermitteln.

Mit der deutschen Niederlage vor Stalingrad im Winter 1943 und dem damit beginnenden Rückzug der Wehrmacht schwoll die Zahl der Kriegsgefangenen an. Allerdings erreichte die Hälfte von ihnen die Lager erst gar nicht, weil sie auf dem Weg dorthin starben, sei es an den Folgen von Kälte und Hunger oder weil die entsprechende Einheit der Roten Armee prinzipiell keine Gefangenen machte, sondern die deutschen Soldaten an Ort und Stelle erschoss. Die größte Zahl von Gefangenen machte die Rote Armee in den letzten Kriegsmonaten. Zeitweise befanden sich in den so genannten Frontlagern bis zu 1,5 Millionen Soldaten. Sie alle in die rückwärtigen Gebiete der Sowjetunion zu bringen, dauerte nach Angaben des NKWD bis zum 1. November 1945.

Die Sowjetunion war in keiner Weise in der Lage, die gewaltige Zahl von Kriegsgefangenen menschenwürdig unterzubringen und zu verpflegen, zumal zu den deutschen Gefangenen noch rund zwei Millionen Soldaten der mit Deutschland verbündeten Staaten kamen. Oft

Auf dem Weg in sowjetische Gefangenschaft. Soldaten der geschlagenen Wehrmacht in Berlin.

hatten sie die Lager selbst zu errichten, fernab jeder Zivilisation und ohne jede Infrastruktur. Eingesetzt wurden sie zum Wiederaufbau der zerstörten Städte, zum Torfstechen in Mooren oder beim Straßen- und Eisenbahnbau. Ihr Wert bestand für die sowjetische Führung zuallererst darin, dass es sich bei ihnen um Arbeitskräfte handelte, deren Leistungsfähigkeit nach Möglichkeit erhalten werden sollte, was sich vielfach als unmöglich erwies. Vor allem im harten Winter 1946/47 verschlimmerte sich der Zustand der Gefangenen. Lebensmittel gab es nur sporadisch. Hinzu kam, dass es an Bekleidung und Schuhwerk fehlte und ganz besonders an Heizmaterial:

»Die Lage hatte sich derart zugespitzt, dass Innenminister Kruglow mit seinen Direktiven Nr. 20 vom 27. und Nr. 22 vom 28. Januar 1947 gezwungen war, in den Lagern des Archipels HUPWI vom Januar bis März 1947 den Ausnahmezustand zu verhängen. Mehrere Kommissionen überprüften die Situation in den einzelnen Regionen, wobei sich eine derart katastrophale Situation für die Lagerinsassen zeigte, dass der Ausnahmezustand erst im März 1947 wieder aufgehoben werden konnte.«[3]

Umerziehung durch das Nationalkomitee »Freies Deutschland«

Eine Besonderheit, die es in dieser ausgeprägten Form bei den anderen Siegermächten nicht gab, war die politische Beeinflussung beziehungsweise Umerziehung der Kriegsgefangenen, für die in erster Linie das Nationalkomitee »Freies Deutschland« und der »Bund deutscher Offiziere« standen. Zwar hatte die Rote Armee schon frühzeitig versucht, deutsche Soldaten auf ihre Seite zu ziehen, doch waren angesichts der Anfangserfolge der Wehrmacht solche Bemühungen zunächst weitgehend zum Scheitern verurteilt. Erst nach der Niederlage der 6. deutschen Armee bei Stalingrad konnte die Politische Hauptverwaltung der Roten Armee hier Erfolge erzielen. Soldaten und Offiziere wurden in Einzelgesprächen »bekehrt«, sodass am 9. Juli 1943 in Krasnogorsk das Nationalkomitee »Freies Deutschland« gegründet werden konnte, in dem Walter Ulbricht eine führende Rolle zukam. Dem Nationalkomitee gehörten anfangs dreizehn kommunistische Funktionäre, zwölf Offiziere sowie dreizehn Unteroffiziere und Soldaten an. Präsident wurde der Schriftsteller Erich Weinert. In einem ersten »Manifest« hieß es unter anderem, das Nationalkomitee »erachtet sich als berechtigt und verpflichtet, in dieser Schicksalsstunde im Namen des deutschen Volkes zu sprechen, klar und schonungslos, wie es die Lage erfordert«.[4] Wenig später, im September, kam es im Lager Lunjowo bei Moskau zur Gründung des »Bundes deutscher Offiziere«, an dessen Spitze Walther von Seydlitz stand. Der General der Artillerie hatte den Ausbruch aus dem Kessel von Stalingrad – auch gegen Hitlers Befehl – gefordert und war am 31. Januar 1943 in sowjetische Gefangenschaft geraten. Wiederholt richtete er Aufrufe an die Wehrmachtsführung, um sie zur Aufgabe zu bewegen. Am 12. Oktober 1943 hatte er sich an »die mir einst unterstellten Divisionen« gewandt, einstige gemeinsam durchlittene Schlachten heraufbeschworen und die nolitischen Bewegungen, die die Gefangenen geschaffen hätten,

Mit Flugblättern versuchte das Nationalkomitee »Freies Deutschland« Wehrmachtssoldaten zum Seitenwechsel zu bewegen.

als letzte Möglichkeit bezeichnet, noch einen ehrenhaften Frieden zu erzielen.[5] Am 22. September 1943 und am 4. Februar 1944 ersuchte er in Memoranden Stalin um die Erlaubnis, eine Freiwilligenarmee aufzustellen, die dazu beitragen sollte, das Hitler-Regime zu stürzen, was der sowjetische Diktator allerdings ablehnte.

Besondere Bedeutung kam der so genannten Frontorganisation des Nationalkomitees zu. Ihr standen Lautsprecher, Flugblätter und die Zeitung der Organisation zur Verfügung, um deutsche Soldaten in vorderster Stellung zur Aufgabe zu bewegen. Ferner traten Angehörige der Frontorganisation als Parlamentäre auf oder schickten – mit entsprechenden Instruktionen versehen – deutsche Gefangene über die Linien zurück. Sie sollten die Wehrmachtssoldaten davon überzeugen, dass die Schilderungen über angebliche Gräueltaten der Roten Armee sämtlich falsch und von der deutschen Propaganda erfunden seien. Bis Kriegsende gehörten rund 2 000 Deutsche dieser Frontorganisation an.

Untergrabung der Moral und Umerziehung

Ulbricht und Weinert sahen in der Umerziehung der deutschen Gefangenen und der Beeinflussung der noch kämpfenden Truppe eine ihrer Hauptaufgaben. Für die 21. Armee hatten sie einen detaillierten »Arbeitsplan« entwickelt, der folgende Maßnahmen vorsah:[6] In ersten Flugblättern und durch mündliche Propaganda sollte den Soldaten klar gemacht werden, dass die Katastrophe für die Hitler-Armee begonnen habe. Es sei unmöglich, Russland zu besiegen. Mit weiteren Flugblättern – »eines im Namen der Roten Armee, das andere im Namen der antifaschistischen Offiziere zusammen mit den Offizieren, die sich bei den jüngsten Kämpfen gefangen gaben« – sollte die Hoffnungslosigkeit der Lage aufgezeigt werden. Ziel war es, »bei den deutschen Soldaten und Offizieren die Hoffnung auf Entsatz und auf die Möglichkeit, bei Stalingrad zu überwintern, zu untergraben«. Als weitere Aufgaben wurden formuliert:

» 1. Die näheren Umstände der Gefangengabe [sic] von 150 000 deutschen, italienischen und rumänischen Soldaten. Zu schildern, wie sie von den Russen aufgenommen wurden und wie sie in Gefangenschaft leben (Zwei Flugblätter und zwei mündliche Übertragungen im Namen der Roten Armee).

2. Die Russen halten die internationalen Abmachungen über die Behandlung der Gefangenen strikt ein. (Schilderung des Lebens und Treibens der deutschen Offiziere und Soldaten in der russischen Gefangenschaft) Flugblatt und Übertragung im Namen der Gen. Hadermann, Reyher und Charisius).

3. Was fürchtest Du eigentlich? (Flugblatt im Namen der Gen. Hadermann, Reyher und Charisius)

4. Kapitulation ist keine ehrlose Handlung, sondern ein Akt der Vernunft (wie oben).«

Passierscheine für Soldaten, die sich ergeben wollten, wurden gedruckt, dazu ein Bulletin »Die Heimat ruft«. Darüber hinaus gab es ein umfangreiches Kursusprogramm für Kriegsgefangene, in dem die »friedliebende Sowjetunion« ebenso Thema war wie der »Raubtierimperialismus« der Nationalsozialisten oder die historische Unvermeidbarkeit der Niederlage Deutschlands im Zweiten Weltkrieg.

Die kommunistischen Spitzenfunktionäre Walter Ulbricht und Anton Ackermann, der in der Sowjetunion den Sender »Freies Deutschland« geleitet hatte, kehrten im April 1945 nach Deutschland zurück. In der sowjetischen Besatzungszone und dann in der DDR wurde die Bedeutung des Nationalkomitees »Freies Deutschland« und des »Bundes Deutscher Offiziere« stark überhöht. Tatsächlich haben beide Organisationen ihre wichtigste Aufgabe, die Moral der Wehrmachtsangehörigen zu zersetzen, nicht einmal andeutungsweise erreicht. Daran hatte sich auch nichts geändert, nachdem 1944 Generalfeldmarschall Friedrich Paulus dem Offiziersbund beigetreten war. Mit dem Ende des Krieges wurden beide Organisationen überflüssig. Am 2. November 1945 beschloss das Nationalkomitee seine Selbstauflösung. Man mag es als Ironie der Geschichte bezeichnen: General Walther von Seydlitz, der sich schon früh in den Dienst der Roten Armee gestellt hatte, wurde 1950 von der Sowjetunion zum Tode verurteilt wegen »Mitwirkung an Gräueltaten und Missetaten gegen die sowjetische Zivilbevölkerung und Kriegsgefangene« und dann zu einer 25-jährigen Haftstrafe begnadigt. Er durfte erst 1955 nach Deutschland zurückkehren.

»Von Gräuelmeldungen infiziert«

Angesichts der verordneten »Freundschaft« sprachen die Behörden der sowjetischen Besatzungszone bei Heimkehrern in der Regel nur in Ausnahmefällen von »Kriegsgefangenen«, sondern meistens von »Umsiedlern«. Diesen Begriff wandten sie auch auf die aus den verlorenen deutschen Ostgebieten Vertriebenen und auf Flüchtlinge an. Nicht in jedem Bericht der ostzonalen Verwaltung lässt sich erkennen, um welche der Kategorien es sich handelte. Dennoch wird im Folgenden der Versuch unternommen, zu differenzieren.

Erste Gefangene entließ der Kreml 1946. Die Heimkehrer aus den russischen Lagern erreichten Deutschland generell über Frankfurt/Oder, von wo aus sie in die Westzonen weitergeleitet oder auf die Provinzen und Länder der SBZ verteilt wurden. Nach den am eigenen Leib gemachten Erfahrungen mit dem Kommunismus dachten viele der Entlassenen nicht daran, in der sowjetischen Besatzungszone zu bleiben und machten sich auf eigene Faust auf den Weg in den Westen, oft zu Fuß. Auf der anderen Seite gab es auch bei den Westalliierten hunderttausende Kriegsgefangene, die im Gebiet der sowjetischen Besatzungszone beheimatet waren und zu ihren Familien zurück wollten. Sie waren – wenn man von den Gefangenen in der französischen Besatzungszone und den amerikanischen »Rheinwiesenlagern« südlich von Bonn absieht[7] – gut versorgt worden und hatten nach den Jahren der NS-Diktatur erste Bekanntschaft mit der Demokratie gemacht. Die Unterbringung der heimkehrenden Kriegsgefangenen aus Ost und West stellte die Verwaltung der sowjetischen Besatzungszone vor nicht geringere Probleme als die Behörden im Westen Deutschlands.

Auch wenn der Kreml und seine deutschen Statthalter in der SBZ nicht müde wurden, die gute Behandlung der Kriegsgefangenen in der Sowjetunion zu preisen: Die Wirklichkeit sah anders aus. Das beweisen zahlreiche Berichte von Stadtverwaltungen oder der Deutschen Verwaltung für Umsiedler, die für die entlassenen Kriegsgefangenen zuständig war.

Ein wesentliches Problem, vor das sich die russischen Besatzungsbehörden und die deutschen Dienststellen in der SBZ gestellt sahen, bestand darin, dass die Heimkehrer für den Aufbau des Sozialismus auf deutschem Boden in der Regel kein Interesse zeigten, sie wollten einfach nach Hause, mehr nicht. Darüber beklagte sich die Zentralverwaltung für Umsiedler in einem Papier vom 12. Februar 1946. Sie stellte fest, wenn es nicht frühzeitig »Information und Aufklärung« gebe, »würde natürlich der Zustand bestehen bleiben, dass sie während der Fahrt den Zug verlassen, um nach eigenem Gutdünken die Heimat zu erreichen«. Es erreiche immer nur ein geringer Prozentsatz den Zielbahnhof: »Von einem Transportzug nach Brandenburg mit 2000 Kgf. besetzten Zug trafen dort nur ca. 10 Personen ein.«[8]

Man habe es vor allem mit drei Gruppen von Kriegsgefangenen zu tun:

»*Kriegsgefangene aus dem Westen.* Die Kgf., welche aus den westlichen Zonen zurückkommen, sind zum überwiegenden Teil völlig negativ beeinflusst. Befragungen von unzähligen Kgf. haben ergeben, dass sie eigentlich nur zurückkehren, um ihre Familie noch einmal zu sehen und dann in der Erwartung leben, von der Roten Armee gefangen gesetzt und nach Russland abtransportiert zu werden. Irgendwelche Wertgegenstände, Werkzeuge, Material, Bekleidung lassen sie meist in den westlichen Zonen zurück, da ihnen angekündigt war, sie würden beim Grenzübertritt ausgeplündert. Die engl. Zone scheint stärker als die amerik. von diesen Gräuelmeldungen infiziert zu sein. Für Berlin wäre erwähnenswert, dass die Berliner mit einer generellen Zuzugssperre und mit Lebensmittelkartenentzug von einer Rückkehr in ihre Heimatstadt abgeschreckt werden. Teilweise sind in letzter Zeit die Berliner in Sonderlagern zusammengefasst worden hinter Stacheldraht, da der Einsatz bei Bauern und Kleinbetrieben zuviel Flüchtlinge ergeben hat.

Ostrückkehrer über Ffo. Die Stadtverwaltung ist zu sehr von eigenen Sorgen belastet. Das Kgf.-Problem ist für sie nur eines von vielen. Die wenigen eingesetzten Kräfte beschränken sich darauf, die Verladung durchzuführen und eine diesbezügliche Meldung an Potsdam weiterzuleiten. Irgendwelche Aufklärungen, und sei es nur über die Fahrt selbst, werden nicht vorgenommen, sodass die knappe Ankündigung, sie kommen ins Lager, den Kgf. erfahrungsgemäß immer abschreckt, da er sich unter diesem Wort das typisch militärisch bewachte Stacheldrahtlager vorstellt. Das ist der Hauptgrund, warum die Kgf. sich seitwärts in die Büsche schlagen. Es ist ausgesprochene Angst! (…)

Heimatlose Kgf. Das Herumvagabundieren der heimatlosen Kgf. ist zum größten Teil bedingt durch das Fehlen einer zentralen Suchkartei.

Jede Stelle, die heimatlose Kgf. anlaufen, gibt andere Auskünfte über das Suchen der Angehörigen. Oft werden private Firmen genannt. Nach mehreren verschiedenen Auskünften verliert so der heimatlose Kgf. jedes Vertrauen und macht sich auf eigene Faust auf den Weg.«[9]

»Hennecke-Dekaden« in den Gefangenenlagern

In geradezu zynischer Weise benutzten die Moskauer Führung und die SED Kriegsgefangene, um die kommunistische Politik in der SBZ durchzusetzen. Kriegsgefangene mussten beispielsweise herhalten, um im Zusammenhang mit der Leistung des Aktivisten Adolf Hennecke die Menschen in der SBZ zu noch größeren Anstrengungen aufzufordern. Hennecke hatte am 13. Oktober 1948 als Bergmann im Karl-Liebknecht-Schacht des Zwickau-Oelsnitzer Steinkohlereviers mit 24,4 Kubikmeter Kohle sein Soll in einer Schicht um 387 Prozent übererfüllt. Verschwiegen wurde von den Propagandisten der SED, dass dieser »Rekord« sorgfältig vorbereitet worden war. Nach dem Vorbild der sowjetischen »Stachanow-Bewegung« setzte nun in der SBZ eine »Hennecke-Bewegung« ein, mit der den Arbeitern bei gleichem Lohn das Äußerste abverlangt wurde. Vor den Karren dieser Bewegung wurden deutsche Kriegsgefangene gespannt, deren wohl diktierte Briefe in den Zeitungen der Besatzungszone abgedruckt wurden. Auffallend ist, dass viele Briefe offensichtlich von derselben Hand geschrieben wurden. Aus dem Lager 7941 ließ eine Brigade wissen, sie arbeite im Moor und habe nun eine »Hennecke-Dekade« angesetzt, von der alle Lagerinsassen begeistert seien. Die Brigade habe sich zu einer 155-prozentigen Leistungssteigerung verpflichtet, weil »nur die neue sozialistische Arbeitsmoral und Mehrleistung Deutschland aus der Not herausführen kann«.[10] Zwei Gefangene aus demselben Lager schrieben am selben Tag, sie seien ganz andere Menschen geworden und hätten klar erkannt, »dass die Sowjetunion allein in der Lage und gewillt ist, dem deutschen Volk beim Aufbau der zerstörten Heimat mit allen Kräften zu helfen«. Das Antifaschistische Komitee des Lagers 7445/2 hatte sich bereits am 5. Dezember 1948 gemeldet und dem »Genossen Hennecke« versprochen, »dass es nach unserer Rückkehr in die Heimat unsere vornehmste Aufgabe und unser ganzes Streben sein wird, uns in die Reihen der Aktivisten einzugliedern«.[11] In allen Briefen wurde beteuert, wie wichtig es sei, Höchstleistungen zu erbringen, das strebe man auch in den Gefangenenlagern an. Der Maurer Albin Sattler im Lager 7932 habe in einem Wohnblock 1 130 Prozent der Tagesnorm geschafft, beim Ziegeltransport seien 220 Prozent erreicht worden. Ein Hilfsarbeiter berichtete der Redaktion des SED-Organs »Neues Deutschland«, er sei stolz darauf, 434 Prozent der Tagesnorm zu schaffen. Im Namen seiner jugendlichen Kameraden grüße er Hennecke mit dem Versprechen, dass die von ihm ausgelöste Bewegung sich in allen Gefangenenlagern in der Sowjetunion ausbreiten und immer mehr Erfolge zeigen werde.[12]

Heimkehr über Frankfurt/Oder

Alle entlassenen Kriegsgefangenen aus dem Osten betraten in Frankfurt/Oder erstmals wieder deutschen Boden. Dort gab es drei Auffanglager mit einem Fassungsvermögen von rund 20 000 Mann. Die Reichsbahn stellte anfangs täglich einen Zug mit bis zu fünfzig Waggons zusammen, um die Entlassenen über Berlin nach Magdeburg zu transportieren, von wo aus die Heimkehrer verteilt wurden.

Am 5. Juli 1946 teilte die SMA Potsdam der Zentralverwaltung für deutsche Umsiedler mit, dass im Lauf des Jahres noch etwa 120 000 Kriegsgefangene Frankfurt erreichen würden.[13] Diese Ankündigung beruhte auf einer Anordnung des Moskauer Ministerrates vom 18. Juni 1946 und einem Befehl des sowjetischen Innenministeriums vom 27. Juni 1946. Sie löste hektische Aktivitäten aus, denn auf solche Zahlen waren die Stellen der SBZ nicht vorbereitet. In einem detaillierten Befehl schrieb die Sowjetische Militär-Administration in Berlin-Karlshorst Details der Übernahme der Kriegsgefangenen in Frankfurt/Oder und ihre Verteilung auf die Länder und Provinzen der SBZ vor.[14] Kranke Gefangene waren in dem »Sonderspital Nr. 1 062« unterzubringen, das auf eine Kapazität von tausend Betten erweitert werden musste. Wohnungen und Verpflegung sollten in den Zielorten bereitgestellt werden. Für die Versorgung mit Kleidung hatte »der

Chef des Hinterlandes der Gruppe sowjetischer Besatzungstruppen, Generaloberst Schebunin, dem Chef der Abteilung für Kriegsgefangenenangelegenheiten beim Innenministerium auf dessen Anforderung die nötige Menge von erbeuteten deutschen Uniformen, Wäsche und Schuhe zur Verfügung zu stellen«. In den Lagern sollten die Freigelassenen mindestens drei Mal täglich eine warme Mahlzeit erhalten und zwar nach den Normen für Kriegsgefangene in der UdSSR. Besonderer Wert wurde auf die »Agitproparbeit« bereits im »Lager 69« in Frankfurt/Oder gelegt. Zudem waren ausreichend Offiziere und die »nötige Anzahl an bewaffneter Bewachungsmannschaft« zu stellen.[15] Täglich waren über jeden entlassenen Kriegsgefangenen telegrafisch Meldungen nach Karlshorst zu erstatten. Außerdem mussten die Entlassenen, die in die westlichen Besatzungszonen weitergeleitet wurden, in gesonderten Lagern untergebracht werden. Da damit zu rechnen war, dass die Hälfte der Heimkehrer krank sein würde, wurden folgende Maßnahmen als vorrangig betrachtet:

»1.) Etwa 6–8 Pendelzüge
2.) Etwa 15 Ärzte
3.) Ein größerer Stab Sanitätspersonal sowie Transportbegleitung
4.) Transportmittel (Lkws) zur Sicherstellung der Versorgung
5.) Baumaterial (Holz, Dachpappe, Nägel, Glas usw.)
6.) Ausreichende Mengen Medikamente
7.) Einrichtungsgegenstände für neu zu schaffende Auffanglager mit einem Fassungsvermögen von wenigstens 10000 Heimkehrern (Strohsäcke, ausreichende Mengen Stroh, und Mobiliar)
8.) Sicherstellung der Ernährung, insbesondere Nährmittel für Kranke, Sonderzuteilungen von Gemüse
9.) Ein größerer Personalstab (Bürokräfte, Polizei sowie Handwerker)
10.) Finanzierung dieser Aktion.«[16]

Angekündigt waren folgende Transporte: vom 20. Juli bis 15. August: 50000 Mann, vom 15. August bis 15. September: 30000, vom 15. September bis 15. Oktober: 40000. Der Aufenthalt im »Lager 69« sollte in der Regel drei bis vier Tage dauern, dann sollten die Heimkehrer auf-

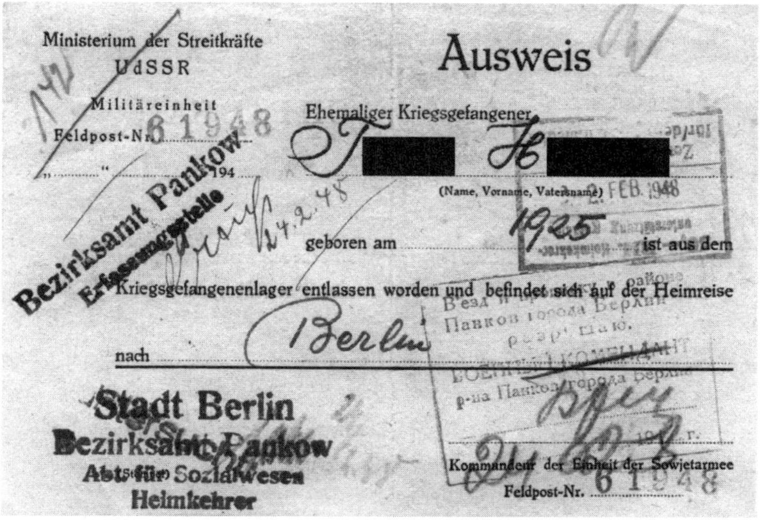

Ministerium der Streitkräfte
UdSSR
Militäreinheit
Feldpost-Nr. 61948
„ .... “ 194

Ausweis

Ehemaliger Kriegsgefangener
[redacted] [redacted]
(Name, Vorname, Vatersname)
geboren am 1925 ist aus dem
Kriegsgefangenenlager entlassen worden und befindet sich auf der Heimreise
nach Berlin

Kommandeur der Einheit der Sowjetarmee
Feldpost-Nr. 61948

Bezirksamt Pankow
Erfassungsstelle

2. FEB. 1948

Stadt Berlin
Bezirksamt Pankow
Abt. für Sozialwesen
Heimkehrer

Wer ein solches Papier bekam, konnte sich glücklich schätzen: Entlassungsschein aus russischer Kriegsgefangenschaft.

geteilt werden, und zwar sollten 40 000 nach Mecklenburg gebracht werden, 30 000 nach Brandenburg und je 20 000 in das Land beziehungsweise die Provinz Sachsen. Thüringen war von der Aufnahme befreit.[17] Über die weiteren 10 000 Entlassenen sagt das Papier nichts. Bis zu 60 Tagen würden die Heimkehrer in den Lagern bleiben, die Behandlung der Kranken könnte Monate dauern, schätzte man.

Statt Freiheit Frondienste für die Besatzungsmacht

Die Befürchtung der Heimkehrer, in der SBZ sofort wieder in Lager gebracht zu werden, war durchaus begründet. Zwar waren die ehemaligen Soldaten nun keine Kriegsgefangenen mehr, doch in vielen Fällen hatten sie ihre Freiheit damit keineswegs wiedererhalten. Sie wurden vielfach sofort in Arbeitslager transportiert, wo sie nun erneut Frondienste, vorwiegend im Rahmen von Demontagearbeiten, für die sowjetische Besatzungsmacht zu leisten hatten. Proteste halfen nichts, wer konnte, flüchtete, wie die nachfolgenden Beispiele zeigen:

Max P.[18] aus Berlin-Neukölln war am 6. April 1946 aus britischer Gefangenschaft entlassen worden, traf am 11. April in der SBZ ein und wurde am 23. April zum Demontage-Einsatz in das Lager Muldenstein, Kreis Bitterfeld, gebracht. In einem Aktenvermerk der Zentralverwaltung für deutsche Umsiedler vom 27. Juni 1946 ist dazu zu lesen:

»Herr P. ist dort als Gruppenführer eingesetzt. Die Gruppe setzte sich zuerst aus je 50 Mann zusammen, durch Ausfall (hauptsächlich Krankheit, Flucht) sind die Gruppen z. T. bis auf 35 Mann zusammengeschrumpft. Durch Urlaubsüberschreitung resp[ektive] eigenmächtige Beurlaubungen ist jetzt der sonst genehmigte Urlaub von pro Gruppe 3 Mann gesperrt, und auch den Entlassungsgesuchen von Landwirten wird nicht mehr stattgegeben. Aufgrund des langen Demontage-Einsatzes ist die Arbeitslust natürlich stark gesunken. Hinzu kommt eine sehr dürftige Ernährung, die bei weitem nicht der versprochenen Lebensmittelkarte 2 entspricht. Der Kommandant drohte den Gruppenführern bei Nichteinhaltung des aufgetragenen Arbeitspensums zum bestimmten Termin mit Bunker und den übrigen mit Einsperrung im Lager. (...) Die Beendigung der Demontage ist vorläufig nicht abzusehen – im Gegenteil, es ist den Heimkehrern angekündigt worden, dass die Arbeit noch einige Zeit in Anspruch nehmen würde.«[19] Bis zum 19. Juni 1946 waren bereits 50 ehemalige Kriegsgefangene aus dem Lager Muldenstein geflohen und die Lagerleitung rechnete damit, dass weitere folgen würden. Manche hatten sich in die britische Zone abgesetzt. Die Verpflegung wurde als sehr schlecht bezeichnet, Seife war überhaupt noch nicht ausgegeben worden.[20]

Ähnliche Verhältnisse fanden sich in den meisten Heimkehrer-Lagern: Am 6. Juni 1946 waren 256 aus Dänemark entlassene Kriegsgefangene zum Demontage-Einsatz ins Leuna-Werk Bitterfeld gebracht worden. Am 26. April hatte das Amt für Arbeit in Merseburg zwar schon mitgeteilt, die Demontage sei beendet, doch weigerte sich der sowjetische Werk-Kommandant die Heimkehrer zu entlassen und forderte sogar neue an.[21] In Marke, Kreis Dessau/Köthen, hatten etwa hundert ehemalige Kriegsgefangene das dortige Umspann-Werk demontieren müssen und wurden auch nach Beendigung der zehnwöchigen Arbeiten vom Werk-Kommandanten festgehalten.[22] Weitere 500 frühere Kriegsgefangene mussten ab dem 16. Mai 1946 das Werk der Westfälisch-Anhaltinischen Sprengstoff A.G. in Vogelsang bei Torgau abbauen.[23]

Größere Rationen für die »Westheimkehrer«

Besonderes Augenmerk richteten SMAD und SED darauf, dass ein großer Teil der Heimkehrer in die Westzonen weiterreisen würden. Sie sollten bei ihrer dortigen Ankunft einen guten Eindruck vermitteln. »Die Ausgabe der Bekleidung muss durch uns streng überwacht werden, da sich infolge der mangelhaften Ausstattung der Westheimkehrer in den Westzonen eine ausgesprochen sowjetfeindliche Propaganda bemerkbar macht. Es ist der Wunsch der SMA in Karlshorst, dass die Ausstattung so vorgenommen wird, dass zu keinerlei Beanstandungen Anlass gegeben wird. Unsere Vertrauensleute müssen dafür sorgen, dass zerrissene oder unmögliche Bekleidungsstücke nicht wieder vom Furier[24] zurückgenommen werden und an einen anderen Heimkehrer ausgegeben werden, sondern solche Kleidungsstücke müssen entfernt und zur Ausbesserung an die Nähstuben gegeben werden.«[25] Für die mehrtägige Zugfahrt wurden folgende Marschrationen pro Tag und Mann beschlossen, die weit über den Rationen für die Normalbürger lagen: 1200 g Brot, 60 g Wurst- oder Fleischkonserven (oder 200 g Käse), 30 g Fett oder Speck 100 g Marmelade (oder 70 g Kunsthonig bzw. Brotaufstrich) sowie ein Stückchen Seife zu 30 g.

Wie wichtig gerade die Versorgung mit Kleidung war, geht aus einem Vermerk der Zentralverwaltung für das Gesundheitswesen hervor. Sie hatte bei einem Besuch des Lagers Rüdersdorf bei Berlin festgestellt, dass die Kleidung von 80 Prozent der zurückgekehrten Kriegsgefangenen – 736 Frauen, 877 Männer, 15 Kinder und 14 Säuglinge – völlig unzureichend war.[26] Die Verwaltung für Umsiedler hatte deshalb bereits Verhandlungen mit dem Internationalen Roten Kreuz aufgenommen, doch würde es Wochen dauern, bis ausländische Spenden eintreffen könnten. Mit Hilfe der »Volkssolidarität« sollte daher Kleidung wenigstens in den dringendsten Fällen besorgt werden.

Heimkehrerflut aus dem Westen

Welche Schwierigkeiten nicht nur bei der Unterbringung und Versorgung, sondern auch im Hinblick auf die politische Einstellung der zurückkehrenden Kriegsgefangenen zu bewältigen waren, lässt sich daran ermessen, dass viele von ihnen aus den Westzonen kamen und damit von vornherein als politisch unzuverlässig galten. In der Zeit vom 8. Mai 1945 bis zum 31. März 1946 waren in das Land Sachsen 61 312 Kriegsgefangene aus dem Osten gekommen, dagegen 151 494 aus dem Westen.[27] In Thüringen waren von Kriegsende bis zum 30. Juni 1946 sogar 184 709 entlassene Kriegsgefangene aus dem Westen eingetroffen, die zu diesem Zeitpunkt noch sämtlich in den entsprechenden Lagern untergebracht waren. Diese Zahl stieg bis Ende August auf 211 566.[28]

Für die gesamte sowjetische Besatzungszone galten diese Zahlen: Mit Stand vom 25. September 1946 waren 745 881 Gefangene zurückkehrt, davon 488 655 aus dem Westen, 257 226 aus dem Osten. Die Relationen änderten sich erst 1948. In diesem Jahr trafen 103 377 Kriegsgefangene aus der Sowjetunion in der SBZ ein und 56 053 aus den Lagern der westlichen Alliierten.[29] In diesen Daten spiegelt sich wider, dass Amerikaner und Briten ihre Gefangenenlager aufgelöst hatten, in der Sowjetunion dagegen weiterhin hunderttausende ehemaliger deutscher Wehrmachtsangehöriger auf ihre Freilassung warten mussten, teilweise gegen alles Völkerrecht bis 1955.

Abschiebung von »Arbeitsbehinderten«

Die größten Chancen, aus sowjetischer Kriegsgefangenschaft entlassen zu werden, hatten die Soldaten, die zu krank und zu schwach waren, um noch für schwere Arbeiten eingesetzt zu werden. Die ersten derartigen Heimkehrer-Transporte trafen im Februar 1947 ein, und es stand zu erwarten, »dass im kommenden Sommer eine große Zahl von Heimkehrern, vor allem von Arbeitsbehinderten, eintreffen werden. Von ihnen wird ein gewisser Prozentsatz krank sein«.[30] 1946 wurden in der SBZ 25 000 Krankenhaus-Betten zur Aufnahme der kranken und geschwächten Gefangenen bereitgestellt. 1947 wurden die Provinzen und Länder zusätzlich verpflichtet, jeweils ein Auffang-Krankenhaus einzurichten. Diese Krankenhäuser, die teilweise lediglich aus winterfesten Lagern bestanden, hatten 500 Betten zu umfassen, da die Lazarettzüge in der Regel mit 450 Kranken belegt waren. Das Elend mag man ermessen, wenn man die folgenden Anweisungen der Zentralverwaltung für das Gesundheitswesen liest: »Die Lazarettzüge werden nach Meldung der Auffangstelle (Frankfurt/O.) an den Ort des Krankenhauses geleitet, es müssen ausreichende Transportmittel für die Entladung der Kranken bereitgestellt werden. Das Krankenhaus dient vorwiegend als Auffang- und Verteilungsstelle. (...) Da die Heimkehrer-Transporte sich voraussichtlich über lange Zeit erstrecken werden, darf das Krankenhaus nicht den Charakter eines Behelfskrankenhauses haben. Nach erfolgtem Transport ist das Krankenhaus tunlichst innerhalb von 3 Wochen soweit wieder frei zu machen, dass ein neuer Transport einlaufen kann. (...) Da die Beschaffung von neuen Betten, Bettwäsche und medizinischen Instrumenten zurzeit auf Schwierigkeiten stößt, wird empfohlen, die freistehenden Betten für Geschlechtskranke diesen Zwecken zuzuführen bezw. wenn es nicht möglich ist, eine Hilfsaktion zu starten, wobei jedes Krankenhaus dem Heimkehrer-Krankenhaus ein Bett und Zubehör stiftet.«[31]

Streit um die Gefangenenzahlen

Länger als die übrigen Alliierten hielt die Sowjetunion die Kriegsgefangenen hinter Stacheldraht fest. Auf der Moskauer Außenministerkonferenz von 1948 hatten sich die ehemaligen Verbündeten darauf geeinigt, bis zum 31. Dezember 1948 alle Kriegsgefangenen zu entlassen. Damals befanden sich noch etwa 31 000 ehemalige Wehrmachtsangehörige in amerikanischem Gewahrsam, 435 000 in britischem, 641 000 in französischem und 891 000 in sowjetischem.[32] Hinzu kam ein unbekannte Zahl von deutschen Gefangenen – Schätzungen gehen von bis zu zwei Millionen aus –, die die Rote Armee außerhalb der Grenzen Deutschlands gefangen genommen hatte. 1949 schloss Moskau die Rückführung der Gefangenen weitgehend ab. Sie behielt jedoch circa 30 000 Soldaten, die Militärtribunale oder Sonderkommissionen des Innenministeriums zu meist zehn bis 25 Jahren Besserungslager verurteilt hatten. Die sowjetische Nachrichtenagentur TASS meldete dagegen am 5. Mai 1950, es seien nur noch 13 645 Verurteilte, Untersuchungsgefangene und Kranke in der Sowjetunion. In einem Bericht des »Bundestagsausschusses für das Besatzungsstatut und auswärtige Angelegenheiten« hieß es dazu am 26. Juli 1950, die Meldung könne schon deshalb nicht stimmen, »weil allein die Zahl der namentlich bekannten deutschen Kriegsgefangenen, die nachweislich um die Jahreswende 1949/50 noch gelebt haben und inzwischen nicht zurückgekehrt sind, im Gebiet der drei westlichen Besatzungszonen die in der TASS-Meldung enthaltenen Angaben um ein Mehrfaches übersteigen«.[33] Zwar habe die Sowjetunion die neu formulierte Genfer Konvention über die Behandlung von Kriegsgefangenen unterzeichnet, doch ihr Verhalten sei von schweren Verletzungen der allgemein anerkannten Zivilisationsnormen gekennzeichnet:

»1. Sie hat niemals die von ihr festgehaltenen Kriegsgefangenen namentlich bekannt gegeben.
2. Sie hat zu keinem Zeitpunkt Angaben darüber gemacht, welche deutschen Kriegsgefangenen in der UdSSR verstorben sind.
3. Sie hat entgegen den bei allen Völkern feststehenden Gebräuchen nicht als Kombattanten im Sinne der Haager Landkriegsordnung geltende Frauen als Kriegsgefangene festgehalten und sie zu schwersten Arbeiten herangezogen (Bergbau unter Tag, Schwerindustrie usw.)
4. Sie hat die Möglichkeiten des Schriftverkehrs zwischen den Kriegsgefangenen und ihren Angehörigen teils in unzulässiger Weise beschränkt, teils überhaupt nicht gestattet.
5. Sie hat Ende 1949, also 4 1/2 Jahre nach Einstellung der Feindseligkeiten, zu einem Zeitpunkt, als der von ihr selbst in Aussicht gestellte Termin für die Heimsendung der Kriegsgefangenen herannahte, Massenverurteilungen von Kriegsgefangenen zu langen Freiheitsstrafen vorgenommen, die klar erkennen lassen, dass mit diesen Verurteilungen etwas anderes beabsichtigt wird, als die Sühne für etwa begangene Verbrechen.

a) Die Verurteilungen erfolgten gruppenweise und betrafen einen größeren Teil der zu diesem Zeitpunkt in sowjetischer Haft befindlichen Kriegsgefangenen.
b) Die Anklagepunkte – soweit bekannt geworden – beziehen sich nicht auf Kriegsverbrechen, wie sie in der Haager Landkriegsordnung und in den beim Internationalen Militärgerichtshof in Nürnberg aufgestellten Grundsätzen definiert sind.
c) Kollektive Verurteilungen ohne individuellen Schuldnachweis überwiegen.
d) Die Verfahren waren geheim, sie ermangeln einer wesentlichen Rechtsgarantie, die unter allen Völkern gebräuchlich ist, der Möglichkeit einer wirklichen Verteidigung.
e) Die angewandten Strafmaße von 10 bis 25 Jahren Zwangsarbeit sind in ihrer Anwendung vollkommen starr und stehen in keinem Verhältnis zur Schwere der angeblich verübten Verfehlungen.
f) Die verurteilten Personen sind von jeglichem Verkehr mit der Außenwelt abgeschnitten. Nicht einmal von der Tatsache ihrer Verurteilung können sie Kenntnis geben.«[34]

Durch ihre Teilnahme an der Rechtsprechung des Nürnberger Militärtribunals habe die UdSSR zu erkennen gegeben, dass auch sie die Verschleppung von Zivilpersonen als Verbrechen betrachte. Dennoch habe sie »große Massen von deutschen und volksdeutschen Zivilpersonen, Männern, Frauen und Kindern, aus den von der Roten Armee besetzten oder abhängigen Gebieten verschleppt, ohne dass diese Menschen bisher in der Lage waren, ein Lebenszeichen von sich zu geben«.[35]

Durchbruch mit Adenauers Moskau-Besuch

Im November 1950 besuchte eine Abordnung des Bundestages die Delegationen der USA und Großbritanniens bei den Vereinten Nationen in New York und übergab ihnen Denkschriften und Dokumente zur Zurückhaltung deutscher Kriegsgefangener in der UdSSR. Demnach waren der Bundesregierung im Frühjahr 1950 insgesamt 62 729 Kriegsgefangene namentlich bekannt, die noch in der Sowjetunion festgehalten wurden. Außerdem drängte die Bundesregierung auf eine Resolution, mit der die Sowjetunion nicht nur zur Freilassung aller Kriegsgefangenen, sondern vor allem der verschleppten Frauen verpflichtet werden sollte. Als gesichert gilt, dass mindestens 80 000 deutsche Frauen, deren Namen der Bundesregierung bekannt waren, von diesem Schicksal betroffen waren. Während Amerikaner und Briten sich für eine solche UN-Resolution aussprachen, lehnten die Franzosen sie mit der – vertraulich gemachten – Begründung ab, dies könne Verhandlungen mit Moskau über die Freilassung französischer Staatsbürger gefährden. Den Niederlanden hatte Moskau ebenfalls Gespräche über die Repatriierung holländischer Gefangener angeboten, ganz offensichtlich mit dem Ziel, die Front der Befürworter einer Kriegsgefangenen-Resolution zu spalten.

Die letzten Gefangenen wurden ein Jahr nach dem Besuch des deutschen Bundeskanzlers Konrad Adenauer 1955 in Moskau entlassen. Adenauer war am 8. September in der sowjetischen Hauptstadt eingetroffen. Bei den Gesprächen sollte es vorrangig um die Aufnahme diplomatischer, wirtschaftlicher und kultureller Beziehungen gehen. Für die deutsche Seite war eine Bedingung hierfür die Lösung der Kriegsgefangenenproblematik. Nach zähen Verhandlungen kam es am 12. September 1955 in dieser Frage zum Durchbruch, nachdem Adenauer bereits mit der Abreise gedroht hatte und das Regierungsflugzeug für einen vorzeitigen Rückflug hatte vorbereiten lassen. Moskau erklärte sich – zehn Jahre nach Kriegsende – bereit, die letzten Kriegsgefangenen zu entlassen.

Das Elend der verschleppten Zivilinternierten

Erhebliche Sorge bereitete den deutschen Behörden in der sowjetischen Besatzungszone der gesundheitliche Zustand der Vertriebenen aus der Sowjetunion, aus Polen und den anderen unter Einfluss der Sowjetunion geratenen Ländern. Dies zeigt exemplarisch der Bericht des Stadtrates Annaberg-Buchholz vom 25. Januar 1947.[36] Dort war am Tag zuvor ein Transport mit 40 Umsiedlern aus Russland »in einem sehr verwahrlosten Zustand« eingetroffen: »Alle Umsiedler sind bekleidungsmäßig sehr zerlumpt, haben fast keine Unterwäsche, keine Strümpfe, sondern nur Lumpen, ebenfalls ist das Schuhwerk ganz heruntergerissen.« Vor dem Verlassen der Sowjetunion in unbeheizten Güterwaggons ohne jede Sitzgelegenheit hatte ein Teil der Umsiedler Traubenzuckerkuren erhalten, was an ihrem jämmerlichen Zustand aber nichts änderte. Zwar fanden sich in den Kriegsgefangenenlagern immer wieder sowjetische Ärzte, die sich aufopferungsvoll um die ehemaligen Wehrmachtssoldaten kümmerten, doch waren sie letztlich machtlos und konnten am Ausmaß des Elends kaum etwas ändern.

Besonders hart betroffen waren die Deutschen, die als Zivilinternierte in sowjetische Lager, oft nach Sibirien, deportiert wurden. Im Oktober 1946 traf ein Transport von 2000 freigelassenen Zivilinternierten im sächsischen Lager Elsterhorst ein. Es handelte sich um Frauen und Männer aus deutschbesiedelten Gebieten in Rumänien und Jugoslawien. Sie hatten durchschnittlich 18 Monate im Innern der Sowjetunion, zum Teil 2000 km östlich Moskaus, zubringen müssen. Als sie freigelassen wurden, waren sie zwischen 22 und 28 Tagen in kalten Zügen unterwegs, bis sie endlich Deutschland erreichten. Beim Eintreffen in der sowjetischen Besatzungszone war ihr Allgemeinzustand verheerend. Die Zeit der Internierung und die Transportbedingungen hatten zum Ausbruch von Ruhr geführt. Auf Anordnung der SMA sollten sie nach Bautzen verlegt werden. Da das dortige Krankenhaus bereits mit 160 anderen Heimkehrern überfüllt war, wurden sie ins Hilfskrankenhaus Bischofswerda gebracht.[37]

Wiederholt wurde die Sanitätsabteilung der Zentralverwaltung für deutsche Umsiedler bei der »SMAD-Abteilung für Zivilangelegenheiten, Statistik und Verteilung der deutschen Umsiedler« in Berlin-Karlshorst vorstellig. Dabei nahm die deutsche Seite bei der Schilderung der Transportbedingungen durchaus kein Blatt vor den Mund. Am 10. Dezember 1946 hatte der Arzt des Lagers Kirchmöser berichtet, in welchem Zustand ein Zug mit 1900 Vertriebenen aus dem ostpreußischen Preußisch Holland eingetroffen war: »Bei der Ankunft des Transportes wurden zunächst vier Tote ausgeladen, die an Entkräftung gestorben waren. Die Leichen waren zwischen den Umsiedlern in den Waggons.

Ein Kind war vorher gestorben und ist unterwegs ausgeladen worden. Der Transport bestand hauptsächlich aus Kindern unter 14 Jahren und alten Leuten über 60 Jahren. Der allgemeine Gesundheitszustand ist stark unter Durchschnitt. In der Zwischenzeit sind bisher im Lager und im Krankenhaus 20 Personen gestorben. Vor Überschreiten der polnischen Grenze sind alle arbeitsfähigen Männer und Mädchen herausgeholt worden. Gepäck und Geld wurden ihnen abgenommen.«[38] Weiter hieß es in dem Schreiben an die SMAD, in einem Transport aus Reichenbach seien 622 Kranke gewesen, von denen ein Teil sofort ins Krankenhaus Hoyerswerda gebracht werden musste.

Vertreibung aus Polen – Eingreifen der SMA

Die Reichsbahn hatte ihre Umsiedlerzüge zwar winterfest gemacht, doch das half den Menschen, die aus Polen vertrieben wurden, wenig. Die Transportabteilung der Zentralverwaltung für Umsiedler hielt am 6. Januar 1947 fest, ein Transport nach Altenburg habe nicht ausgeladen werden können, weil dort gerade ein anderer Zug eingetroffen sei. Nach der Umleitung nach Ilmenau seien registriert worden: »6 Tote, 124 Erfrierungen 1. Grades, 93 Erfrierungen 2. Grades, 25 Erfrierungen 3. Grades.«[39] Vor allem Kinder seien betroffen gewesen, ihnen habe man die erfrorenen Gliedmaßen amputieren müssen.

Die Meldungen über Tote und Schwerkranke in den Umsiedlerzügen aus den nunmehr polnischen Gebieten häuften sich. Die nachfolgend auszugsweise zitierte Schilderung über das Schicksal deutscher Kriegsgefangener, die sich in Liegnitz in polnischer Hand befunden hatten, stellt nicht die Ausnahme dar:[40] »Es handelte sich um Schwerst- und Schwerkranke aus dem Krankenhaus Liegnitz, welches der Stadtverwaltung und einem polnischen Militärarzt, Herrn Ribitzky, unterstand. Binnen weniger Stunden kam der Räumungsbefehl, auch für die Patienten, die nicht als transportfähig angesehen werden konnten (Frischoperierte, Embolien, Frischentbundene, schwerste offene Lungentbc, Abdominaltyphusfälle, ca. 16. bis 19. Krankheitstage, sehr schwer Herzkranke usw.). Diesem Transport wurden noch zugesellt Irre aus Reichenbach und alle Insassen aus dem Alters- und

Pflegeheim des Marthastiftes in Liegnitz, durchweg schwer Körperbehinderte. Im Ganzen bestand der Transport aus 641 Personen. (...) Am Abend vor dem Transport kam der Befehl vom Direktor des Liegnitzer Krankenhauses, dass das gesamte Inventar des Krankenhauses (Bettwäsche, Geschirr u.ä.) in die Wohnung des Direktors geschaffen werden müsse, was auch erfolgte. Kurz vor dem Abtransport wurden den Schwestern sämtliche Medikamente und das gesamte Verbandszeug fortgenommen. Von den polnischen Grenzbeamten wurden den Kranken, den Schwestern und dem deutschen Arzt alles Geld, Gold, die Sparkassenbücher und Silbergegenstände abgenommen, ferner die meisten Koffer und Säcke, in denen sich Kleidung und Wäsche befand.«

Während der siebentägigen Fahrt bekamen die Kranken nur anfangs etwas Brot, Kaffee und mittags eine dünne Suppe, zuletzt ging das Brot aus. Auf Befehl der SMA Dresden wurde der Zug zum gänzlich unvorbereiteten Lager Warmbad-Wolkenstein geleitet. In aller Eile wurden Pferdefuhrwerke organisiert, um die Kranken in Krankenhäuser zu bringen. Da die polnische Begleitmannschaft auf einer sofortigen Räumung des Zuges bestand, mussten Schwerkranke erst einmal stundenlang auf den Bahnsteigen abgelegt werden. Unterdessen handelte die Begleitmannschaft mit den Lebensmitteln, die sie aus dem Verpflegungsbestand abgezweigt hatten.

Soweit möglich, wurden die Vertriebenen in Krankenhäusern der Umgebung versorgt oder im Lager Warmbad-Wolkenstadt untergebracht. Eine russische Ärztin besuchte das Lager und zeigte sich entsetzt: »Die russische Ärztin, die sehr gut deutsch sprach, war empört über den Leidensweg und das Schicksal der Menschen in Warmbad-Wolkenstein und gab unumwunden zu, dass auch das Verbrechen gegen die Menschlichkeit seien und sie würde unverzüglich veranlassen, dass die SMA Karlshorst an das polnische Konsulat in Berlin einen Bericht gibt und Protest gegen derartige Abtransportierung Schwerstkranker einlegt, unter denen auch Seuchenkranke sich befanden.« Die Ärztin hielt Wort, denn am 14. Januar 1947 stoppte die SMAD vorerst alle Transporte aus Polen.[41]

»Junge Menschen wirkten wie Greise«

Nicht weniger zu leiden hatten auch die aus den anderen osteuropäischen Ländern vertriebenen Deutschen. Auch hier soll ein Beispiel die Bedingungen aufzeigen, unter denen die Siebenbürger Sachsen – nach entsprechenden Beschlüssen aller vier Siegermächte – ihre Heimat verlassen mussten. Ein Vertreter der Zentralstelle für Hygiene, Chemnitz, hatte im Juli 1947 das Lager Plaue besucht, wo 743 Zivil-Internierte eingetroffen waren.[42] Nachdem sie Anfang 1945 als Deutsche eingestuft worden war, hatten sowjetische Behörden sie in die Bergwerke am ukrainischen Donez-Pass geschickt. Anfangs ging es ihnen noch recht gut, da sie wohlhabenden Kreisen entstammten und Wertsachen gegen Lebensmittel tauschen konnten. Nach einer Missernte 1946 mussten sie die letzten Habseligkeiten verkaufen, »sodass die verbliebene Kleidung regelrecht verlumpte. Schwerste Erscheinungen von Unterernährung traten ein, völlige Entkräftung, sodass ein Teil nun abtransportiert wurde, der in keiner Weise mehr eine Arbeit verrichten konnte. Einheitlich wurde berichtet, dass eine russische Ärztin während der Reise den Transport untersuchte und mehrere vom Weitertransport ausschied, da diese nicht mehr reisefähig seien«. Diese wurden allerdings von rumänischen Offizieren wieder in den Zug gebracht, einige starben auf dem weiteren Weg. Nachdem der Zug in Plaue eingetroffen war, kümmerte sich der Direktor der Chemnitzer Zentralstelle für Hygiene um die Vertriebenen und fasste seine Eindrücke so zusammen: »Wir alle haben es bisher nicht für möglich gehalten, dass Menschen noch zu leben vermögen, wenn sie so zu Skeletten abgemagert sind. Junge Menschen von ca. 20 Jahren wirkten wie Greise. Man wagte kaum, die Menschen anzufassen beim Untersuchen. Wirbelsäulen- und Beckenverschiebungen, schlotternde, gekrümmte Extremitäten, schwankende Haltung, Gesichter nur noch mit Haut überzogen, Frauen ohne Kopfhaare usw. standen vor uns. Die meisten steckten nur noch in unbeschreiblich zerlumpter Oberbekleidung und ohne Schuhwerk oder gar Strümpfe. Auf den ersten Blick war es mir bei manchen nicht mehr möglich zu erkennen, ob es sich um einen Mann oder eine Frau handelte. Frauen mit einem

Durchschnittsgewicht von 30 kg gehörten nicht zur Ausnahme, Männer mit 32 kg ebenfalls nicht.« Festzuhalten ist auch in diesem Fall: Es waren häufig russische Ärztinnen und Ärzte, die sich um ein Mehr an Menschlichkeit bemühten, wenn auch oft vergebens.

Abwehrhaltung gegenüber den Vertriebenen

Bis zum 1. Juni 1946 waren 3 142 739 Menschen aus Gebieten östlich von Oder und Neiße in der SBZ eingetroffen. Im weiteren Verlauf des Jahres kamen 405 401 Vertriebene aus polnischen Gebieten, 631 911 aus der Tschechoslowakei. Für 1947 wurden nur noch 31 Vertriebene aus der ČSR genannt, dagegen 30 268 aus Königsberg, 14 721 aus Ungarn und 554 447 aus Polen beziehungsweise der Sowjetunion. 1948 mussten 39 164 Deutsche Polen verlassen, 3784 die ČSR, Königsberg nun 69 213, und auch die Zahl der aus Ungarn Vertriebenen hatte sich mit 34 577 gegenüber dem Vorjahr mehr als verdoppelt.[43] Insgesamt hatten bis Ende 1947 rund 10,1 Millionen Menschen ihre Heimat jenseits von Oder und Neiße, aus dem Sudetengebiet und aus den südosteuropäischen Ländern verlassen müssen. Von ihnen blieben 4,3 Millionen (40,6 Prozent) in der sowjetischen Besatzungszone, 3,3 Millionen (31,1 Prozent) kamen in der britischen Zone unter, 2,96 Millionen (27,7 Prozent) in der amerikanischen und 60 000 (0,6 Prozent) in der französischen.[44] Dass im Lauf der folgenden Jahre Millionen Einwohner der SBZ beziehungsweise dann der DDR in den Westen flohen, soll hier unberücksichtigt bleiben. Ende 1947 war die Vertreibung weitgehend abgeschlossen, sodass die meisten Quarantäne- und Umsiedlerlager in der SBZ geschlossen wurden und nur noch 42 geöffnet blieben.

Zwar waren die Quoten an Vertriebenen, die die sowjetische Besatzungszone aufzunehmen hatte, vom Alliierten Kontrollrat festgelegt worden, doch innerhalb der SBZ herrschten hinsichtlich der Verteilung chaotische Verhältnisse. Den Ländern und Provinzen ging es selbst schlecht. Sie waren nicht darauf erpicht, das wenige, was sie hatten, mit Flüchtlingen und Vertriebenen zu teilen. So waren zwei Millionen Menschen aus den Gebieten östlich von Oder und Neiße nach Sachsen geströmt, von der Dresdener Landesregierung aber kurzerhand ausgewiesen worden. In einem Papier kritisierte die Deutsche Zentralverwaltung für Gesundheit am 5. Dezember 1945, die Dresdener Behörden hätten ohne Absprache mit den benachbarten Ländern mit der Evakuierung begonnen. »Teilweise werden die Evakuierten über die sächsische Grenze gebracht und dann irgendwo abgesetzt, ohne dass man sich weiter um sie kümmert.«[45] Den größten Teil der Flüchtlinge und Vertriebenen hatte Sachsen nach Thüringen abgeschoben, wo sich ohnehin im Herbst 1945 bereits rund 400 000 Schlesier und Sudetendeutsche aufhielten. Darüber hinaus waren bis zu 550 000 während der Kriegszeit in den Westen Deutschlands Evakuierte nach Thüringen zurückgekehrt sowie Berliner, die den besonders schlimmen Verhältnissen in der zerstörten Reichshauptstadt entflohen waren.[46] Auf 2,3 Millionen Einheimische kamen damit 850 000 Vertriebene, deren Zahl täglich zunahm. Zwar hatten die Alliierten die Ausweisung von Deutschen aus der Tschechoslowakei gestoppt und die Prager Regierung erlaubte 100 000 »Antifaschisten« im Land zu bleiben, doch diese wollten, so schnell es nur ging, der Tschechoslowakei den Rücken kehren. Da Sachsen sich weigerte, die Vertriebenen aufzunehmen, wurden sie umgehend nach Thüringen weiterbefördert. Die Landesregierung in Weimar schlug Alarm, denn weitere Hunderttausende aus dem Banat, aber auch aus Ostpreußen und Danzig sollten in Thüringen aufgenommen werden. Die täglichen Lebensmittelrationen waren bereits auf durchschnittlich 1 150 Kalorien gesunken und lagen teilweise noch weit darunter. Selbst wenn die Demarkationslinie zu Bayern geöffnet werden sollte, würde es lange dauern, bis Thüringen den Zustrom verkraften und die Lage sich entspannen würde, lautete die Warnung.[47]

Die Irrfahrten durch die sowjetische Besatzungszone, das Verbot des Zuzugs nach Berlin und die Gerüchte, nach denen eine Rückkehr in die Heimat bald erlaubt sei, führten zu einer wahren »Völkerwanderung« innerhalb der SBZ und ließen weder die Registrierung, noch eine vernünftige Betreuung zu. Es setzte ein Massensterben aufgrund sich ausbreitender Seuchen und der Unterernährung ein. Im September 1945 starben in der Provinz Brandenburg neun von zehn Säuglingen. Wöchentlich wurden in Berlin 700 und in Mecklenburg 2 000 neue Typhusfälle gemeldet. Die Verwaltung für Gesundheit appellierte daher an den Chef der SMAD, zumindest vorerst den Zustrom weiterer Vertriebener aus Polen, Ungarn, Jugoslawien, Norwegen und aus der Tschechoslowakei zu stoppen.

Das Land Brandenburg übernahm in der zweiten Jahreshälfte 1946 unter anderem 50 000 aus der Tschechoslowakei Vertriebene. Für sie waren Auffanglager in Jüterbog und Spremberg eingerichtet worden, bevor sie am dritten Tag nach ihrer Ankunft in acht Quarantänelager weitergeleitet wurden, wo sie zwei Wochen bleiben mussten, um dann in Kommunen in den Bezirken Brandenburg, Cottbus und Bernau eingemeindet zu werden.[48] Viele mussten allerdings bald wieder umziehen, weil sie für den Bergbau oder für andere Industrien zwangsverpflichtet wurden. So hatte die SMA am 10. Mai 1946 im »Befehl Nr. 140« kurzfristig Anlern- und Umschulungskurse für 180 000 Personen angeordnet, für die in erster Linie Umsiedler, also Heimatvertriebene und Flüchtlinge, in Frage kamen. Die größten Kontingente entfielen mit je 50 000 beziehungsweise 60 000 Personen auf die Provinz und das Land Sachsen, 35 000 auf Thüringen, 23 000 auf Brandenburg und 12 000 auf Mecklenburg.[49]

Relativ glücklich dagegen konnten sich die aus dem Sudetenland vertriebenen Glasmacher oder Schmuckhersteller schätzen. Sie fanden weitgehend in Thüringen eine neue Heimat. Glasmacher aus dem Heida-Steinschönauer Gebiet wurden vorzugsweise in Ilmenau und Lauscha angesiedelt und begründeten dort eine Industrie, die nach manchen Wirren insbesondere zur Wendezeit eine neue Blüte erlebte. Die Gablonzer Schmuckwarenherstellung wurde in Stadt und den Landkreis Gotha aufgenommen, wenn auch viele Gablonzer es vorzogen, in den Westzonen eine neue Existenz zu begründen.

Katastrophale Verhältnisse in Berlin

Auch das zerstörte Berlin hatte Flüchtlingslager einzurichten, obwohl nicht einmal die eigene Bevölkerung versorgt werden konnte. In Schulgebäuden, Werkhallen oder in Bunkern fanden die Menschen notdürftig Unterkunft. Zwar kam es zu regelmäßigen Kontrollen der Lebensumstände durch die SMAD, doch helfen konnte sie kaum. Vor allem das Leben in den Bunkern war nahezu unerträglich. Sie waren überfüllt, wie beispielsweise der Luftschutzkeller in der Berliner Königsberger Straße. Der Komplex war während einer Besichtigung am 30. November 1945 mit 2 065 Personen belegt, aber Schlafmöglichkeiten gab es nur für 600. Die Ventilation funktionierte nicht, ebenso mussten die Flüchtlinge oft im Dunklen ausharren, weil der Strom ausfiel. Eine medizinische Betreuung fand kaum statt. Krankheiten wie Krätze breiteten sich aus.[50]

In den ländlichen Regionen war die Situation nicht anders, insbesondere nicht in den östlichen Teilen der SBZ, die als erste die in die sowjetische Besatzungszone strömenden Flüchtlinge und Vertriebenen zu versorgen hatten. Der Kreis Oberbarnim mit der Kreisstadt Freienwalde und der zum größten Teil zerstörten Stadt Wriezen war Auffanggebiet für die über Küstrin ankommenden Transporte mit meistens jeweils 1 000 bis 1 500 Personen. Das Kreisgebiet war durch die Kampfhandlungen gegen Ende des Zweiten Weltkrieges stark in Mitleidenschaft gezogen worden, sodass selbst die eigene Bevölkerung kaum etwas zu essen hatte. Entsprechend gering waren die Lebensmittelzuteilungen für die Flüchtlinge. Sie erhielten täglich 200 g Brot, waren sie zur Arbeit eingesetzt, hundert Gramm mehr. Außerdem sollten sie pro Tag 300 g Kartoffeln bekommen. Andere Lebensmittel oder gar Milch standen nicht auf dem Speiseplan. »Zahlreiche Fälle von Hungerödemen schwersten Grades mit hochgradigem Kachexie und völligem Erlöschen der Willenskraft und der Anteilnahme an den Vorgängen des Lebens« waren die Folge.[51] Die wenigen Ärzte leisteten Übermenschliches, zumal ihnen oft weder Autos noch irgendwelche medizinischen Geräte, geschweige denn Medikamente zur Verfügung standen: »Der Kreisarzt in Frankfurt/Oder steht durch die unmittelbare Lage an der Polnischen Besatzungszone vor besonders schwierigen Aufgaben. Er hat im September 1945 eine Reihenuntersuchung an 27 000 Flüchtlingen durchgeführt, von denen 8 000 völlig arbeitsunfähig, 15 000 beschränkt arbeitsfähig und nur 6 000 arbeitsfähig waren.«[52]

Erste Station für Flüchtlinge und Vertriebene war meistens ein Quarantänelager.

»Vollwertige Arbeitskräfte« für anhaltinische Bergwerke

Zu erwähnen ist, dass die Behörden der sowjetischen Besatzungszone auch für die Vertriebenen zu sorgen hatten, die nach den Vereinbarungen im Alliierten Kontrollrat in den westlichen Besatzungszonen eine neue Heimat finden sollten. Es ist bezeichnend, dass die sowjetische Administration für diesen Personenkreis besondere Regeln aufgestellt hatte. Sie sollten weitaus besser behandelt werden als diejenigen, die in der eigenen Besatzungszone blieben.

Im Vorfeld der Vertreibung von anderthalb Millionen Deutschen aus den vorerst polnisch verwalteten Gebieten, deren Bestimmungsorte in der britischen Besatzungszone lagen, hieß es in einer Anordnung der Deutschen Verwaltung für Umsiedler vom 2. Februar 1946: »Nach einem Befehl der SMV sollen die Umsiedler in guten Eisenbahnwagen fahren, die Züge sollen von einer größeren Anzahl von Ärzten begleitet werden und die Verpflegung auf den Stationen soll gesichert sein.«[53] Zusätzliche Ausgabestellen für Lebensmittel mussten entlang der Routen durch die sowjetische Besatzungszone eingerichtet werden, an denen zur Stärkung »Maizena«, ein Stärkemehl aus Mais, ausgegeben wurde.

Vertriebene und Flüchtlinge, die in der sowjetischen Besatzungszone blieben, wurden dagegen zum Spielball der Produktionsplanung, wie der folgende Fall der Anhaltinische Kohlenwerke, Gruppe Klettwitz, zeigt.[54] Die Grube Viktoria III hatte von SMA-General Sharow und der Deutschen Zentralverwaltung für Umsiedler die Zusage über »vollwertige, männliche Arbeitskräfte« erhalten. Am 13. Februar 1946 trafen im Revier 620 Personen ein, vorwiegend Flüchtlinge aus Schlesien, mit denen die Grubenleitung jedoch überhaupt nicht zufrieden war, denn es handelte sich in der Mehrzahl »um Frauen und Kinder; bei den männlichen Personen in der Hauptsache um Greise und Invaliden«. Nach kurzer Zeit habe sich gezeigt, »dass nur der allergeringste Teil der Leute im Bergbau einsatzfähig« war. Eine Nachprüfung durch den Werksarzt ergab, dass 95 Prozent der »gelieferten« Flüchtlinge nicht bergtauglich waren. Anders als zugesagt, waren die Flüchtlinge nicht desinfiziert, sodass nach wenigen Tagen Fleckfieber ausbrach und hundert Personen unter Quarantäne gestellt werden mussten. An die Umsiedler-Verwaltung erging die Aufforderung, »die uns zugewiesenen berguntauglichen Arbeitskräfte möglichst sofort wieder abzunehmen und anderweitig unterzubringen, da wir ja unsere eigenen Unterkünfte für die nun noch bestehenden Arbeiteranforderungen freihalten und sie in Ordnung bringen müssen«.[55] Von der Zuweisung solcher Arbeitskräfte solle künftig Abstand genommen werden.

Derartige Probleme waren mit einer ausgesuchten Zahl von deutschen Kommunisten nicht zu erwarten, über deren Zukunft im Oktober 1945 verhandelt wurde. Federführend auf sowjetischer Seite war SMAD-Generalmajor Gorochow, dessen Abgesandter Oberst Isaakoff in Gesprächen mit Vertretern des Zentralkomitees der tschechoslowakischen Kommunisten festlegte, dass in der Woche vom 20. Oktober 1945 »3 000 Kommunisten einschließlich Familienangehörige von zusammen ca. 9 000 Personen« in die Besatzungszone kommen sollten.[56] Thüringen sollte tausend Kommunisten, in der Hauptsache

Glas- und Textilarbeiter, übernehmen, die Provinz Sachsen 2000, vor allem Metallarbeiter. Die Zentralverwaltung für deutsche Umsiedler behielt sich jedoch vor, »Autoschlosser, Automechaniker und Elektriker sowie verwandte Berufe für besonderen Einsatz in der Provinz Brandenburg bzw. Mecklenburg zur Verfügung der sowjetrussischen Militär-Administration zu halten«. In jedem Fall sollte die Übernahme der antifaschistischen »und für uns sehr wertvollen Kräfte« besonders sorgfältig vorbereitet werden.

Dazu gehörte unter anderem die bevorzugte Verteilung von Land. Die Bodenreform war zu diesem Zeitpunkt zwar bereits abgeschlossen, doch für die Kommunisten aus der Tschechoslowakei gab es Sonderreglungen.[57] Unter 600000 Menschen, die nun aus dem Sudetengebiet kämen, seien auch »einige Tausend aktiver Antifaschisten«, schrieb der Präsident der Zentralverwaltung für Umsiedler an Präsident Edwin Hörnle von der Zentralverwaltung für Land- und Forstwirtschaft. Unter ihnen befänden »sich Landarbeiter und Bauern, die für die Ansiedlung alle beruflichen Voraussetzungen mitbringen«. Um diese Antifaschisten mit Land zu versorgen, müsse erwogen werden, »ungeeigneten Elementen (Nazis etc.) übereigneten Boden« wieder zu entziehen. In Frage komme auch die »Reservierung der durch die Rote Armee freigegebenen und noch nicht aufgeteilten Güter«. Eine bevorzugte Erledigung dieser Angelegenheit sei dringend geboten.

Suche nach Angehörigen

Bis zu sechs Millionen Menschen suchten nach dem Krieg ihre nächsten Angehörigen. Doch während für die Westzonen in Hamburg und München zentrale Suchkarteien eingerichtet wurden, fehlte in der SBZ über lange Zeit eine ähnliche Einrichtung. Die Sucharbeit war zersplittert, da jede Landes- oder Provinzhauptstadt ihre eigene Kartei besaß und es Möglichkeiten des Datenaustauschs noch nicht gab. Erst ab August 1946 versuchte die Zentralverwaltung für deutsche Umsiedler die Sucharbeit effizienter zu gestalten.

Eine wichtige Frage ergab sich daraus, dass die Vertriebenen aus Gebieten kamen, die vormals deutsch oder von Deutschland annektiert gewesen waren. Die Frage der Staatsangehörigkeit dieser Personen hätte durch den Alliierten Kontrollrat geklärt werden müssen, doch dieser hatte sich lediglich einmal in seiner Sitzung vom 20. September 1945 mit diesem Problem befasst und durch das »Gesetz Nr. 1« festgestellt, dass die Bestimmungen des »Gesetzes zum Schutz des deutschen Blutes und der deutschen Ehre« vom 15.9.1935, die zu zahlreichen Ausbürgerungen geführt hatten, nichtig waren. Auf der anderen Seite hatten eine große Zahl von Personen in Danzig, Böhmen und Mähren, Polen und nicht zuletzt in Österreich von der NS-Regierung die deutsche Staatsangehörigkeit erhalten, was nun zu deren Ausweisung aus den Ländern östlich von Oder und Neiße führte. In der sowjetischen Besatzungszone sollten Umsiedler aus Ungarn, Altrumänien, Siebenbürgen, dem Banat, aus Jugoslawien und aus den baltischen Ländern die deutsche Staatsangehörigkeit bekommen. Längst nicht alle Anträge wurden genehmigt. Die Ablehnung war politischer Natur, »da bekannt ist, dass unter den Umsiedlern aus Polen, den Baltischen Staaten, Jugoslawien, Rumänien etc. sich Personen befinden, die politisch für uns höchst unerwünscht sind«.[58] Durch ihre prodeutsche und faschistische Haltung sei ein Teil von ihnen gezwungen gewesen, »zusammen mit der hitlerischen Militärmaschinerie ihre Heimatgebiete zu verlassen, um sich einer Rechtfertigung vor ihren heimatlichen Justizbehörden zu entziehen. Es bestehe »für diesen Personenkreis keine besondere Veranlassung, sie durch eine formelle Verleihung der deutschen Staatsbürgerschaft nachträglich für ihre prodeutsche faschistische Einstellung zu belohnen und dadurch noch nachträglich einen Teil der Hitlerpolitik zu sanktionieren«.[59] Generell ausgeschlossen von der Möglichkeit, die deutsche Staatsbürgerschaft zu erhalten, waren Vertriebene aus der Dobrudscha, aus Bessarabien, der Bukowina, aus Kroatien, Serbien, der Slowakei und aus Slowenien.

Das Schicksal der elternlosen Kinder

Ein besonders schlimmes Kapitel der Nachkriegsgeschichte ist das der Kinder, die ihre Eltern und ihre Heimat verloren hatten. Schätzungsweise 30 000 waren Ende 1945 von den Behörden der sowjetischen

Besatzungszone erfasst worden, ihre tatsächliche Zahl dürfte aber weitaus höher gelegen haben. Mit den Flüchtlingsströmen und im Zuge der Vertreibung aus den Gebieten östlich von Oder und Neiße waren sie in die sowjetische Besatzungszone gelangt, entkräftet, viele von ihnen an Tuberkulose erkrankt.

Besonders viele Kinder stammten aus Ostpreußen und aus Polen. Teilweise waren ihre Eltern umgekommen, teilweise hatten sie sie auf der Flucht verloren. Am 23. Oktober 1947 kündigten die sowjetischen Dienststellen der Zentralverwaltung für Umsiedler einen Transport von 30 000 Personen aus Königsberg, das nun Kaliningrad hieß, an. Unter ihnen befanden sich 5 000 Kinder, die bisher in Waisenheimen untergebracht waren.[60] Sie sollten erst in Quarantäne- und dann in Auffanglager in Sachsen (1 800), Thüringen (1 400), Sachsen-Anhalt (900) sowie Brandenburg (900) weitergeleitet werden. Da man davon ausging, dass Angehörige in der Besatzungszone schon auf die Kinder warteten, sollte unverzüglich der Ende September 1946 ins Leben gerufene Suchdienst für vermisste Deutsche eingeschaltet werden, um eine Familienzusammenführung zu ermöglichen. Das Eintreffen der Kinder wurde für Oktober und November 1947 angekündigt, mit ihnen ein Transport Alter und Gebrechlicher, sodass für den Weitertransport von Frankfurt/Oder neben normalen auch fünf Lazarettzüge gestellt werden mussten.

Die Zustände in diesen Zügen aus Kaliningrad waren erbärmlich, wie selbst DVU-Präsident Rudolf Engel in einem Schreiben vom 8. Januar 1947 an die SMAD beklagte.[61] Seine wesentlichen Kritikpunkte lauteten:

- Der Abtransport geschah in der Regel so überstürzt, dass es den Betroffenen nicht möglich war, das Nötigste mitzunehmen.
- Fast alle Transporte kamen stark verlaust an.
- Die Ausgewiesenen hatten keinerlei Ausweis- oder Gesundheitspapiere.
- Die Transportfähigkeit – vor allem bei Kindern – war teilweise nicht vorhanden. Es sollte der Einsatz von Lazarettzügen des Internationalen Roten Kreuzes geprüft werden.

- Marschverpflegung wurde nur gegen die Zahlung von 80 Rubel ausgegeben. Viele Ausgewiesene konnten das Geld nicht aufbringen.
- Unterwegs sollten sich die Ausgewiesenen wenigstens mit Getränken versorgen können.
- Toiletten fehlten in allen Wagen.

Die Waggons wurden über sieben Tage nicht geöffnet. Wenigstens an den Haltepunkten sollte den Ausgewiesenen Gelegenheit zum Aussteigen gegeben werden.

Die meisten der elternlosen Kinder – annähernd 14 000 – kamen anfangs in Mecklenburg unter. 8 000 wurden von Familien aufgenommen, für die übrigen wurden Pflegeeltern in Sachsen und Thüringen gesucht. Das allerdings stieß auf Schwierigkeiten, denn zum einen litten viele Kinder unter Krankheiten, zudem bestand die Gefahr, dass die Pflegeeltern sich von ihnen trennen mussten, wenn die leiblichen Eltern gefunden waren. Darauf wurde beispielsweise auf einer Sitzung der »Volkssolidarität« am 28. November 1945 aufmerksam gemacht. Die sächsische Vertreterin berichtete, dass von 5 000 Kindern 3 000 in die amerikanische Besatzungszone geschickt worden waren, da sich Angehörige gemeldet hatten.[62]

Die erschütternden Folgen des Krieges zeigten sich auch hieran: Zusätzlich zu den Kindern, die sich bereits in der sowjetischen Besatzungszone befanden, suchten Mütter aus der Provinz Sachsen 1 500 Kinder und Mütter in Berlin 4 000 Kinder, die in Polen vermutet wurden. 4 500 Kinder wurden in der Tschechoslowakei vermisst.[63] Angesichts der eigenen Not waren die Behörden froh über jedes Kind, für das sich in den Westzonen Angehörige meldeten: »Die Kinder, die irgendeinen Anhang in den anderen Zonen Deutschlands haben, werden sobald wie möglich in diese abtransportiert. Die Transporte werden nach den Ländern und Provinzen gesammelt. (…) Vor dem Abtransport werden die Kinder in einem Sammellager gesammelt. So hat z. B. das Land Sachsen ein Sammellager in Wiltken, Kapazität 600 Kinder, Mecklenburg in Ludwigslust, Kapazität 800 Kinder, Provinz Sachsen arbeitet mit Thüringen zusammen, Sammellager in der Franckeschen Stiftung in Halle, Kapazität mehrere Hundert Kd., Brandenburg in Falkensee, Kapazität 1 200 Kinder.«[64] Eindringlich wurde die Notwendigkeit, Angehörige oder wenigstens Pflegestellen zu finden, beschrieben: »Die Situation der elternlosen Kinder, die jetzt noch in den Heimen sind, erfordert jetzt, 1 ½ Jahre nach dem Einmarsch der Truppen, eine besondere Stellungnahme. Die Kinder befinden sich in diesen Heimen wie in einer Herde, in der das einzelne Kind dahinvegetiert und in gesundheitlicher Beziehung unter unzureichenden Bedingungen lebt. Wir wissen, dass diese Kinder geistig und körperlich in einem Entwicklungsrückstand von 2 bis 3 Jahren sind. In einem hohen Prozentsatz der Fälle ist es zu Störungen und Fehlentwicklungen gekommen. Wir nehmen an, dass ein nicht unbeträchtlicher Teil der Kinder eine aktive Tuberkulose hat. Uns wurde gemeldet, dass z. B. ständig fiebernde Kinder sich in einem Heim mit gesunden befinden. Säuglinge sind in demselben Heim wie die größeren Kinder. Kinder mit schwersten seelischen Defekten leben unter den gesunden ohne jede fachmännische Betreuung.«[65]

Die Zwangsverpflichtung der »Spezialisten«

Die westlichen Siegermächte hatten sich unmittelbar nach dem Einmarsch auf die Suche nach Spezialisten gemacht und sie mit mehr oder weniger Druck veranlasst, sich in ihren Dienst zu stellen. Der bekannteste Name in diesem Zusammenhang ist wohl der des Raketenforschers Wernher von Braun, der später einen wesentlichen Anteil am amerikanischen Raumfahrtprogramm hatte.

Auch Moskau bediente sich deutscher Spezialisten, wobei dieser Begriff allerdings sehr weit gefasst wurde. Nachdem bereits gleich nach der Besetzung der Zone Wissenschaftler in die Sowjetunion deportiert worden waren, zwang die UdSSR 1946/47 tausende weiterer »Experten«, mit ihren Familien in die Sowjetunion umzusiedeln. Dazu zählten Mathematiker oder Physiker ebenso wie Monteure, Werk- und Schlossermeister, Einarbeiter und selbst Sekretärinnen. Am 25. Oktober 1946 befasste sich der Alliierte Kontrollrat in Berlin mit dem Problem dieser Dienstverpflichtungen. Die Initiative hatte der britische Stadtkommandant Generalmajor Erik P. Nares ergriffen, da sich unter denen, die in die Sowjetunion geschickt wurden, auch zahlreiche Personen aus dem britischen Sektor Berlins befanden.[66] Die Deportation der Fachkräfte hatte am 21. Oktober 1946 begonnen. Die Betroffenen durften ihre Familien und einen Teil des Hausrates mitnehmen. Die Berliner Zeitung »Telegraf« veröffentlichte am 26. Oktober 1946 Einzelheiten über die von den Russen »Ossavakim« genannte Aktion, die der Bevölkerung in der SBZ verborgen blieben: »Bei den Fabriken in der Sowjetzone, von denen deutsche Spezialisten bereits abgereist sind, handelt es sich um die Carl-Zeiss-Werke in Jena, von wo bis Donnerstag Abend 270 Arbeiter verschickt wurden, darunter der bekannte Experimentalphysiker Prof. Schütz, sowie Gefolgschaftsmitglieder der Jenaer Glaswerke Schott & Söhne. Ungefähr 800 Arbeiter der Firma Henschel-Stassfurth und ein Teil der Belegschaft der Wirkwarenfabrik Kötschen in Apolda sowie 400 Spezialarbeiter der Siebel-Flugzeugwerke, Halle, sind bereits nach Osten in Marsch gesetzt worden. 125 Ingenieure der Schwerindustrie des Bezirks Chemnitz zusammen mit 4000 Facharbeitern und Werkmeistern, sowie 2500 Belegschaftsangehörige der Junkers-Werke in Dessau wurden in den letzten drei Tagen deportiert. Die Fabriken im russischen Sektor Berlins, aus denen Angehörige deportiert wurden, sind das AEG-Oberspreewerk (OSW), früher NAG in Oberschöneweide, die Askania-Werke in Friedrichshagen, Fürstenwalder Damm 441, sowie die GEMA, die Gesellschaft für elektrische Messapparate in Berlin-Köpenick. Aus dem AEG-Werk Oberspree wurde außer dem Hochfrequenztechniker Professor Haban, dem Entwickler der ›Zentimeterwellenröhre‹, noch folgende Spezialisten des Werkes mit ihm verschickt: Dr. Kotowski, aus der Abteilung für Frequenzmessung; Dr. Falter, aus dem Versuchsfeld für Widerstände; Dr. Fritz, Leiter der Röhrenfabrik; Ingenieur Ewald, Spezialist für Senderbas [sic]; Konstrukteur Bausemer, technischer Entwickler, und ungefähr 200 Werkmeister und Arbeiter. Rund zehn Prozent des GEMA-Werkes wurden nach Osten in Marsch gesetzt, darunter die Wissenschaftler Dr. Siegmund und Dr. Tromsdorf.

Seit Donnerstag morgen ist in Bleicherode die Demontage des Instituts Rabe [Raketenbetrieb] in Gang. Einige hundert Facharbeiter dieses Werkes sind nach Russland in Marsch gesetzt worden. In Lehesten wird ein Betrieb der gleichen Gattung ebenfalls seit Donnerstag abmontiert. Das bekannte Zeiss-Werk in Saalfeld befindet sich ebenso wie das Hauptwerk in Jena und die dortigen Schottwerke in Demontage. Es soll vollständig ausgeräumt werden. Die Demontage der Waffenwerke in Suhl in Thüringen, der früheren Wilhelm-Gustloff-Werke, soll am Sonnabend beginnen. In fast allen Fällen wurde kurz vor dem Abtransport den Männern ein Befehl folgenden Wortlauts verlesen: ›Da der Betrieb, in dem Sie arbeiten, in die UdSSR verlagert wird, haben Sie sich mit Ihrer gesamten Familie zur Abreise in die UdSSR bereitzuhalten. Sie haben mit Ihrer Familie auf der Bahn Personenwagen zu besteigen, für den Abtransport Ihres Hausrats stehen Ihnen Güterwagen zur Verfügung. Beim Verladen werden Ihnen Soldaten behilflich sein. Der neue Vertrag wird mit Ihnen nach der Ankunft in der UdSSR abgeschlossen werden. Die vertraglichen Verhältnisse werden die gleichen sein, wie sie für die Facharbeiter in der Sowjetunion gelten‹«. Angekündigt wurde ihnen weiterhin, dass ihnen für die Fahrt Lebensmittel und Bekleidung zur Verfügung gestellt werden und dass sie mit einer Fahrtdauer von drei bis vier Wochen zu rechnen haben.[67]

Bei den Jenaer Zeiss-Werken hatten bereits die Amerikaner, die Thüringen zunächst besetzt hatten, 126 Führungskräfte und Spezialisten mit in die US-Zone nach Heidenheim genommen.[68] Vergleichbares geschah auch in anderen Fällen. Die neuerlichen Zwangsdeportationen schlugen hohe Wellen, sodass sich der Leiter der Deutschen Zentralverwaltung für Industrie, Leo Skrczypcynski, zu der Erklärung veranlasst sah, der Vertreter der SMAD für Wirtschaftsfragen habe ihm mitgeteilt, die Abreise der deutschen Spezialisten erfolge fast ausschließlich aufgrund früher eingegangener Verpflichtungen. Die Spezialisten würden in der Sowjetunion zu den gleichen Bedingungen arbeiten und leben wie die sowjetischen, aber wesentlich besser als es gegenwärtig und in absehbarer Zeit in Deutschland möglich sei.[69]

Der betroffene Personenkreis, der am Aufbau der sowjetischen Wirtschaft mitzuwirken hatte, wurde genötigt, »freiwillige« Arbeitsverträge über einen Zeitraum von eineinhalb Jahren abzuschließen. Wer jedoch glaubte, er könne nach Ablauf dieser Zeit in die sowjetische Besatzungszone zurückkehren, sah sich getäuscht. Häufig verlängerte die Sowjetunion diese Verträge, ohne dass sich die »Spezialisten« dagegen zur Wehr setzen konnten.

»Seelische Depressionen« bei der Rückkehr

Die ersten dreizehn zwangsverpflichteten Facharbeiter durften 1950 zurückkehren und trafen am 17. Mai 1950 auf dem Flughafen Schönefeld ein. Sie stammten aus der Chemnitzer Gegend und hatten in der sowjetischen Strumpfindustrie vier Jahre »Aufbauarbeit« zu leisten gehabt.[70] Weitere kleinere Transporte folgten bis Ende des Monats. Zur Verfassung der Heimkehrer hieß es in einem Bericht des Ost-Berliner Ministeriums des Innern, »das plötzliche Herausnehmen aus der Familie« habe zwangsläufig zu »seelischen Depressionen« führen müssen. Eingesetzt waren die Deutschen in der Nähe von Moskau, in Kiew, Odessa und anderen Teilen der Ukraine. Teilweise hätten sie »außerordentlich schlecht leben« müssen und »schlechte Arbeitsbedingungen« vorgefunden. Sie seien ohne jedes Gepäck nach Deutschland gekommen und hätten nach Ankunft sofort einige Kleidungsstücke erhalten müssen.

Ein weiterer Transport bestand aus zwölf Facharbeitern: »Durchweg waren alle aufgeschlossen und zufrieden. Sie bemängelten lediglich, dass der von ihnen auf freiwilliger Basis abgeschlossene Arbeitsvertrag von 1 ½ Jahren nicht eingehalten wurde, sondern auf beinahe 4 Jahre ohne Zustimmung verlängert werden musste.«[71] Über diesen Umstand klagte auch eine Gruppe von 14 Facharbeitern, die am 7. Juni 1950 Schönefeld erreichten. Auch hier hatte die Sowjetunion »ohne Rücksprache« das Vertragsende auf unbestimmte Zeit hinausgezögert. In Fällen, in denen Angehörige lebensgefährlich erkrankt gewesen seien und die Rückreise beantragt hätten, habe es auf entsprechende Gesuche nicht einmal eine Antwort gegeben. »Unsere Genossen haben dies als einen politischen Fehler angesehen. (…) Dazu kam, dass im letzten halben Jahr unsere Facharbeiter nicht einmal in den Besitz der deutschen Zeitschriften kamen.«[72]

Nachdem die ersten Gruppen noch nach Schönefeld geflogen wurden, erreichten die folgenden größeren Transporte mit der Bahn und nach meist neuntägigen Reisen Frankfurt/Oder, so am 9. September 1950. 216 Personen waren es – 82 »Spezialisten«, 59 Ehefrauen, fünf Jugendliche und 70 Kinder –, die mit großem propagandistischem Aufwand erst in Frankfurt und dann am Zielort Wolfen begrüßt wurden, ebenso wie weitere je 204 Heimkehrer am 1. und am 4. Oktober und 202 Heimkehrer am 7. Oktober 1950.

Damit war die erste Phase der »Repatriierung deutscher Spezialisten aus der UdSSR« abgeschlossen. Alle Personen seien von dem »gewaltigen Aufbau in der Industrie, Landwirtschaft und insbesondere vom Schulwesen und vom ernsten Friedenswillen des sowjetischen Volkes stark beeindruckt«, schrieb die Hauptabteilung »Staatliche Verwaltung« des Ministerium des Innern am 19. Oktober 1950, aber es gebe auch einige »sowohl unter den besonders qualifizierten Spezialisten als auch unter den einfachen Handwerkern mit negativen Einstellungen, die in der Hauptsache auf persönlichen Erlebnissen und Missgeschicken beruhen«.[73] Viele kehrten an ihre früheren Arbeitsstellen zurück und wurden eingehenden politischen Schulungen unterzogen. Aus den entsprechenden Meldungen ergibt sich ein Bild über die Art der »Missgeschicke«, von denen das Ministerium des Innern sprach. Viele Spezialisten kapselten sich ab, weigerten sich, über ihre Eindrücke zu sprechen und beriefen sich auf eine ihnen auferlegte Schweigepflicht. In der Sowjetunion seien sie in abgeschlossenen Gebäuden untergebracht worden, hätten unter ständiger Begleitung gestanden und seien mit sowjetischen Arbeitern kaum in Berührung gekommen. Ihre Entsendung als Spezialisten bezeichneten viele weiterhin als »Verschickung«. Es bestehe »in mancher Beziehung bei einigen sogar noch eine gewisse Zurückhaltung aus Angst, sie könnten noch einmal nach der Volksrepublik Polen durch irgendeinen Vertrag verpflichtet werden«.[74]

Vorzugsbehandlung für heimgekehrte »Spezialisten«

Die zurückgekehrten »Spezialisten« genossen in vielerlei Hinsicht eine Vorzugsbehandlung. Im September 1950 trafen »610 Spezialisten mit 1 078 Familienangehörigen«, in der DDR ein. In Ost-Berlin durften 61 Familien ihre alten Wohnungen wieder beziehen, 134 Familien erhielten zum Teil großzügig bemessene neue Wohnungen. »Zur Instandsetzung von Wohnungen in städtischen bzw. volkseigenen Häusern wurden abweichend von der sonstigen Regelung auch Schönheitsreparaturen in großzügiger Weise aus öffentlichen Mitteln vorgenommen. Aus vorhandenen Möbelbeständen konnten die Rückkehrer bevorzugt Einrichtungsgegenstände kaufen.«[75] In Dessau bekamen 99 Familien eine neue Wohnung mit einer Durchschnittsfläche von neun Quadratmeter pro Person gegenüber 7,8 Quadratmetern für die übrige Bevölkerung. In Bernburg wurden den Rückkehrern 11,3 Quadratmeter statt 7,8 Quadratmetern pro Person zugestanden und in Merseburg-Leuna sogar 23 Quadratmeter gegenüber sonst zehn Quadratmetern.[76]

Im Januar und Februar 1952 kehrten im Rahmen einer »5. und 6. Aktion« nach teilweise abenteuerlichen Fahrten weitere Spezialisten zurück, zunächst 415 Personen, dann weitere 697. Die Reichsbahn hatte dafür Sonderzüge nach Brest geschickt, doch »dazu ist zu bemerken, dass von den 26 abgesandten Wagen einer in Polen wegen Beschädigung abgekoppelt werden musste. 17 Wagen waren nicht beleuchtet und 10 Wagen nicht beheizt, sodass zeitweise im Wageninnern eine Temperatur von minus 5 Grad Celsius herrschte, trotzdem 2 Heizkesselwagen mitgeführt wurden«.[77]

Die letzten Spezialisten mussten teilweise bis zum September 1954 in der Sowjetunion bleiben. Nach entsprechender »Berufsberatung« durch Dienststellen der DDR wurden sie oftmals in Orte und Betriebe geschickt, die sie sich nicht ausgesucht hatten. Viele von ihnen setzten sich daher anschließend trotz der gewährten Privilegien in den Westen ab, da sie »ideologisch noch nicht in fortschrittlichem Sinn beeinflusst worden« waren und die »befähigsten Spezialisten« zudem glaubten, »dass sie in Westdeutschland sofort eine neue Stellung finden«.[78]

Reparationen und Demontagen

Die eigene Besatzungszone ausgeplündert

Ende 1945 bezifferte der sowjetische Vizepremierminister Nikolai Wossnessenski die Kriegsschäden seines Landes mit circa 700 Milliarden Rubel, was damals 128 Milliarden Dollar und 30 Prozent des Nationaleinkommens entsprach. Im Vergleich zu den Westmächten hatte die Sowjetunion erheblich mehr unter dem Zweiten Weltkrieg gelitten. So hatten deutsche Soldaten weder die USA noch Großbritannien betreten, und auch in Frankreich hielten sich die Schäden – gemessen an denen in der Sowjetunion – in Grenzen. Reparationsforderungen in Höhe von zehn Milliarden Dollar, die der Kreml an das besiegte Deutschland richtete, schienen somit sogar noch relativ zurückhaltend zu sein. Weitere Forderungen erhob Moskau gegenüber den Ländern, die mit dem NS-Regime verbündet waren oder es in anderer Weise unterstützt hatten. Italien hatte 100 Millionen Dollar zu zahlen und auch Rumänien, das Moskau in seinen Einflussbereich eingegliedert hatte, musste Reparationen leisten.

Aufgebracht werden sollten die deutschen Reparationsleistungen durch die Lieferung von Konsumgütern, in erster Linie aber durch die Demontage von Industrieanlagen. Schon bald zeigte sich, dass beide Vorstellungen nicht miteinander vereinbar waren. Demontierte Fabriken fielen zwangsläufig für die Produktion der gewünschten Konsumgüter aus, und außerdem hatten die Siegermächte die Senkung der deutschen Industriekapazität auf durchschnittlich etwa fünfzig Prozent des Standes von 1938 festgelegt. Diese Ziffer reichte jedoch nicht aus, um Moskaus Reparationswünsche zu erfüllen.

Im November 1946 konfrontierte die Sowjetunion im Rahmen von informellen Besprechungen die US-Regierung mit einer Kehrtwende in ihrer Demontage- und Reparationspolitik. Der Leiter der russischen Wirtschaftsabteilung, K. Ivanowitsch Kowel, meinte gegenüber seinem Gesprächspartner Brigadegeneral William H. Draper jun., Moskau halte nunmehr eine Reduktion der Industriekapazität auf 75 Prozent des Standes von 1938 für ausreichend. Gleichzeitig meldete er für den Bereich der Stahlerzeugung Forderungen an, die eine jährliche Stahlproduktion von zehn bis zwölf Millionen Tonnen vorausgesetzt hätten. Dagegen hatte Moskau noch im Februar 1946 drei Millionen Tonnen für völlig ausreichend erachtet.[1] Sollten die Westmächte auf diese Vorstellungen eingehen, könnte die Sowjetunion jährlich Güter im Wert von zwei Milliarden Dollar aus allen vier Besatzungszonen beziehen, um ihre Reparationsforderungen zu befriedigen, hatte die sowjetische Seite errechnet. Auf ihrer Wunschliste standen dabei an oberster Stelle neue Werkzeugmaschinen, Lokomotiven und Waggons sowie Konsumgüter wie Kleider, Strümpfe, Betttücher und Schuhe. Mit Ausnahme von Eisen und Kohle würde die Sowjetunion die erforderlichen Rohmaterialien wie Baumwolle, Wolle, Flachs und Leder liefern, bot Kowel an.

Als Gegenleistung offerierte er, keine Fabriken in Deutschland mehr zu demontieren und abzutransportieren. Außerdem sei Moskau bereit, die vier Besatzungszonen weiterhin als wirtschaftliche Einheit zu betrachten, woran vor allem den USA und Großbritannien gelegen war. Die vermeintliche Großzügigkeit war durchaus nicht selbstlos. Angesichts der Umstellung von der Kriegs- auf die Friedenswirtschaft und der Demobilisierung großer Teile der Armee steckte Moskau in erheblichen wirtschaftlichen Schwierigkeiten.

Streit um Lieferungen aus Westdeutschland

Der sowjetische Bedarf an Reparationsgütern war immens und konnte aus der eigenen Besatzungszone nicht befriedigt werden. Die »Großen Drei« – Frankreich war von dieser Konferenz ausgeschlossen – hatten deshalb auf der Potsdamer Konferenz zwischen Juni und August 1945 beschlossen, dass ein Viertel der in den Westzonen demontierten Fabriken an die Sowjetunion fallen sollte. Vor dem Hintergrund der zunehmenden Entfremdung zwischen den einstigen Verbündeten hatten die Amerikaner im Mai 1946 jedoch die Reparationslieferungen aus ihrer Zone eingestellt und erklärt, sie würden erst wieder aufgenommen, wenn Moskau die Aufrechterhaltung der wirtschaftlichen Einheit Deutschlands verbindlich und auf Dauer bekräftigen würde. Diese amerikanische Restriktion galt im Übrigen auch für Frankreich, das seine eigene Politik verfolgte und ebenfalls die Vision von der wirtschaftlichen Einheit ad absurdum führte. Erst nachdem entsprechende Signale aus Moskau gekommen waren, genehmigten die stellvertretenden Militärgouverneure am 24. Oktober 1946, und zwar auf Vorschlag des US-Militärgouverneurs Lucius D. Clay, dass die UdSSR 25 Prozent der in der amerikanischen beziehungsweise britischen Zone hergestellten Werkzeugmaschinen erhalten sollte. Drei Viertel der Maschinen sollten dagegen der Internationalen Reparationsagentur in Brüssel zur Verteilung an die übrigen Alliierten des Zweiten Weltkriegs, vorwiegend kleinere Länder, bereitgestellt werden.

Es war also keine freiwillige Einsicht, sondern die pure wirtschaftliche Notwendigkeit, die Moskau zu einer neuen Reparationspolitik zwang. Entsprechend skeptisch zeigten sich die USA. Sie verwiesen darauf, dass Moskau bereits zahlreiche Fabriken aus Deutschland abtransportiert hatte, ohne sie auf das Reparationskonto anzurechnen, und dass die Sowjetunion annähernd sechzig Prozent der laufenden Produktion aus ihrer Besatzungszone beanspruchte. Ferner seien 35 Prozent der nicht demontierten Werke als Sowjetische Aktiengesellschaften in sowjetischen Besitz übergegangen und arbeiteten ausschließlich zum Nutzen der UdSSR.

1947 stoppten die USA ein weiteres Mal den Abtransport westdeutscher Fabrikanlagen in die Sowjetunion und mit Wirkung zum 1. April 1948 dann endgültig und im Einvernehmen mit den Briten für den gesamten Bereich der inzwischen geschaffenen amerikanisch-britischen Bizone. Dies war nicht zuletzt die Konsequenz aus Auseinandersetzungen auf der Londoner Konferenz der »Großen Vier« vom Dezember 1947. Der Westen hatte Moskau dort vorgeworfen, über die Demontage und den Abtransport von Industrieanlagen in der SBZ niemals konkrete Angaben gemacht zu haben, sodass jede Berechnungsgrundlage fehle. Nach dem endgültigen Scheitern dieser Konferenz teilte das US-

Kriegsministerium die Einstellung aller Reparationslieferungen an die Sowjetunion mit. Bis zum 1. April 1948 sollten lediglich noch einzelne Güter aus bereits genehmigten Lieferungen abtransportiert werden.[2]

Dieses Verbot bedeutete eine weitere Eskalation des Kalten Krieges, der zwischen den ehemaligen Kriegsalliierten eingesetzt hatte. Zudem stoppten die USA die Demontagen in ihrer Zone, weil sie dem wirtschaftlichen Wiederaufbau Westdeutschlands entgegenliefen. Ohnehin hatte es häufig Auseinandersetzungen zwischen der Sowjetunion und den Westmächten, speziell mit den Amerikanern und den Briten darüber gegeben, welche Fabriken in Westdeutschland den Sowjets überlassen werden sollten. So hatten russische Demontage-Trupps die Lokomotiv-Reparatur-Werkstätten von Krupp in Essen abbauen wollen, weil Moskau daran gelegen war, den gesamten Krupp-Konzern auszumerzen. Die Westmächte dagegen wollten die Werke unter Aufteilung des Konzerns in Einzelunternehmen für die Friedensfertigung erhalten. Moskaus Demontagetrupps mussten in diesem Fall unverrichteter Dinge abziehen.[3]

Millionenleistungen trotz eigener Not

Die Hauptlast der Reparationsentnahmen hatte die sowjetische Besatzungszone zu tragen und es grenzt beinahe an ein Wunder, dass sie – später dann die DDR – den wirtschaftlichen Wiederaufbau überhaupt schaffte. Vom ersten Tag der Besatzung an ließ Moskau den Provinzen und Ländern zwischen Elbe und der Oder-Neiße-Linie keine Möglichkeit zum wirtschaftlichen Atemholen. Obwohl auch hier die Städte und Fabriken in Trümmern lagen, wurden immense Reparationsforderungen erhoben und eingetrieben. Im Mai 1945 erst war die bedingungslose Kapitulation der deutschen Wehrmacht unterzeichnet worden, doch schon im vierten Quartal desselben Jahres waren von der Deutschen Verwaltung für Finanzen 250 Millionen RM auf das Konto »Reparations-Lieferungen« zu überweisen. Weitere 300 Millionen Reichsmark mussten im gleichen Zeitraum die Provinzen und Länder der SBZ aufbringen. Hinzu kam die Erstattung von Besatzungskosten.[4] Zu ihnen zählten alle Ausgaben für den Unterhalt und die Unterbringung sowjetischer Besatzungstruppen und Dienststellen, die »von den Ländern, Provinzen, Kreisen, Gemeinden, Betrieben und Privatpersonen gefordert« wurden. Ferner zählten zu Reparationslieferungen alle Sachleistungen – einschließlich der Kosten für Versicherung und Transport –, »die von der Reparationsabteilung der SMAD den Landes- und Provinzialabteilungen in Auftrag gegeben sind, und ferner die Leistungen, die ohne ordnungsgemäße Anforderung von nicht zuständigen Stellen oder Angehörigen der Besatzungsmacht erzwungen sind«.[5]

Es lässt sich kaum mehr ermitteln, in welcher Höhe die sowjetische Besatzungszone tatsächlich Reparationsleistungen zu erbringen hatte, zumal es schon in der Nachkriegszeit häufig Streit über den Wert der entnommenen Leistungen gab, den die sowjetische Seite in der Regel zu niedrig ansetzte. Außerdem kann der Wert der so genannten wilden Requisitionen nicht einmal annähernd geschätzt werden. Anhand der Unterlagen der Deutschen Zentralfinanzverwaltung (ZFW) lassen sich jedoch konkrete Zahlen zumindest für die Zeit vom 1. April 1947 bis zum 28. Februar 1948 nennen. Auf der Grundlage der Preise von 1944 hatten in dieser Zeitspanne die Länder und Provinzen der SBZ Reparationen von fast anderthalb Milliarden Reichsmark zu erbringen, die sich folgendermaßen aufteilten:[6]

– Mecklenburg:	84,844	Millionen RM
– Sachsen-Anhalt:	472,687	Millionen RM
– Thüringen:	347,690	Millionen RM
– Sachsen:	521,741	Millionen RM
– Zentralverwaltung für Finanzen:	59,462	Millionen RM.

Die Vorgehensweise der SMAD bei der Eintreibung ihrer Forderungen war einfach: Die Chefs der regionalen Militärverwaltungen erteilten entsprechende Befehle, die unter allen Umständen erfüllt werden mussten. Exemplarisch steht für dieses Vorgehen der »Befehl 066« des Chefs der SMA des Landes Sachsen, der am 11. April 1947 folgende Reparationslieferungen für das zweite Quartal 1947 anordnete:

- Bezirk Dresden: 16,873 Mio. RM
- Bezirk Leipzig: 22,034 Mio. RM
- Bezirk Chemnitz: 19,728 Mio. RM
- Bezirk Zwickau: 12,825 Mio. RM
- Bezirk Bautzen: 6,686 Mio. RM.[7]

Unter Punkt c) des Befehls hieß es, Firmen, die mangelhafte Erzeugnisse herstellten, seien zur Verantwortung zu ziehen und die Verantwortlichen erforderlichenfalls Gerichten zu übergeben. Ferner wurde die absolute Priorität der sowjetischen Forderungen festgelegt: »Die Firmen, die Reparationsaufträge durchführen, [sind] erstrangig und ununterbrochen mit Rohstoffen, Materialien, Kraftstrom, Brennstoff und Arbeitskräften zu versehen, wobei auch die Unterlieferanten zu berücksichtigen sind.«

Exakt aufgeschlüsselt waren die Anforderungen nach einzelnen Wirtschaftszweigen, wobei hier stellvertretend lediglich die Angaben für den Bezirk Chemnitz genannt werden sollen: »Maschinenbau: 3 887[8], Elektroindustrie: 502, Feinmechanik: 1 750, medizinische Einrichtungen und Instrumente: 120, Holzbearbeitung: 290, Textilien: 3 090, Leichtindustrie: 9 485, Chemische und Kali-Industrie: 253, Verschiedene Waren des allgemeinen Bedarfs: 350.«[9] Papier und Pappe hatten die Bezirke Dresden und Bautzen zu liefern, Baumaterialien die Bezirke, Dresden, Leipzig und Bautzen, »Kulturwaren« die Bezirke Leipzig und Zwickau.

Am Beispiel Thüringens wird deutlich, in welcher Höhe die Sowjetunion ihre Besatzungszone belastete: Von Juli bis September 1945 mussten rund 36 Millionen RM gezahlt werden, und zwar elf Millionen RM für die Beschaffung von Kasernen, Unterbringung und Verpflegung. 5,5 Millionen RM waren als Ersatzleistungen für Zerstörungen zu zahlen, 16,4 Millionen RM als Ersatz für Requisitionen, 1,6 Millionen RM für die Erfüllung von Auflagen und 1,6 Millionen RM für »Sonstiges.« Weitere elf Millionen Reichsmark standen als Forderungen bereits im Raum.[10] Für das erste Quartal 1946 verlangte die Sowjetunion von der Deutschen Zentralfinanzverwaltung 250 Millio-

Weimar wurde zunächst von US-Truppen besetzt. Auch sie hinterließen offene Rechnungen.

nen RM, zusätzlich aber allein vom Land Sachsen Reparations- und Besatzungskosten in Höhe von 145 Millionen RM.[11]

Zusätzliche Schäden durch Besatzungswechsel

Das Nachsehen hatten die deutschen Unternehmen, Handwerker oder auch öffentliche Einrichtungen. In Thüringen, Teilen Sachsens, Sachsen-Anhalts und in Mecklenburg kam hinzu, dass zunächst Amerikaner und Briten einmarschiert waren und offene Rechnungen hinterlassen hatten. Die »Treuhandgesellschaft Mecklenburgischer ländlicher Genossenschaften« machte am 26. August 1946 darauf aufmerksam, dass die Raiffeisen-Molkerei-Genossenschaft in Lübtheen im Mai und Juni 1945 erst auf Veranlassung der amerikanischen, dann der britischen Kommandantur Molkereiprodukte für das Ausländer-Sammellager in Jessenitz und für das Französische Hospital in Lübtheen geliefert hatte. Nachdem sowjetische Truppen das Gebiet übernommen hatten, wandte sich die Gemeinde wiederholt an die neue

Militär-Kommandantur, um die Kosten von über 13 000 RM erstattet zu bekommen. Diese Bemühungen blieben ergebnislos, wie Mahnschreiben an die Zentralverwaltung für Finanzen zeigen.[12]

Stärker noch waren die Carl-Zeiss-Werke in Jena vom Wechsel der Besatzungsmächte betroffen. Sie übermittelten dem Landesamt für Finanzen in Weimar am 12. November 1945 eine Aufstellung, nach der ihnen durch Krieg und Besatzungsfolgen ein Verlust von 327,7 Millionen Reichsmark entstanden war.[13] Diese Summe setzte sich zusammen aus Kriegsschäden in Höhe von 86 Millionen RM, gesperrten Bankguthaben von 17 Millionen RM, Forderungen an die deutsche Wehrmacht von 39 Millionen RM, Ansprüche im Restabgeltungsverfahren und Anhaltskosten von 186 Millionen RM, offene Rechnungen an das Deutsche Reich wegen der Verlagerung von Betriebsstätten von vier Millionen RM und von 35 Millionen RM für nicht realisierbare Werte im Ausland. Hinzu kämen seit dem Einmarsch der amerikanischen Truppen am 13. April 1945 in Jena folgende Schäden:

- Requisitionen der amerikanischen Truppen: 15,517 Mio. RM
- Ausländerbetreuung im Auftrag der Stadt Jena: 0,49 Mio. RM
- Miete für Büroräume, Wohnungen und Baracken: 0,11 Mio. RM
- Fuhrleistungen, Abgabe von Materialien und Lebensmitteln: 0,023 Mio. RM
- Schäden in Werksheimen und Baracken: 0,43 Mio. RM
- Beschlagnahme von Kfz: 0,022 Mio. RM
- Schäden auf Gut Burgau: 0,017 Mio. RM
- Verschiedene Plünderungsschäden: 0,052 Mio. RM

Die Firmenleitung begründete die Ansprüche unter anderem damit, dass die Russen zahlreiche Räume beschlagnahmt hätten, ferner Fabrikanlagen und Wohngebäude in Jena sowie Baracken in Jena und Gera zur Unterbringung deutscher Kriegsgefangener. Fahrzeuge würden requiriert, Lebensmittel und Futtermittel beschlagnahmt, Ernten durch das Befahren von Feldern mit Panzern vernichtet. Das Dilemma, in dem sich das Werk befand, spiegelte sich in dieser Feststellung wider: »Die russischen Besatzungsbehörden verlangen von unserer Firma eine

Steigerung der Produktion in ganz kurzer Zeit auf ca. das Vierfache der Fertigung in den ersten Monaten der Russenbesetzung. Wir haben schon in den vergangenen Monaten unsere Fertigung nicht aus eigenen Mitteln finanzieren können, sondern waren gezwungen, Bankkredit in Höhe von 2 Millionen RM aufzunehmen, und wir würden, selbst wenn die Fertigung auf dem bisherigen Niveau weiterlaufen würde, auch noch auf Monate hinaus Bankkredit in dieser Höhe, wahrscheinlich sogar noch darüber hinaus benötigen. Die verlangte Produktionssteigerung ist nur durchzuführen, wenn wir weitere sehr erhebliche Beträge beschaffen können, die wir sehr vorsichtig geschätzt mit 25 Millionen RM veranschlagen müssen. Diese werden benötigt für unsere laufenden Ausgaben an Löhnen, Gehältern, Materialeinkäufen, Herrichtung der zum Teil zerbombten Fertigungsstellen, die insbesondere durch die Requisitionen der Amerikaner vollständig ausgeräumt wurden und nachdem unsere Bankguthaben in Höhe von 17 Millionen RM durch die Banksperre unserer Verfügung entzogen worden sind. Auch Bestände an Rohstoffen und Halbfabrikaten, die wir noch zur Fertigstellung umsetzen könnten, haben wir nur noch in ganz geringem Umfang. Wir sind deshalb auf den Ersatz der Aufwendungen, die wir für Besatzungsleistungen ausgeben mussten, unbedingt und ganz dringend angewiesen und bitten Sie darum, die vorstehend aufgeführten Beträge uns so schnell wie möglich zu vergüten, wobei wir nochmals betonen, dass wir sie ausschließlich benötigen, um die ultimative Forderung der russischen Behördenstellen erfüllen zu können.«[14]

Die Herstellung von Reparationsgütern für die UdSSR besaß höchste Priorität. Betrieben, die Befehle nicht rechtzeitig ausführen könnten, drohten erhebliche finanzielle und auch personelle Sanktionen. Da in der ersten Nachkriegszeit die regionalen SMA-Stellen, örtliche Kommandanten oder Volkskommissariate Reparationsleistungen einforderten, bestimmte die SMAD am 13. Oktober 1945 mit »Befehl Nr. 95«, dass sämtliche Reparationsaufträge der Abteilung »Reparationen und Lieferungen für die Sowjet-Militäradministration in Deutschland« zu melden waren.[15] Für die Zukunft wurde festgelegt, dass ausschließlich von dieser Abteilung und der SMAD-Abteilung für Außenhandel abgeschlossene Verträge gültig waren.[16] In einem weiteren umfangreichen Befehl vom 1. November 1945 wurden die Details für die Abwicklung der Reparationsaufträge festgelegt. Die Präsidenten der Länder und Provinzen wurden darin zur Erfüllung der Verträge und ihrer pünktlichen Abwicklung verpflichtet. Für jeden Monat verspäteter Lieferung waren fünf Prozent des Warenwertes zu zahlen. Bei Maschinenausrüstungen, die aus irgendeinem Grund unvollständig waren und nicht funktionierten, wurde von sowjetischer Seite gehandelt, »als ob diese Ausrüstung nicht geliefert worden wäre«.

Wilde Requisitionen

Die gesamte Wirtschaft der sowjetischen Besatzungszone litt unter den finanziellen Lasten, die der Unterhalt der sowjetischen Truppen wie auch die häufig willkürlichen Requisitionen verursachten. In Markkleeberg bei Leipzig hatte die russische Besatzungsarmee Maschinen abtransportieren lassen[17], und die »Allgemeine Deutsche Eisenbahnbetriebs-Gesellschaft« mit Sitz in Berlin trug am 14. November 1945 vor, auf der von ihr betriebenen Teltower Eisenbahn finde zwar ein reger Besatzungsverkehr statt. Alle Bemühungen, von der sowjetischen Einkaufsgesellschaft »Wojentorg«, einer Handelsgesellschaft innerhalb der Armee zur Versorgung der Truppe, Frachtbeträge zu erhalten, seien aber ergebnislos verlaufen. Bisher habe die Besatzungsmacht hundert Waggons in Anspruch genommen, künftig würden es 600 werden, die Kosten damit steigen.[18] Das Säge- und Hobelwerk Lobenstein (Thüringen) reklamierte am 29. April 1946 einen Betrag von 5 892 RM. Sowjetische Offiziere hatten sich in dem Betrieb bedient »und mich unter Zwang gesetzt, die Lieferung auszuführen und dann nach Auslieferung der Ware jede Zahlung unterlassen«, schrieb der Geschäftsführer. Dann seien »die Herren spurlos verschwunden.«[19] Bei der Zentralverwaltung für Finanzen machte die Stadt Riesa am 8. Februar 1946 Schäden von fast 2,6 Millionen RM geltend, unter anderem für Getreidelieferungen an die Rote Armee, für Mehl- und Teigwaren, Fensterglas, Bau- und Schnittholz, Leder, Filz und Nähmaterialien, die Betriebe ohne Bezahlung an die Besatzungsmacht liefern mussten. Bei

Diebstahl oder »wilde Requisition«? Das Ergebnis war für die Betroffenen dasselbe.

16 Betrieben hätten größere Verbände der Roten Armee die genannten Produkte zu Beutegut erklärt.[20]

Ungeschminkt beschrieb am 11. Oktober 1946 der Präsident der Provinz Sachsen in einem zehnseitigen Bericht die Situation. Anhand konkreter Beispiele wies er die Ohnmacht der deutschen Unternehmen und Dienststellen nach.[21] Ausgaben und Zahlungsverpflichtungen stiegen von Tag zu Tag, was nicht zuletzt auf die mit erheblichen Kosten verbundenen Anordnungen der Besatzungsmacht zurückzuführen sei. Die Stadt Eilenburg habe 113 000 RM Besatzungsleistungen bevorschusst und sei in finanzielle Schwierigkeiten geraten. In großer Not befänden sich auch die Gemeinden Lützen, Schkopau, Schkeuditz und Pretsch sowie Piesteritz. Der Stadt Halle sei bis Ende März 1946 infolge beschlagnahmter Grundstücke und Wohnungen ein Miet- und Pachtausfall von 248 000 RM entstanden. Merseburg habe auf Veranlassung der Besatzungsmacht 170 000 Reichsmark an Forderungen für Dienstleistungen, Wasser und Strom, das Knappschaftskrankenhaus

Eisleben von 55 000 RM, das Diakonissenhaus in Halle von 11 000 RM. Auf Befehl der sowjetischen Militärkommandantur seien alle Saale-Schifffahrtskähne beschlagnahmt worden. 14 Kahnbesitzer hätten damit ihre wirtschaftliche Existenz verloren. Die Firma Zscheile & Co. in Rottleberode könne angesichts eines Besatzungsschadens von 19 000 RM die Löhne nicht mehr zahlen. Betroffen seien die als Offizierskasinos beschlagnahmten Gaststätten. Das Hotel »Schwarze Rose« in Naumburg warte allein für die Monate Februar bis April 1946 auf eine Zahlung von 16 000 RM. Diese und andere Fälle stellten nur einen Bruchteil der durch die Nichtzahlung von Besatzungsschäden in Not geratenen Gemeinden, Betriebe und Personen dar. In aller Deutlichkeit wurden die Konsequenzen aufgezeigt: »Wenn diesen nicht bald und in ausreichendem Maße geholfen wird, ist durch weiteres Anwachsen der Außenstände ihr Ruin nicht mehr aufzuhalten, wodurch sich für die Wirtschaft untragbare Folgen ergeben. Eine gewaltige Steigerung der Besatzungsschäden ist vielfach darauf zurückzuführen, dass den untergeordneten russischen Dienststellen die von der SMA erlassenen Befehle und gegebenen Anweisungen auf dem Gebiet der Besatzungsleistungen nicht bekannt sind, jedenfalls nicht von ihnen berücksichtigt werden.« Vielfach würden Offiziere entgegen der Bestimmungen jegliche Mietzahlung grundsätzlich ablehnen, was für die Bevölkerung große Härten mit sich bringe, »besonders in den Fällen, wo die Inhaber ihre Häuser und Wohnungen räumen und anderswo teurere möblierte Zimmer beziehen mussten. So führt die Nichtzahlung der Mieten zur finanziellen Belastung der Gemeinden, weil die Hausbesitzer ihre Steuern nicht zahlen sowie andere Zahlungsverpflichtungen nicht mehr erfüllen können«.

Allein in Halle summierten sich die Mietausfälle auf mehr als eine Million Mark. In Arendsee/Altmark hätten russische Offiziere die Miete zahlen wollen, das aber sei ihnen verboten worden. Der russische Ortskommandant habe am 11. April 1946 verfügt, dass Offiziere ab sofort keine Miete mehr zahlen dürften. Im Gegenzug seien Hausbesitzer von der Zahlung von Abgaben wie der Grund- oder der Hauszinssteuer befreit.

Zwar hatte die SMAD detaillierte Richtlinien zur Erstattung von Besatzungslasten erlassen, doch daran schien sich kaum jemand zu halten, wie Sachsens Präsident beklagte. So war es nach SMAD-»Befehl Nr. 95« untersagt, örtliche deutsche Arbeitskräfte ohne Bezahlung in Anspruch zu nehmen. Die Realität sah anders aus: »Der Bürgermeister in Siedengrieben berichtet, dass bisher in keinem Falle die herangezogenen Arbeitskräfte bezahlt worden seien. In der Gemeinde Unrau stehen für Arbeitslöhne noch mehrere RM 1000,00 aus. Ähnliche, die Gemeinde in unerträglicher Weise belastende Verhältnisse bestehen in den Gemeinden Ristedt, Chüttlich und Gerstedt. Durch die Forderung auf Gestellung von Gespannen und Fahrzeugen, für die nur in den wenigsten Fällen eine Bezahlung erfolgt, werden die Bauern behindert, die für die Ernährungswirtschaft unbedingt wichtigen Aufgaben durchzuführen. Hinzu kommt auch, dass, wenn es sich um Zuchtvieh handelt, unsachgemäß mit dem Pferdematerial umgegangen wird. Auf diese Weise hat ein Bauer in Hanau 2 Pferde verloren. Die Fälle, dass einzelne Kommandos Vieh zum Schlachten verlangen, ohne zu bezahlen oder einen Berechtigungsnachweis vorzulegen, sind keineswegs selten.«[22]

Besonders ungeniert verhielten sich die Angehörigen des Geheimdienstes NKWD. Sie argumentierten, sie gehörten zum sowjetischen Ministerium des Innern und seien somit nicht Teil der Besatzungstruppen. In Oschersleben habe eine NKWD-Einheit ein von ihnen requiriertes Gebäude stark beschädigt und die Miete nicht gezahlt. Bei ihrem Abzug habe sie außerdem Einrichtungs- und Kunstgegenstände mitgenommen, sodass ein Schaden von insgesamt 20 000 RM entstanden sei.

Dramatisch wirkte sich die Forderung der Besatzungsmacht aus, Personal und Fahrzeuge zur Demontage und zum Abtransport von Maschinen oder Fabrikanlagen zu stellen. Auch hierzu äußerte sich der sächsische Präsident:

»Von den angeforderten 2 000 Lkws konnten nur 400 Lkws mit Anhänger bereitgestellt werde, die anschließend nach Bernau/b. Berlin überführt wurden. Die Fahrzeuge wurden benötigt, um laufend demontierte Maschinen und Maschinenteile von Berlin, Spandau usw. zum Hafen in Stettin zu transportieren. Mit dem inzwischen verstorbenen General Waismann in Potsdam und dem Leiter des Stabes in Bernau, Herrn Oberstleutnant Nikiperlow, sind bis ins einzelne gehende Vereinbarungen über Verpflegung, Unterkunft und Bezahlung der Fahrer und Beifahrer getroffen worden. Soweit die Fahrer und Beifahrer nicht eingesetzt waren, wurden sie zu anderen Arbeiten herangezogen, insbesondere Spezialisten unter ihnen (Kraftfahrzeugschlosser, Schweißer, Elektriker usw.) für an Ort und Stelle auszuführende Reparaturarbeiten. Auch für diese Arbeiten wurden Monatslöhne vereinbart. Die Beträge sollten monatlich auf ein eigens dafür eingerichtetes Konto bei der Bank der Provinz Sachsen überwiesen werden und die Bank ihrerseits die unmittelbare Anweisung an die Empfänger durchführen. Nach dem Anfang Mai d.J. vorliegenden Bericht ist auf das Konto bei der Bank der Provinz bisher jedoch noch gar nichts gezahlt worden, obwohl wiederholt entsprechende Schritte bei dem Stabe in Bernau sowie bei dem Herrn General Waismann unternommen worden sind. (...) Von den 400 abgestellten Fahrzeugen sind bis Mai d.J. 66 Fahrzeuge, 7 davon als Wracks, zurückgeführt und übergeben worden. Für 50 Fahrzeuge war eine Generalreparatur, für 200 Fahrzeuge eine mittlere Reparatur erforderlich. 30 Anhänger gingen verloren. An Bereifungen fehlen etwa 1 000 bis 1 500 Stück. Nach der bisherigen Übersicht belaufen sich die bisherigen Gesamtkosten für die Aktion ›Potsdam‹ auf etwa RM 3 000 000 bis RM 5 000 000.«[23]

Eine weitere Belastung für die Kommunen bedeutete es schließlich, dass sie auch für die Kosten der Speziallager des NKWD aufzukommen hatten, die eine Reihe vorheriger Konzentrationslager – nunmehr vorrangig zur Unterbringung von politischen Gefangenen – weiter betrieb und neue Lager einrichtete. Die Abteilung Finanzen der SMA Sachsen erteilte am 8. Juni 1946 die unmissverständliche Anweisung: »Sämtliche mit der Verpflegung von Häftlingen verbundenen Ausgaben werden aus den Haushaltsmitteln der betreffenden Stadt bestritten.«[24] Der Vollständigkeit halber sei erwähnt, dass die jeweiligen Länder oder Provinzen die Kosten für die »Errichtung von Triumphbögen und Siegesdenkmälern« zu tragen und unter »Reparations- und Besatzungsleistungen« zu verbuchen hatten.[25]

Sonderzüge für »Trophäentransport«

Einen Anhaltspunkt für die Kosten, die für die sowjetische Besatzungsmacht aufzubringen waren, gibt eine Übersicht über die Leistungen der Reichsbahn in der Zeit von Mai 1945 bis Juni 1946: Sie beliefen sich in nur einem Jahr auf über 408 Millionen Reichsmark.[26] Aufschlussreich sind einige Besonderheiten, die es so nur in der SBZ gab. Sie waren bedingt durch das Ausmaß des Abtransports demontierter Fabriken und anderer Beutegüter sowie durch die riesigen Entfernungen, die die Reichsbahnzüge dabei in teilweise entlegene Regionen zurückzulegen hatten. Die Beförderung von Besatzungsgütern schlug mit 27 Millionen RM zu Buche, größter Einzelposten war jedoch die »Beförderung von Trophäen« mit über 58 Millionen RM. Unter »sächlichen Kosten« wurden unter anderem aufgeführt: Sonderausrüstung des Personals mit Decken, Kochgeschirr usw.: 456 351 RM; Sonderausrüstung der Mannschaftswagen mit Betten usw.: 598 284 RM; besondere Einrichtungen an Lokomotiven: 264 041 RM. Zusätzlich hatte die Reichsbahn Bahnhofswirtschaften und Verkaufshallen für die sowjetischen Truppen in der SBZ einzurichten, Wohnungen und Diensträume sowie Lokomotiven und Waggons bereitzustellen und einen großen Teil ihres Fuhrparks für Militärtransporte umzurüsten. Die »Beförderung von Trophäen« machte Monat für Monat den größten Einzelposten aus. Im September 1946 lag er bei 9,352 Millionen RM – gegenüber 2,391 Millionen RM für den Transport von Besatzungsgütern – und im Oktober 1946 bei 7,480 Millionen RM, während auf den Transport von Besatzungsgütern nur 2,7 Millionen RM entfielen.[27]

Offensichtlich gingen selbst der KPD – vor der Zwangsvereinigung mit der SPD zur SED – die Demontagen und Reparationsleistungen zu weit. Sie drängte deshalb auf ein rasches Ende, um den wirtschaftlichen Aufbau zu ermöglichen. Am 6. Februar 1946 hatte Ulbricht in Moskau eine Begegnung mit Stalin, bei der auch die Demontagefrage angeschnitten wurde. Nachdem Ulbricht den KPD-Vorsitzenden Wilhelm Pieck über die Ergebnisse unterrichtet hatte, verwies dieser auf eine Bitte der deutschen Kommunisten, die Demontagen schon Ende Februar zu beenden.[28]

SAG – Im Moskauer »Grundbuch« eingetragen

Ein Weg Moskaus, die Reparationsforderungen einzutreiben, bestand in der Umwandlung von Unternehmen in Sowjetische Aktiengesellschaften (SAG), die es bis zum Ende der DDR mit dem Uranbergbau in Wismut gab. Als Grundlage für die Überführung deutscher Unternehmen in sowjetischen Besitz diente »Befehl Nr. 146« des Chefs der SMAD vom 8. März 1946. In die SAG flossen nur die Aktiva ein, für eventuelle Schuldverpflichtungen hatte die deutsche Selbstverwaltung aufzukommen. Während sich die Hauptniederlassung der SAG in Moskau befand, handelte es sich bei den deutschen SAG um Zweigniederlassungen, so genannte Abteilungen. Von entscheidender Bedeutung war, dass Grundstücke und Gebäude direkt auf den sowjetischen Staat eingetragen waren.[29] Die Provinzen beziehungsweise Länder der SBZ hatten auf Anordnung der SMAD Subventionen aus ihren Haushalten an die SAG zu überweisen. Wie kompliziert die Angelegenheit war, zeigte sich daran, dass die SAG in der Besatzungszone der Sowjetunion Pacht für die Grundstücke und Gebäude zahlen mussten, da sie ja der UdSSR gehörten. Offen kritisierten die ostdeutschen Finanzminister dieses Verfahren »als eine Art verdeckter Gewinnausschüttung«, zumal Fehlbeträge der SAG von deutschen Stellen ausgeglichen werden mussten.

Es bedurfte oft nur eines Federstrichs der Chefs der Sowjetischen Militäradministration in den Ländern der SBZ, um aus einem deutschen Unternehmen eine Sowjetische Aktiengesellschaft zu machen. Die entsprechenden Befehle waren fast wortgleich, lediglich Firmennamen sowie die Namen der neuen Generaldirektoren beziehungsweise der SMA-Vertreter in den Firmen brauchten ausgetauscht zu werden. Dafür steht exemplarisch der »Befehl Nr. 154« des Chefs der SMA der Provinz Sachsen vom 22. Juli 1946, mit dem die Dessauer Waggonfabrik A.G. »à conto der deutschen Reparationen an die UdSSR und ihre Übergabe an die Sowjetische A.G. des Transport-Maschinenbaus« angeordnet wurde[30]. General-Major Schljachtenko befahl

»1.) Herrn Dr. Lohmann die Übergabe der Dessauer Waggonfabrik A.G., Dessau, und deren ganzen Vermögens à conto der deutschen

Reparationen an die UdSSR an Podiorov Wladimir Iwanowitsch, ernannt zum Generaldirektor der Dessauer Waggonfabrik A.G., Dessau, und Bevollmächtigten der Sowjetischen A.G. des Transport-Maschinenbaus für die Übernahme und Verwaltung des Werks.

2.) Eine Kommission zur Übernahme der Dessauer Waggonfabrik A.G., Dessau, bestehend aus Generaldirektor Podiorov Wladimir Iwanowitsch, dem Vertreter der SMA, Provinz Sachsen, Kapitän Paparin und dem Vertreter der Selbstverwaltung Sachsen, dem vom Präsidenten der Provinz ernannten Herrn Pauli zu bilden.

3.) Die Übergabe und Übernahme der Dessauer Waggonfabrik A.G., Dessau, an die Sowjetische A.G. des Transport-Maschinenbaus, die Schätzung und Dokumentierung nach Instruktionen und Anweisungen der SMA in Deutschland durchzuführen.

4.) Zur Durchführung der Abrechnungen und Schuldverpflichtungen und anderen Aktiven und Passiven des oben genannten Werkes, welche von der Sowjetischen A.G. nicht übernommen werden, soll der deutschen Selbstverwaltung aufgetragen werden, eine Liquidierungskommission zu bilden.«

An diesem 22. Juli 1946 gingen zahlreiche sächsische Unternehmen in sowjetischen Besitz über, unter anderem die Mitteldeutschen Fahrradwerke Sangershausen an die SAG des leichten Maschinenbaus, die Zeitzer Eisengießerei- und Maschinenbau A.G. und die Kyffhäuserhütte, Artern, an die SAG des Maschinenbaus, die Grube Golpe an die SAG der Kohlenindustrie, die Eisen- und Hüttenwerke Thale an die SAG der schwarzen Metallurgie, die Stahl- und Eisenwerke Frankleben an die SAG der Berg-Metallurgie, die Schwelerei Profen an die SAG der Heizungsindustrie, die Kali-Grube Aschersleben an die SAG der Boden-Düngung, die Dachpappen-Fabrik Hoppe & Röhming, Ammendorf, an die SAG der Baumaterialien, die IG Farben, Werk Wolfen, und die Zelluloidfabrik Eilendorf an die SAG der Chemischen Industrie, die Anhaltinischen Salzwerke GmbH an die SAG für Salz-Dünger, die Hydrierwerke Rodleben an die SAG für Mineral-Dünger, das Kraftwerk Großkayna an die SAG für Elektrowerke oder die Firma Schäffer & Budenberg GmbH, Magdeburg, an die SAG des Gerätebaus.

Abgesehen davon waren zusätzlich aufgrund des »Befehls Nr. 97« der SMAD vom 29. März 1946 »Betriebe von Kriegs- und Nazi-Verbechern in das Eigentum des Volks« übergegangen. In Sachsen handelte es sich dabei um 26 Unternehmen, unter denen sich so bedeutende befanden wie die Waggon-Fabrik Görlitz, die Sachsenwerke in Niedersedlitz und Radeberg, die Braunkohlenwerke Salzdetfurth, die Netzschkauer Maschinenfabrik, Fichtel & Sachs in Reichenberg sowie Siemens-Werke in Plauen, Chemnitz und Zwönitz.[31]

Demontagen: Die Vernichtung der ostdeutschen Industrie

Unmittelbar nach Einmarsch in die sowjetische Besatzungszone begann die Sowjetunion mit der Demontage von Industrieanlagen. Die Demontagelisten machen deutlich: Von der Ostsee bis zum Thüringer Wald wurden Industrie, mittelständische Wirtschaft und Handwerk schonungslos abgebaut. Dass die in Thüringen konzentrierten Waffenfabriken angesichts der von allen Alliierten vorgegebenen Entmilitarisierung Deutschlands der Demontage zum Opfer fielen, versteht sich von selbst. Nicht dagegen, dass unabhängig von Branchen auch die Maschinen der Betriebe, die ausschließlich der zivilen Produktion dienten, rigoros abgebaut und in die Sowjetunion geschafft wurden.

Reparationskommissionen legten fest, welche Betriebe abzubauen waren und ihre Listen waren umfangreich. Schon im Juli 1945 stellte die Wirtschaftskammer Dresden eine erste Liste von Fabriken auf, die zum Abtransport bestimmt waren.[32] 39 Werke umfasste diese erste Liste, auf denen so bekannte Namen standen wie das Siemens-Glaswerk Copitz, Zeiss-Ikon, Dresden, die Elbe-Werke Dresden und Dr. Madaus, Radebeul. Fabriken zur Herstellung von Werkzeugmaschinen, Autobatterien, Leder- und Wachstüchern, medizinischen Geräten und Anlagen zur Lebensmittelverarbeitung fanden sich ebenso auf der Demontageliste wie die weltberühmte Meißener Porzellanmanufaktur. Die Riesaer Stahlwerke versuchte der dortige Betriebsrat zu retten, indem er sich am 10. Juli 1945 an den Leiter der sowjetischen Reparationskommission in Berlin-Karlshorst wandte.[33] Der Abbruch hatte bereits begonnen, wenigstens die Demontage der älteren Betriebsteile sollte gestoppt werden. Bis auf die Abteilung U-Boot-Bau innerhalb des Behälterbaus habe das Werk kaum der Rüstungsproduktion gedient. Es solle wenigstens so weit erhalten werden, dass die Arbeiter nicht völlig brotlos würden. »Die Arbeiterschaft ist bereit, unter menschenwürdigen Bedingungen an der Wiedergutmachung der durch den Krieg verursachten furchtbaren Schäden mitzuhelfen. Voraussetzung hierfür ist selbstverständlich die Erhaltung unseres Werkes, soweit es nicht unmittelbar im Dienste des Krieges gestanden hat«, endete das Schreiben.

Bis zum 7. September 1945 wurde die Demontageliste um dreizehn Nachträge erweitert und umfasste schließlich 430 Posten. Mühlenbauanstalten, Pappenfabriken, Fabriken zur Herstellung von Pumpen, Feilen, Rechenmaschinen, Sauer- und Kohlenstoff, Lacken, Beton, Dachziegeln, Textilien, Strümpfen, Möbeln, Öfen und Herden, Haushalts- und Sanitärbedarf, Bestecken, Stahl- und Schriftgießereien, Großdruckereien, Sägewerke und Webereien fielen den Demontagetrupps zum Opfer.

218 000 Mann für die sowjetische Beute-Kommission

Die Dimension der Demontagen in der sowjetischen Besatzungszone wird sichtbar, wenn man liest, dass die SMAD mit »Befehl Nr. 178« am 22. Dezember 1945 von den Ländern und Provinzen die Bereitstellung von 218 000 Arbeitern für Aufträge der »Beute-Kommission« der SMAD verlangte.[34] Im Einzelnen waren den Abteilungen der Beute-Kommission zur Verfügung zu stellen:

»– in der Provinz Brandenburg den Leitern der Beuteabteilungen, Oberst Tarnowskij – 18 000 Arbeiter und Gardeoberst Woewodin – 30 000 Arbeiter;
– in der Provinz Mecklenburg dem Leiter der Beuteabteilung, Oberst Beiko – 40 000 Arbeiter;
– in der Provinz Sachsen den Leitern der Beuteabteilungen, Oberst Gaiew – 10 000 Arbeiter und Oberst Antschewskij – 20 000 Arbeiter;
– im Bundesland Thüringen dem Leiter der Beuteabteilung, Garde-Oberst Spasow – 20 000 Arbeiter;

- im Bundesland Sachsen dem Leiter der Beuteabteilung, Garde-Oberst Offizerow – 60 000 Arbeiter;
- in Berlin dem Leiter der Beuteabteilung, Oberst Tarnowskij – 20 000 Arbeiter.«

Am 30. Dezember 1945 gab die Zentralverwaltung für Arbeit und Soziales den Befehl an die Landesämter weiter und konnte dann am 3. Januar 1945 folgenden Stand melden:[35]

In der Provinz Brandenburg standen die verlangten 40 000 Mann auf Abruf bereit. Ähnliches galt für Mecklenburg-Vorpommern, wo hauptsächlich ehemalige Mitglieder der NSDAP zu den Einsätzen herangezogen wurden.

Sachsen sollte ursprünglich 60 000 Arbeiter stellen und hatte in Verhandlungen die Reduzierung dieser Zahl auf 28 000 erreicht. Außerdem gestand die SMA Sachsen einen Frauenanteil von zwanzig Prozent zu. Von Thüringen waren ursprünglich 20 000 Arbeitskräfte verlangt. Anfang Januar standen 17 920 im Dienst der Sowjetunion, die damit den Befehl als erfüllt ansah. Die Provinz Sachsen meldete sogar mehr Arbeiter als gefordert: 39 600 statt 20 000. Von Berlin schließlich hatte die SMAD 20 000 Mann gefordert. Hier galt die Regelung, dass diese Kräfte nicht gleichzeitig gestellt werden mussten und auch Frauen zugelassen waren. Zum Zeitpunkt der Berichterstattung waren im Bereich des Arbeitsamts Weißensee 2 000 Mann mit dem Abbau von Dieselanlagen in den Berliner Bunkern beschäftigt. Sofern nicht ausreichend Arbeitslose für die Demontagen zur Verfügung standen, wurden Kräfte aus Betrieben abgezogen, allerdings »in der Weise, dass kein Betrieb voll zum Erliegen kommt«.

Befehle, für sowjetische Belange Arbeitskräfte zu stellen, waren nicht selten. Im August 1946 sollten die Autoreparaturwerkstätten der sowjetischen Armee mit Personal aufgefüllt werden. Generaloberst Pawel Alexandrowitsch Kurotschkin ordnete deshalb mit »Befehl Nr. 257« an, dass innerhalb eines Monats 4 340 qualifizierte Kräfte zu stellen seien.[36] Die Fachkräfte waren aus den Reihen von arbeitslosen, heimkehrenden Kriegsgefangenen zu rekrutieren. Falls erforderlich sollten »qualifizierte Kader, die mit Abbauarbeiten (Demontagearbeiten) oder mit der Verpackung der Einrichtung und mit Verlade- und Entladearbeiten beschäftigt sind« abgezogen werden. Benötigt wurden unter anderem 110 Autoschlosser und 940 Dreher und Fräser, aber auch 70 Maler, 50 Modellmacher und nicht zuletzt 75 Dolmetscher. Den Ländern und Provinzen war exakt vorgegeben, wie viel Arbeiter sie jeweils zu stellen hatten. Außerdem wurden Gefangene in Außenkommandos für Demontagen eingesetzt. Brandenburgische Häftlinge hatten beispielsweise Anfang 1947 Demontagearbeiten bei der Continentalen Wasserwerksgesellschaft in Dreetz bei Neustadt an der Dosse zu erledigen.[37] Andere mussten die Eisenbahnstrecke Werder – Potsdam abbauen.

Die Kosten für die Arbeiter und Gefangenen müssen den Reparationsleistungen zugerechnet werden, ebenso wie die Kosten für die »Vorratsbeschaffung von abmontierbaren militärischen Einrichtungen für das Jahr 1947«, wie General-Oberst Pawel Kurotschkin am 19. Februar 1947 für die SMAD befahl.[38] Dabei ging es um 15 Posten wie 580 000 Militärbretter, 32 000 Türeinlagen, 32 000 Fensterrahmen, jeweils 16 000 Öfen mit kompletten Rohren, Kohlenkisten und -schippen, Eimer, Leitern, Laternen und 20 000 kg Nägel. Die Präsidenten der Länder und Provinzen waren für die Ausführung verantwortlich, die Kosten gingen zu Lasten der Deutschen Reichsbahn.

Chaos bei den Demontagen

Schlüsselindustrien wurden verstaatlicht oder als SAG weiterbetrieben und hatten weitgehend der Erfüllung sowjetischer Forderungen zu dienen. Sowjetische Kommissare legten Produktionsvorgaben fest, die in den seltensten Fällen – und auch dann nur mit viel Improvisationsgeschick und unter oft unmenschlichen Arbeitsbedingungen – zu erfüllen waren. Auf der einen Seite wurden Industrieanlagen ganz oder teilweise demontiert, auf der anderen sollten sie hohe Leistungen erbringen.

Die Folgen dieser Politik zeigten sich unter anderem im brandenburgischen Kohlebergbau. Mit »Befehl Nr. 142« hatte die SMAD am

6. Juni 1947 die Demontage der Brikettfabriken der Gruppe Klettwitz angeordnet. Selbst der sowjetischen Seite kamen Zweifel, ob dieser Befehl im eigenen Interesse liege, woraufhin die Anweisung am 31. Juli 1947 revidiert wurde. Beschlossen wurde nun auf »Vorschlag des Generalltnts. Dratwin«:[39]

»1. Demontage der Brikettfabriken ›Alwine‹ und ›Anna-Hütte‹ bis zum 1.X.1947 nicht durchzuführen,

2. die Regierung der Provinz Brandenburg zu verpflichten, die Brikettfabriken der Gruppe Klettwitz: ›Viktoria III‹, ›Ferdinand‹, ›Wilhelminenglück‹, ›Alwine‹, und ›Anna-Hütte‹ bis zum 1. Oktober 1947 voll mit Rohkohle zu beliefern, und zwar durch Inbetriebnahme der Schächte ›Viktoria III‹, ›Anna-Süd‹ und Organisierung der Kohlenlieferung von den Schächten ›Greifenhain‹, ›Ilse-Ost‹, ›Marga-Nimtsch‹, ›Friedrich-Ernst‹ und ›Kleinleipisch‹,

3. die Brikettfabrik ›Weidmannsheil‹ ist zur Ergänzung der Ausrüstung der wiederherzustellenden Fabriken ›Meurostollen‹ und ›Friedrich-Ernst‹ zu demontieren,

4. die Brikettfabrik ›Anna II‹ ist zu demontieren. Die Ausrüstung dieser Fabrik ist nach den wiederherzustellenden Fabriken ›Lauchhammer‹, ›Meurostollen‹ und ›Friedrich-Ernst‹ zu senden.«

Mit anderen Worten: Fabriken wurden demontiert, um bereits abgebaute und in die Sowjetunion gebrachte wieder aufzubauen. Dieses Vorgehen hatte einen ungeheuren Verlust an Ressourcen zur Folge.

Dennoch wurde am 22. August 1947 der Hauptverwaltung der landeseigenen Betriebe Brandenburgischer Bergbau in Senftenberg von sowjetischer Seite mitgeteilt, dass in den Gruben Marga, Meurostollen, Viktoria III, Renate-Eva, Anna-Mathilde und in der Brikettfabrik Annahütte Löffelbagger, Turbinen, Eimerkettenbagger, Brikettpressen, Trockner, Brechwerke, Siebe und Kessel demontiert werden sollten.[40] Ferner mussten Kräne, Lokomotiven und Kohlewagen in die Sowjetunion gebracht werden. Es handele sich um keine Neu-Demontagen, sondern um die Fortsetzung bisheriger, hieß es. Mit diesen Demontagen hätten die Gruben und Werke ihren Energiebedarf nicht mehr selbst decken können, sondern wären auf Fremdstrom angewiesen, den es aber auch nicht gab. Der Wiederaufbau von zuvor bereits demontierten Werken wäre unmöglich geworden. Da die Sowjetunion gleichzeitig in Gruben in Sachsen und Sachsen-Anhalt (Lauchhammer) Demontagen fortsetzen wollte, hätte die Brikettfabrik Annahütte auch keine Fremdkohle mehr erhalten können und die Produktion gänzlich einstellen müssen.

Hilferufe der Betriebsräte

Aus einer mehrere hundert Betriebe umfassenden Demontageliste für das Land Thüringen vom 12. Juli 1948 seien nur einige Beispiele genannt:[41]

»1. Bayerische Motorenwerke, Abteroda/Eisenach (...)
5. Albin Ritzmann, Haarschneidemaschinen, Eisfeld/Hildburghausen (...)
18. Gustav Winkelmann, Nähmaschinenfabrik, Altenburg (...)
23. Spinnhütte GmbH, Seidenspinnerei, Apolda
24. Max Krause, Strick-Kleiderfabrik, Apolda (...)
52. Pallaswerke, Fahrradteile, Barchfeld/Meiningen (...)
70. Wilhelm Scheibe, Dampfziegelei, Gera (...)
88. Max Spaleck, Webstuhlbau, Greiz (...)
134. Thüringer Gipswerke, Krölpa/Saalfeld (...)
152. Gustav A. Schmidt, Parkettfabrik, Ritschenhausen/Meiningen (...)
212. Paul Hoffmann & Co., Schuhfabrik, Stadtilm/Arnstadt (...)
228. Ohlenrothsche Buchdruckerei, Erfurt«

Vergeblich wandten sich Betriebsräte an den Alliierten Kontrollrat, um die Deindustrialisierung ganzer Landstriche zu stoppen. So richteten Betriebsvertretungen Jenaer Großbetriebe im Oktober 1946 telegraphisch diesen Appell an die Viermächte-Kontrollinstanz:[42]

»Russische Verwaltung Zeiss- und Schottwerke in Deutschland verfügte Demontage der Zeiss-Stiftungsbetriebe – Schott ist das einzige Glaswerk Deutschlands für die Herstellung von Spezialgläsern, Zeiss das weltbekannte feinmechanisch-optische Unternehmen. Durch ergangenen Befehl wird die seit hundert Jahren bestehende soziale

Zeiss-Stiftung, deren Gründer der Arbeiterprofessor Ernst Abbé ist, in ihren Grundfesten erschüttert und beseitigt. 20 000 Werktätige der Stiftungsbetriebe mit über 40 000 Familienangehörigen werden damit einem ungewissen Schicksal ausgeliefert. Soziale Einrichtungen der Kinderkliniken, Landeskliniken, Erholungsheime und der Friedrich-Schiller-Universität mit Instituten – finanziell abhängig von der Stiftung – werden ihres Wohltäters beraubt. Jena ist die Grundindustrie weiterer Industrien. Kommt Schott zum Erliegen, dann müssen Millionen Schaffender feiern. Die gesamte Thüringerwald-Industrie mit 10 000 Weiterverarbeitern von Jenaer Röhren hätten keine Halbstoffe; auch Ampullenindustrie käme zum Erliegen. Es gäbe keine chemischen und medizinischen Thermometer mehr. Das Gesundheitswesen stark in Mitleidenschaft gezogen. Existenz der Kohlebergwerke, Elektrizitätswerke und Reichsbahnen in Frage gestellt, weil Jenaer Maxosplatten und Wasserstandsröhren nicht lieferbar. Andere Großindustrien kommen zum Erliegen, weil es an Laboratoriumsgläsern mangelt.

Präzisionsröhren, Kapegspritzen, Glasrohrleitungen, Kühlschlangen, Quarzgutgegenstände und Sonderanfertigungen verschiedenster Art von Großapparaten für die chemische Industrie, Molkereien sowie Majolen für Injektionslösungen, die bekannten Jenaer Milchflaschen und feuerfeste Hauswirtschaftsgläser sowie optische Rohgläser, Presslinsen, Brillengläser, Farb- und Lichtfiltergläser für Feinmechanik und Optik, auch Gleichrichter und elektrische Zähler würden nicht mehr hergestellt. Monatlicher Durchschnittsumsatz der letzten Friedensjahre 1,8 Millionen RM, Monatsumsatz nach Wiederaufbau schon wieder 1,6 Millionen RM. Exportanteil vor dem Kriege 25 Prozent, heute schon Anbahnung und Ausführung von Exportgeschäften mit Schweiz und Tschechoslowakei.

Bitte helfen Sie uns und geben Sie Jenaer Kommission Gelegenheit zur Aussprache!

Zwangsdeportationen von Wissenschaftlern, Konstrukteuren, Ingenieuren und Spezialisten findet bereits statt.«

Ungeachtet der Proteste der Belegschaft wurden die Zeiss-Werke ebenso wie die Schott-Werke zum größten Teil demontiert, waren aber dennoch in der Lage, monatlich für etwa drei Millionen Dollar Reparationsleistungen für die Sowjetunion zu fertigen. Ab 1947 wurden die Werke wieder aufgebaut, 1948 dann verstaatlicht.

Versprechen nicht eingehalten

Angesichts der vielfältigen Forderungen der Sowjetunion war der Wiederaufbau der Wirtschaft in der sowjetischen Besatzungszone nahezu unmöglich. Zu den Demontagen und Reparationsleistungen kamen Lieferungen an die Rote Armee, Besatzungskosten und Verpflichtungen zum Handel mit den Westzonen, um von dort dringend benötigte Waren zu beziehen. Die eigene Bevölkerung hatte das Nachsehen, was die SED wiederholt veranlasste, bei der SMAD vorstellig zu werden. Bei einer Besprechung mit Marschall Wassilij D. Sokolowskij sagte dieser am 11. Januar 1947 ein Ende der Demontagen zu, nur sieben Kohlekraftwerke sollten demnach bis zum Mai noch abgebaut werden.[43] Für die Demontage vorgesehene Druckereien und Sauerstoffanlagen sollten teilweise erhalten bleiben, und von den 200 in russisches Eigentum übergangenen SAG sollten 74 mit 68 720 Beschäftigten zurückgegeben werden. Ergänzend teilte Oberst Sergej Iwanowitsch Tulpanow am 17. Januar 1947 mit, dass begonnene Demontagen natürlich fortgesetzt würden. Beinahe als Kuriosum, wenn auch als ein trauriges, sei erwähnt, dass Tulpanow gleichzeitig erklärte, dass die Entnahme von Tieren aus dem Zoo in Leipzig nicht als Reparationsleistung zu betrachten sei, sondern die Tiere zu regelrechten Preisen gekauft würden. Ungeachtet aller Zusagen begann 1947 in der sowjetischen Besatzungszone eine neue Welle von Demontagen. Wenn die SMAD-Vertreter immer wieder darauf verwiesen, das Industrieniveau liege in ihrer Besatzungszone höher als im Westen, denn schließlich seien die Sowjetischen Aktiengesellschaften ja im Land verblieben, war das natürlich kein Trost, denn die SAGs arbeiteten ja fast ausschließlich für die Sowjetunion.

Am 8. August 1947 hatte der stellvertretende SED-Vorsitzende Max Fechner in einem Bericht an Wilhelm Pieck, Otto Grotewohl und Walter Ulbricht hinsichtlich neuer Demontagen weitgehend Entwarnung gegeben, nachdem eine West-Berliner Zeitung darüber berichtet hatte. Diese Entwarnung aber war zu früh gekommen, denn Gerhart Ziller, Leiter der Hauptabteilung Wirtschaft im sächsischen Wirtschaftsministerium, übersandte am 24. August 1948 einen Bericht, der anderes aussagte:[44] Ab sofort hatte die SMAD demnach mit neuen Demontagen begonnen: in Sachsen in der Grube Erika, in Brandenburg in der Grube Marga, in den Werken Meuro-Stollen, Viktoria III, Renate, Anna-Mathilde, Anna-Hütte in Sachsen-Anhalt in der Grube Golpa und in den Werken Lauchhammer und Elisa II sowie in noch nicht bekannten Gruben in Thüringen. Von Eimerkettenbaggern, Laufkränen, Transformatoren bis hin zu Turbinen und Förderbrücken wurde abgebaut, was nur abzubauen war und in die Sowjetunion gebracht. Von sowjetischer Seite habe der verantwortliche Chef der Energieversorgung in der Besatzungszone Kurmaschew gesagt, bei den »Materialentnahmen [handelt] es sich um so genannte Restdemontagen, das heißt, bereits erstellte Anlagen in der Sowjetunion bedürfen der Komplettierung, um arbeiten zu können«. Zillers Bewertung verdient es, etwas ausführlicher zitiert zu werden: »Ich weise darauf hin, dass die gesamte westliche Presse von neuen Demontagen gesprochen hat. Unsere Presse hat diese Meldungen dementiert. Selbstverständlich kann ein solcher Ausbau, wie beispielsweise des gesamten Kesselhauses und der Energieanlagen in der Grube Erika nicht ohne Resonanz erfolgen. Man wird also wieder schreiben und argumentieren. Die Bergarbeiter, die seit 2 Jahren fortgesetzt in der Richtung mobilisiert werden, das auferlegte Produktionssoll zu erreichen, bedürfen einer starken Unterstützung der Partei, wenn sie fortgesetzt solche Demontagen über sich ergehen lassen müssen, denn wir haben es den Bergarbeitern eindringlich gesagt, dass es sich nach Durchführung des Gesetzes über die Enteignung der Bergwerke und Bodenschätze um ihre Werke und ihre Belange handelt. Ich bin verantwortlich für die Brennstoffindustrie und Energiewirtschaft in Sachsen. Ich weiß, (...) was in diesem kommenden Winter auf diesem Gebiet von uns verlangt und erwartet wird. Ich muss eindringlichst davor warnen, diese Dinge leicht zu nehmen, denn verliert Erika seine gesamte Energiekapazität, dann muss dieselbe unter Umständen aus anderen Energiequellen gedeckt werden. Das bedeutet aber, dass ein großer Teil der Energie von der Seite der Gebrauchsgüterproduktion und des Haushaltsbedarfs abgezogen werden muss, um sie dem Kohlebetrieb Erika zuzuführen. Wir haben den zuständigen Sachbearbeitern einen wohldurchdachten Plan der Energieversorgung des Landes Sachsen für den kommenden Winter eingereicht. In diesem Plan war ohnehin schon vorgesehen, dass ein großer Teil der Industriebetriebe seine Arbeit auf die Nacht verlagern muss. Mit der neuen Demontagemaßnahme ist auch dieser Plan hinfällig. Ich mache des Weiteren darauf aufmerksam, dass die jetzt demontierten Anlagen für die angespannte Kohle- und Energiesituation weder in der Sowjetunion noch hier bei uns Entlastung bringen können, sie werden sich auf dem Transport befinden und nirgendwo arbeiten können. (…) Zum letzten ist es so, selbst wenn es gelingt, die Werke unter den verbliebenen Energiebedingungen mit schlechterem Wirkungsrad arbeiten zu lassen, muss man sich klar darüber sein, dass das ohne jegliche technische Reserve geschieht. Das geringste Versagen des unbedeutendsten Teiles der Energieversorgung reißt große Lücken in die Produktion. Das ist die Situation, und ich glaube, dass die Partei ernsthaft Marschall Sokolowskij Schritte der Verhinderung, zumindest der teilweisen Verhinderung oder Verschiebung der Demontage unternimmt.«

In der Tat waren die fortdauernden Demontagen Thema einer Besprechung, die am 28. August 1947 bei Marschall Sokolowskij stattfand. Zur Vorbereitung des Gesprächs waren verschiedene Vorlagen zusammengestellt worden, unter anderem Übersichten zu den Folgen der Demontagen.[45] Im Mansfelder Eisenhüttenkombinat waren 7 433 Arbeiter zu Demontagen eingesetzt worden, die Hälfte hatte »eigenwillig« die Arbeit verlassen. In den 17 thüringischen Industriezweigen waren im ersten Halbjahr 1947 von 200 000 Arbeitern wegen der Demontage der Betriebe 30 500 entlassen worden oder hatten von sich aus die Arbeitsplätze verlassen. Im Lausitzer Revier und im Mitteldeutschen Braunkohlerevier waren mit Stand vom 28. August 1947 erhebliche Produktionsausfälle an Rohkohle und Briketts zu verzeichnen. Da die eigene Energieversorgung weitgehend ausfiel, musste über Fernleitungen teurer Strom aus Berlin, Brandenburg und Mecklenburg bezogen werden.

Auch kleinste Handwerksbetriebe vernichtet

Nur ein Brucheil der demontierten Fabriken konnte in der Sowjetunion tatsächlich in Produktion gehen, entweder weil sie nicht fachgerecht abgebaut worden waren, weil Ersatzteile fehlten, wegen bürokratischer Hindernisse oder weil Ressourcen zum Aufbau der Fabriken fehlten. Der Nutzen der Demontagen für die sowjetische Wirtschaft war minimal.

Doch das hinderte die SMAD nicht daran, selbst kleine und kleinste Handwerksbetriebe zu demontieren. Auf diese Weise behinderte sie nicht nur den Wiederaufbau auch in den ländlichen Regionen, sondern zerstörte zugleich unzählige Arbeitsplätze, wie diese Beispiele zeigen:

Die Polstermöbel- und Matratzenfabrik »Schlummer-Glückwerke« in Krakow am See, Kreis Güstrow, war vollständig demontiert worden, 80 Beschäftigte hatten ihren Arbeitsplatz verloren. Die Gebäude wurden von der »Mecklenburgischen Hauptgenossenschaft Raiffeisen Krakow am See« genutzt.[46] Ein ähnliches Los hatte die Neubrandenburger Schokoladenfabrik Ludwig Müller getroffen. Das Unternehmen hatte unter anderem für die Wehrmacht produziert und war enteignet worden. Sämtliche Maschinen wurden demontiert, das Gebäude sollte für die Spirituosenherstellung sowie für die Obst- und Gemüseverwertung genutzt werden.[47] Die Wäscherei Schulz, ebenfalls in Neubrandenburg, war zu 75 Prozent demontiert worden. Hier hatte der Besitzer aus Trümmerresten eine Waschmaschine zusammengebaut und beschäftigte immerhin bereits wieder zehn Arbeiter.[48] Die Druckerei Schumacher in Neukloster, Kreis Wismar, hatte angesichts der hundertprozentigen Demontage aufgehört zu existieren[49], während die Holzsohlenfabrik Horsky in Demmin, die ebenfalls vollständig demontiert worden war, mit drei Bandsägen und einer Schleifmaschine wieder Holzsohlen für Schuhe herstellen konnte.[50] Das Unternehmen hatte während des Krieges jährlich 250 000 Holzsohlen geliefert, doch von den einst zwanzig Arbeitern waren nur noch vier geblieben.

Betriebe, die es schafften, mit viel Improvisation die Produktion wieder aufzunehmen, durften dies häufig nur tun, um die Reparationsforderungen der Sowjets zu erfüllen: Das Sägewerk Seebach in Demmin, das aus einem Sägewerk, einer Tischlerei und einer Zimmerei bestand, war – bis auf eine Antriebsmaschine und eine Mahlmühle – zu hundert Prozent demontiert worden. Dem Inhaber gelang es, sich ein so genanntes Vollgatter und eine Hobelmaschine zu leihen sowie weitere Maschinen wie Sägen zu besorgen. 1948 beschäftigte er schon wieder 164 Arbeiter, die Reparationsaufträge zu erfüllen hatten, dazu Zimmererarbeiten für die in der SBZ stationierten sowjetischen Truppen.[51] Die Kreidebruch-Pommerscher Industrieverein A.G. musste – nunmehr als Volkseigener Betrieb – von Grund auf neu errichtet werden, und die Fallschirmfabrik Kehler und Sohn in Franzenhöhe, Kreis Stralsund, war nach kompletter Demontage in den Besitz der Vereinigung volkseigener Betriebe Werften, Volkswerft Stralsund übergegangen und musste ebenfalls bei Null wieder anfangen.[52]

Hochkonjunktur nur für Sequester

Es gab keinen Zweig der Wirtschaft, in dem die sowjetische Besatzungsmacht nicht ihre Forderungen durchgesetzt hätte. Werke, die nicht demontiert oder in Sowjetische Aktiengesellschaften umgewandelt wurden, wurden in der Mehrzahl »sequestriert«, also zwangsenteignet. Privateigentum war den sowjetischen Kommunisten und ihren deutschen Gefolgsleuten um Ulbricht äußerst suspekt. So, wie sie mit der Bodenreform zwangsweise das Land in »Volkseigentum« überführt hatten, gingen sie auch in der übrigen Wirtschaft vor, und sie taten es konsequent. Der Vorsitzende der SED, Wilhelm Pieck, hatte am 24. März 1947 von der Abteilung Wirtschaft eine Aufstellung erhalten, die Auskunft über die radikale Transformation von Wirtschaft und Gesellschaft in der sowjetischen Besatzungszone gab.[53] Als Grundlage für die Enteignungen diente in der Regel der SMAD-»Befehl Nr. 124«, nach dem in der SBZ 10 000 Betriebe und 140 Konzerne von Kriegsverbrechern und ehemaligen Nationalsozialisten »in die Hände des Volkes überführt« werden mussten. Im März 1947 waren demnach 31 003 Betriebe enteignet worden, und zwar in Sachsen 13 502, in Sachsen-Anhalt 4 891, in Brandenburg 4 693, in Thüringen 5 953 und in Mecklenburg 1984. In Berlin waren bis zum 15. September 1947 von 2 541 Betrieben im sowjetischen Sektor 287 sequestriert worden. Das klingt auf den ersten Blick wenig, doch trugen diese Betriebe mit knapp 91,4 Millionen Reichsmark zu 51 Prozent zum Gesamtumsatz Ost-Berliner Firmen von 191 Millionen Reichsmark bei. Außerdem hatten die sequestrierten Ost-Berliner Unternehmen zu 30,3 Prozent für die Besatzungsmacht zu produzieren.[54] Im Allgemeinen seien die Enteignungsaktionen aufgrund des »Befehls Nr. 124« »einigermaßen befriedigend abgeschlossen« worden, stellte die SED-Abteilung Wirtschaft am 9. September 1947 fest, monierte jedoch den »Sonderfall Thüringen.«[55] Dort gab es eine »Korrekturliste«, nach der eine Anzahl von Betrieben an die Eigentümer zurückgegeben werden sollte. Das aber durfte nicht sein. »Die gesamte Arbeiterschaft kann der Rückgabe dieser Betriebe an die schwerstbelasteten früheren Besitzer nicht zustimmen«, befand die SED. Die SMAD Karlshorst und die SMA Thüringen hätten bereits zugestimmt, die Liste einer erneuten Korrektur zu unterziehen und der Bildung einer Kommission mit fünf bis sechs »Genossen« bejaht. Das Ergebnis stand schon fest: »Die Kommission wird eindeutig die klaren Belastungen feststellen.« Vertreter von LDP und CDU, die sich für Rückgaben angesprochen hätten, seien zweifellos bestochen worden, befanden die SED-Funktionäre vorab.

Belastungsmaterial auf Bestellung

Bei der Sequestrierung gingen die sowjetischen Stellen und ihre deutschen Helfer nach dem »Befehl Nr. 124« immer dann vor, wenn er ihnen gelegen kam. Aber auch andere Aspekte spielten bei der Enteignung eine Rolle. Am 21. Februar 1948 waren der Leiter der SMAD-Abteilungen für Finanzen beziehungsweise Sequesterfragen und der sowjetische Wirtschaftsoffizier für Sachsen mit Vertretern der Landesregierung in Dresden zusammengekommen, um den Stand der Enteignungen zu erörtern.[56] Der Leiter der SMAD-Finanzabteilung stellte dabei offen die Frage, wie viele Betriebe »aus ökonomischen Gründen noch volkseigen werden müssten«. Genannt wurde ihm die Zahl von rund 1 500, für die jedoch noch Belastungsmaterial beschafft werden müsse, wofür angesichts des von der SMAD festgelegten Endes der Sequestrierungen nur noch drei Monate Zeit blieb. Die Runde einigte sich darauf, vorerst 80 bis 100 Betriebe zu enteignen, da in diesen Fällen bis zum 28. Februar »überzeugendes Tatsachenmaterial« vorgelegt werden könne.

Am 28. Februar 1948 stellte die SED-Abteilung Wirtschaft eine vorläufige Bilanz über die Enteignungen in der SBZ zusammen. Sie verdient es, ausführlicher wiedergegeben zu werden, denn ihr sind die wirklichen Gründe für Sequestrierungen und die Willkür, mit der häufig vorgegangen wurde, zu entnehmen.[57] In Thüringen waren fünfmal Mal mehr Betriebe enteignet worden als ursprünglich vorgesehen. Mindestens 70 Prozent der Industriekapazität waren damit »volkseigen«. Es gebe Anlass, diese Tatsache »nicht so sehr zu verdeutlichen«. In Sachsen belief sich die »volkseigene« Industriekapazität einschließlich der SAG auf etwa 25 Prozent, aber: »Zu diesen Ziffern ist zu bemerken, dass sie nicht das richtige Bild widerspiegeln können, weil die Produktionswertziffern zwar richtig auf die in Sachsen gut ausgelasteten volkseigenen Betriebe bezogen sind, jedoch niemals auf die Privatindustrie. Bei dieser können Produktionswert und Kapazität, die teilweise sogar stillliegt, natürlich nicht identifiziert werden.« In Sachsen-Anhalt belief sich der »volkseigene Sektor« auf 55 Prozent der Kapazitäten. Für Brandenburg und Mecklenburg lagen keine abschließenden Zahlen vor, da dort weitere Sitzungen von Landeskommissionen bevorstanden, bei denen die Zahl der enteigneten Betriebe noch verdoppelt werden sollte. Ebenso erwartete die SED von Sachsen und Sachsen-Anhalt, dass dort jeweils noch bis zu hundert Unternehmen enteignet würden.

Lobend wurde der »Genosse Röbelen« hervorgehoben, der allein in Thüringen »Belastungsmaterial für 1 200 Betriebe zusammentrug«. Ebenso habe der thüringische Innenminister Willy Gebhard »mit Geschick und Härte« die Landeskommission geleitet. In der gesamten Besatzungszone werde man am 4. März 1948 einen Prozentsatz von etwa 40 Prozent volkseigener Betriebe aufweisen können. Es folgt die Feststellung, mit diesem volkseigenen Sektor ist aber alles zu machen. Gewiss, das ist vorläufig ein etwas mehr oder weniger zufällig zusammen gekommenes Gebilde. Haben wir jetzt den richtigen Griff für die Schlüsselstellungen, besetzen wir einigermaßen befriedigend die einzelnen Betriebe (mindestens 1 500 in kurzer Zeit), schaffen wir jetzt die neue Organisation, steht über allem unsere wirtschaftspolitische Konzeption, dann haben wir einen gewaltigen Trust mit völlig veränderten Vorzeichen, der Herr über das Leben der Privatindustrie sein wird (...) Noch rennt die Privatindustrie den noch nicht so gut verwalteten volkseigenen Betrieben voraus, (...) bis jetzt hat so ziemlich das Spiel der zwar nicht freien, jedoch nicht genügend kontrollierten wirtschaftlichen Kräfte das Strukturbild bestimmt.«[58] Wahr sei auch, »dass heute in keinem Mittelbetrieb bei den Belegschaften eine Resonanz für die Enteignungsforderung zu finden ist«. In den nächsten Monaten aber werde den Arbeitern klar werden, dass der volkseigene Betrieb das Primat erhalte, dass nur er sich gesund entwickeln werde. »Die gleichen Arbeiter, die heute noch gegen die Sequestrierung protestieren, werden in einem Jahr sinnen, wie sie ihren Unternehmer loswerden können.« Deutlicher konnte nicht formuliert werden, dass die Enteignungen nach SMAD-»Befehl Nr. 124« nur den Anfang der Verstaatlichung des gesamten wirtschaftlichen Lebens in der SBZ bedeuteten. Vergebens protestierten eine Vielzahl von Betriebsräten bei den regionalen sowjetischen Kommandanturen, so wie der Betriebsrat, die Betriebsgewerkschaftsgruppe und die SED-Betriebs-Gruppe der Maschinenfabrik Gehring in Naumburg/Saale.[59] Das Unternehmen stellte Bohrmaschinen für feinste Bohrungen, insbesondere für den Fahrzeugbau, her, war für Kompensationsgeschäfte mit den Westzonen wichtig und entwickelte komplizierte Sondermaschinen für die sowjetische Besatzungsmacht und sollte in »Volkseigentum« übergehen. Am 23. März 1948 wandten sich die Arbeitervertreter gemeinsam an Oberstleutnant Wolkow von der Kreiskommandantur Weißenfels:

»Die Reparationen selbst sind über das Soll hinaus fertig gestellt«, hieß es in ihrem Appell, der mit der Forderung schloss, »alle Schritte zur schnellsten Aufhebung der Sequestrierung zu unternehmen«.

Ulbricht: »Gießformen sind kein Schrott«

In Einzelfällen schaltete sich Ulbricht ein, um Demontagen oder Reparationslieferungen zu stoppen. So waren am 26. April 1948 drei Angehörige der SMAD in den Fabriken »Mittelstahl« und »Brandenburgische Eisenwerke« in Brandenburg erschienen und hatten befohlen, die dort lagernden 45 000 t Schrott und anderes Material unverzüglich abzutransportieren, teilweise nach Basa (Russland), zu einem anderen Teil nach Polen anstatt nach Unterwellenborn, wie ursprünglich geplant.[60] Als Tagessoll wurde der Abtransport mit 160 Waggons festgelegt. Rundstahl, der für den Bergbau vorgesehen war, musste wieder entladen werden. Zwei Offiziere wurden abgestellt, um die Beachtung des Befehls sicherzustellen. Außerdem forderten die Sowjets das Arbeitsamt auf, tausend Arbeiter für die Verladung zu stellen. Um den Abtransport zu beschleunigen, wurden eigens neue Gleise verlegt. Abgesehen davon waren unter anderem erforderlich: Batterien für einen Kran, 200 Glühbirnen für die Nachtschicht, 3 000 m Starkstromkabel, sechs bis zehn Förderbänder für die Späneverladung, 1 000 Paar Holzschuhe sowie 2 000 Paar Handschuhe, die so schnell nicht aufzutreiben waren. Ulbricht wandte sich daraufhin an die SMAD in Karlshorst und dann an den Chef der Deutschen Wirtschaftskommission, Heinrich Rau, und forderte von ihm die Überprüfung der Vereinbarungen zwischen der Deutschen Wirtschaftskommission und der SMAD. Ulbricht begründete sein Verlangen unter anderem damit: »Nach der Aktennotiz wird nicht nur Schrott abtransportiert, sondern auch ein Posten von Rundstahl, der für den deutschen Bergbau verladen werden sollte, sowie anderes Nutzmaterial, z.B. Gießformen für Stahlguss, die wir für Hennigsdorf brauchen. Zweifellos sind diese Gießformen kein Schrott. Wir bitten, nachprüfen zu lassen, warum die Späne, die bisher nach Unterwellenborn gingen, nach Polen gehen. Gehören Späne vielleicht auch zum Schrott? Es kommt hinzu, dass nach Anweisungen von Herrn Hajet [SMAD Karlshorst] 1 000 Arbeiter mobilisiert werden sollen. Angeblich soll der Transport innerhalb von 4 Wochen vor sich gehen. Nach Befehl von Marschall Sokolowskij ist die Lieferung des Schrotts für das Jahr 1948 festgelegt. Es muss also geprüft werden, ob wirklich die Mobilisierung von 1 000 Arbeitskräften notwendig ist oder ob man mit weniger Kräften die Verpflichtungen aus dem Handelsvertrag erfüllen kann, wenn die Aufträge weniger stoßweise durchgeführt werden.«[61]

Radikales Vorgehen gegen Kinobesitzer

Wurden in einigen Wirtschaftszweigen private Besitzer belassen, hatten SMAD und die ostzonale Verwaltung die ausnahmslose Enteignung aller Kinos beschlossen. Als Grundlage dienten der bereits erwähnte »Befehl Nr. 124« und die »Befehle Nr. 3« und »Nr. 4« der SMA Mecklenburg vom 9. und 12. Januar 1947. In Mecklenburg begann eine eigens gebildete Kommission im März 1947 mit der Enteignung aller Lichtspieltheater, sofern sie am 8. Mai 1945 bestanden hatten. Allen Kinobesitzern gingen Enteignungsbescheide zu, wobei die Kinos in vier Kategorien aufgeteilt waren:

»1. Liste I mit 9 Lichtspieltheatern
Die Eigentümer sind im Sinne des Befehls 124 als aktive Faschisten anzusehen und von der Landeskommission für Sequestrierung und mit ihrem gesamten Vermögen auf Liste A (Enteignung) verwiesen.
2. Liste II mit 44 Lichtspieltheatern
Eigentümer gelten als nominelle Pg's.
Beschluss der Landeskommission: Die Inhaber der Lichtspieltheater waren Angehörige der NSDAP. Die Eigentümer haben die ihnen gehörigen Lichtspieltheater den Nazisten für deren faschistische Propaganda zur Verfügung gestellt. Die Nazis haben gerade den Film und damit die Lichtspieltheater als Mittel zur Verhetzung und Verblendung der Bevölkerung benutzt. Die Eigentümer der Lichtspieltheater, die sich auch aus Profit-, mindestens aber Erwerbsgründen zum Werkzeug der Nazis machen ließen, wurden

damit zu Propagandisten der nazistischen Zielsetzung. Sie fallen damit in den Personenkreis des Befehls 124, zumal sie Mitglied der NSDAP waren. Die Landeskommission stellt die Propagandatätigkeit für den Nazismus durch den Film ausdrücklich fest und verweist deswegen einstimmig das Lichtspieltheatervermögen der Eigentümer auf Liste A.

3. Liste III mit 55 Lichtspieltheatern
   Eigentümer haben der NSDAP nicht angehört.
   Beschluss der Landeskommission: Die Eigentümer waren zwar nicht Mitglied der NSDAP, aber sie haben sich als Eigentümer von Lichtspieltheatern zum billigen Werkzeug der Nazis machen lassen, indem sie Propagandatätigkeit für die Nazis durch Aufführung der hetzerischen Filme ausübten, wurden sie selbst Propagandisten und fallen somit in den Personenkreis des Befehls 124. Die Landeskommission beschloss deshalb einstimmig, das Lichtspieltheatervermögen der Eigentümer auf Liste A zu verweisen.«[62]

In einem Zwischenbericht dieser Kommission vom 1. Dezember 1947 hieß es dann: »Die Lichtspielunternehmen wurden als Propagandisten enteignet, gleichgültig, ob sie Aktivisten oder nur nominelle Mitglieder oder Nichtparteimitglieder waren.«[63] Vorzugsweise wurden die Eigentümer aufgrund des SMAD-»Befehls 124« enteignet, denn damit entfiel jede Entschädigungszahlung, die in anderen Fällen zumindest denkbar gewesen wäre.

Die Bilanz: Ganze Wirtschaftszweige dauerhaft vernichtet

Über die Höhe der geleisteten Reparationslieferungen hüllte sich die DDR bis zu ihrem Ende in Schweigen, denn die Summen erreichten astronomische Höhen. Die Angaben der SMAD über Reparationsleistungen unterlagen daher strengster Geheimhaltung.

»Leistungen bis 31.12.1946

Mieten, Gebäudeinstandsetzungen, Leistungen der Kommunen usw. im Interesse der Besatzungstruppe sowie Warenlieferungen: 1,4 Mrd. RM

Reine Barüberweisungen: 5,3 Mrd. RM

Insgesamt: 6,7 Mrd. RM

1947 sind abzuführen: 5,2 Mrd. RM«[64]

Der Wert der demontierten Fabriken und übrigen Anlagen war hierin nicht einmal enthalten.

Bis zum 1. Januar 1948 hatte die Sowjetunion sieben Millionen Tonnen Reparationsgüter im Wert von drei Milliarden Dollar abtransportieren lassen. Der Buchwert der in sowjetischen Besitz als SAG übergegangenen Unternehmen belief sich nach der Währungsreform von 1948 auf circa 25 Milliarden Mark, der effektive Wert auf das Doppelte. SAG produzierten 1949 Waren für 3,1 Milliarden Mark, von denen Güter für 450 Millionen Mark gleich wieder für Reparationszwecke einbehalten wurden. 1950 betrug der Anteil der SAG an der Brutto-Industrieproduktion in der DDR 22,6 Prozent, an den Reparationsleistungen zeitweise, etwa 1952, sogar 78 Prozent. In den SAG waren 1947 circa 208 000 Menschen beschäftigt. 1949 bereits 250 000. Rechnet man die Beschäftigten der Wismut AG hinzu, standen rund eine halbe Million Menschen direkt im Dienst der SAG.[65] Die genaue Zahl der direkt in sowjetischen Diensten stehenden Beschäftigten wird sich kaum ermitteln lassen, denn neben den SAG gab es weitere sowjetische Firmen, etwa Unternehmen der Roten Armee oder deutsch-sowjetische Betriebe wie die Betriebsgruppe Carl Zeiss Jena. Die »Deutrans«, die »Deutsch-russische-Transport-Gesellschaft«, war eigens für den Abtransport von Reparationsgütern gegründet worden und wurde jährlich mit rund 70 Millionen Mark bezuschusst.

Es ist ein mühsames Unterfangen, die Gesamthöhe der Reparationsleistungen der sowjetischen Besatzungszone beziehungsweise dann der DDR an die Sowjetunion zu beziffern. Zahlen für das Jahr 1948 und 1949 sind den Gesprächsnotizen Piecks über ein Treffen mit Wassilij Iwanowitsch Tschuikow und Wladimir Semojonowitsch Semjonow in seiner Wohnung zu entnehmen, das am 22. Dezember 1949 stattfand.[66] Demnach waren 1948 1,37 Milliarden Mark für Reparationsleistungen aufgebracht worden. Polen war daran mit 102,5 Millionen beteiligt. Der Warenwert betrug 1,02 Milliarden Reichsmark, von denen 718 Millionen auf Maschinen, Schiffbau und Elektrotechnik entfielen, 72 Millionen auf Wohnungen und Baumaterial und 90 Millionen auf Druckereien. Mit 350 Millionen Reichsmark wurden die Leistungen der SAG Wismut berechnet. Für 1949 waren Reparationsverpflichtungen in Höhe von 2,3 Milliarden Reichsmark angesetzt. 1950 sollten sie um 250 bis 300 Millionen Reichsmark verringert werden. Kritik übten die Sowjets aber an der mangelnden Versorgung der Besatzungstruppen. Verfügt wurde daher, dass 1949 zusätzlich 5 700 t Baumwolle, 216 t Flachs 2 500 schwere Felle sowie Reis, Tee usw. geliefert werden mussten.

Trotz der Schwierigkeiten bei der Berechnung kann man nach neueren Untersuchungen davon ausgehen, dass die Reparationslieferungen zwischen 1945 und 1953 aus der sowjetischen Besatzungszone einen Wert von mindestens 66,4 Milliarden Reichsmark oder 14 Milliarden Dollar hatten.[67] Die Summe setzte sich zusammen aus:

Kriegsbeute (Sach- und Kunstwerte):	2 Mrd. RM
Demontagen:	5 Mrd. RM
Zahlungen mit erbeuteten Banknoten:	6 Mrd. RM
Zahlungen mit Besatzungsgeld:	9 Mrd. RM
Waren aus laufender Produktion:	34,7 Mrd. RM
Nebenkosten (Verpackung, Versand):	2,85 Mrd. RM
Preissubvention für Reparationslieferungen aus deutschen Betrieben und SAG:	3,3 Mrd. RM
Ausstattung, Kapitalentzug der SAG:	1 Mrd. RM
Rückkauf der SAG:	2,55 Mrd. RM

Einen Sonderfall bildete die Wismut AG, die bis 1956 direkt der Hauptverwaltung für sowjetisches Eigentum im Ausland unterstand und zu einem der größten Uranproduzenten der Welt ausgebaut wurde. Die 1,5 Milliarden Mark, die die DDR bis 1957 direkt oder indirekt für die Wismut AG bereitzustellen hatte, müssen als weitere, wenn auch verdeckte Reparationskosten betrachtet werden. Nach 1957 war die Wismut eine deutsch-sowjetische AG.

Bis zu 4 000 Betriebe waren demontiert worden, mehr als die Hälfte davon vollständig. Die Folgen für die sowjetische Besatzungszone beziehungsweise dann die DDR waren verheerend. Als die Demontagen 1948 weitgehend beendet wurden, belief sich die industrielle Gesamtkapazität nur noch auf etwa 50 bis 70 Prozent des Standes von 1936.[68]

Sämtliche Fabriken, die Werkzeugmaschinen oder -automaten herstellten, waren abgebaut worden, ebenso Leder- und Schuhfabriken. Die Textilindustrie hatte 70 Prozent ihrer Kapazität eingebüßt, die Landmaschinenindustrie 60 Prozent. Mit dem verbliebenen Rest konnten nicht einmal die eigenen Bedürfnisse befriedigt werden. Der gesamte Maschinenbau in der SBZ war auf ein Drittel der Kapazität von 1936 zusammengeschmolzen, noch schlimmer sah es in der Elektro- und in der Zementindustrie aus. Ende 1946 beschäftigte zum Beispiel die Berliner Industrie rund 180 000 Personen und damit weniger als ein Viertel der Friedensbelegschaft.[69]

Die Verkehrsinfrastruktur war weitgehend zerstört, denn die Sowjetunion hatte bei den meisten Eisenbahnlinien die zweiten Gleise abbauen lassen. Noch zur Zeit der Wiedervereinigung 1990 waren die Hauptstrecken der Bahn zwischen Berlin und Hamburg beziehungsweise Hannover nur eingleisig zu befahren.

Zu den Reparationsgütern müssen im Übrigen auch etwa zweieinhalb Millionen erbeutete Kunstgegenstände gerechnet werden. Allein der Wert der aus Dresden in die UdSSR gebrachten Kunst belief sich auf 700 Millionen Mark. Für den Abtransport von Kunstgegenständen aus Berlin waren 197 Eisenbahnwaggons erforderlich. Mitte der 50er Jahre gab die Sowjetunion zwar 1,5 Millionen Stücke zurück, doch eine unbekannte Zahl von ihnen befindet sich – wie der legendäre Schatz des Priamos – weiterhin in russischen Tresoren und wurde – völkerrechtswidrig – von der Duma, dem Parlament der Russischen Föderation, zu russischem Eigentum erklärt. Mit Schreiben vom 15. Mai 1950 an DDR-Ministerpräsident Grotewohl erklärte Stalin, die Sowjetunion verzichte auf die Hälfte der ursprünglich erhobenen Reparationsforderungen. Für die nach Rechnung des Kreml noch ausstehenden Leistungen im Wert von 3,17 Milliarden Dollar räumte Moskau der DDR eine Frist von 15 Jahren ein.[70] Ende 1953 verzichtete die Sowjetunion auf weitere Reparationszahlungen.

Die schlimme Seite der Besatzung

Vergewaltigungen an der Tagesordnung

Selten in der jüngeren Geschichte war der Einmarsch einer Armee in ein besiegtes Land von derartigen Grausamkeiten begleitet wie der der Roten Armee nach Deutschland. Vor allem Massenvergewaltigungen und Morde an der Zivilbevölkerung markierten ihren Weg und hielten auch nach der bedingungslosen Kapitulation der deutschen Wehrmacht am 8. Mai 1945 an. Systematisch waren die Soldaten der Roten Armee gegen alles Deutsche aufgehetzt worden. Nichts macht dies deutlicher, als der Aufruf des sowjetischen Schriftstellers Ilja Ehrenburg in seinem 1943 erschienenen Buch: ›Der Krieg‹: »Wir wissen alles. Wir erinnern uns an alles. Wir haben begriffen: Die Deutschen sind keine Menschen. Von nun ab ist das Wort ›Deutscher‹ für uns der allerschrecklichste Fluch. Von nun ab entladet das Wort ›Deutscher‹ das Gewehr. Wir werden nicht reden. Wir werden uns nicht empören. Wir werden töten. Wenn du im Laufe des Tages einen Deutschen nicht getötet hast, ist dein Tag verloren. Wenn du denkst, dass dein Nachbar für dich einen Deutschen tötet, dann hast du die Bedrohung nicht erkannt. Wenn du den Deutschen nicht tötest, wird der Deutsche dich töten. Er holt deine Nächsten und wird sie in seinem verfluchten Deutschland quälen.«

Man kann entgegenhalten, dass Deutschland den Krieg begonnen und unermessliches Leid über die sowjetische Bevölkerung gebracht hatte. Das ist richtig. Dennoch gehört es zur historischen Wahrheit, dass die sowjetischen Truppen den Krieg nicht nur gegen Wehrmacht, SS und die übrigen Kampfverbände, sondern im selben Maß auch gegen die Zivilbevölkerung führten. Inwieweit sich dieses Vorgehen verselbständigte, bleibt offen, denn am 23. Februar 1942 hatte Stalin erklärt: »Es wäre lächerlich, Hitlers Clique mit dem deutschen Volk, dem deutschen Staat gleichsetzen zu wollen.

Die geschichtliche Erfahrung zeigt, dass die Hitlers kommen und gehen; das deutsche Volk, der deutsche Staat aber bleiben bestehen.«[1] In diesem Sinn hatte sich auch der Chef der Propagandabteilung des ZK der KPdSU, G.F. Alexandrow, in einem am 14. April 1945 in der »Prawda« veröffentlichten Beitrag geäußert. Er meinte, wenn man sich Ehrenburgs Standpunkt anschließen wolle, dann müsse man daraus schließen, dass die gesamte Bevölkerung Deutschlands das Schicksal der Hitler-Clique teilen solle.[2] Die Aussagen und Befehle aus Moskau zum Umgang mit den Deutschen waren uneinheitlich, wie der Historiker Norman M. Naimark belegt.[3] »Die grausame Behandlung der deutschen Bevölkerung ist für uns nicht nützlich, weil sie den Widerstandsgeist der deutschen Wehrmacht stärkt«, erklärte Stalin in einer Botschaft an die Soldaten der Oderfront. Naimark: »Gleichzeitig mahnte Marschall Shukow seine Truppen, sich während der Offensive und Besatzung auf ihre militärischen Pflichten zu konzentrieren: ›Soldaten, achtet darauf, wenn ihr die Rocksäume deutscher Mädchen betrachtet, dass ihr darüber nicht vergesst, warum euch die Heimat hierher geschickt hat.‹ Die Mahnungen Shukows, Alexandrows und Stalins waren eine Sache, ihre Durchsetzung eine andere. (…) ›War es denn so verwunderlich, dass sie sich rächen wollten!‹ notierte Generalleutnant F. J. Bokow, später Chef des Militärrates der Sowjetischen Militäradministration. ›Von der Losung *Tod den deutschen Okkupanten* bis zu einer differenzierteren Einstellung jedes einzelnen gegenüber der deutschen Bevölkerung war ein weiter Weg.‹ Der große Held der Sowjetarmee und spätere Oberbefehlshaber der sowjetischen Streitkräfte in Deutschland, W. I. Tschuikow, stellte ebenfalls fest, dass es, als seine Armee in Deutschland einmarschierte, den Sowjetsoldaten immer noch unmöglich war, das [deutsche] Volk vom Faschismus und dessen Führer, Hitler, zu trennen.‹«

Das Massaker von Nemmersdorf

Am 22. Juni 1944 hatte die Rote Armee ihre lang erwartete Großoffensive gestartet. Ziel des sowjetischen Oberkommandos war es, in breiter Front in Ostpreußen, Polen, der Tschechoslowakei, Ungarn und Österreich vorzugehen. Vor der Offensive in Mitteleuropa sollten jedoch die baltischen Staaten vom Feind gesäubert und der Vormarsch in Polen wieder aufgenommen werden.[4] Nachdem fast ganz Estland in sowjetischer Hand war, erließ das sowjetische Oberkommando am 24. September 1944 eine Weisung, nach der die neue Hauptstoßrichtung nun nach Westen verlegt wurde, um bei Memel die Ostsee zu erreichen und die deutsche Heeresgruppe Nord in Kurland abzuschneiden. Südlich davon griff die 3. Weißrussische Front den Abschnitt der 4. Armee der deutschen Heeresgruppe Mitte in Ostpreußen an.

Nach heftigen Kämpfen betraten im Oktober 1944 sowjetische Soldaten im Gebiet von Königsberg erstmals deutschen Boden. Was die Deutschen von den Siegern zu erwarten hatte, ließ sich bei ihrem Vorgehen im ostpreußischen Nemmersdorf bei Gumbinnen erahnen. Am Morgen des 21. Oktober 1944 hatte die Beschießung des Ortes begonnen, kurz darauf rückten sowjetische Soldaten ein. Als sie sich zwei Tage später für kurze Zeit noch einmal zurückziehen mussten, erschossen sie Zivilisten, die in einem Bunker Zuflucht gesucht hatten. Kinder wurden erschlagen, Frauen an Scheunentore genagelt, nachdem sie zuvor vergewaltigt worden waren. Vier Tage später traf eine internationale Ärztekommission ein, um die Vorgänge und das Massaker an den Zivilisten zu untersuchen.

Nemmersdorf sollte zu einem Symbol für die Grausamkeiten der Soldateska werden, die sich in den nächsten Wochen und Monaten in großer Zahl fortsetzten. So wie die sowjetische Führung die Ermordung tausender polnischer Offiziere bei Katyn den Deutschen anlasten wollte, versuchte sie, auch aus dem Massaker von Nemmersdorf propagandistisches Kapital zu schlagen. Die Deutschen hätten ihre eigenen Leute umgebracht, um Gräuelmärchen über die Rote Armee verbreiten zu können, hieß es. SS-Angehörige hätten in russischer Uniform die bestialischen Morde begangen. Selbst die US-Ankläger beim Alliierten Nürnberger Militärtribunal ließen sich 1946 von der russischen Darstellung in die Irre führen und hielten die deutschen Berichte für gefälscht.

Tausende gingen in den Freitod

Es ist nicht Aufgabe dieses Buches, sich detailliert mit den Übergriffen der Roten Armee gegenüber der deutschen Zivilbevölkerung zu befassen. Nur so viel aber muss angemerkt werden: Vielfach wird behauptet, die sowjetischen Soldaten hätten ihren Hass auf alles Deutsche nicht mehr zügeln können, seien undiszipliniert gewesen und hätten ihrem Siegestaumel freie Bahn gelassen. Dieses Bild ist falsch, denn die sowjetischen Kommandeure hatten ihre Truppen durchaus unter Kontrolle. Auf eigenem Territorium zog jeder Übergriff gegen die sowjetische Zivilbevölkerung die Todesstrafe nach sich. Außerhalb der Sowjetunion galten die strengen Vorschriften jedoch nicht mehr. Selbst die Bevölkerung der Verbündeten kam nicht ungeschoren davon. Als die Rote Armee durch den äußersten Nordzipfel von Jugoslawien marschierte, kam es in kürzester Zeit zu 1 200 Fällen von Raub und Plünderung und 121 Fällen von Vergewaltigung. 111 Frauen wurden getötet.[5]

Aus Furcht vor der Roten Armee, die die deutsche Propaganda seit Jahren mit allen Mitteln zusätzlich geschürt hatte, setzte ein Flüchtlingsstrom nie da gewesenen Ausmaßes ein. Flüchtlingskolonnen aus den baltischen Staaten, Ostpreußen und Pommern versuchten, sich mit Bauernwagen oder zu Fuß mit ihren notdürftig zusammengesuchten Habseligkeiten in Sicherheit zu bringen. Es waren nicht nur Einheimische, sondern auch viele, die wegen der Bombardierung der westdeutschen Städte durch amerikanische und britische Flugzeuge in östliche Regionen evakuiert worden waren. Je näher die sowjetischen Truppen dem so genannten »Altreich« rückten, desto größer wurde die Panik unter den Menschen. Niemals zuvor gab es so viele Selbstmorde aus Angst davor, in die Hände der Sieger dieses Krieges zu fallen. In Neustrelitz waren es 681 Menschen, die sich das Leben nahmen, in Demmin etwa 900, in Neubrandenburg mindestens 600, in Penzlin 230. Für die ehemaligen deutschen Ostgebiete gibt es nur ungefähre Schätzungen: In Stolp sollen es 1 000 gewesen sein, in Schönlanke 500 und in Lauenburg 600. Allein in Berlin begingen im April und Mai 1945 über 4 000 Menschen Selbstmord.[6]

Die Ignoranz der SED

Es ist bezeichnend, dass die deutschen Kommunisten um Walter Ulbricht sich zu den Gräueltaten der sowjetischen Armee nicht äußerten. Sie waren damit beschäftigt, ihre Machtposition für die Zeit nach dem Krieg zu sichern und die Weichen für die radikale Umformung der Gesellschaft in eine kommunistische, nach sowjetischem Vorbild aufgebaute Gesellschaft zu stellen. Aus diesem Grund hatten sie am 25. Februar 1945 – noch in der Sowjetunion – »Ratschläge für die Arbeit auf dem Lande in dem von der Sowjetarmee besetzten deutschen Gebiet« entwickelt.[7] Wichtigste Aufgabe der »Genossen« sei die Unterstützung der Besatzungsbehörde

- »bei der gründlichen und systematischen Aufdeckung und Vernichtung der faschistischen Sabotagenester, die sich auf dem Dorfe zu erhalten versuchen,
- bei der sorgfältigen Auswahl und Heranbildung zuverlässiger Kader in jeder Landgemeinde und ländlichen Siedlung,
- bei der Sicherung einer möglichst umfassenden Frühjahrsbestellung und der Erhaltung des noch vorhandenen Viehbestandes, um so die Grundlagen für eine notdürftige Ernährung der Bevölkerung zu gewährleisten,
- bei der Organisierung einer dauernden, wechselseitigen Hilfe zwischen Stadt und Land zwecks Versorgung des Dorfes mit Arbeitskräften und technischen Hilfskräften sowie der Stadt mit Lebensmitteln.«

Zur Heranbildung »zuverlässiger Kader« wurde ausgeführt, sie könne sich anfangs nur auf eine kleine Zahl »gut geprüfter, antinazistischer Kräfte stützen«. Diese Personen sollten sich in kürzester Frist ein Bild machen »von der früheren und jetzigen politischen Einstellung der Gemeindebevölkerung, insbesondere der Bauern und Landarbeiter, aber auch der Geistlichen, Lehrer u.a. am Ort angesehener Personen«. Nach gründlicher Überprüfung sollten dann der Besatzungsbehörde Vorschläge zur Besetzung der Gemeinde- oder Ortsausschüsse gemacht werden.

Eine entfesselte Soldateska

Das Ende des Krieges mit der inszenierten Unterzeichnung der Kapitulationsurkunde am 8. Mai 1945 in Berlin-Karlshorst bedeutete für die Besiegten keinesfalls das Ende der Feindseligkeiten. Besonders Frauen waren von der entfesselten Soldateska betroffen. Vergewaltigungen unvorstellbaren Ausmaßes waren an der Tagesordnung. Nur in wenigen Bereichen der Besatzungszone, wie etwa in Magdeburg, gab es Kommandeure, die streng gegen plündernde, mordende und vergewaltigende Soldaten vorgingen und sie in Einzelfällen hinrichten ließen. Ebenso stellten sich oftmals einzelne Offiziere vor deutsche Frauen und verhinderten die drohende Vergewaltigung – nicht selten, indem sie die Vergewaltiger an Ort und Stelle erschossen. In der Besatzungszone insgesamt aber – einschließlich Berlins – nahmen sich die sowjetischen Soldaten deutsche Frauen als Beute. Häufig mussten ihre Männer und Kinder bei den Vergewaltigungen zusehen. Viele starben an den Folgen oder wurden erschossen. Kinder wurden ebenso Opfer dieser Vergewaltigungsorgien wie alte Frauen.

Dem Berliner Militärkommandanten Alexander Wassililewitsch Gorbatow und Marschall Shukow schien durchaus bewusst zu sein, dass mit den marodierenden Soldaten der Roten Armee die Bevölkerung nicht für den Kommunismus gewonnen werden konnte. Am 11. Juli 1945 waren die Vergewaltigungen eines der Themen, das sie mit Pieck besprachen. In seinen Aufzeichnungen heißt es dazu, die Fälle müssten strengstens überprüft werden. Strenge Bestrafung sei erforderlich, falls sich die Gerüchte bestätigten, aber auch dann, wenn sie sich nicht bewahrheiteten.[8] Ausdrücklich ist in seinen Aufzeichnungen die Rede von Exzessen der Rotarmisten, von Plünderungen, Vergewaltigungen, aber nicht von Morden. Dies sei eine Gefahr für die Rote Armee selbst. Gegen Ende Mai sei die Welle abgeebbt, nun gebe es eine neue, noch gefährlichere. Am 23. Januar 1946 wurde bei einer Besprechung zwischen Pieck und Fjedor Jefimowitsch Bokow, Generalleutnant und Mitglied des Militärrats der SMAD, zwar festgestellt, die Zahl der Übergriffe sei inzwischen geringer geworden, dennoch käme es noch immer zu extremen Vorfällen.[9]

Auch als die Kampftruppen, die als erste nach Deutschland gekommen waren, durch neue ersetzt wurden, änderte sich nichts. In Chemnitz wandte sich die SED-Führung an den sowjetischen Kommandanten, nachdem im März 1946 innerhalb von wenigen Tagen zahlreiche Frauen geschändet und einige getötet worden waren. Die meisten Deutschen hätten Verständnis für disziplinarische Probleme unmittelbar nach der Kapitulation gehabt, aber acht Monate nach Kriegsende sei das nicht mehr hinzunehmen. Der sowjetische Politoffizier sprach von einem systematischen und geplanten Charakter der Ausschreitungen und räumte immerhin ein, dass das Verhalten der sowjetischen Truppen in der Stadt inakzeptabel sei und das Verhältnis der Bevölkerung zur Roten Armee belaste.[10]

In Berlin hatten die Übergriffe besonders schlimme Dimensionen angenommen. Lange Listen des Magistrats führen die Namen der Frauen auf, die von Soldaten der Roten Armee durch Gewaltanwendung geschwängert wurden und Ende 1945/Anfang 1946 die Kinder zur Welt brachten. Hinter jedem Namen ist zu lesen: »Vater: unbekannter sowjetischer Soldat.«[11] In der Stadt selbst gelang es den Kommandeuren nach einiger Zeit, die Übergriffe einzudämmen. Außerhalb der Stadt waren die Frauen aber bis in das Jahr 1947 noch Freiwild. Selbst die SED kam nicht umhin, sich mit dem Problem zu befassen, dachte dabei aber weniger an das Leid der Frauen als an das Ansehen der Partei. Hans Jendretzky, Stadtrat für Arbeit im Berliner Magistrat, meinte, es sei eigentlich erforderlich, Frauen zur Ernte aufs Land zu schicken. Das aber bedeute, sie zur Vergewaltigung zu verurteilen. Ein SED-Bericht stellte fest, die »Tatsachen schaden unserer Bewegung, weil die Dorfbewohner leider glauben, dass wir in der Lage sind, ihnen zu helfen«. Viele meinten nun, die Nationalsozialisten hätten mit ihren Berichten über die brutalen Vergewaltigungen schon immer recht gehabt.[12]

Nur ein Beispiel noch soll zeigen, wie es um die Disziplin bestellt war und in welcher Weise besonders die weibliche Bevölkerung der sowjetischen Besatzungszone unter den »Befreiern« zu leiden hatte, in diesem Fall die Merseburger:[13] »Selbst am Tag der Maifeier wurden am Vorabend gelegentlich des Nachhausegehens im Anschluss an den Fackelumzug weibliche Personen verprügelt und von den bewusst anreitenden Soldaten von dem Pferde getreten. (…) Die weiblichen Bewohner wurden ohne Rücksicht auf ihr Alter nach schwersten Misshandlungen im Anschluss an die Ausplünderung vergewaltigt. (Offenbar wurde eine der Bewohnerinnen erst erschossen und dann vergewaltigt.) Auch am Tage werden in städtischen Anlagen immer gleich auch von mehreren Soldaten einzelgehende Frauen nach Zerreißen ihrer Bekleidungsstücke 5-6 mal hintereinander vergewaltigt.« Angaben des Merseburger Polizeipräsidenten besagten, dass in der Stadt »Personen in sowjetischer Uniform« in der Zeit vom 1. Januar bis 3. Mai 1946 folgende Verbrechen begangen hatten: 34 Morde, 345 Einbrüche, 328 Raubüberfälle, 60 Eisenbahnüberfälle, 123 Rinderdiebstähle, 212 Körperverletzungen, davon zehn mit tödlichem Ausgang, 161 Vergewaltigungen.

Die deutsche Polizei war gegenüber diesen Ausschreitungen machtlos. Gegen sowjetische Soldaten konnte sie nicht vorgehen, allenfalls den Kommandeuren die Vorfälle melden.

Bis 1947 sahen die Sowjets dem Geschehen weitgehend tatenlos zu, bis sie begannen, das Problem zu lösen, indem sie ihre Truppen weitgehend von der deutschen Bevölkerung isolierten. Weniger Rücksicht auf die Bevölkerung im besetzten Gebiet war die Ursache als vielmehr die Tatsache, dass sich Geschlechtskrankheiten unter den sowjetischen Soldaten ausbreiteten und die Einsatzfähigkeit ernsthaft gefährdeten.

Ein Tabuthema in der DDR

Weit über eine Millionen Frauen in der sowjetischen Besatzungszone wurden vergewaltigt.[14] Die Schätzungen über die Zahl der unehelich geborenen Kinder sowjetischer Soldaten gehen bei einer angenommenen Abtreibungsquote von 90 Prozent weit auseinander: von 30 000 bis zu 200 000. Die Frauen wurden von ihren aus der Gefangenschaft heimkehrenden Männern oftmals verstoßen, die Kinder als »Russenkinder« diffamiert. In der DDR durfte über dieses dunkle Kapitel deutsch-sowjetischer Beziehungen nicht gesprochen worden. Es hätte

Viele Frauen gingen trotz Fraternisierungsverbot Verhältnisse mit sowjetischen Soldaten ein – oft genug aus Not.

das Bild der »Freunde« gestört. Dabei hatte sich an dem Verhältnis zwischen der Sowjetunion und ihrem Satelliten DDR bis zur deutschen Wiedervereinigung nichts geändert. Am 22. Januar 1955 hatte der Kreml in einer einseitigen Geste mit Ost-Berlin den Kriegszustand offiziell beendet und am 14. Mai 1955 einen »Freundschaftsvertrag« geschlossen. Am 12. März 1957 folgten ein Stationierungsabkommen und am 2. August desselben Jahres ein Rechtshilfeabkommen, doch an der Rechtlosigkeit der Menschen änderte sich nichts. Bis zum Ende der DDR wurden dem Militär-Oberstaatsanwalt der DDR jährlich bis zu 3 000 Vorgänge gemeldet, hinter denen sich zumeist schwere Straftaten verbargen.[15] Woche für Woche wurden weiterhin Frauen vergewaltigt, durchschnittlich hundert Personen jährlich ermordet. Tatsache aber ist: Obwohl dies nach dem Rechtshilfeabkommen möglich gewesen wäre, stand nie ein sowjetischer Soldat vor einem Richter der DDR. Taten wurden geleugnet und wenn dies nicht möglich war, die Täter schnellstens in die Sowjetunion zurückbeordert, um sie Ermittlungen durch deutsche Stellen zu entziehen. Da nicht sein konnte, was nicht sein durfte, sprach die DDR in diesem Zusammenhang stets von »Ausländerkriminalität«. Den Beziehungen zwischen den Staaten und vor allem zwischen den Menschen hat dieses Verhalten lange Zeit geschadet. Erst mit dem Zerfall der Sowjetunion und der einsetzenden Rehabilitierung von Opfern und der Benennung von Verbrechen als solche durch die neuen russischen Justizbehörden konnte mit der Aufarbeitung dieses Teils gemeinsamer Geschichte begonnen werden.

Säuglingssterblichkeit bei 73 Prozent

Die gesundheitliche Lage vieler Menschen war in den ersten Nachkriegsjahren beängstigend. Ursachen waren vor allem die völlig unzureichende Ernährung sowie die oft unhygienischen Wohnverhältnisse. Es fehlte nicht nur an Nahrung, sondern auch an sauberem Wasser und oftmals an Seife. Krätze war damals eine häufig vorkommende Krankheit. Hinzu kam, dass die Millionen Vertriebener aus den ehemaligen deutschen Ostgebieten in der Regel die sowjetische Besatzungszone in schlechter gesundheitlicher Verfassung erreichten. Sie kamen zwar erst in Quarantänelager, schleppten aber oft ansteckende Krankheiten ein. Dasselbe galt für die aus der Sowjetunion freigelassenen Kriegsgefangenen, die nicht nur völlig ausgemergelt in Deutschland eintrafen, sondern in der Mehrzahl an den bei Mangelerscheinungen typischen Krankheiten wie Tuberkulose (Tbc) litten. Nicht zuletzt breiteten sich vor dem Hintergrund der massenhaften Vergewaltigung deutscher Frauen durch russische Soldaten Geschlechtskrankheiten über die gesamte Besatzungszone aus. Da die Soldaten oftmals weder vor Kindern noch vor alten Frauen Halt machten, waren alle Altersgruppen der weiblichen Bevölkerung betroffen. Viele der bei Vergewaltigungen gezeugten Kinder trugen bereits bei der Geburt Geschlechtskrankheiten in sich.

Die Sowjetische Militäradministration reagierte wie meistens mit Befehlen. Am 25. September 1945 übte sie zunächst Kritik an den deutschen Selbstverwaltungsorganen und den deutschen Ärzten, weil sie den »Kampf mit Infektionskrankheiten zu schwach entfaltet« hätten.[16] Deutsche Amtspersonen, Ärzte und medizinisches Personal, welche ihre Pflichten nicht oder schlecht erfüllten, würden zu »strenger Verantwortung« gezogen. Um die Ausbreitung von Infektionskrankheiten einzudämmen, wurde zum Beispiel der Verwaltung der Reichsbahn befohlen:

- »die Wartesäle für Reisende wieder zu errichten,
- in den Wartesälen die Fahrgäste mit abgekochtem Trinkwasser zu versorgen,
- die Bahnhöfe und die Züge in gesundheitlich sauberem Zustande zu halten.«

Wenn man auf der anderen Seite betrachtet, in welchem Zustand die Züge, die mit Hunderttausenden Vertriebener und entlassener Kriegsgefangener in den folgenden Jahren aus der Sowjetunion in die Besatzungszone kamen – oftmals waren sie ohne jede sanitäre Einrichtungen und während der tagelangen Fahrten wurden sie nicht einmal geöffnet –, dann muten die Befehle an die Reichsbahn geradezu grotesk an.

Die Präsidenten der Länder und Provinzen hatten nach dem genannten Befehl Übergangsstellen an den Landes- und Provinzgrenzen einzurichten und »unorganisierte Umsiedlung« (Umzüge) zu verbieten. Umzüge von einem Land der Zone in ein anderes wurden nur gestattet, wenn die Umzugswilligen in Sammelstellen zusammengefasst und dann von Polizisten begleitet würden. An Eisenbahnstationen und Knotenpunkten auf Landstraßen sollten Sanitätskontrollen und Verpflegungspunkte eingerichtet werden.

»Noch sehr, sehr wenig getan«

Diphtherie, Scharlach und Tuberkulose waren die Geißeln der ersten Nachkriegsmonate und -jahre, dazu in erschreckendem Maß Abdominal- sowie Flecktyphus. Auf einer Dienstbesprechung beim Präsidenten der Zentralverwaltung für das Gesundheitswesen am 3. Oktober 1945 berichtete der innerhalb der SMAD für das Gesundheitswesen zuständige Oberstarzt Sokolow, dass sich die Fälle von Abdominaltyphus von August zu September nahezu verdoppelt hatten, allein in Mecklenburg von 5 531 auf 10 253 oder in Brandenburg von 2 858 auf 4 238 Fälle.[17] Die Bekämpfung der Seuchen sei eine Hauptaufgabe der deutschen Behörden und er wundere sich, dass er »aus den Ausführungen seiner Vorredner keinerlei Beunruhigung« habe heraushören können. Die deutschen Organe hätten es nicht verstanden, die Seuchenbekämpfung zu organisieren, für eine lückenlose Versorgung der ärztlichen Bezirke und Krankenhäuser mit Arzneimitteln zu sorgen und die deutschen Ärzte richtig, »das heißt wissenschaftlich«, den Kampf mit den ansteckenden Krankheiten aufnehmen zu lassen, warf Sokolow den Abteilungsleitern vor. Am 11. September 1945 habe Marschall Shukow den Befehl »Maßnahmen der Seuchenbekämpfung innerhalb der Bevölkerung der Sowjetischen Okkupationszone« herausgegeben und er müsse konstatieren, dass die deutschen Behörden »noch sehr, sehr wenig getan haben«. Im Hinblick auf die sich ausbreitenden Geschlechtskrankheiten kritisierte der Oberstarzt, zu viele an Syphilis erkrankte Personen seien nicht interniert und befänden sich als Ansteckungsherde weiter in Freiheit.

Wie bedrohlich die Lage war, zeigen diese Zahlen aus dem Land Sachsen: Bei 4,8 Millionen Einheimischen und einer Million Flüchtlingen und Vertriebenen wurden im August/September 1945 nur 4 100 Geburten, aber 10 500 Todesfälle registriert. Die Sterblichkeitsquote bei Säuglingen lag auf dem Lande bei 27 Prozent, in der Stadt Dresden bei 73 Prozent und in den anderen Städten durchschnittlich bei 44 Prozent.[18] Die Zahl der Typhusfälle stieg in Sachsen wöchentlich um circa 500, wobei 16 Prozent der Erkrankten starben. Anders als Oberstarzt Sokolow sahen sowjetische Sanitätsoffiziere in Mecklenburg die Ursachen für die Ausbreitung der Seuchen sehr deutlich. Alle Erkrankten sollten sofort isoliert werden, forderten sie. Durchgangs- und Beobachtungsstationen sowie Auffang-Quarantänelager müssten in den Grenzbezirken eingerichtet, Flüchtlingszüge desinfiziert werden. Die Fliegenplage sei zu bekämpfen und Unrat und Misthaufen aus der unmittelbaren Nähe von Wohngebäuden und Krankenhäusern zu entfernen.[19] Schutzimpfungen sollten durchgeführt, diagnostische Laboratorien eingerichtet und die Ernährungsfrage geregelt werden. Dies war zweifellos alles erforderlich, ließ sich aber angesichts des Mangels überhaupt nicht realisieren. Bei der Bewertung der Situation konnten sich die sowjetischen Sanitätsoffiziere allerdings nicht völlig von ihrer ideologischen Schulung lösen. Es sei ihnen aufgefallen, dass die deutschen Ärzte in ihren Praxen nur enge Patientenkreise behandelten, ohne jeweils das Volksganze zu erfassen. Das Übel des deutschen Gesundheitswesens liege »in dem kapitalistisch privatärztlichen System«. Ärzte müssten ihr Augenmerk auf soziologische Gesichtspunkte richten und nicht auf die egoistische Befriedigung ihrer Privatinteressen. Mit solchen Feststellungen ließen sich die epidemieartigen Seuchen in der sowjetischen Besatzungszone natürlich nicht bekämpfen.

Die Hauptursachen für den hohen Krankenstand wurden in einer ausführlichen Arbeit festgehalten, in der die monatlichen Sterbeziffern der Jahre 1919 bis 1921 mit denen der ersten vier Monate 1946 verglichen wurden.[20] Im Vergleichszeitraum des Jahres 1919 bewegte sich die Sterbeziffer im Deutschen Reich zwischen 20,9 und 17,9, die in der sowjetischen Besatzungszone dagegen zwischen 35,8 und 30, war also bei ähnlichen Ausgangsbedingungen nach einem verlorenen Krieg etwa eineinhalb Mal so hoch. Als Ursachen wurden elf Punkte genannt:

»a) physische
- Unterernährung des größeren Teils der städtischen Bevölkerung infolge eines Krieges von 5,6 jähriger Dauer mit Rationierung aller Lebensmittel seit Beginn dieses Krieges
- Geringere Widerstandskraft dieser Bevölkerung gegen zahlreiche Krankheiten, insbesondere gegen Tuberkulose und Infektionskrankheiten

b) ökonomische
- Anwachsen der Bevölkerungsdichte infolge Abtretung großer Randgebiete und Aufnahme von mehreren Millionen Umsiedlern
- Anwachsen der Wohndichte und Übervölkerung der Wohnungen infolge dieser Zuwanderung und der zahllosen zerstörten Wohnungen und gehinderter Bautätigkeit
- Beschränkung der Produktion von Lebensmitteln infolge Abtretung von Überschussgebieten
- Beschränkung der Einfuhr von Lebensmitteln
- Beschränkung der Exportmöglichkeit von Waren
- Mangel an Heizungsmaterialien infolge der allgemeinen Kohlennot
- Mangel an Seife

c) sozialhygienische
- Mangel an sozialhygienischen Einrichtungen und Krankenhäusern infolge der Zerstörungen.«

Einziger positiver Aspekt sei der Rückgang des Alkoholverbrauchs angesichts der verminderten Produktion und der hohen Besteuerung.

Wie es um die Gesundheit der Menschen bestellt war, zeigt plastisch eine Übersicht aus der Provinz Brandenburg, die das Zentralkomitee der KPD im September 1945 für die Gesundheitsverwaltung verfasst hatte:[21]

»*Kreis Spremberg:* Seit dem 1. Juni bis Mitte August sind 434 Personen gestorben, von denen 331 Erwachsene teils mittelbar, teils unmittelbar infolge Unterernährung zugrunde gingen, weitere 12 schieden durch Freitod aus dem Leben, wobei in allen Fällen die ernährungsmäßige Notlage die Ursache bildete. Die Steigerung der Sterbeziffer betraf vor allem Säuglinge, Kleinkinder und alte Personen. In einem Monat starben zweimal so viel Säuglinge wie im ganzen vergangenen Jahr. Von 398 untersuchten Säuglingen hatten nur 78 ein normales Gewicht, 172 waren in reduziertem Zustande und 148 waren hochgradig unterernährt, sodass es lebensbedrohlich war. Der Nährwert der zugeteilten Lebensmittel betrug ungefähr den 8. Teil des für den Körperhaushalt unbedingt notwendigen Kaloriengehaltes. Es kam zu Hungerödemen; Wöchnerinnen können nicht stillen, in Massen treten Ernährungsstörungen mit Brechdurchfall auf, begleitet von Fieber, woran ca. 60 % der Bevölkerung von Stadt und Land leidet. Tuberkulose, Zuckerkranke und Magenkranke sind ihrem Leiden völlig ausgeliefert, da die entsprechende Diät nicht zur Verfügung steht.

Kreis Seelow: Die ärztlichen Sprechstunden werden von Kranken aufgesucht, die bis zum Skelett abgemagert sind. Die Kinder machen infolge ihres krankhaften Verfalls und der Unterernährung einen greisenhaften Eindruck. Die Glieder sind wässerig geschwollen, der Bauch aufgetrieben. (…) Bisher konnte noch nicht 1 Gramm an Nährmitteln wie Grieß und Haferflocken verteilt werden. Die Menschen können wegen Entkräftung die Feldarbeit nicht ausführen, sie gehen an Darmkatarrh und Herzschwäche zugrunde. (…)

Kreis Oberbarnim: Es bestehen viele hunderte von Fällen an akuten Magen- und Darmkatharren bzw. nach der Art des Paratyphus und der Ruhr. Der überwiegende Teil der Bevölkerung ist auf das schwerste abgezehrt und erschöpft. Fast 50 % aller im gebärfähigen Alter stehenden Frauen haben seit 2 bis 3 Monaten ihre Regel nicht mehr, ohne dass es sich um Schwangerschaft handelt. Es handelt sich um ausgesprochene Erschöpfungszustände infolge Unterernährung bei schwerster Arbeit. Bei 30 % der Bevölkerung im vorgerückten Alter finden sich schwere wassersüchtige Schwellungen infolge Hungerödeme. Zahlreiche Fälle von Skorbut mit Zahnfleischblutungen, Zahnausfall und Hauteiterungen kommen vor. (...)

Stadt Brandenburg: (...) Es treten zahlreiche Ödemkrankheiten mit Herzschwäche auf. Die Widerstandskraft gegen Infektionskrankheiten ist stark herabgesetzt, Blutkrankheiten wie die perniciöse Anämie sind jetzt sehr häufig. Wie stark die Sterblichkeit zugenommen hat, ergibt sich aus der Gegenüberstellung, dass im Juli 1945 650 Todesfälle vorkamen, davon 95 im ersten Lebensjahr. Im gleichen Monat des Vorjahrs kamen nur 200 Todesfälle vor. Ein gleiches Bild ergibt folgende Gegenüberstellung: Im Jahre 1939 starben 101 Säuglinge, 1945 starben von Januar bis August 481 Säuglinge, auf das Jahr gerechnet also fast achtmal so viel als 1939.

Kreis Lübben: Das Körpergewicht bei sonst ausreichend ernährten Personen ist in wenigen Monaten um 40 bis 50 % gefallen. (...)

Kreis Niederbarnim: Die Lebensmittelzuteilungen liegen unter dem Existenzminimum. Der dritte Teil der Patienten in den überfüllten Sprechstunden zeigt Zeichen von Hungerödemen. Die Männer haben durchschnittliche Gewichtsverluste von 40 bis 60 Pfund innerhalb 2 bis 3 Monaten. Das durchschnittliche Gewicht mittelgroßer Frauen liegt zwischen 80 und 100 Pfund. (...) Die Sterblichkeit der alten Leute über 60 Jahre ist gegenüber den letzten Kriegsmonaten um 300 % gestiegen. (...) Die Lungentuberkulose greift erschreckend um sich. Ein erschütterndes Bild bieten Säuglinge und Kleinkinder. Seit Monaten fehlt es an Nährmitteln, Zucker und Milch. (...) Die große Masse der Bevölkerung hat seit 3 Monaten keine Milch, keinen Zucker, kein Fett und keine Nährmittel erhalten. Überall sind Infektionskrankheiten ausgebrochen, insbesondere Typhus, Paratyphus und ruhrähnliche Erkrankungen.«[22]

Viel änderte sich an dieser Situation auch in den folgenden Jahren nicht. Betriebsräte im thüringischen Kreis Sonneberg wandten sich im August 1948 mit Hilferufen an den FDGB, weil ein Drittel der Arbeiter in der Porzellanindustrie stark unterernährt war. Ausdrücklich aufgefordert, einen »wahrheitsgetreuen« Bericht abzugeben, beschrieb der Leiter des Sonneberger Gesundheitsamtes die Lage so: Die Arbeiter

»fielen vor Allgemeinschwäche und Entkräftung um« und weiter: »Die Mangelernährung bringt es mit sich, dass Gewichtsstürze bis zu 30 und 40 % an der Tagesordnung sind, dass die Körpersubstanz immer mehr angegriffen und verbraucht wird.« Die Zahl der Magenoperationen stieg gegenüber Kriegszeiten auf das Fünffache. In allen Schichten der Bevölkerung zeigten sich die typischen Mangelerscheinungen wie Eiweißmangelödeme, Herzmuskelschwäche, Magen- und Darmerkrankungen oder Sehstörungen. Besonders betroffen waren Kinder, bei denen vielfach die Unterernährung so weit fortgeschritten war, »dass der Organismus eine gehaltvolle Nahrung nicht mehr vertragen und auswerten kann«. Ähnliche Berichte kamen aus allen Regionen der sowjetischen Besatzungszone. Teilweise wurden aus den Haftanstalten der SBZ Gefangene vorzeitig entlassen, weil sie nicht mehr ernährt werden konnten und nicht innerhalb der Gefängnismauern sterben sollten. Im Zuchthaus Waldheim war 1947 ein Drittel aller Gefangenen stark unterernährt. In der Zeit vom 1. Januar bis 20. Oktober erklärte der Anstaltsarzt 263 Gefangene für haftunfähig, woraufhin in 240 Fällen eine Haftunterbrechung genehmigt wurde.[23] Trotz des schlechten Gesundheitszustandes der meisten Gefangenen verbot die Anstaltsleitung im Herbst 1947 den Empfang von Lebensmittelpaketen, was zu einer weiteren Verschlechterung der Lage führte. Immerhin gab es in Waldheim Bemühungen, die größten Mängel im Anstaltskrankenhaus zu beseitigen. Bei einer Inspektion am 23. März 1949 war die Krankenabteilung mit 281 Kranken belegt, unter ihnen 178 Tbc-Fälle. Alle 1 700 Gefangenen waren geröntgt worden, die Krankenabteilung sollte auf 300 Tbc-Betten erweitert werden.[24] Seine Menschlichkeit musste der Arzt büßen: Gegen ihn wurde wegen fahrlässiger Gefangenenbefreiung Anklage erhoben. Allerdings kamen die Anstaltsleitungen nicht umhin, auch weiterhin Gefangene als haftunfähig in die Freiheit zu entlassen. Nach einer Aufstellung der Gesundheitsverwaltung waren es im Juli 1948 insgesamt 95 und im Vergleichsmonat des folgenden Jahres 57.[25] Schwierig gestalteten sich die Verhältnisse im Gerichtsgefängnis Coswig, das im Juli 1947 von einem Vertreter der Gesundheitsverwaltung besucht wurde. Der dortige Arzt hatte seinen Dienstvertrag gekündigt,

»weil er erklärte, er könne die Verantwortung nicht mehr tragen, an diesen unmenschlichen Zuständen mitzuwirken. Darüber hinaus hat man ein Verfahren wegen Begünstigung gegen ihn eingeleitet, weil ein Gefangener, den er aus ärztlichen Gründen in das Krankenhaus eingewiesen hatte, von dort entwichen war. Die Haftunfähigkeitserklärung, welche er am 20. Mai für 21 Mann abgeben hatte, hatte bisher (10. Juli) zu keinem Ergebnis geführt, weil sie der Anstaltsleiter nicht zur Kenntnis genommen, sondern von untergeordneter Stelle hatte bearbeiten lassen. Wir ließen uns diese unterernährten Männer vorführen und sich entkleiden. Sie boten ein erschütterndes Bild körperlichen Verfalls. Der elendste von ihnen wog 68 Pfund. Beim Abtreten stützten sie sich gegenseitig und wankten die Treppe hinauf. Menschen dieses Zustandes ohne die Aussicht auf Besserung langsam weiter verkommen zu lassen, ist nicht zu verantworten«.[26]

Frauen als Opfer der Sieger

Geschlechtskrankheiten waren ein Problem, von dem in erster Linie natürlich die deutschen Frauen betroffen waren, das aber in hohem Maße auch die sowjetische Militärführung belastete. Die Einsatzfähigkeit der Truppen war teilweise stark eingeschränkt. Bei der in Magdeburg stationierten 3. Stoßarmee war sogar ein besonderes Bataillon aufgestellt worden, das ausschließlich aus infizierten Soldaten bestand und von den übrigen Einheiten und von der deutschen Bevölkerung isoliert wurde. Ähnlich verfuhr die Rote Armee in Luckenwalde, wo in den ersten Apriltagen 1946 ein Lager für eine Militär-Einheit ausschließlich aus Geschlechtskranken eingerichtet wurde.[27] Im Zuchthaus Waldheim hatte die Rote Armee den Ostteil der Anstalt in Beschlag genommen und dort über drei Stockwerke ein »Geschlechtskrankenhaus für russische Soldaten« eingerichtet und es bis Herbst 1947 betrieben.[28]

In der Hauptsache wurden Frauen bei Vergewaltigungen angesteckt, aber auch durch Prostitution. So wie in den anderen Besatzungszonen war der Tausch von Sex gegen Zigaretten oder eine warme Mahlzeit nicht die Ausnahme. Als Ende Dezember 1945 deutsche Polizei und französische Gendarmerie im Berliner Bezirk Reinickendorf Razzien durchführten, war das Ergebnis erschreckend. Von 87 untersuchten Frauen waren 51 an Gonorrhoe erkrankt, elf an Lues, vier an Lues und Gonorrhoe.[29] In Berlin-Reinickendorf verständigten sich der Bezirksbürgermeister und der russische Kommandant darauf, dass alle Frauen, die mehrfach »Besuch« von sowjetischen Soldaten gehabt hatten, sich untersuchen lassen mussten. Sicherheitshalber wurden die Nachbarn »verdächtiger« Frauen verpflichtet, Behörden Meldung zu machen, sollten die Frauen sich nicht freiwillig untersuchen lassen.

Monatlich wurden den Behörden Tausende von Erkrankungen bekannt: Die Zahl der neuen Fälle von Gonorrhoe stieg – auf die Besatzungszone bezogen – von 1 194 im September 1945 über 2 125 im Oktober auf 2 844 im Januar 1946. Im selben Zeitraum verdreifachte sich die monatliche Zahl an neuen Syphilis-Fällen von 330 im September 1945 auf 908 im Februar 1946.[30]

In allen Teilen der sowjetischen Besatzungszone wurden Lager oder Not-Krankenhäuser für die Internierung von Geschlechtskranken oder für deren Behandlung eingerichtet. In der Leipziger Nonnenstraße öffnete am 1. April 1946 in ehemaligen Lagerräumen ein Ambulatorium für Geschlechtskranke, nachdem mit »Befehl Nr. 30« der SMAD »Zur Bekämpfung der Geschlechtskrankheiten durch Errichtung eines Netzes von Behandlungs- und Beratungsstellen« ein solches Vorgehen angeordnet worden war. Ebenfalls 1946 wurde in Leipzig eine Wanderausstellung zur Verhütung und Bekämpfung von Geschlechtskrankheiten eröffnet. Sie zeigt, wie ernst das Problem genommen wurde, änderte aber nichts an den Ursachen.

Zwar hatten der Alliierte Kontrollrat bereits die »Direktive 52« und die SMAD mehrere Befehle zur Eindämmung von Geschlechtskrankheiten unter der deutschen Bevölkerung erlassen, unter anderem den »Befehl Nr. 273« mit Wirkung vom 1. Januar 1948, doch fehlte es an Medikamenten und einfachsten medizinischen Gerätschaften, um der Seuche Herr zu werden. Stattdessen wurden die Erkrankten in der Regel isoliert, überall in der SBZ entstanden Quarantänestationen – in Krankenhäusern und Polizeistationen. Teilweise wurden

»Geschlechtskrankenbaracken« errichtet. Die Dramatik der Situation lässt sich am Beispiel Rostocks ablesen.[31] Bordelle hatten aufgrund sowjetischer Befehle geschlossen werden müssen, bestanden aber inoffiziell weiter. Bei Razzien zeigte sich, dass 80 Prozent der Prostituierten an Geschlechtskrankheiten litten. 600 Krankenhausbetten für Geschlechtskranke wurden eingerichtet, davon bis zu 150 »polizeiliche Betten«. Die Versorgung mit Medikamenten war unzureichend. Es gab zwar genügend Sulfonamide, doch die Hälfte der Patientinnen war hiergegen resistent. Völlig überfüllt waren die Abteilungen für Geschlechtskranke in den Rostocker Polizeistationen. »Eine war für 19 Frauen ausgelegt und musste zum Zeitpunkt der Inspektion 35 aufnehmen. Eine noch größere Überfüllung bestand in der Polizeistation der Hautklinik, wo in einem Raum, der normal 5 Betten fassen würde, 15 Personen eingesperrt waren. Da die Frauen diesen Raum nicht verlassen können, bedeutet diese Zusammenpferchung eine sehr große Härte und gesundheitliche Gefahr.«

»Geschlechtskrankheiten eine Folge der NS-Politik«

Auch in diesem Fall suchten die sowjetischen Verantwortlichen die Ursachen nicht in dem Verhalten der Soldaten der Roten Armee oder in den schlimmen hygienischen Verhältnissen, sondern hatten, so wie Oberstleutnant Bari, ihre eigene Theorie.[32] Mit Beginn der Rüstung im Dritten Reich und dem Bau strategischer Straßen seien Hunderttausende junger Leute zuerst zur Arbeitsfront und später Millionen Menschen zur Wehrmacht eingezogen worden. »Diese Trennung riesiger Menschenmassen von ihrem Familienleben und von den gewohnten geschlechtlichen Verbindungen rief ein jähes Ansteigen der Geschlechtskrankheiten hervor. Die unverzeihliche Behandlung, die die Hitleristen den Familienbindungen angedeihen ließen, wirkte sich noch mehr im Sinne einer Erhöhung der Zahl der Geschlechtskrankheiten aus, sodass bereits während des Krieges in Deutschland die Zahl der frischen Fälle von Geschlechtskrankheiten in ununterbrochenem Anstieg außerordentlich hohe Ziffern erreichte.« Die Sowjetische Militäradministration habe den ganzen Ernst der Lage erkannt und bereits im August 1945 den Kampf gegen Geschlechtskrankheiten aufgenommen. Allerdings würden die deutschen Stellen die Befehle nur unzureichend ausführen. So reisten noch immer erkrankte Prostituierte von einem Ort zum anderen. Doch anstatt beispielsweise mehr Mittel zur Herstellung von Medikamenten freizugeben, beschränkte sich die SMAD darauf, Venerologen in Ländern und an Krankenhäusern zu attackieren, ihnen die Nichterfüllung sowjetischer Befehle vorzuwerfen und ihre Ablösung zu verlangen.

Tatsächlich war es den deutschen Ärzten kaum möglich, wirksam gegen Geschlechtskrankheiten anzugehen, wie sich bei Inspektionen durch die Zentralverwaltung für Gesundheit immer wieder erwies. Im überfüllten Bunker am Magdeburger Nikolaiplatz waren zum Beispiel 160 Frauen notdürftig untergebracht. Es fehlten die nötigsten medizinischen Hilfsmittel wie Mikroskope, Gefäße und Gummischläuche. Hier waren Sulfonamide so knapp, dass sie für schwere Komplikationen oder »moralische Fälle« nach Vergewaltigungen reserviert wurden. Selbst dann mussten die Behandlungen oft unterbrochen werden, da die Medikamente ausgingen.[33]

Die »Gruppe Ulbricht« als Moskaus Statthalter

Demokratisierung nach sowjetischem Muster

Noch vor der Kapitulation hatte sich von Moskau aus die so genannte »Gruppe Ulbricht« auf den Weg nach Deutschland gemacht, nicht nur, um Moskau beim Aufbau der Verwaltung in seiner Besatzungszone zu unterstützen, sondern vor allem, um von Anfang an die Vorherrschaft der Kommunistischen Partei in der sowjetischen Besatzungszone zu zementieren. Am 30. April 1945 verließ die Gruppe Ulbricht Moskau und landete auf einem Feldflugplatz zwischen Frankfurt/Oder und Küstrin. Ihr gehörten neben Ulbricht die KPD-Funktionäre Fritz Erpenbeck, Otto Fischer, Gustav Gundelach, Richard Gyptner, Walter Köppe, Hans Mahle, Karl Maron und Otto Winzer (Lorenz) an. Dazu kam der erst 24-jährige Wolfgang Leonhard, der sich jedoch bald vom Kommunismus abwandte. Ihr Auftrag war es, die Politische Hauptverwaltung der 1. Belorussischen Front bei der Wiederaufnahme des öffentlichen Lebens zu unterstützen. Vor allem aber sollten sie mit Hilfe der Roten Armee beim Aufbau politischer Strukturen in einem antifaschistischen Deutschland mitwirken und die Kommunistische Partei wiederbeleben. Ulbricht fuhr noch am 30. April nach Berlin. Alle anderen Funktionäre übernachteten in Schwerin, bevor sie am nächsten Tag nach Bruchmühle bei Strausberg gebracht wurden. Dort befand sich der Sitz der Politverwaltung beim Stab der 1. Belorussischen Front. Am 2. Mai 1945 machten sich die Mitglieder der Gruppe Ulbricht auf den Weg nach Berlin und nahmen dort Kontakt zu Antifaschisten und Kommunisten auf, die als Bürgermeister in den Bezirken vorgesehen waren. Zunächst hatte Ulbricht die Losung herausgegeben, auch Sozialdemokraten oder Bürgerliche für die Mitarbeit zu gewinnen, doch war dies nur vorgeschoben, bestimmt für die westlichen Alliierten und die Öffentlichkeit. Denn seinen Mitarbeitern erklärte er:[1] »Es ist doch ganz klar, es muss demokratisch aussehen, aber wir müssen alles in der

Hand haben.« Unter dieser Prämisse organisierte die Gruppe Ulbricht Kräfte für den Wiederaufbau des Alltagslebens und der Berliner Stadtverwaltung. In den Aufbau Deutschlands nach sowjetischem Muster wurden Kommunisten und Sozialdemokraten eingebunden, die aus Zuchthäusern befreit worden waren oder im Untergrund die NS-Zeit überlebt hatten. Von der KPD waren dies Hermann Axen, Franz Dahlem, Erich Honecker, Hans Jendretzky, Horst Sindermann, Willi Stoph und Paul Verner, von der SPD Friedrich Ebert, Max Fechner, Otto Grotewohl und Helmut Lehmann. Ähnliche »Initiativgruppen« bestanden für Sachsen unter Leitung von Anton Ackermann und für Mecklenburg unter der von Gustav Sobottka. Sie hielten ständigen Kontakt zum Vorsitzenden der KPD, Wilhelm Pieck, der sich noch in Moskau aufhielt. Während ihres Aufenthaltes in der Sowjetunion war die Gründung einer Einheitspartei unter kommunistischer Führung beschlossen worden, doch sollte hiermit gewartet werden, bis die organisatorischen und personellen Voraussetzungen in der künftigen Besatzungszone geschaffen waren. Zudem erschien dem Kreml zum einen der Entwicklungsstand der Deutschen noch nicht fortgeschritten genug für den Kommunismus, zum anderen musste vorerst noch auf die westlichen Kriegsverbündeten Rücksicht genommen werden. West wie Ost wollten in Deutschland demokratische Verhältnisse einführen, verstanden darunter aber völlig Gegensätzliches. Wilhelm Pieck notierte hierzu über eine Besprechung bei Stalin, an der Molotow und Shdanow teilnahmen: »Einheit Deutschlands sichern durch ein[heitliche] KPD Partei der Werktätigen« und zum Aufbau der KPD schrieb er: »ZK soll offen auftreten – Manifest mit Kurs auf Schaffung Partei der Werktätigen. Arbeiter, schaffende Bauern, Intellektuelle.«[2] Pieck bezeichnete die SPD als »sehr zersplittert« und ging davon aus, dass die Mehrheit der Mitglieder für die Einheit der Parteien sei. Festgelegt wurde auf dieser Besprechung die Zusammensetzung der KPD-Organe. Dem Politbüro sollten angehören Pieck, Ulbricht, Ackermann, Geschke, Jendretzki, Winzer, Sobottka, Mahle und Frau Kunz, dem Sekretariat Pieck, Ulbricht, Klaßner (Wandel), Gryptner, Therese Meyer und als Übersetzer Heinz Stern.

Auf dem Weg zur Einheitspartei

Am 10. Juni 1945 erlaubte der Oberste Chef der SMAD Marschall Shukow die Bildung von Parteien. Mit »Befehl Nr. 2« gestattete er »auf dem Territorium der Sowjetischen Okkupationszone in Deutschland (...) die Bildung und Tätigkeit aller antifaschistischen Parteien (...), die sich die endgültige Ausrottung des Faschismus und die Festigung der Grundlage der Demokratie und der bürgerlichen Freiheiten in Deutschland und die Entwicklung der Initiative und Selbstbetätigung der breiten Massen der Bevölkerung in dieser Richtung zum Ziel setzen«.[3] Die Sowjetunion wollte damit gegenüber dem Westen demonstrieren, dass ihr an einem schnellen demokratischen Wiederaufbau Deutschlands gelegen sei.

Vor allem aber wollte sie damit der Kommunistischen Partei Vorteile verschaffen, denn die bürgerlichen Parteien waren noch gar nicht in der Lage, sich zu organisieren. Demgegenüber verfügte der Kreml mit der Gruppe Ulbricht über die Keimzelle, die die Neugründung der KPD in die Hand nahm und dabei von der sowjetischen Administration nach Kräften unterstützt wurde. Sie erhielt Benzin- und Papierzuteilungen, was unabdingbare Voraussetzung für die Schaffung einer Infrastruktur war. Es erstaunt angesichts dieses Vorgehens nicht, dass die KPD schon am 11. Juni 1945 neu gegründet wurde, und ebenso wenig erstaunlich ist es, dass sich auf dem von 16 Personen unterschriebenen Gründungsaufruf 13 befanden, die in Moskau geschult und nun aus dem Exil zurückgekehrt waren.

Mit der Bildung des Berliner Magistrats am 17. Mai 1945, der Neugründung der KPD und der Weichenstellung für die Gründung des kommunistischen Gewerkschaftsbundes im Juni 1945 hatte Ulbricht seine ersten Etappenziele erreicht. Sowohl in Berlin wie auch in Dresden wurden mit Arthur Werner und Rudolf Friedrichs nicht von ungefähr ein Parteiloser beziehungsweise ein Sozialdemokrat als Oberbürgermeister eingesetzt. Am 15. Juni 1945 wurde in Berlin ein Zentralausschuss der SPD unter dem Vorsitz von Otto Grotewohl gebildet, am 26. Juni 1945 erfolgte die Gründung der CDU und Anfang Juli dann die der LDP.

Eine verhängnisvolle SPD-Initiative

Bemerkenswert ist, dass es die SPD war, die anfangs mit der KPD eine enge Zusammenarbeit – die durch einen am 19. Juni 1945 gegründeten gemeinsamen Arbeitsausschuss koordiniert werden sollte – anstrebte.[4] Eine entsprechende Vereinbarung mit dem Zentralkomitee der KPD empfahl »die Zusammenarbeit der beiden Parteien auf dem Gebiet der Liquidierung des Nazisystems und des Wiederaufbaus des Landes auf der Grundlage einer antifaschistischen demokratisch-parlamentarischen Republik, die Bildung eines festen Blocks mit allen anderen antifaschistischen demokratischen Parteien, gemeinsame Vertretung der Interessen des schaffenden Volkes in Stadt und Land, Durchführung gemeinsamer Veranstaltungen und gemeinsame Beratung zur Klärung ideologischer Fragen«. Die organisatorische Selbstständigkeit der beiden Parteien sollte bestehen bleiben. SPD und KPD waren in dem gemeinsamen Arbeitsausschuss durch je fünf Mitglieder vertreten. Am 14. Juli 1945 wurde in der sowjetischen Besatzungszone der »Block der antifaschistischen-demokratischen Parteien« als »Einheitsfront« aus der Taufe gehoben. Ein gemeinsamer Ausschuss, der die Zusammenarbeit der vier Parteien leiten sollte, bestand aus je fünf Mitgliedern der SPD, der KPD, der CDU und der LDP. Nach dem Vorbild der Berliner »Blockparteien« wurde diese »Einheitsfront« auf die gesamte sowjetische Besatzungszone ausgeweitet und überall hatte die KPD dank der sowjetischen Unterstützung die unbestrittene Vormachtstellung. In der Zustimmung der Bevölkerung spiegelte sich dies nicht wieder, denn die SPD verzeichnete einen weitaus größeren Mitgliederzustrom als die KPD. Dies mag ein Grund für Ulbricht gewesen sein, die Zwangsvereinigung von KPD und SPD zu forcieren, mehr noch ging es darum, den kommunistischen Machtanspruch auch durch die Ausschaltung der SPD durchzusetzen.

Ulbrichts Kampf gegen Sozialdemokraten

Während Vertreter von KPD und SPD über eine Zusammenarbeit beziehungsweise einen Zusammenschluss verhandelten, unternahmen die deutschen Kommunisten alles, um Sozialdemokraten zu bespitzeln, sie bei der Besatzungsmacht anzuschwärzen und hinter Gitter zu bringen. Walter Ulbricht hielt in einem Vermerk vom 19. Oktober 1945 fest:[5] »Vom Gen. Sobottka, Parteileiter der KPD für das Land Mecklenburg, wurde uns folgendes mitgeteilt: Im Büro des Sozialdemokraten Hornig, Leiter des Städtischen Verkehrswesens in Rostock, wurden von seiner Sekretärin antisowjetische Flugblätter vervielfältigt. Hornig wurde von den Sowjetorganen verhaftet. In Malchin gab die Sekretärin des Landrates Dr. Ott (Sozialdemokrat) den Text eines antisowjetischen Flugblattes telefonisch an Bekannte weiter. Diese Telefonate geschahen mit Genehmigung des Landrates. Aus Schweden kam über Dänemark und Lübeck, das heißt über die englische Zone, der Sozialdemokrat Jesse, der als Bezirkssekretär der Sozialdemokraten für Mecklenburg vorgeschlagen wurde. Jess war im Besitz englischer Dokumente.«

Ulbricht bat »die Sowjetorgane, über die 2 Fälle, wo antisowjetische Flugblätter verbreitet wurden, den sozialdemokratischen Zentralausschuss zu befragen sowie die Landesleitung der SPD für Mecklenburg, damit sie sich dazu politisch erklären«. In ähnlicher Weise sorgten Ulbricht und andere Kommunisten dafür, dass Sozialdemokraten von der Sowjetmacht verhaftet wurden und somit aus dem politischen Leben verschwanden. Am 7. Februar wurde ein umfassendes Papier über Otto Ostrowski verfasst, der dem SPD-Bezirksvorstand in Neukölln angehörte.[6] Ihm wurde vorgeworfen, »im geheimen gegen die Rote Armee und gegen die KPD« zu arbeiten und »Zuträger für die Amerikaner und Engländer« zu sein.[7] In kleinem Kreis habe er gegen den ostzonalen SPD-Vorsitzenden Grotewohl polemisiert, außerdem erklärt, er werde über die Elbe nach Westen gehen, wenn die Russen blieben und gesagt, er lasse sich nicht in »die Einheitsfront hineinpressen« und werde eher eine neue Partei gründen. Die KPD-Führung empfahl der Sowjetischen Militäradministration, »Ostrowski ständig überwachen zu lassen, besonders auch bei seinen Fahrten in die Provinz«. Er sei »einer der fanatischsten Gegner der Sowjetunion und des Kommunismus und wird voraussichtlich, wenn er nicht sehr bald unschädlich gemacht wird, großen Schaden anrichten«. Es bestehe die

Möglichkeit, dass Ostrowski auf einen frei werdenden Magistratsposten in Berlin komme, das müsse unter allen Umständen verhütet werden. In dem Papier waren Bekannte von Ostrowski, der von 1946 bis 1947 das Amt des Berliner Oberbürgermeisters bekleidete, aufgeführt, die nun ebenfalls von der Sowjetmacht ins Visier genommen wurden.

Zwangsvereinigung unter sowjetischem Druck

Am 20. und 21. Dezember 1945 kam es zur so genannten »Sechziger Konferenz«. Der SPD-Vorsitzende Kurt Schumacher und Otto Grotewohl, einer der Vorsitzenden des Zentralausschusses der SPD in Berlin, hatten sich auf der »Wennigsener Konferenz« vom 7. Oktober 1945 nicht über die Einrichtung eines zentralen Führungsorgans der SPD und die Einberufung eines Reichsparteitages einigen können. Der Zentralausschuss wurde nun von der KPD massiv gedrängt, einer auf die Sowjetzone beschränkten Vereinigung von SPD und KPD zuzustimmen. Der SPD-Zentralausschuss hielt zwar eine Vereinigung von KPD und SPD für historisch notwendig, lehnte zunächst aber eine auf die sowjetische Besatzungszone begrenzte Einheitspartei ab. Angesichts der weiteren politischen Entwicklung in Deutschland und besonders in der Sowjetzone war die Haltung des Berliner SPD-Zentralausschusses jedoch nicht aufrecht zu erhalten. So gingen die Sozialdemokraten ohne die Unterstützung ihrer Westgenossen am 20./21. Dezember 1945 in die Verhandlungen mit der KPD, die als »1. Sechziger Konferenz« in die Geschichte eingegangen ist. Je 30 Delegierte von SPD und KPD kamen im Parteihaus der Berliner SPD zusammen, 50 stimmten am Ende grundsätzlich einer Vertiefung der Aktionseinheit zu, die den Auftakt zur Verschmelzung der Parteien bilden sollte. Zwar erklärte der SPD-Vorsitzende in Westdeutschland, Kurt Schumacher, der kommunistischen Führung gehe es nicht um die Einigung der Arbeitenden, sondern um die Eroberung der SPD durch die KPD, und die SPD lehne es ab »den Blutkörper für die geschwächte KPD abzugeben«,[8] doch die Zwangsvereinigung konnte nicht mehr verhindert werden. Vertreter der Sowjetischen Militäradministration waren bei den Versammlungen aller Parteien zugegen und verdächtigten jeden, der sich gegen den Zusammenschluss aussprach, »Faschist« zu sein – das aber konnte lebensbedrohlich sein. Kritische Stimmen gab es innerhalb der SMAD und der KPD über den Zeitpunkt der Vereinigung. Ulbricht hatte Pieck über ein Gespräch mit Bokow, Tulpanow und Wolkow am 22. Dezember 1945, also nach der »Sechziger Konferenz«, informiert, bei dem noch die Meinung vorherrschte, die Aktionseinheit von Kommunisten und Sozialdemokraten in vier Monaten zu verwirklichen, sei zu früh. Wegen der Alliierten solle auch nicht zu viel Lärm um sie gemacht werden.[9]

Einen Monat später dagegen, am 23. Januar 1946, herrschte im Gespräch zwischen Pieck und Bokow Einigkeit darüber, dass die Vereinigung der beiden Arbeiterparteien so schnell wie möglich vollzogen werden solle. Eine scharfe Kampagne gegen Rechte sollte unternommen werden, sie sollten entlarvt und isoliert werden.[10] Endgültig grünes Licht für die Zwangsvereinigung erhielt Ulbricht bei einem Gespräch mit Stalin am 6. Februar 1946 in Moskau. Pieck hielt dazu fest: »Vereinigung einverstanden – Linie richtig.«[11] Als Name für die Partei wurde »Sozialistische Einheitspartei Deutschlands« festgelegt.

Es bereitete der SMAD keine Schwierigkeiten, die von Moskau abhängige KPD als Einheitspartei durchzusetzen. Die SPD hatte vor der Zwangsvereinigung eine Urabstimmung unter ihren Mitgliedern verlangt, doch wurde sie von der sowjetischen Seite verboten und konnte nur in West-Berlin stattfinden. Dort votierten im März 1946 über 82 Prozent der Sozialdemokraten gegen die Verschmelzung ihrer Partei mit den Kommunisten.

Die zwölf SPD-Kreisverbände im Westen Berlins sprachen sich eindeutig gegen die Fusion aus, die Mitglieder der acht Ost-Berliner SPD-Kreisverbände waren derart eingeschüchtert, dass sie die offene Konfrontation mit SMA und KPD scheuten. Grotewohl selbst soll von der SMA zum Votum für die Parteienvereinigung mit dem Hinweis erpresst worden sein, wenn er ablehne, »trage [er] die Verantwortung für die Fortdauer der russischen Besatzung in Deutschland (…) und für gelegentliches Verschwinden von weniger bekannten Oppositionellen auch aus den Westsektoren Berlins«.[12]

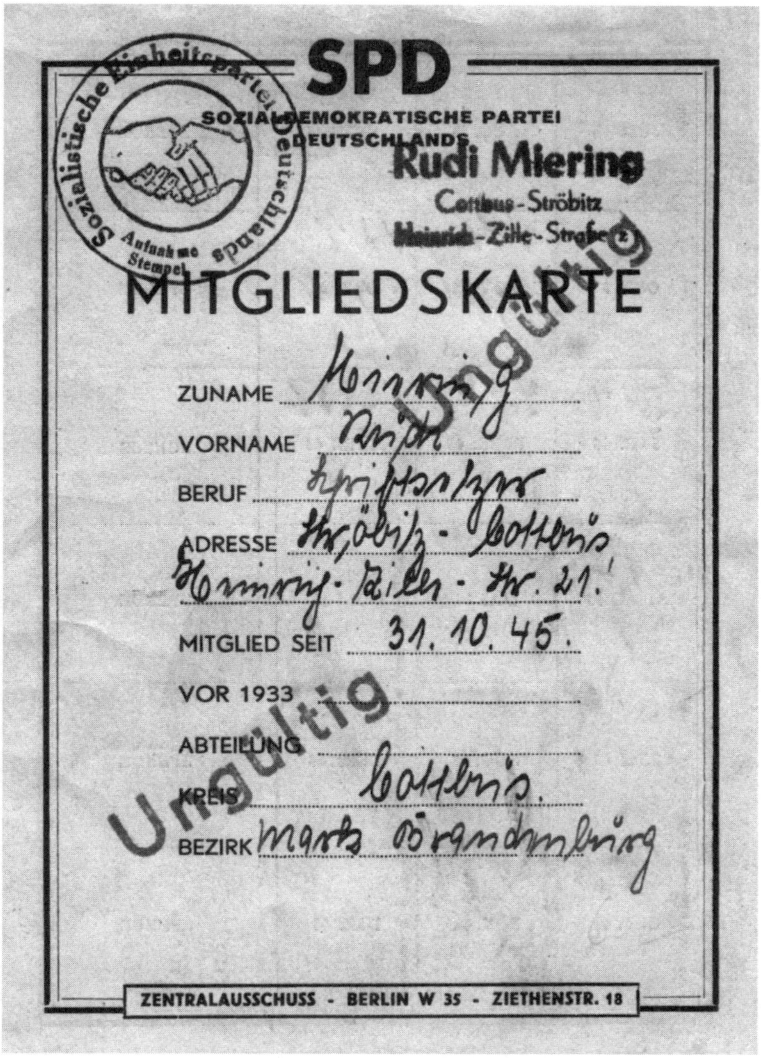
Sozialistische Einheitspartei Deutschlands
Aufnahme Stempel

SPD
SOZIALDEMOKRATISCHE PARTEI DEUTSCHLANDS

Rudi Miering
Cottbus-Ströbitz
-Zille-Straße

MITGLIEDSKARTE

ZUNAME Miering
VORNAME Rudi
BERUF Schriftsetzer
ADRESSE Ströbitz-Cottbus
Heinrich-Zille-Str. 21.
MITGLIED SEIT 31.10.45.
VOR 1933
ABTEILUNG
KREIS Cottbus.
BEZIRK Mark Brandenburg

Ungültig
Ungültig

ZENTRALAUSSCHUSS - BERLIN W 35 - ZIETHENSTR. 18

Dokument der Zwangsvereinigung: Die SPD-Ausweise wurden ab Mai 1946 ungültig und mit einem SED-Stempel versehen.

Entsprechend dem Fahrplan von SMAD und KPD fand am 21. und 22. April 1946 der so genannte »Vereinigungsparteitag« statt, aus dem die SED hervorging. Bereits zuvor hatte die Verfolgung von SPD-Mitgliedern eingesetzt, die erkennbare Gegner der Vereinigung waren. Nach dem Vereinigungsparteitag wurden die Pressionen verstärkt. Mindestens 20 000 Sozialdemokraten verloren ihre Posten, wurden zu Freiheitsstrafen verurteilt oder kamen in den berüchtigten sowjetischen Speziallagern in der Besatzungszone ums Leben. 1948 propagierte die SED die »Partei neuen Typus«, um zu suggerieren, dass sie einen von Moskau unabhängigen Weg beschreite. Tatsächlich blieb sie zumindest in der Ulbricht-Ära eine stalinistische Partei. Von den 1946 680 000 »übernommenen« Sozialdemokraten hatte sie bis 1954 zwei Drittel aus der Partei gedrängt.[13]

Opposition von alten Kommunisten

Nicht von den bürgerlichen Parteien oder der ehemaligen SPD drohte Opposition gegen die Einheitspartei, sondern ausgerechnet von Gruppen aus der alten KPD, die mit dem neuen Kurs nicht einverstanden waren und meinten, man könne die sowjetischen Verhältnisse nicht auf die Besatzungszone übertragen. Der sowjetische Geheimdienst überwachte ihre Zusammenkünfte und am 7. August 1946 informierte er die SED-Spitze über die Aktivitäten der oppositionellen Gruppierungen. Sie sähen es als ihre Hauptaufgabe an, die Führungsebene der SED mit eigenen Leuten zu besetzen.[14] In ihren Reden forderten sie einen Bruch der SED »mit ihrem Pseudo-Internationalismus«. Bei aller Anerkennung der bolschewistischen Oktoberrevolution müsse man sagen, dass man die sowjetischen Methoden nicht mechanisch auf die speziellen Verhältnisse anderer Länder übertragen könne. In Vernehmungen hätten – so der Geheimdienstchef in der SBZ, Ivan Alexandrovic Serov – Verhaftete den Vorwurf erhoben, dass die meisten Führer der SED Emigranten aus der Sowjetunion seien und die Außenpolitik Moskaus verträten. Dies bedeute aber keine Hilfe für die deutsche Arbeiterklasse, sondern unterstütze nur die imperialistischen Ziele der Sowjetunion.

Kommunisten die Erben des Nazi-Vermögens

Wenn es um Vermögenswerte ging, trat die SED ganz selbstverständlich die Erbschaft des Dritten Reiches an. Gleiches galt für den kommunistischen Freien Deutschen Gewerkschaftsbund, für die übrigen von der SMAD zugelassenen kommunistischen Einrichtungen und in begrenztem Umfang für die Blockparteien. Die SMAD hatte am 29. April 1948 den »Befehl Nr. 82« zur Rückgabe entzogener Vermögenswerte erlassen, was die SED veranlasste, auf 1933 beschlagnahmte und noch nicht freigegebene Vermögen Ansprüche anzumelden.[15] Für sich reklamierte die SED das Eigentum der früheren SPD, der KPD, der Sozialistischen Arbeiterpartei, der Kommunistischen Partei-Opposition sowie der Kommunistischen Arbeiterpartei Deutschlands und aller ihrer »Nebenorganisationen politischer, wirtschaftlicher, sozialer, kultureller oder sportlicher Art«. Dem Freien Deutschen Gewerkschaftsbund wurden übertragen der Besitz des Allgemeinen Deutschen Gewerkschaftsbundes, des Afa-Bundes, des Deutschen Gewerkschaftsbundes, der Hirsch-Dunkerschen Gewerkschaft, des Deutschnationalen Handlungsgehilfenverbandes, der Revolutionären Gewerkschaftsopposition, der Christlichen Gewerkschaften und prophylaktisch aller »sonstigen namentlich nicht aufgeführten Gewerkschaftseinrichtungen«.

Für die Vereinigung der gegenseitigen Bauernhilfe blieben die Werte des früheren Landbundes, während die Freie Deutsche Jugend mit den Vermögen der Jugendorganisationen der früheren antifaschistischen demokratischen Parteien, des deutschen Pfadfinderbundes und sonstiger Wander- und Sportvereine von Jugendlichen und aller Turn- und Sportverbände bedacht wurde. Die CDU galt als Nachfolgerin von Zentrumspartei und Christlich Sozialem Volksbund, die LDP als die der Staatspartei.

Der kommunistische Freie Deutsche Gewerkschaftsbund hatte sich schon kurz nach Einrichtung der SMAD bei Marschall Shukov gemeldet und das Gesamtvermögen der nationalsozialistischen Deutschen Arbeitsfront (DAF) für sich reklamiert.[16] Welch horrende Beträge der FDGB beanspruchte, machen einige in dem Schreiben genannte Zah-

Auf dem Land waren Kartoffeln oft knapp, in den Großstädten sogar eine Kostbarkeit.

len klar: Der Deutschen Arbeitsfront hatte unter anderem die Bank der Deutschen Arbeit mit einer Bilanzsumme von über fünf Milliarden Reichsmark gehört. Die Volksfürsorge und der Deutsche Ring waren die größten Versicherungsunternehmen in Deutschland. Die zur Arbeitsfront gehörenden 1 100 Konsumgenossenschaften hatten schon 1933 über drei Millionen Mitglieder gezählt und wiesen 1937 eine Bilanzsumme von über einer Milliarde Reichsmark aus. Hinzu kamen Großunternehmen des Automobilbaus, des Baugewerbes und des Wohnungsbaus. Unmittelbar nach Gründung des FDGB wurden in allen DAF-Unternehmen Vertrauensleute der Einheitsgewerkschaft als Sachwalter eingesetzt, um »jeglichen faschistischen Einfluss« auszumerzen und Vermögenswerte sicherzustellen. Seinen Anspruch auf das riesige DAF-Vermögen begründete der FDGB damit, dass »die neu gegründeten Freien Gewerkschaften die berufensten Treuhänder des Gesamtvermögens der DAF« seien.

Die Hungerzone

Mangelwirtschaft und kein Hoffnungsschimmer

Der Bevölkerung in der sowjetischen Besatzungszone ging es – wie auch der in den Westzonen und hier vor allem in der französischen Besatzungszone – schlecht. Ob Bekleidung oder Lebensmittel: Das Wenige, was in den Läden überhaupt angeboten wurde, war so teuer, dass es sich die wenigsten angesichts von Arbeitslosigkeit oder der geringen Löhne leisten konnten. Auch in der sowjetischen Besatzungszone fuhren die Städter daher notgedrungen zu »Hamsterfahrten« aufs Land, um Wertgegenstände, die sie über den Krieg gerettet hatten, gegen Lebensmittel einzutauschen. Doch anders als in den westlichen Besatzungszonen mussten sie oft mit leeren Händen zurückkehren, weil die Bauern aufgrund der hohen Ablieferungspflichten selbst kaum etwas abzugeben hatten.

Den Verantwortlichen in den Landes- und Provinzregierungen, auch in der SED, war durchaus bewusst, welche Voraussetzungen geschaffen werden mussten, um die Lage der Bevölkerung und damit auch die Stimmung in der Besatzungszone zu verbessern. Aus zwei der vielen Papiere sollen die wesentlichen Erkenntnisse zitiert werden, auch wenn die Verfasser selbst nicht den Anspruch erhoben, umfassende Mängellisten beziehungsweise Forderungskataloge aufgelistet zu haben. Es ging in diesen Listen auch um Grundsätzliches, vor allem aber um die Verbesserung des täglichen Lebens. Als erforderlich wurden unter anderem genannt:

- die Fortsetzung der Bodenreform durch Erschließung von Brachland für Umsiedler und Arbeiter zur Errichtung von 1 000 m^2 großen Parzellen und den Bau von Arbeiterheimstätten;
- die Errichtung von Werkstätten zur Herstellung von Möbeln, Haushaltsgeräten und Wirtschaftsgegenständen für Umsiedler und bedürftige Ausgebombte;

- Schaffung gemeinnütziger Reparaturwerkstätten zur Herstellung von Schuhen, Bekleidung und Haushaltsgegenständen;
- Lieferung von Brennholz, Kohle sowie Sonderzuteilungen von Lebensmitteln für die Alten;
- Organisierung der Prothesenversorgung für alle Amputierten und Eingliederung in die Produktion;
- Umschulung von Schwerbeschädigten;
- Einrichtung von Wärmestuben für den Winter;
- Einrichtung von Rasthäusern (Nachtsanatorien) für erschöpfte Männer und Frauen aus der Industrie;
- Beschaffung von Sohlenmaterial;
- Binde- oder Zehenabdeckungsmaterial für Holzschuhe;
- Beschaffung von Schulbüchern.[1]

Bemängelt wurden ferner diese Zustände in der Wirtschaft der sowjetischen Besatzungszone:

- »Landwirtschaft: Saatgut, sogar gebeiztes, musste als Ablieferungssoll abgeliefert werden, um die 100% vorfristig zu erfüllen, sogar hochwertiges, das aus anderen Ländern eingetauscht worden war;
- Landwirtschaftliche Geräte: Produktion geht zurück, aus Mangel an Rohmaterial und wegen des Preisstopps. Bauern werden aufgefordert, sich das Material selbst zu besorgen (z.B. aus Thüringen), was nur die reichen Bauern können. In Thüringen Herstellung auf Kompensationsweg weit verbreitet, daher keine Maschinen für die schwachen Bauern.
- Verkehr: Ungenügende Qualität des Personals. Güterwagen wurden sonntags von Gruben nicht beladen, wegen Mangels an Arbeitskräften (Geb. Altenburg-Thür.), umfangreiche Kohlendiebstähle an Kreuzungspunkten von Reisenden (wenig Bahnpolizei). Geringe Bestrafung von Plünderern.«[2]

Das Frauensekretariat der SED in Berlin forderte im September 1946 Arbeitskleidung für die 45000 Bauarbeiterinnen der Stadt. Käte Kern und Elli Schmidt verwiesen darauf, dass diese Frauen weder Schuhe noch wetterfeste Bekleidung hätten und im bevorstehenden Winter Massenerkrankungen drohten. Ebenso müsse die Produktion von Kinderschuhen erhöht werden. Allein in Berlin würden für Schulkinder dringend 350 000 Paar benötigt. Es sei erforderlich, alle Kinderschuhe, die nicht als Reparationen für die Sowjetunion abgeliefert werden müssten – das waren achtzig Prozent der gesamten Produktion – bedürftigen Kindern vorzubehalten. Ebenso müssten arbeitende Frauen von der Ledigensteuer befreit werden. Angesichts des hohen Frauenüberschusses seien viele Frauen nicht in der Lage zu heiraten, müssten aber 30 Prozent mehr Steuern zahlen als eine verheiratete.[3]

Verordnetes Chaos: die Folgen der Planwirtschaft

Gerade die Bauern in der sowjetischen Besatzungszone liefen ständig Gefahr, bei Nichterfüllung des Ablieferungssolls hohe Strafen zahlen zu müssen oder gar als Saboteure verurteilt zu werden. In einer Unterredung mit Wirtschaftsoffizier Oberstleutnant Esipenko von der sowjetischen Bezirkskommandantur Dessau und dem Dessauer Bezirksamt Handel und Versorgung war festgestellt worden, dass die Bauern im Landkreis Ballenstedt ihre Ablieferungspflichten nicht vollständig erfüllt hatten.[4] Zwar sei es »dem uns gezeigten Wohlwollen seitens der SMA zuzuschreiben«, dass bisher keine Strafmaßnahmen verfügt worden seien, schrieb das Bezirksamt, um dann zu drohen: »Jede Nichterfüllung in der Pflichtabgabe gilt als Sabotage und wir alle stehen restlos unter dem Verdacht der Sabotagemithilfe. Alle Einwendungen über schlechte Ernte, Wildschaden, Hagelschaden, müssen unberücksichtigt bleiben. Bei Ablieferungswillen, aber Ablieferungsunvermögen, muss unbedingt im Wege der Gemeinschaftshilfe der Ausgleich geschaffen werden. Alle Rücksichtnahme gegen Säumige hat nunmehr aufzuhören. Sie laufen sonst Gefahr, mit Ihren verantwortlichen Männern als Saboteure verhaftet und bestraft zu werden.« Zur Erzwingung der Pflichtabgaben wurden »Bezirksprüfer« eingesetzt, die unnachsichtig vorgehen sollten und mit allen Vollmachten ausgestattet waren: »Reklamationen irgendwelcher Art werden nicht angenommen«, hieß es abschließend.

Eine weniger rigorose Haltung nahm der Präsident der Provinz Sachsen ein, der am 2. Dezember 1946 in einem Schreiben an die Bezirkspräsidenten immerhin davon sprach, bei der Pflichtablieferung werde »in vielen Fällen über das Ziel hinausgeschossen«.[5] Bei Nichterfüllung der Vorgaben müsse unterschieden werden zwischen »Böswilligkeit oder Unvermögen. (...) Um im Übereifer herbeigeführte Missgriffe und Ungerechtigkeiten auszumerzen«, sollten alle bisher durch deutsche Dienststellen veranlassten Bestrafungen überprüft werden. Dafür seien Kommissionen aus Vertretern der VdgB, den drei Blockparteien, des FDGB, des Antifaschistischen Frauenausschusses sowie dem jeweiligen Bürgermeister zu bilden. Die festgelegten Ablieferungsziffern mussten dazu führen, dass die Versorgung mit Lebensmitteln auf dem Land immer wieder zusammenbrach und Bauern und Landarbeiter häufig nicht wussten, wie sie sich ernähren sollten. Darauf ging der Oberbürgermeister von Aschersleben am 15. Dezember 1946 in einem Appell an Walter Ulbricht in dessen Eigenschaft als sächsischer Landtagsabgeordneter ein.[6] Zur Erfüllung des Solls hätten die bäuerlichen Betriebe und Neubauern ihre gesamte Ernte abliefern müssen, sodass keine Bestände zur Selbstversorgung und zur Ernährung der Landarbeiter mehr vorhanden seien. Andererseits verbiete der SMA-»Befehl Nr. 279«, diesen Personen Lebensmittelkarten auszustellen. Ebenso sei eine leihweise Überlassung von Brotgetreide untersagt. Der Oberbürgermeister appellierte daher an Ulbricht, »da hier eine dringende Hilfe notwendig ist, dieses im Plenum zur Verhandlung zu bringen und vom Landtag aus eine Entscheidung herbeizuführen. Es ist eine Pflicht, unseren Landarbeitern und Neubauern die notwendigen Produkte zur Erhaltung ihres Lebens und des Viehs zu beschaffen«.

Wie absurd viele der Befehle der Sowjetischen Militäradministration waren und auf Dauer blieben, zeigt eindrucksvoll eine Schilderung der Brandenburger Landesregierung, die sich am 12. Januar 1948 an den SED-Landesvorstand in Potsdam wandte und sich über das Verfahren bei der »Sollablieferung von Vieh für Getreide« beklagte.[7] Danach hatte die SMA Brandenburg am 24. November 1947 gestattet, anstelle von nicht abgeliefertem Getreide für 1947 im Austausch Vieh zu stellen, und zwar im Verhältnis von 17 kg Fleisch für je 100 kg nicht geliefertem Getreide. Für Brandenburg bedeutete diese Festlegung ein Volumen von zusätzlich 8 000 kg Fleisch. Die Aktion verlief zunächst planmäßig, bis dann weitaus mehr Schlachtvieh vorhanden war, als ursprünglich vorgesehen. »Das erfasste Schlachtvieh wurde zum Schlachthof Berlin transportiert, sollte dort geschlachtet werden; die Fleischhälften sollten in Kühlhäuser verbracht und die Innereien in die Schlachthöfe des Landes Brandenburg zurücktransportiert und zu Wurst verarbeitet werden. In der Zeit vom 20. Dezember und später nahmen die Anfuhren von Schlachtvieh nach Berlin ein derartiges Ausmaß an, dass Hunderte von Tieren tagelang in Berlin, teils in Waggons, teils im Schlachthof selbst, ohne Futter herumstanden und wegen des großen Andranges nicht geschlachtet werden konnten. Ein Teil dieser Tiere, insgesamt 140 Waggons, wurde wieder nach den Herkunftskreisen zurückgeschickt. So gingen z. B. nach dem Kreise Westhavelland (Rathenow) 23 Waggons mit Vieh wieder zurück. (…) Es ist berichtet worden, dass in einem Waggon aus dem Kreise Templin allein 7 Rinder tot aufgefunden wurden. Ein anderer Waggon – ein Kühlwagen, der zum Transport von lebendem Vieh nicht geeignet ist – enthielt bei der Ankunft nur tote Tiere.«[8] Abgesehen von den Verlusten sei der Aufbau des Tierbestandes durch diese Aktion behindert worden; außerdem hätten »diese Maßnahmen in der Öffentlichkeit erhebliches Aufsehen und Unwillen erzeugt«.

Solche und ähnliche Beschwerden gingen bei der SED zuhauf ein, ohne dass sie an den Zuständen viel geändert hätten. Zu den häufigsten Klagen gehörte, dass die Übererfüllung von Ablieferungspflichten in einem Teilbereich – etwa bei Rindfleisch – nicht auf eine Mindererfüllung an anderer Stelle angerechnet wurde. Die Provinz Sachsen beschwerte sich wiederholt darüber, dass die SMAD mit den Westzonen Verträge abgeschlossen habe, nach denen aus der sowjetischen Besatzungszone große Mengen Kartoffeln, Getreide, Hafer, Grubenholz und Zucker gegen Pferde, Ferkel und Autoreifen geliefert werden sollten. »Bei allen aufgeführten landwirtschaftlichen Produkten werden wir in der Provinz Sachsen vermutlich am meisten in Anspruch genommen«, schrieb der Präsident der Provinz am 5. Oktober 1946 dem Provinzvorstand der SED.[9] Es müsse von Seiten des SED-Zentralvorstandes auch einmal Wert darauf gelegt werden, dass die Provinz Sachsen nicht nur immer Lieferant sei, sondern auch »für ihren Fleiß einmal Empfänger« sein dürfe. So habe seine Provinz Zucker in die US-Zone liefern müssen, 5 000 Stück Rindvieh als Gegenleistung hätten jedoch Mecklenburg und Brandenburg erhalten. Der SED-Provinzvorstand wandte sich daraufhin an Ulbricht und unterstrich: »Es wird auch hier so sein, dass wir aus der Provinz Sachsen das zweifelhafte Vergnügen haben, zu liefern, während die von der anderen Seite gelieferten Waren in der Zone aufgeteilt werden und wir wieder das Nachsehen haben. (…) Wenn Du in Karlshorst sowieso vorsprichst, bitte ich Dich, auch dieser Angelegenheit Deine Aufmerksamkeit zuwenden zu wollen.«[10]

Kennzeichnend für die bürokratische Planwirtschaft war auch der »Befehl Nr. 272« »Über die Ausmerzung von Verstößen gegen den Befehl des Obersten Chefs der SMAD über Milchgewinnung und Milchverarbeitung« vom 11. September 1946.[11] Im März und im Mai 1946 hatte Marschall Sokolowskij bereits entsprechende Befehle erteilt, die nicht zu seiner Zufriedenheit ausgeführt wurden. Nunmehr prangerte er die Verstöße detailliert an:

»Der Landrat des Kreises Großenhain (Land Sachsen) schrieb 850 000 Ltr. der von den Landkreisen zu liefernden Milch ab und erfüllte damit nicht seine Milchablieferungspflicht im II. Halbjahr 1945.

Im Kreise Quedlinburg (Provinz Sachsen) und in den Kreisen Zittau und Großenhain (Land Sachsen) wurde von den Molkereien den Landwirten Butter verabfolgt, welche für das Jahr 1945 und 1946 noch nicht das Ablieferungssoll an Milch erreicht hatten. (…) Von einer Reihe von Bauernwirtschaften ist von den Molkereien zu Lasten des Ablieferungssolls gefälschte Milch abgenommen worden. (…) Die Milchfälscher werden nicht zur Verantwortung gezogen. Es wurden von ihnen auch keine nachträglichen Milchlieferungen zum Ausgleich der nicht abgelieferten Fettmengen gefordert.«

Streit um Stiefel für die Besatzungsmacht

Teilweise stellte die Besatzungsmacht absurd-akribische Forderungen. Dies galt unter anderem für die Herstellung von Stiefeln für die Rote Armee, mit der Schuhfabriken in Weißenfels, Schmölln und Rosswein beauftragt waren. Sie hatten Schaftstiefel der Modelle »1946« beziehungsweise »1947« zu liefern. Über die Produktion kam es immer wieder zu Auseinandersetzungen, weil nach Ansicht der sowjetischen Auftraggeber zu viel Material verbraucht wurde und die Herstellungskosten zu hoch waren. In mehrtägigen Verhandlungen versuchten im Februar 1946 Vertreter der betroffenen Firmen Angehörige der SMAD-»Verwaltung der leichten Industrie« davon zu überzeugen, dass die Vorgaben nicht zu erfüllen waren.[12] Aufgrund erheblicher Sonderwünsche hatten die Deutschen im Vergleich zur Herstellung früherer Wehrmachtsstiefel einen Anstieg der Arbeitsminuten je Stiefelpaar von 250 auf 339 Minuten errechnet. Die sowjetischen Vertreter lehnten diese Begründung rundweg ab. Es ging ferner um den Anteil von Lederabfällen, der der SMAD zu hoch war, sowie um die Höhe der Stiefelschäfte, bis schließlich exakt festgelegt wurde, dass bei »Militärschaftstiefel Modell 1947« 0,74 m^2 Oberleder, 0,26 m^2 Futter, 1,3 kg Sohlenleder und 0,127 m^2 Gummi-Oberfleck verwendet werden durften. Ebenso wurden Festpreise festgelegt, das Risiko hatten die Unternehmen zu tragen.

Die Festsetzung von Preisen musste aber nicht bedeuten, dass diese auch gezahlt wurden. Diese Erfahrung musste der landeseigene Betrieb »Holzbau Mecklenburg« machen, der mit Zustimmung der SMAD von der sowjetischen Firma Glaw S.U. den Auftrag zum Bau und zur Lieferung von Holzhäusern in die Sowjetunion erhalten hatte. Die Kosten pro Haus waren mit 82 000 RM berechnet worden, doch der Glaw S.U. waren sie plötzlich zu hoch. Sie meinte, 60 000 RM würden reichen, obwohl bereits 140 Häuser geliefert worden waren.[13]

Produktionsausfall durch fehlende Motivation

Es war unverkennbar, dass den »Werktätigen« in der sowjetischen Besatzungszone die Motivation fehlte, über die Maßen am Aufbau des

Sozialismus mitzuarbeiten. Zum anderen mangelte es häufig einfach auch an grundlegenden Voraussetzungen wie Rohstoffen, Energie, Werkzeugen oder Maschinen, um den Forderungen der Besatzungsmacht nachzukommen. So zeigt eine Aufstellung vom 15. September 1947 das Ausmaß des Produktionsausfalls in der SBZ-Wirtschaft im ersten Quartal 1947 durch Kälte, Kohlemangel oder Stromsperren:[14]

Grundstoffindustrie:

- Bergbau (ohne Kohle) ca. 32 %
- Metallurgie ca. 22 %
- Baumaterialien, Steine u. Erden sowie Glas u. Keramik ca. 65 %
- Chemie ca. 55 %

Schwerindustrie:

- Gießereien, Schmiede- Presswerke 25 %
- Eisen-, Blech- u. Metallwaren 30 %
- Stahl-, Dampfkessel- u. Apparatebau 20 %
- Maschinenbau 30 %
- Fahrzeugbau 35 %
- Elektrotechnik 25 %
- Feinmechanik, Optik 30 %
- Leichtindustrie, Textil 57 %
- Bekleidung, Leder ca. 35 %
- Papier ca. 40 %
- Kautschuk 44 %
- Holz 30 %

Hingewiesen wurde darauf, dass die Bekleidungsindustrie durch Wintereinflüsse nicht beeinträchtigt war, da der Rohstoffmangel ohnehin keine höhere Produktion ermöglicht hätte.

Die SMAD ließ weder begründete Argumente noch Ausflüchte gelten und verlangte mit »Befehl Nr. 234« den »entschiedenen Kampf gegen Bummelanten und Desorganisatoren«. Mit der Ausweitung des Stück- und Akkordlohn-Systems sollte die Arbeitsleistung erhöht werden. Zudem wurde die Deutsche Verwaltung für Arbeit und Sozialfürsorge verpflichtet, für die wichtigsten Industriezweige im Jahr 1947/48 mindestens 225 000 Schüler als Arbeiter zu qualifizieren. In ausgewählten Betrieben sollten täglich zusätzlich eine Million warmer Mahlzeiten ausgegeben werden, doch wurde diese Bestimmung mit der Einschränkung versehen: »Es ist vorzusehen, dass Betriebe, die durch eigene Schuld ihren Produktionsplan systematisch nicht erfüllen, und sich um eine Verbesserung ihrer Arbeit nicht bemühen, (...) durch die Organe der SMV zeitweilig von der zusätzlichen warmen Verpflegung ausgeschlossen werden.« Vom vierten Quartal 1947 wurde den Länderregierungen auferlegt, »aus dem Fonds des Landesbedarfs Stoffe, Kleider, Schuhe und Kohle zum Verkauf auf Bezugsscheine, die in den Betrieben ausgeteilt werden, freizustellen« – ein Potemkinsches Dorf, wie sich schnell erwies, denn diese Dinge waren bei weitem nicht in der nötigen Menge vorhanden.

In den Ländern sowie in den Stadt- und Landkreisen entstanden jetzt so genannte »Volkskontrollorgane«, mit denen – so jedenfalls die SED – »das Volk sein verfassungsmäßiges Recht auf Mitwirkung an der Verwaltung und auf umfassende Kontrolle der öffentlichen Verwaltungsorgane [verwirklicht], damit die Ordnung des Wirtschaftslebens den Grundsätzen der sozialen Gerechtigkeit und der Gewährleistung eines menschenwürdigen Daseins für alle entspricht«.[15] Zu den Aufgaben der Organe gehörte es, das Volk zu kontrollieren, vorrangig zur »Steigerung der Produktivität der Gesamtwirtschaft durch Feststellung aller Wirtschaftsschädigungen, wie mangelnde Arbeitsmoral, Planungsfehler, Nachlässigkeiten und Sabotage in Produktion und Verwaltung«. In der Folge bildeten sich in vielen Betrieben Einrichtungen, die als Arbeitergerichte, Schiedsgerichte oder Betriebsgerichte bekannt wurden. Sie führten Prozesse und verhängten Geldstrafen gegen Belegschaftsangehörige, was schließlich den Freien Deutschen Gewerkschaftsbund auf den Plan rief. Im FDGB-Rundschreiben 28/48 vom 30. März 1948 räumte FDGB-Chef Herbert Warnke ein, dass die Bildung von Ausschüssen gegen Bummelantentum zwar zu begrüßen sei, dass die Bezeichnung »Gericht« jedoch wenig glücklich sei und in der Praxis zu Überspitzungen geführt habe.[16] Als korrekte Bezeichnung solle von »Ausschüssen zur Bekämpfung des Bummelantentums« gesprochen werden, die sich nur mit dieser »Zeiterscheinung«, nicht aber mit anderen Fragen beschäftigen dürften.

Geplante Unproduktivität

Mit einer weiteren Maßnahme versuchte die sowjetische Administration die Produktion zu erhöhen. Mit »Befehl Nr. 20/5-139« verfügte sie am 18. April 1947, die Zusatzverpflegung in Form eines warmen Mittagessens für jeden geleisteten Arbeitstag in deutschen Betrieben führender Industriezweige zu erhöhen. Bis dahin hatten 208 000 Beschäftigte von SAG und 64 000 Mitarbeiter deutscher Betriebe Werkverpflegung erhalten. Diese Zahl sollte nun in der SBZ um 485 000 erhöht werden, dazu um weitere 90 000 bis 100 000 in Berlin. Bergarbeiter waren von der Neureglung nicht betroffen, da sie nach SMAD-»Befehl Nr. 259« versorgt wurden.[17] Zusätzlich sollten die Arbeiter in ausgewählten Betrieben durch die Zuteilung rarer Waren wie Anzugstoffe oder Unterwäsche zu höheren Leistungen animiert werden, doch zeigte eine Inspektion im Dezember 1947, dass es mit Befehlen der SMAD allein nicht getan war.[18] Es gab umfangreiche Produktionsausfälle, für die die Beschäftigen keinerlei Verantwortung trugen und die ihre Ursachen in der kommunistischen Planwirtschaft hatten. Selbst Sowjetische Aktiengesellschaften, die sonst bevorzugt beliefert wurden, hatten mit den Schwächen des Systems zu kämpfen. In der SAG Stickstoffe-Werke Coswig fielen im November 1947 durch Zugverspätungen 2 445 Arbeitsstunden aus. Laut Bericht litt das Arbeitstempo unter der mangelnden Beleuchtung. Es fehlten 300 Glühbirnen für die Kran-Scheinwerfer und weitere 700 für die Hallen. Der Betrieb erhielt keine Seifen-Zuteilungen, obwohl die Arbeiter im Karbid- und Rußwerk nach Beendigung der Schicht ein Vollbad nehmen mussten. Trotz wiederholter Anträge gab es für diejenigen, die bei 80 °C im Karbid-Staub arbeiten mussten, keine Milch. In den Leuna-Werken Bitterfeld, ebenfalls eine SAG mit 29 000 Beschäftigten und einer Gemeinschaftsküche, waren die Rationen nach »Befehl Nr. 234« erhöht worden. Alle Mitarbeiter erhielten ein Deputat von Backpulver sowie drei Zentnern Braunkohle. Die Chemischen Werke Coswig konnten wegen Kohlemangels nur an drei Tagen in der Woche arbeiten. Im November waren statt der benötigten 1 100 t Kohle gerade einmal 13 t geliefert worden. In den Sidol-Werken Kleinwittenberg liefen die Maschinen wegen gekürzter Stromlieferungen nur an fünf Tagen in der Woche. Die Überprüfung sächsischer Betriebe ergab, dass dort teilweise die zusätzliche Verpflegung ausgegeben wurde, die versprochenen Industriewaren jedoch auf sich warten ließen.

Ausgefallene Schichten sollten durch Akkordarbeit wieder aufgeholt werden, doch auch dem standen zahlreiche Hindernisse entgegen. Eine Erklärung dafür liefert eine Untersuchung des »Kuratoriums zur Förderung der Industrie-Seminare im Land Sachsen-Anhalt« vom Januar 1948.[19] Im Oktober 1947 waren 27 Werke mit einer Soll-Stundenzahl von 6,417 Millionen Arbeitsstunden – das entsprach einer Belegschaft von 32 100 Personen – untersucht worden. Geleistet wurden nur 5,2 Millionen Arbeitsstunden, davon 1,3 Millionen Stunden im Akkord. Das hieß: von dem Soll-Personal von 32 100 Arbeitern fehlten ständig rund 6 100. Den Bemühungen, den Akkordanteil zu erhöhen, standen unter anderem entgegen:

- »Demontierter Betrieb hat hohen Anteil an Wiederaufbaukräften, die nicht im Akkord arbeiten können.
- Belegschaft hat Abneigung gegen Akkord-Arbeit. Akkord-Mehrverdienst wird in hohem Maße weggesteuert.
- Geringe und unregelmäßige Materialzuteilung macht Akkord unmöglich.
- Mangel an Rohmaterial lässt Akkord nicht zu.
- Infolge Demontage sind die fabrikatorischen Voraussetzungen für die Wiedereinführung der Akkord-Arbeit noch nicht wieder gegeben.
- Werkzeug- und Materialschwierigkeiten lassen Akkord nur in gewissen Grenzen zu.
- Viele an sich akkordfertige Arbeiten können nicht im Akkord vergeben werden, da die betrieblichen Verhältnisse in den nur notdürftig eingerichteten Werkstätten es noch nicht ermöglichen, den zeitlichen Ablauf dieser Arbeiten sicher im voraus zu bestimmen.«[20]

Um die Vorgaben halbwegs zu erfüllen, waren in den untersuchten Werken im Oktober 1947 über 1,6 Millionen zusätzliche Arbeitsstunden erforderlich. Die wesentlichen Gründe hierfür waren fehlendes Material (10,8 %), nicht passendes Material (3,0 %), fehlende oder ungeeignete Maschinen (7,7, %), fehlende oder ungeeignete Werkzeuge (7,8 %), fehlende Energieversorgung (8,1 %), schlechte Ernährung (46,1 %), schlechte Arbeitsmoral (8,3 %), ungenügende Beleuchtung (0,8 %), mangelhafte Beförderung der Arbeiter (0,9 %), Aufräumungsarbeiten (0,6 %), fehlende Arbeitskleidung (5,2 %) sowie Sonstiges (0,7 %). Rechnete man die zusätzlich erforderlichen Arbeitsstunden in Arbeitskräfte um, hieß das: »Auf 100 Normalarbeiter müssen 54 Arbeiter zusätzlich beschäftigt werden, um ein bestimmtes Arbeitspensum zu erreichen.« Berücksichtige man dann noch den permanent hohen Stand an Kranken, kam die Untersuchung zu dem Ergebnis, dass letztlich 193 Arbeitskräfte nötig waren, um die für hundert Mann vorgegebene Leistung zu erzielen. Diese Missstände waren Folgen der Planwirtschaft, doch suchte man die Gründe für das Scheitern woanders: Bruno Leuschner als Abteilungsleiter Wirtschaft im SED-Parteivorstand kam zu der Feststellung, die Hindernisse für den wirtschaftlichen Wiederaufbau Deutschlands lägen »in der Lähmung der Produktion in den Westgebieten Deutschlands (...), in der Erhaltung des deutschen Monopolkapitalismus« oder in der »Diskussion über die demokratische Bodenreform«.[21] Für ihn gab es einen Ausweg aus dem wirtschaftlichen Chaos nur durch »die Säuberung der Betriebsleitungen, Verbot der Unternehmerverbände und die Übereignung der Konzerne und Betriebe der aktiven Nazis und Kriegsverbrecher in die Hände des deutschen Volkes«.

Hinzu kamen weitere Schwierigkeiten, wann immer die sowjetische Besatzungsmacht direkt in das Wirtschaftsgeschehen eingriff. Die Finanzminister der SBZ beklagten auf einer Konferenz am 14. April 1948 diesen Fall:[22] Sachsen-Anhalt hatte mangels ausreichender eigener Industriekapazitäten Rohtabak zur Weiterverarbeitung an sächsische Zigarettenfabriken geliefert. Über die Verteilung der so genannten Banderolensteuer hatten sich beide Länder geeinigt, doch nun machte ihnen die sowjetische Administration einen Strich durch die Rechnung. Sie verlangte die Verarbeitung des Tabaks in Sachsen-Anhalt, gegebenenfalls durch die Einführung zusätzlicher Schichten.

Menschenverstand contra SMAD-Befehle

Das gesamte Wirtschaftsgeschehen hatte sich sowjetischen Anordnungen unterzuordnen, was sich häufig als nahezu unmöglich erwies. Dafür stehen die für 1949 geforderten Holzausfuhren in die Sowjetunion, die recht chaotisch verliefen. Das Holz konnte zwar geschlagen, aber nicht abtransportiert werden. Pferdefuhrwerke wären dafür erforderlich gewesen sowie Trecker und Lastwagen. Nachdem die Ausfuhren nicht wie gewünscht vonstatten gingen, stellte die Sowjetische Kontroll-Kommission im November 1949 fest, dass im mecklenburgischen Waren und in Neustrelitz 3 000 Pferde zusammengezogen waren, von denen aber nur 148 für die Holzabfuhr eingesetzt wurden.[23] Schließlich war es auch nicht möglich, das Holz »per Achse« abzutransportieren, denn es fehlte an Benzin und Diesel. Daraufhin musste nach dem Eingreifen der sowjetischen Kontroll-Kommission ein Sonderkontingent von erst 100 t und dann noch einmal 500 t Kraftstoff ausschließlich für Zwecke der Holzabfuhr bereitgestellt werden.[24]

Für die Lage auf dem Land steht ein Brief, den ein Bauer aus der Magdeburger Börde als Hilferuf am 6. Februar 1947 an den Vizepräsidenten der Deutschen Verwaltung für Land- und Forstwirtschaft, Matthias Kramer, richtete:[25] Das Fehlen von Kunstdünger hatte zu erheblichen Ertragsminderungen geführt. Hochwertiges Kartoffelsaatgut war nicht zu beschaffen, weil Pommern als Lieferland ausgefallen war. Die Kartoffeln, die dann geerntet wurden, waren von so schlechter Qualität, dass sie zum größten Teil nur noch zum Brennen von Schnaps taugten. Es fehlte an Pferdegespannen, Lohnschlepper konnten nur bedingt eingesetzt werden, weil es kaum Treibstoff und Ersatzteile gab. Deshalb, und weil der großflächige Anbau von Wintergetreide befohlen worden war, konnten die Felder nicht vor Einbruch des Winters gepflügt werden, was zu Ernteverlusten im darauf folgenden Jahr führte. Weiter hieß es: »Unsere größte Sorge ist – nachdem sämtliches

Getreide restlos abgegeben werden musste – was füttere ich an Pferde, Rindvieh, Schweine und Hühner? Wann erhalte ich das versprochene Futter? Ist es ausreichend für die alten Pferde, um die Frühjahrs- und Erntearbeiten ohne Schaden durchzuhalten? Was erhalte ich für den Rindviehbestand, um die so notwendige Milchleistung aufrecht zu erhalten? Bekomme ich Schrot zur Schweineaufzucht? Ist rechtzeitig einwandfreies Saatgut in genügender Menge zu erhalten und stehen Reserven zur Verfügung bei Auswinterungsschäden und Mäuseschäden?« Eine weitere Absurdität der Planwirtschaft wird aus folgender Darstellung sichtbar: »Im November vorigen Jahres wurde von uns die Abgabe sämtlichen Getreides verlangt, auch wenn das Liefersoll bereits 100 % erfüllt war. Es wurde uns zugesichert, dass wir Brotkarten, für das Vieh Futtermittel sowie Saatgetreide bekämen. Viele Betriebe waren im Januar ohne Brot, die landwirtschaftlichen Arbeiter legten die Arbeit nieder, um für sich und ihre Familien Brotkarten zu erhalten. Der Bauer musste beim Bäcker oder bei Privatpersonen um Brot gegen Tausch von anderen Sachen betteln. Am 1. Februar gab es nun keine Brotkarten, wie uns versprochen war, sondern wir erhielten für Monat Februar je Person 7 kg Brotgetreide oder 6,93 kg Brotmehl mit der Bedingung, das Brotgetreide im August mit 10 % Aufschlag zurückzuliefern, d. h., der Bauer soll Getreide zurückgeben, das er nicht erhalten hat.« Hinzu kam, dass im Rahmen des 1946/47 noch funktionierenden Interzonenhandels große Mengen an Getreide oder Vieh in die Westzonen geliefert werden mussten und dass die Anforderungen der sowjetischen Besatzungsmacht keine Grenzen kannten. Beides musste vorrangig bedient werden, bevor die eigenen Bedürfnisse befriedigt werden konnten. Schließlich waren die Märkte durch russische Aufkaufstellen nahezu leer gefegt. Entsprechend hoch und unerschwinglich waren die Preise auf dem Schwarzmarkt.

Schwarzmarkt und Preistreiberei

Vergleicht man die Schwarzmarktpreise in den vier Besatzungszonen und in Berlin im Februar 1947, so zeigt sich, dass die niedrigsten Preise die Menschen in der US-Zone zu zahlen hatten, die höchsten die Ber-

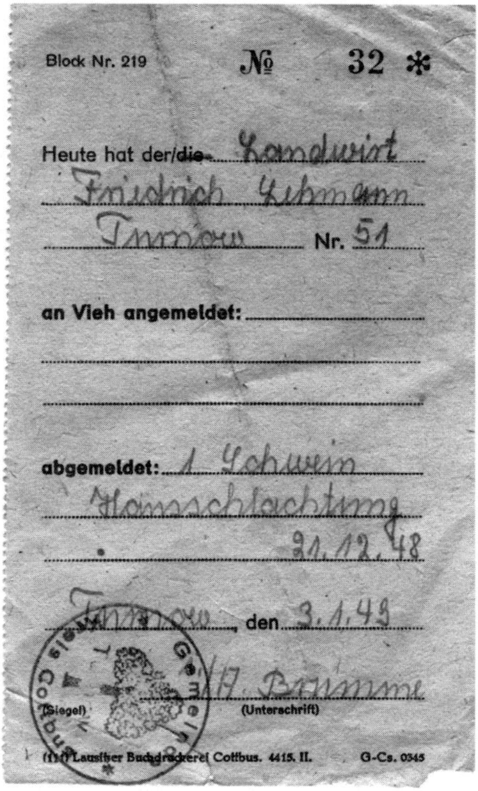

Block Nr. 219 № 32 *

Heute hat der/~~die~~ Landwirt
Friedrich Lehmann
Turnow Nr. 51

an Vieh angemeldet:

abgemeldet: 1 Schwein
Hausschlachtung
21.12.48

Turnow, den 3.1.49

(Siegel) (Unterschrift)

(11) Lausitzer Buchdruckerei Cottbus. 4415. II. G-Cs. 0345

Auf »Schwarzschlachtungen« standen harte Strafen. »Schlachtschweine« mussten ordnungsgemäß, wie hier in Cottbus, abgemeldet werden.

liner und die in der SBZ. Damenstrümpfe aus Kunstseide kosteten auf den Schwarzmärkten zu diesem Zeitpunkt in der US-Zone 20 RM, in der SBZ 80 RM, Damenstrümpfe aus Seide 40 RM gegenüber 160 RM, ein Meter Anzugstoff 300 RM gegenüber 600 RM, während ein Paar Schuhe mit 700 RM in der SBZ günstiger als in der US-Zone zu haben, wo 1 000 RM verlangt wurden.[26]

Das Schwarzmarkt-Wesen war trotz aller Verbote, Razzien, Beschlagnahmungen und Strafen für die meisten Menschen überlebenswichtig. In der sowjetischen Besatzungszone kam es Mitte 1947 zu einem »Preissturz«. Die Preise für ein Pfund Butter fielen von 300 auf 140 RM und bei Bohnenkaffee von 650 auf 380 RM. Zigaretten waren

Ware	Berlin	US-Z	Brit–Z.	FBZ	SBZ
Butter	320	190	220	180	230
Schmalz	280	150	200	225	250
Speck	320	130	260	180	300
Wurst	140	80	80	20	80
Käse	60	30	60	60	45
Rindfl.	100	40	40	30	70
Fisch	36	40	15	65	25
Mehl	24	12	15	12	20
Zucker	80	70	90	90	60
Kaffee	550	350	400	460	600
Kakao	600	500	600	200	600
Kart.	350	25	200	100	30
Kohle	100	50	140	35	240
Zig.(US)	6	5	6	7	7
Tee	500	525	400	550	800
Seife	35	60	25	40	80

Preise im Februar 1947 in Reichsmark für je 500 g, bei Kartoffeln für einen Zentner, Zigaretten und Seife pro Stück

je nach Herkunft für 1,20 (deutsch) zu haben, amerikanische kosteten nun 4 RM, französische 2 RM und die Preise für die russischen Sorten »Drug« und »Blumen« lagen jetzt bei 2,20 beziehungsweise 1,50 RM.[27] Allerdings gab es auch einige Preissteigerungen, so bei Süßstoff und vor allem bei neuen Kartoffeln, die in der Spitze je Zentner zunächst 800 RM kosteten und deren Preis sich bei 650 RM einpendelte. Bemerkenswert waren die Gründe, die die DVF für diese Entwicklung nannte:

»1. Hauptgrund ist die plötzliche Einstellung der Aufkäufe durch die ›Osobtorg‹ und die russischen Aufkaufstellen überhaupt. Bei den Händlern haben sich große Mengen (…) angesammelt, die von den russischen Aufkaufstellen nicht mehr abgenommen werden. (…) Das Publikum, das seine Gegenstände an solche Aufkäufer

Holz musste in die Westzonen und in die Sowjetunion geliefert werden. Für den eigenen Bedarf blieb kaum etwas übrig.

brachte, findet dort keine Nachfrage mehr. Infolgedessen können sie dort nicht mehr als Interessenten auftreten. Der Kurssturz bei den Genussmitteln (Zigaretten, Kaffee) ist also in erster Linie hierauf zurückzuführen.

2. Unterstützt wurde diese Tendenz durch das plötzliche große Angebot englischer und russischer Zigaretten (›Drug‹). Interessant ist, dass in den Städten der sowjetischen Zone diese Abwärtsentwicklung ebenfalls zu beobachten war, wo nur der Einfluss des Angebots an russischen Zigaretten festzustellen ist. Die Ami-Zigarette ist in den Städten der sowjetischen Zone in ihrem Wert nicht so stark gefallen wie in Berlin.
3. Ein weiterer Druck nach unten wird durch die zunehmende mangelnde Kaufkraft der Massen ausgeübt, die nicht mehr in der Lage sind, sich am Kauf von Genussmitteln zu beteiligen. Die Tatsache, dass wichtige Lebensmittel, wie Brot und Mehl, im Preise nicht

nachgegeben haben, beweist, dass die Nachfrage nach Genussmitteln sich auf diese wichtigen Massenkonsumgüter verlagert hat.«[28]

Interessant war die Feststellung, dass die Höhe der Schwarzmarktpreise zu einem großen Teil auf Aufkäufen der russischen Besatzungsbehörden beruhte. Ungewöhnlich war auch der Vorschlag der DVF, die Entwicklung auf dem schwarzen Markt zu beeinflussen und ihm große Mengen an Tabakwaren zuzuführen.

Kartoffeln gegen Holzzweischnaller und Schweinetröge

Die private Landwirtschaft in der Besatzungszone war weitgehend zerschlagen und ihre Leistungsfähigkeit gesunken. »Freie Spitzen«, die den Bauern verblieben, sollten Anreize zu erhöhter Produktion schaffen oder auch so genannte »Kartoffelaufkaufaktionen«. Den landwirtschaftlichen Genossenschaften sollte die Möglichkeit gegeben werden, Kartoffeln gegen Konsumgüter einzutauschen. Doch auch mit solchen Aktionen konnten die Versorgungsprobleme nicht gelöst werden. Die Preise für die abzugebenden Kartoffeln waren von den Behörden ebenso festgelegt wie für die Austauschwaren. Gerade das aber führte dazu, dass das Interesse der Bauern an der Teilnahme an solchen Aktionen begrenzt war. Die Preisüberwachungsstelle Malchin beispielsweise informierte am 27. April 1948 den Landrat über das Scheitern der Kartoffelumtauschaktion und führte diese Gründe an:[29]

»Seit geraumer Zeit wird im Kreis Malchin die Kartoffelumtauschaktion durchgeführt. Es werden zu diesem Zweck Textilien und Schuhwaren bereitgestellt. Die Preise dieser Textilien und Schuhwaren ist [sic] dermaßen hoch angesetzt, dass ein Einschreiten der Preisüberwachungsstelle unerlässlich war. Währenddem wurden die Kartoffeln mit dem normalen Preis von 3,50 RM angerechnet. Ich möchte so z. B. ein Paar Herren-Halbschuhe heranziehen. Der Verkaufspreis beträgt 27,30 RM. Dieselben Halbschuhe wurden 1944 zu 12 RM verkauft. Oder eine Bettstelle, Verkaufspreis 66 RM. Der zulässige Verkaufspreis des Jahres 1944 beträgt 20 RM. Im Grunde genommen können wir alle Textilien und Schuhwaren herausziehen; sie werden alle zu stark überhöhten Preisen berechnet. Täglich kommen Arbeiter, Frauen und Gewerbetreibende zu mir mit der Frage: ›Warum wird diese Ungerechtigkeit nicht eingestellt? Warum unternehmen Sie gegen die Großen nichts? Ist es immer so, dass überall die Kleinen daran glauben müssen?‹ (…) Herr Kreisrat, ich möchte Sie fragen: Sie sind von den Arbeitern gewählt worden. Unterstützen Sie diese Ungerechtigkeit den Arbeitern gegenüber?« Die festgesetzten Preise für die Austauschwaren, die durchaus gesucht waren und benötigt wurden, konnten sich die Bauern nicht leisten, sie hätten damit ihre Erzeugnisse weit unter Wert abgegeben.

Im Frühjahr 1948 wurden in Sachsen und in Sachsen-Anhalt jeweils 30 000 t Kartoffeln benötigt, die Mecklenburg-Vorpommern hätte liefern können. Aber die Bauern waren an den Aufkaufaktionen nicht mehr interessiert. Zwar lagen für 40 000 RM Textilien bereit, waren aber wegen der hohen Preise nicht gefragt. Bei anderen Gütern handelte es sich um Dünger und um landwirtschaftliche Geräte, die ebenfalls nicht auf das Interesse der Bauern stießen. Die Konsequenz lautete:[30] »Nachdem in allen Kreisen bekannt ist, dass keine Textilien mehr vorhanden sind, bezw. nur in geringem Umfange (insbesondere Holzzweischnaller und Holzpantinen) zum Preise von RM 4,60 ist die Ablieferung, die bisher im Durchschnitt täglich zwischen 1 500 und 2 000 t lag auf 600 bezw. 800 t gesunken (…) Wenn keine weiteren Textilien geliefert werden, ist es zwecklos, diese Aktion auf der gleichen Grundlage weiterzuführen.« Für die Aktionen waren unter anderem Stoffe, Trikotagen, Socken und Kinderstrümpfe, Handschuhe sowie Holzschuhe bereitgestellt worden. Abgesehen davon, dass die Preise für sie stark überhöht waren, waren sie häufig »von mangelnder Qualität und wegen zu kleiner Größen (vornehmlich bei den Damenkleidern) nur schwer absetzbar«.[31] Die Bauern, die oftmals zur Teilnahme an den Umtauschaktionen genötigt wurden, erhielten die Konsumgüter nicht direkt, sondern lediglich Berechtigungsscheine für sie. Vielfach lösten sie sie erst gar nicht ein. So wurden 25 t Keramikerzeugnisse nach Mecklenburg-Vorpommern für Tauschzwecke geliefert, vorwiegend Schweinetröge. Diese waren aber von so schlechter

Qualität, dass die Dienststellen vor Ort darauf verzichteten, sie den Bauern überhaupt anzubieten.

Hinzu kamen weitere Probleme, etwa beim Transport der Kartoffeln in die Zielländer Sachsen und Sachsen-Anhalt. Es gab nicht genügend Lastwagen und Eisenbahnwaggons. Erst nach langwierigen Verhandlungen mit der Deutschen Wirtschaftskommission wurde erlaubt, die bis dahin leer in den Süden zurückfahrenden Kohlenzüge mit Kartoffeln zu beladen.[32]

Das Vorgehen nach Plan führte zu gewaltigen Verlusten für die Wirtschaft der Besatzungszone. Weil den Bauern keine adäquaten Waren zum Tausch angeboten wurden und weil die dann doch abgelieferten Kartoffeln nur mit Mühe abtransportiert werden konnten, verrotteten sie in großen Mengen. Ein »Ministerialrat Wolf« aus Halle stellte bei einer Besichtigungsfahrt im April 1948 fest, dass »die in Mecklenburg aufgekauften Kartoffeln sich in einem verheerenden Zustande befinden«.[33] In Parchim lagerten 10 000 t Kartoffeln, meterhoch aufgeschüttet und verfaulten. Sie konnten nur noch zum Brennen vom Kartoffelschnaps verwendet werden.

Razzien gegen Schwarzmarkthandel

Bauern wie Großstädter versuchten, sich auf dem Schwarzmarkt zu versorgen. Tauschhandel war weit verbreitet, denn die 1948 eingeführte Ostmark war wenig wert. Besonders die Berliner gingen zu Hunderttausenden auf »Hamsterfahrten«, vorwiegend im Umland, aber sie scheuten auch nicht die weiten Wege in die Agrargebiete Sachsen-Anhalts oder Mecklenburgs. Käufer und Verkäufer fanden hier zusammen, mussten aber ständig auf der Hut vor Razzien sein. Die Mengen, die der Schutzpolizei bei der Schwarzmarktbekämpfung in die Hände fielen, waren beachtlich.[34] Allein in der Zeit vom 21. März bis 24. April 1948 beschlagnahmte die mecklenburgische Polizei 128 918 kg Kartoffeln, dazu Gemüse, Getreide, 15 304 Eier, Speck, Butter und Schmalz. Die breite Palette der Schwarzmarktgüter zeigt sich an einer Aufstellung der Landespolizeibehörde Schwerin, auf der unter anderem aufgeführt wurden: 55 944 Zigaretten, 6 Bügeleisen, 16 Glasscheiben,

65 Kochtöpfe, 2 Fuchsfelle, 1 Fass Teer, 1 Ziehharmonika, 1 Saxophon, dazu Fahrradlampen, Dynamos, Benzin und Diesel. 1 814 Personen wurden aufgegriffen, 525 Gerichten überstellt. Berücksichtigt werden muss, dass sich die 631 Razzien mit 2 257 Polizisten auf die Hauptverkehrs- und die Zufahrtsstraßen zu Bahnhöfen beschränkten. Es lässt sich erahnen, wie schwunghaft der Schwarzhandel außerhalb dieser Routen betrieben wurde. So vielfältig wie die beschlagnahmten Güter waren auch die Schwarzhändlerkreise:

Im Kreis Wismar wurde ein Berliner Kunsthändler mit einem Radio, einem Paar Kinderschuhen, vier Radioröhren, einem Kindermantel, zwei Paar Stoffhandschuhen, zwei Stück Leder, 13 Eiern und zwei Pfund Roggenmehl aufgegriffen. Er wurde der SMA in Wismar übergeben.

Bei einer Hausdurchsuchung bei einem Musiker in Neubukow stellte die Polizei eine Schwarzbrennerei, 36 kg Leinsaat und 38 kg Senf sicher.

In Warsin hatte ein Fischer 66 kg Zander verkauft, ohne sein Ablieferungssoll erfüllt zu haben.

Ein Landwirt in Klein Kussewitz hatte eine braune Stute mit Geschirr gegen 25 000 Zigaretten getauscht und 24 000 Zigaretten für 18 000 RM weiterverkauft. Er wurde festgenommen.

In Brüel tauschte ein Berliner Handlungsreisender Elektroartikel gegen Butter, Brote, Käse, Speck, Honig, Haferflocken, Damenstrümpfe und Leinenstoff. Er wurde vom Amtsgericht Wismar zu drei Monaten Gefängnis verurteilt.

Polizeiwachtmeister Otto beschlagnahmte in Neuhof, Usedom, 2,9 kg Aale, die ein Einwohner illegal mit einer Reuse gefangen und dann geräuchert hatte.

Bei Straßenkontrollen bei Ribnitz beschlagnahmte die Polizei das Auto eines Schwarzhändlers aus Dresden, der mit Lebensmitteln auf dem Weg zurück nach Sachsen war.

Ein Lastwagen aus Netzkau/Vogtland wurde in Balow, Kreis Ludwigslust, gestoppt. Der Fahrer gab an, Kartoffeln gegen Stickstoff getauscht zu haben. Güter und Lkw wurden beschlagnahmt.

Auf 14 Seiten waren derartige Fälle aufgelistet. Zusammenfassend hieß es, die Lebensmittel seien – mit Ausnahme von Kartoffeln und Getreide – der »Volkssolidarität« zur Verteilung an Bedürftige übergeben worden, desgleichen die Industrieerzeugnisse.

Bergleute besonders hart betroffen

Von der schlechten Versorgungslage waren besonders die Gruppen betroffen, die zum Aufbau der Wirtschaft beitragen sollten und Schwerstarbeit leisteten: die Bergleute. Anfang 1947 hatte Marschall Sokolowskij verlangt, die Kohleförderung um das Zwei- bis Dreifache zu erhöhen, was schlichtweg unmöglich war. In einem Papier vom 28. Februar 1947 wurde dies deutlich ausgesprochen.[35] Die Lage in der sowjetischen Besatzungszone könne sich nur verbessern, wenn Steinkohle aus dem Ruhrgebiet und aus Polen eingeführt werde. Als Grund für die Situation wurde unter anderem die strenge Kälte des Winters 1946/47 angeführt, bei der es nicht möglich war, genügend Abraum zu bewegen. Dazu aber hätten die Demontagen gewaltige Lücken in die Produktionspläne gerissen. Man werde auf viele Jahre nicht in der Lage sein, genügend Kohle für die Industrie und die »werktätige Bevölkerung« zu produzieren, da sich die Folgen der Demontagen erst ab 1948/49 auswirken würden. Außerdem stünden noch sieben Gruben zur Demontage an. Im zweiten Quartal 1947 könne der Industrie und dem Handwerk nur ein geringer Teil der produzierten Kohle überlassen werden, der Bevölkerung gar keine. Die Reichsbahn, die im November und Dezember 1946 dreißig Prozent der Kohle erhalten habe, »verschlingt in den Monaten Januar und Februar 40–50 %«. Die Industrie könne der Bahn keine Transportgüter zur Verfügung stellen, weil die Betriebe wegen des Kohlemangels hätten schließen müssen. Eine Änderung sei auch bei besserer Witterung nicht zu erwarten. Vor allem ließen sich die Verluste der Wintermonate nicht aufholen. Weder im zweiten noch im dritten Quartal 1947 könne die Bevölkerung mit Kohlezuteilungen rechnen. Da dies die so genannten Bevorratungsquartale seien, werde die Belieferung der Bevölkerung mit Kohle dann auch im vierten Quartal nicht möglich sein.

Respektvoller Abstand der Deutschen, wenn – wie hier in Leipzig – die Besatzer vorfuhren.

So wie im Kohlebergbau sah es auch im Erzbergbau aus, der unter sowjetischer Kontrolle stand. Hierfür steht dieser Bericht des FDGB-Landesvorstandes Sachsen vom 15. April 1947:[36] »Seit einigen Monaten wird im sächsischen Erzgebirge, im Kreis Aue, der Erzbergbau intensiv durchgeführt. Zu diesem Zweck sind bis jetzt 4000 deutsche Arbeiter aus allen Teilen des Landes dienstverpflichtet worden. Weitere Dienstverpflichtungen von tausenden deutschen Arbeitern werden laufend vorgenommen. (…) Im Laufe der Zeit hat sich ergeben, dass die von der Bergdirektion, sowohl wie vom FDGB gewünschte Produktionssteigerung in den Bergwerken nicht erreicht werden konnte. Die Gründe hierfür sind folgende: (…) Der Bergarbeitertarif, der seit dem 1.9.1946 mit Zustimmung der SMAD in der sowjetischen Zone gilt, wird von der Grubenverwaltung nicht angewendet. Die Grubenverwaltung hat eine eigene Lohnregelung getroffen, die die Einschränkung enthält: ›Sämtliche Gruppenlöhne verstehen sich bei 100%iger Normerfüllung für Hauer und Förderleute‹. Es gibt bei Nichterfüllung des Solls keinen Mindestlohn (…) Ein großer Teil der Belegschaft kann aber das Soll ohne eigenes Verschulden nicht erfüllen, weil von der Grubenverwaltung nicht die notwendigen Voraussetzungen dazu geschaffen wurden. Es fehlt an Arbeitsgeräten und Maschinenersatzteilen. Die Sprengungen erfolgen mit Verspätung, weil der Sprengstoff mit Verzögerung ausgegeben wird. Die Bergleute arbeiten mindestens die halbe Schicht mit Kopfschmerzen, weil die Bewetterung schlecht ist. Die Schichtzimmerer erhalten nicht genügend Holz. Außerdem gibt es bestimmte Gesteinsarten, die die Erfüllung des Solls unmöglich machen. Die Grubenverwaltung gewährt auch nicht den im Bergarbeitertarif vorgesehenen Urlaub und Feiertagsbezahlung. Die Lohnauszahlung erfolgt unregelmäßig (…) Auch die Essensmarke für das zusätzliche warme Mittagessen, das dem Erzbergarbeiter wie jedem anderen Bergarbeiter seit dem 1.1.1947 zusteht, erhält er nur bei 100%iger Erfüllung der Norm. Vor einigen Tagen wurde in Johanngeorgenstadt von 1 100 Belegschaftsmitgliedern an 380 kein warmes Mittagessen ausgegeben. In großem Umfange werden Bestrafungen ausgesprochen für Vorkommnisse, bei denen den einzelnen Arbeiter kein Verschulden trifft. Die Strafen bestehen im Entzug der Essensmarke für 7 Tage oder in einer Geldstrafe.

Die Arbeiter haben ungenügende Arbeitskleidung und Schuhe. Das wenige, das zur Verfügung gestellt wird, nehmen sich in erster Linie die russischen Arbeiter, obwohl die bereits besser mit Kleidung versorgt sind als die deutschen Arbeiter. Die Arbeiter, die nassgeschwitzt aus dem Bergwerk kommen, weil sie 700 Leitersprossen hoch steigen müssen, müssen in diesem Zustande nach Hause gehen, zum Teil eine Stunde mit der Eisenbahn fahren. (…) In den Betrieben liegen die Dinge so, dass durch das Fehlen von Bohrhämmern, Abbauhämmern, Hunten [Förderwagen] usw. es gar nicht möglich ist, die geforderte Soll-Leistung zu erfüllen. Hinzu kommt, dass das ›Soll‹ durch Berufsfremde nicht erfüllt werden kann, da sie nicht über die nötigen fachlichen Kenntnisse verfügen. Die Bohrer selbst, die beim Bohren sehr oft abbrechen, was auf die schlechte Härtung zurückzuführen ist, müssen vom Bergmann bezahlt werden, desgleichen wenn ein Bohrhammer entzwei geht bezw. reparaturbedürftig wird. Durch solche Lohnabzüge bleibt bei der Lohnzahlung von dem verdienten Lohn nicht viel übrig. Durch die Überbevölkerung der kleinen Orte wie z. B. Johanngeorgenstadt, sind die Unterbringungsmöglichkeiten für die Bergarbeiter die denkbar schlechtesten. Es sind keine verschließbaren Schränke vorhanden, es fehlt an Strohsäcken, Decken und vor allem an Reinigungsmitteln. Weder Wäsche noch Körper können einer gründlichen Reinigung unterzogen werden. Die Folgen davon sind Hautkrankheiten (Krätze) und Seuchengefahr. (...) Große Erbitterung bei den Bergleuten besteht noch darüber, dass die Versorgung mit Waren und Gebrauchsgegenständen nicht durch die Konsumvereine vorgenommen werden kann, sondern dass ehemalige Pg's und SA-Leute heute noch als Großkaufleute die Warenverteilung in den Händen haben. Alle Versuche, diese unerträglichen Zustände zu ändern, sind gescheitert. Die Bergwerksdirektion hat den Konsum-Genossenschaften solche unerfüllbaren Bedingungen gestellt, um von vornherein den Händlern der Nazizeit weiter ihre Tätigkeit zu sichern. Es muss angenommen werden, dass hier Bestechungen vorliegen.«[37]

»Russische Posten bedienen sich«

Die Mansfeld A.G. meldete im August 1948 ein Ansteigen der Fehlschichten von 21 auf 26 Prozent der Gesamtbelegschaft sowie einen Krankenstand von fast zehn Prozent und führte diese Entwicklung auf die schlechte Versorgung mit Lebensmitteln, besonders auf das Fehlen von Kartoffeln, zurück. Für Fleisch und Fett gebe es vorwiegend Austauschstoffe und an Gemüse würden höchstens dreißig Prozent des Solls ausgeliefert.[38] Weiter hieß es: »Im Mansfelder Seekreis ist die Verpflegung noch schlechter, vor allen Dingen in einzelnen Gemeinden uneinheitlich. Es wird behauptet, dass durch das Fehlen von Kartoffeln auf Brot Vorgriff erfolgt, sodass z. B. Fälle eingetreten sind, wo bis 11.9. bereits die gesamte Brotration der Kartenperiode aufgebraucht ist. Es werden dort Kameradschaften angetroffen, die ohne Brot zur Arbeit gehen.« Da die Fehlschichten in den Erntemonaten anstiegen, sei zu vermuten, »dass tatsächlich in sehr vielen Fällen der Mangel an ausreichender Ernährung die der Arbeit fern Bleibenden veranlasste, sich durch Einsammeln von Feldfrüchten (Stoppeln) zusätzliche Ernährung zu verschaffen«.[39] Strafmaßnahmen wie der Entzug der Zusatzkarten für Zigaretten und Schnaps oder die Streichung der Prämienanteile von zwei Mark pro Schicht hätten zu keinem Erfolg geführt. Dieselbe Situation sei im Zwickauer Revier zu verzeichnen. Die Versorgung mit Kartoffeln sei unzureichend, Einkellerungskartoffeln seien teilweise erfroren geliefert worden. Anstelle von Fleisch erhielten die Bergleute Fisch, »wobei infolge der Qualität des Fisches 160–170 g bei 500 g verloren gehen, weil er sich in einem ungenießbaren Zustand befindet«. Für Butter werde Fettkäse ausgegeben, dessen Qualität ebenfalls beanstandet werde: »Als Resumé werden sowohl in Mansfeld wie in Zwickau Erschöpfungszustände gemeldet. Der Krankenstand beträgt in Zwickau 7–10 %, wobei trotzdem die Beobachtung gemacht wird, dass er noch höher liegen würde, wenn viele Belegschaftsmitglieder nicht aus Besorgnis, die Zusatzverpflegung zu verlieren, lieber bis zum Zusammenbruch weiterarbeiten. Hinzu kommt, dass in beiden Revieren in Tiefen bis über 1 000 m und vor Betriebspunkten mit Wettertemperaturen von +30 Grad C und mehr gearbeitet wird.«[40]

Besonders schlimm stellte sich die Situation für die Arbeiter in den zu Sowjetischen Aktiengesellschaften umgewandelten Bergwerken dar, woraus die IG Bergbau im FDGB zumindest 1948 keinen Hehl machte, wie aus dem »Bericht über die Lage in den einzelnen Werken der russischen A.G. in Schlema, Lauter und Johanngeorgenstadt« hervorgeht.[41] Die Besatzungsmacht hatte in allen Bezirken zahlreiche Arbeiter zum Einsatz in den Bergwerken dienstverpflichtet, oft gerade aus der Sowjetunion zurückgekehrte ehemalige Kriegsgefangene. Es handelte sich um Berufsfremde, denen es in den seltensten Fällen möglich war, das verlangte Soll zu erfüllen: »Daraufhin erhält der größte Teil der Belegschaft keine Essensmarken, also kein warmes Essen. Außerdem werden ihnen die Zuteilungen, bekannt unter ›Sokolow-Zulagen‹, entzogen. Es besteht weiter keine Badegelegenheit und in den einfachen Quartieren kein Anheizungsmaterial. Dadurch tritt eine doppelte Erschwernis für die Bergarbeiter ein, indem sie sich im Werk nicht reinigen können und zuhause in ihrer engen Behausung ebenfalls fast keine Möglichkeit besteht. Wir haben bereits in diesem Revier an die 400 Mann Krätzekranke. Es fehlt weiter an Bettstellen und Decken. (...) Im Haus ›Coburg‹ liegen die Dinge noch so, dass bei der geringsten Kleinigkeit eines Versehens der Bergarbeiter sofort der Nahrungsentzug durchgeführt wird. Das heißt, dass gerade aus diesem Betrieb die meisten Bummelanten zu verzeichnen sind und diese sich wiederum aus jungen ledigen Kräften zusammensetzen, die zum übergroßen Teil bereits in die britische Zone gegangen sind. Dadurch sind natürlich die Verheirateten am meisten bedrängt. Durch Rücksicht auf ihre Familien können sie dieser Bedrückung nicht entgehen und müssen aushalten. Die Schichtdauer beträgt Untertage 8 Stunden ohne Unterbrechung. Über Tage sind noch folgende Mängel festzustellen: Auch hier ununterbrochene 8-stündige Arbeitszeit. Bei Regenwetter ohne ein schützendes Dach, bis auf die Haut durchnässt, kommen die Menschen in ihre Quartiere, wo sie infolge Heizstoffmangels wiederum ihre Kleider nicht trocknen können. Dadurch ist das gesundheitliche Befinden dieser Menschen sehr schlecht. Unter den Bummelanten, die 20% betragen, steckt ein großer Teil, der sich wegen Krankheit in der Heimat befindet. Da die Krankenscheine hier nicht anerkannt werden, erhalten sie auch kein Krankengeld. Aus den weiteren Berichten geht hervor, dass die Hälfte der Arbeiter nur Speisemarken erhält. Es sind gewisse russische Posten, die bei der Ausgabe der Essensmarken sehr rigoros vorgehen. Einsprüche der Beschwerdeführer haben den Erfolg, dass ihnen erneut die Speisekarte entzogen wird und dies bringt eine Gleichgültigkeit und Verbissenheit in die Kollegen. (...) Die Gesteinsmasse ist Sandstein und die Förderung muss 20 Meter und mehr mit der Schubkarre zum Schacht gefahren werden, wo sie wiederum in Kübelförderung nach Übertage geht. Unter diesen Umständen war und ist es den Kameraden bisher nicht möglich gewesen, ihre Leistungen zu erfüllen, sie müssen auch noch mit Essensentzug sich abfinden. Frauen, am Sortieren des Erzes, wird dann das Essen entzogen, wenn sie die Leistung einer Kiste Erz nicht erreichen. Es ist schon eine Anstrengung für Frauen, diese Leistung zu erreichen, aber es kommen Tage, Stunden, wo nicht genug Erz zu Tage gefördert wird. Ohne Rücksicht darauf wird ihnen bei Nichterfüllung ebenfalls das Essen entzogen.«[42]

»Der Bauer reicht Berlin die Hand«

Vor allem in Zeiten der Berliner Blockade vom 24. Juni 1948 bis zum 12. Mai 1949 hatte sich die Versorgungslage auf dem Land verschlechtert. Um sich nicht dem Vorwurf auszusetzen, 2,1 Millionen West-Berliner verhungern zu lassen, hatte der sowjetische Stadtkommandant von Berlin am 24. Juli 1948 den »Befehl Nr. 80« erlassen, nach dem sich alle West-Berliner in den Ostsektoren mit Lebensmitteln und Brennstoffen versorgen konnten. Dieses Angebot nahmen die Bewohner der Westsektoren zwar nicht an, doch musste Vorsorge für den Fall getroffen werden, dass sie in Massen in den Ostsektor geströmt wären. Zusätzlich zu den ohnehin festgelegten Mengen hatten die Länder der Zone unter dem Motto »Der Bauer reicht Berlin die Hand« Lebensmittel nach Berlin zu liefern, die dort zum großen Teil verdarben. Die West-Berliner holten sie nicht ab, die Ost-Berliner durften sie nicht kaufen. Lager- und Kühlmöglichkeiten waren nur in begrenztem Umfang vorhanden.[43]

Mit einer Flut von Befehlen ordnete die SMAD während der Blockadezeit den Aufbau von »Gemüse- und Viehzucht-Gürteln« um Berlin an, um einerseits die Länder der Zone zu entlasten, andererseits auf längere Sicht die Versorgung Berlins sicherzustellen. Dabei fragten sich die sowjetischen Verantwortlichen nicht, ob ihre Befehle überhaupt umgesetzt werden konnten. Mit »Befehl Nr. 135« verlangte die SMA beispielsweise im Dezember 1948, im Rahmen eines »Sofortprogramms« unverzüglich 1 500 zerstörte Gewächshäuser um Berlin instand zu setzen und eine Gemüseanbaufläche von 1 600 ha zu schaffen. Nötig wären dafür 40 000 m² Glas gewesen, aber es standen nur 24 000 m² zur Verfügung. Darüber hinaus mussten 25 Baracken des ehemaligen Reichsarbeitsdienstes freigemacht werden, um die erforderlichen 1 000 Arbeiter unterzubringen.[44] Außerdem sollten die 25 Berliner Stadtgüter wieder hergerichtet werden, was angesichts des Materialmangels ebenfalls auf erhebliche Schwierigkeiten stieß. Schließlich erfolgte mit »Befehl Nr. 133« die Anweisung, im Rahmen eines Zwei-Jahres-Plans die Gemüseanbauflächen im Ost-Berliner Stadtgebiet von 2 170 ha auf 2 510 ha zu erweitern.

Der Sowjetischen Militäradministration ging die Umsetzung ihrer Befehle nicht schnell genug voran. Die SMAD-Verwaltung für Forst- und Landwirtschaft mahnte deshalb am 6. Dezember 1948 die Hauptverwaltung für Land- und Forstwirtschaft der DWK und verlangte die Erfüllung der Anweisung für die Berliner Randgebiete und für das Oderbruch.[45] Bis hin zur Wiederherstellung von Mistbeeten schrieb die SMAD der deutschen Seite detailliert das Vorgehen vor. Dazu gehörte auch der Auftrag, bis zum Beginn der Erntesaison in Thüringen, Sachsen und Sachsen-Anhalt 200 Pferde und im Herbst 300 weitere zu kaufen.

Man darf davon ausgehen, dass die deutschen Dienststellen alle Anstrengungen unternahmen, um sich nicht den Unmut der Militäradministration zuzuziehen. Dennoch blieb der Verwaltung für Landwirtschaft und Forsten nichts anderes übrig, als am 19. Mai 1949 einzugestehen, dass die sowjetischen Wünsche nicht erfüllt werden konnten:[46] »Der Anforderung von 500 Pferden konnte nicht entsprochen werden. Im Frühjahr sind mehrere Trecker zur Verfügung gestellt und wieder zurückgeschickt worden, weil sie nicht eisenbereift und gummibereifte angeblich nicht verwandt werden durften. Die Fahrer hatte man ungemein schlecht untergebracht.«

Ein »Viehgürtel« um Berlin

Am »grünen Tisch« hatte die SMAD außerdem den Aufbau eines »Viehgürtels« um Berlin angeordnet, aber auch das stieß auf Schwierigkeiten. Die Erhöhung der Viehbestände wäre nur möglich gewesen, wenn sie aus den anderen Teilen der Besatzungszone abgezogen worden wäre. Das aber hielt die »Unterabteilung Rinderzucht« der DVLF für nicht sinnvoll:[47] »In Anbetracht der in allen Ländern der sowjetischen Besatzungszone unzureichenden Bestände an Milchkühen kann die Aufstockung der Kuhbestände auf den Landes- und Stadtgütern nur durch einen Abzug von Kühen aus den Ländern aus der sowjetischen Besatzungszone erfolgen.« Das hätte die Schwierigkeiten im Umland noch verstärkt und so komme nur die Einfuhr von Vieh aus den westlichen Besatzungszonen in Frage. Außerdem müssten dann ausreichend Futterflächen zur Verfügung gestellt und größere Mengen eiweißreicher Futtermittel importiert werden.

Entnazifizierung als Instrument der Willkür

Gut gemeinte Direktiven der Alliierten

Die Entnazifizierung der Deutschen, eines der Kernziele aller vier Kriegsverbündeten, wurde in der sowjetischen Besatzungszone halbherzig vorgenommen, schnell beendet und vor allem sehr selektiv betrieben. Sie unterschied sich damit nicht wesentlich von den Entnazifizierungsverfahren in den Westzonen. Zwar hatte beispielsweise in der US-Zone jeder über 18-Jährige einen über 140 Punkte umfassenden Fragebogen auszufüllen und Spruchkammern mit so genannten öffentlichen Anklägern waren dort noch bis 1949 tätig. Doch von einer wirklichen Entnazifizierung konnte in den Westzonen ebenso wenig gesprochen werden wie in der sowjetischen Besatzungszone. Es hatte sich überall gezeigt, dass ohne ehemalige NS-Parteimitglieder oder -Sympathisanten das Alltagsleben nicht in Gang kommen konnte.

Das zögerliche und unterschiedliche Vorgehen aller vier Siegermächte bei der Entnazifizierung führte im Januar 1946 zur »Kontrollrats-Direktive Nr. 24«. In ihr wurde festgelegt, welche Personen aus öffentlichen und halböffentlichen Ämtern zu entfernen waren. Ferner ging es um die Säuberung der Religionsgemeinschaften sowie von »bedeutenden industriellen, landwirtschaftlichen, finanziellen und Handelsunternehmen (…), die unmittelbar der Überwachung, Nutzbarmachung oder Kontrolle der Militärregierung unterliegen, und aller Unternehmen der Industrie und des Bergbaues, öffentlicher Versorgungsbetriebe, Handelsunternehmen, Verbände und Kartelle, welche in Anbetracht ihrer Kapitalkraft, der Zahl der Arbeitnehmer, der Art ihrer Erzeugnisse oder Dienstleistungen wichtige Faktoren in der deutschen Wirtschaft oder in der Wirtschaft der Gebiete oder der Gemeinden, in welchen sie betrieben werden, darstellen«. Unterstrichen wurde, es sei »von größte Wichtigkeit, die Denazifizierung der Industrie mit äußerstem Nachdruck durchzuführen, und der Umstand, dass ein Unternehmen klein ist, stellt keinen Grund für eine Unterlassung der Denazifizierung dar«. Am 12. Oktober 1946 wurde die »Kontrollrats-Direktive Nr. 38« verabschiedet. Darin waren nunmehr einheitliche Richtlinien für die »Bestrafung von Kriegsverbrechern, Nationalsozialisten, Militaristen und Industriellen, die das nationalsozialistische Regime förderten und unterstützten«, enthalten.[1] Schließlich – und das sollte sich besonders in der sowjetischen Besatzungszone auswirken – wurde die Internierung von Deutschen sanktioniert, denen zwar keine konkrete Verbrechen vorgeworfen wurden, die aber als »für alliierte Zwecke als gefährlich« anzusehen waren. Damit war der Internierung hunderttausender Deutscher in der SBZ Tür und Tor geöffnet. Nach dieser Direktive wurden die Deutschen in fünf Kategorien eingeteilt:

1. Hauptschuldige. Für sie waren als Strafen die Todesstrafe, lebenslange Freiheitsstrafe, Gefängnisstrafe von fünf bis 15 Jahren mit und ohne Zwangsarbeit und die Beschlagnahme des Eigentums vorgesehen.
2. Schuldige (Aktivisten, Militaristen, Mitläufer). Für diese Gruppe kamen Gefängnisstrafe oder Internierung bis zu zehn Jahren und die Beschlagnahme des Eigentums in Frage.
3. Minderbelastete. Für sie war eine Bewährungsstrafe von wenigstens zwei Jahren verpflichtend, außerdem durften sie in dieser Zeit nicht selbstständig oder in führenden Stellungen tätig werden.
4. Mitläufer. Sie hatten sich regelmäßig bei der Polizei zu melden, unterlagen Reisebeschränkungen und waren nicht wählbar.
5. Unbelastete.

»Gelegenheit zur Bewährung«

Eine Besonderheit der Entnazifizierung in der sowjetischen Besatzungszone bestand darin, dass sie oftmals als Instrument diente, um willkürlich privaten Besitz zu enteignen und in die Hand des »Volkes« oder doch wenigstens in die von »fortschrittlichen Kräften« zu geben. Aber auch die SBZ kam ohne die aktive Beteiligung früherer NSDAP-Mitglieder – selbst führender – beim Aufbau des zerstörten Landes nicht aus. Beispielweise hatten nahezu alle Ärzte während des Dritten

Reiches der NSDAP angehört. Sollte die Gesundheitsversorgung nur einigermaßen wieder in Gang kommen, konnte auf sie nicht verzichtet werden. Dies sah auch Generalmajor I. S. Kolesnitschenko, Chef der Militäradministration für Thüringen, so. In einem Schreiben an alle Landräte, Oberbürgermeister, Krankenhäuser und Untersuchungsämter teilte die Landesregierung Thüringen mit, Kolesnitschenko habe sich damit einverstanden erklärt, »dass wegen des Mangels an Ärzten, Veterinären und medizinischen Hilfspersonals, die der ehemaligen NSDAP angehört haben, von einer generellen Entlassung abgesehen werden kann, sofern es sich nicht um besonders krasse Fälle von aktiven Nazis handele«.[2] Leitende Stellungen sollten die ehemaligen Nazis zwar nicht einnehmen, doch behielt sich die SMATh »bei medizinisch und wissenschaftlich hervorragenden Ärzten« Ausnahmen vor. Ähnliche Regelungen hatte die sowjetische Administration für alle Länder der SBZ getroffen, doch sollten sie nicht öffentlich bekannt werden. So hatte die SMAD in Berlin-Karlshorst am 11. Dezember 1945 »eine Anweisung an ihre russischen Dienststellen in den Provinzen und Ländern« herausgegeben, die der Thüringer Anordnung ähnelte.[3] Diese Weisung war allerdings aus Geheimhaltungsgründen nur an die sowjetischen Dienststellen gegangen. Angesichts des großen Ärztemangels verfiel die Zentralverwaltung für das Deutsche Gesundheitswesen in der sowjetischen Okkupationszone darauf, erstens alle Ärzte zu registrieren und sie zweitens durch eine Notdienstverpflichtung nach Brandenburg beziehungsweise Mecklenburg zu schicken.[4] Bemerkenswert sind die Ausführungsbestimmungen, denn es sollten »in erster Linie Ärzte erfasst werden, die Mitglieder der NSDAP oder einer ihrer Gliederungen waren, unter ihnen zunächst die unverheirateten«. Den Ärzten, so hieß es, solle durch die Zwangsverpflichtung »Gelegenheit zur Bewährung gegeben werden«. Mediziner, die bei Gesundheitsämtern um Anstellung, Einsatz oder Niederlassungsgenehmigung ersuchten, waren nach den Richtlinien sofort zwangsweise in die medizinischen Notstandsgebiete zu schicken, sofern sie der NSDAP oder einer ihrer Gliederungen angehört hatten. Entsprechend dieser Regelung erlaubte der Chef der Gesundheitsabteilung bei der SMAD, Generalmajorarzt Kusnezow, dem Direktor der deutschen Gesundheitsverwaltung, Paul Ignatz Konitzer, am 10. Oktober 1945 »dem Bundesland Thüringen 290 Ärzte zu entnehmen und sie folgendermaßen zu verteilen: 100 Ärzte nach Mecklenburg zu entsenden, 100 Ärzte in die Provinz Brandenburg und 90 Ärzte als Reserve für Sie, zur Verteilung nach Ihrem Gutdünken«.[5]

Nur mit Nazis höheres Steueraufkommen

Dass die Verwaltung in der sowjetischen Besatzungszone die Dienste ehemaliger NS-Mitglieder oder -Sympathisanten brauchte, wurde auch auf der 6. Sitzung des Arbeitsausschusses »Finanzorganisation« der Zentralen Finanzverwaltung am 15. Oktober 1945 deutlich. Die Vertreter der Landesverwaltungen erklärten ohne Wenn und Aber, dass nur mit ehemaligen NSDAP-Mitgliedern das Finanzwesen in der SBZ funktionieren würde.[6] Als negatives Beispiel wurde die Stadt Eberswalde genannt, wo ein Schlossermeister zum Vorsteher des Hauptzollamtes ernannt worden war, was sich als Fehlbesetzung erwiesen hatte. Der mecklenburgische Vertreter berichtete, dass in der Finanzverwaltung seines Landes zwei Drittel der Angehörigen Mitglieder der NSDAP gewesen seien. Würden alle »Pgs« entlassen, gebe es für seine Dienststellen keine Arbeitsmöglichkeiten mehr. Für das Land Brandenburg teilte Staatssekretär Franz Schleusener mit, es seien zwar alle Beamte, die der NSDAP angehört hätten, von ihren Posten entfernt worden, teilweise seien sie nun aber in beratender Weise tätig. Die leitenden Posten aber seien sämtlich mit Nicht-Parteimitgliedern besetzt worden, unabhängig davon, welche Stellung sie vorher bekleideten. Aus Thüringen hieß es, 97,8 Prozent der gesamten Beamten- und Lehrerschaft des Sauckelschen[7] »Trutzgaues« seien »Pgs« gewesen. In der Finanzverwaltung gebe es nur noch wenige NSDAP-Mitglieder. Der Vertreter der Provinz Sachsen teilte mit, 93 bis 95 Prozent der gesamten Finanzbeamtenschaft hätten der NSDAP angehört. Sowjetische Vertreter hätten inzwischen der Weiterbeschäftigung von NS-Parteimitgliedern zugestimmt, sofern diese keine Aktivisten gewesen seien. Bedeutsam war der Hinweis, dass die Steuerrückstände in der

SBZ seit Kriegsende von 40 auf 120 Millionen Reichsmark gestiegen waren. Es sei ein höheres Steuerkommen zu erwarten, wenn die alten Fachkräfte behalten werden könnten, ließ die Provinzregierung in Halle wissen. Für die Finanzämter im Bezirk Dresden wurde ein Anteil von etwa achtzig Prozent »Pgs« unter den Beschäftigten genannt. Alle Sitzungsteilnehmer stimmten der Feststellung zu, das Steueraufkommen könne durch eine Weiterbeschäftigung ehemaliger Parteigenossen verbessert werden. Die Runde einigte sich deshalb darauf, der SMAD vorzuschlagen, nicht-aktive NS-Mitglieder »als Fachkraft ohne Ausübung irgendwelcher Hoheitsrechte weiterzubeschäftigen«. Außerdem bot ZFV-Direktor Henri Meyer an, Nicht-Aktivisten von Berlin in die Provinz zu schicken. Die Runde kam überein, notfalls könne man »wirkliche Fachkräfte, wenn sie Pg., aber Nichtaktivisten gewesen sind (...) vielleicht dienstverpflichten, und zwar in einer nicht leitenden Tätigkeit«.[8]

Ähnlich stellte sich die Situation im Schulwesen dar. Auf der Grundlage des SMAD-»Befehls Nr. 40« vom 25. August 1945 waren alle ehemaligen Parteimitglieder aus dem Schuldienst zu entlassen. In Thüringen hatten zum 8. Mai 1945 39 348 Lehrer der NSDAP angehört. Bis zum 1. Oktober hatten lediglich 11 369 den Dienst quittieren müssen.[9] Bei den politischen Ämtern sah die Situation anders aus, da sich hier die Parteipolitik der KPD/SED voll auswirkte. Besonders rigoros waren die Kommunisten in Sachsen vorgegangen. Unter den 2 280 Landräten, Oberbürgermeistern und Ratsmitgliedern befanden sich Ende 1946 nur noch zehn ehemalige NS-Mitglieder, unter den 40 008 Angehörigen des öffentlichen Dienstes lediglich 2 810 Belastete, also sieben Prozent. Demgegenüber gehörten den Ministerien des Landes Thüringen zum selben Zeitpunkt noch 10,6 Prozent Ex-Pgs an, den nachgeordneten Behörden sogar 23,6 Prozent.[10]

Welche Folgen die Entnazifizierung, wenn sie denn durchgeführt wurde, hatte, zeigte sich bei einer Dienstreise eines Abteilungsleiters der Deutschen Verwaltung für Finanzen nach Dresden. Es ging darum zu prüfen, ob die Druckerei Giesecke zentral die Steuerzeichen für die gesamte sowjetische Zone herstellen könne. Darüber hinaus wurden die Zollverwaltungen inspiziert und hier erwies sich, dass sie kaum noch funktionsfähig waren.[11] Von über 200 Angestellten der Zollverwaltungen waren 78 entlassen worden. Von den übrig gebliebenen 128 Angestellten waren die meisten Bürokräfte und Hausangestellte, »sodass die Besetzung der einzelnen Stellen eine gedeihliche Arbeit kaum mehr ermöglicht. Das Hauptzollamt Meißen z. B. ist mit einem Mann besetzt, der 80 Jahre alt ist, und drei jungen Kräften, die etwa 20 Jahre alt sind. Beim Hauptzollamt Plauen sind nur noch eine Bürodame und zwei Lehrlinge vorhanden. Von 39 BZKom. [Bezirkskommissaren] bleiben nur 9 im Amt, von 10 Hauptzollamtsvorstehern wurden 7 entlassen und einer als Leiter abgesetzt«.[12] Im Steueraufsichtsdienst, der die Brennerei Glauchitz zu überwachen hatte, mussten nun zwei Büroangestellte diese Aufgabe übernehmen. Da sie fachlich nicht versiert waren, kam es in der Brennerei zu großen Fehlmengen, woraufhin die beiden Mitarbeiter verhaftet wurden.

Es ist beachtenswert, dass ausgerechnet die SED die Entnazifizierung frühzeitig beendete. In einer Resolution des SED-Parteivorstandes vom 20. Juni 1946 wurde davon gesprochen, der demokratische Neuaufbau Deutschlands werde umso rascher und erfolgreicher verwirklicht werden können, je umfassender alle aufbauwilligen Kräfte daran teilnähmen.[13] In dem einen Jahr seit Kriegsende seien die Selbstverwaltungen von »nazistischem Einfluss« befreit worden, dasselbe sei in der Leitung der Wirtschaft und der Betriebe geschehen. »Auf dem Dorfe wurden die kriegstreiberischen junkerlichen Großgrundbesitzer durch die Bodenreform entmachtet.« Zwar hätten die nominellen Mitglieder der NSDAP einen »Teil Schuld und Mitverantwortung für die verbrecherische Hitlerbande«, aber im zurückliegenden Jahr hätten »zahlreiche ehemalige einfache Mitglieder der Hitlerpartei in den Gemeinden und Städten loyal beim demokratischen Wiederaufbau mitgearbeitet. Sie haben damit bekundet, dass ihre frühere Einstellung falsch war«. Durch eigene praktische Mitarbeit könnten sie die in der Vergangenheit auf sich geladene Schuld wieder gutmachen, hieß es, um dann zu erklären: »Aufgrund dieser Erwägungen hält die Sozialistische Einheitspartei Deutschlands den Zeitpunkt für gekommen, das Problem der Eingliederung der Massen der ehemaligen einfachen Mitglieder und Mitläufer der Nazipartei in den demokratischen Neuaufbau Deutschlands einer Lösung entgegenzuführen. Alle früheren einfachen Mitglieder der Nazipartei, die nicht besonders belastet sind und sich als aktive Mithelfer an der neuen demokratischen Ordnung betätigen, sollen als Staatsbürger anerkannt und behandelt werden.«[14]

Die ehemaligen nominellen NSDAP-Mitglieder wurden in erster Linie dringend für den wirtschaftlichen Wiederaufbau benötigt. Das war in Westdeutschland so und auch in der sowjetischen Besatzungszone. Die SMAD hatte dies in ihrem Organ, der »Täglichen Rundschau«, am 13. Februar 1947 zum Ausdruck gebracht: »Wir betonen, dass die Entnazifizierungspolitik nicht darin bestehen kann und darf, wahllos alle ehemaligen Mitglieder der Nazipartei und ihrer Gliederungen zu verfolgen. (...) Es liegt im Interesse des schnellen Wiederaufbaus der Wirtschaft und des friedlichen Lebens in Deutschland, dass die ehemaligen und nominellen Pg's, vor allem aus den werktätigen Schichten der Bevölkerung, entschlossen und in breitem Maßstabe zur Wiederaufbauarbeit herangezogen werden. Diese ehemaligen nominellen Nazis können unbesorgt und überzeugt sein, dass sie bei ihrem Bemühen, sich auf den richtigen Weg zurückzufinden und sich von ihren früheren Verirrungen und Fehlern freizumachen, volle Unterstützung finden.«[15]

Kritik vom Alliierten Kontrollrat

Die Moskauer Außenminister-Konferenz – die letzte, an der Vertreter aller vier Siegermächte teilnahmen –, verabschiedete am 23. April 1947 ein Papier, das den Alliierten Kontrollrat verpflichtete, »die Entfernung früherer aktiver Nazis und Militaristen aus öffentlichen und halböffentlichen Stellungen sowie verantwortlichen Stellungen in bedeutenden Privatbetrieben so schnell wie möglich abzuschließen«.[16] In naher Zukunft sollten die Militärbefehlshaber der Besatzungszonen deutschen Dienststellen die Verantwortung für die weitere Entnazifizierung übertragen und »eine einheitliche Behandlung aller Nazis und

Militaristen je nach Maß ihrer Verantwortung« sicherstellen. In der sowjetischen Besatzungszone entstanden 262 Entnazifizierungskommissionen sowohl auf der Ebene der Länder wie auf der der Kreise und Gemeinden. Mit Wirkung vom 1. Januar 1947 verloren die bisherigen Genehmigungen zur Weiterbeschäftigung früherer NSDAP-Mitglieder ihre Gültigkeit. Betroffen waren hiervon 851 479 Personen, die nun zum wiederholten Male überprüft wurden. Selbst der SED gingen die Vorgaben der SMAD zu weit, sodass sie in einem gemeinsamen Scheiben mit der CDU und der LDPD um eine Abschwächung der Richtlinien bat. Eine schematische Durchführung der Bestimmungen der »Kontrollrats-Direktive Nr. 24« würde zum Ausscheiden vieler Spezialisten aus der Wirtschaft führen, und »den Fortbestand des in der Ostzone erreichten wirtschaftlichen Fortschritts« gefährden, hieß es. Am 21. Februar 1946 veröffentlichte das Zentralorgan der SED, das »Neue Deutschland«, einen Beitrag von Wilhelm Pieck, in dem dieser dafür plädierte, nominelle frühere NS-Mitglieder milde zu behandeln und für den Wiederaufbau zu gewinnen: »Es würde aber diese Aufgabe sehr erschweren, wenn gegen sie jetzt auch noch mit Strafmaßahmen, Entlassung aus der Arbeit, Beschlagnahme ihres Eigentums oder Verächtlichmachung vorgegangen wird. Es sind vorwiegend werktätige Massen, die wir nicht von uns stoßen, sondern die wir auf das Engste an uns heranziehen und an der Aufbauarbeit beteiligen müssen.«[17]

In der Praxis geschah dies häufig, und zwar mit Zustimmung der SMAD. Im Wasserwirtschaftsamt Merseburg sollten Mitte 1947 mehrere Angestellte als frühere NSDAP-Mitglieder entlassen werden, wurden allerdings wegen ihrer fachlichen Kompetenz benötigt. Die SMAD in Karlshorst war einverstanden, wies aber darauf hin, dass die Verantwortung in solchen Fällen bei den Ministerpräsidenten liege.[18] Die Zentralverwaltung Wasserwirtschaft unterrichtete die Landesregierung Sachsen-Anhalt und forderte sie zugleich auf, künftig von Kündigungen »schwer entbehrlicher ehemaliger nomineller Pg's« abzusehen.

Von einer systematischen Entnazifizierung konnte auch keine Rede sein, nachdem die formelle Verantwortung hierfür in deutsche Hände

Ohne »Trümmerfrauen« wäre der Wiederaufbau der zerstörten Städte – hier eine Aufnahme aus Chemnitz – kaum möglich gewesen.

übergegangen war. Am 21. August 1947 erließ die SMAD weitere Ausführungsdirektiven zum »Befehl Nr. 201«. Strafen und Sühnemaßnahmen durften demnach nicht durch die Kommissionen ausgesprochen werden, sondern nur noch durch Gerichte. Dazu waren bei den Landgerichten besondere Strafkammern einzurichten. Für die Justiz bedeutete dies eine ungeheure Belastung, denn das bisherige Prinzip, nur strafbare Handlungen ehemaliger Nazis aburteilen zu lassen, wurde durchbrochen, indem Gerichte sich nunmehr auch mit Sühnemaßnahmen zu befassen hatten.[19] Während auf der einen Seite eine weitere Phase der Entnazifizierung bevorstand, – allein die Abteilung Wirtschaft nannte für die Verkehrsverwaltung eine Zahl von 37 000 früheren Pg's – lockerten regionale sowjetische Kommandanten die Bestimmungen. Ehemalige Mitglieder der NSDAP durften beispielsweise nicht Mitglieder der Vorstände beziehungsweise der Verwaltungsräte von Landeskreditbanken sein. Der SMA-Chef von Sachsen-Anhalt verlangte im Oktober 1947, die Bestimmungen insofern zu ändern, als das Verbot nur noch für Aktivisten, nicht aber mehr für nominelle Mitglieder gelten sollte.[20]

Notwendigkeiten Rechnung getragen

Obwohl gerade die sowjetische Besatzungsmacht und die von ihr eingesetzten Provinz- und Landesregierungen wie auch die Berliner Zentralverwaltungen stets betonten, allein die Westzonen seien Hort ehemaliger Nationalsozialisten, war die Situation in der SBZ nicht anders. Selbst die SMAD kam nicht umhin, den schlichten Notwendigkeiten Rechnung zu tragen und die strikten Entnazifizierungsregeln zu lockern beziehungsweise ganz aufzugeben. Darauf nahm auch der Vorsitzende der National-Demokratischen Partei Deutschlands (NDPD), Lothar Bolz, in einem Schreiben an den Präsidenten der Deutschen Verwaltung des Innern, Kurt Fischer, Bezug, als es um die Vorbereitungen zur Wahl des Volkskongresses 1949 ging.[21] Bolz verwies darauf, der Oberste Chef der SMAD habe am 16. August 1947 in dem »Befehl Nr. 201« festgestellt, es müsse ein Unterschied gemacht werden zwischen Kriegs- und Naziverbrechern einerseits und ehemaligen nominellen Mitgliedern der NSDAP andererseits. Die SMAD hatte in diesem Befehl ehemaligen nominellen NSDAP-Mitgliedern das aktive wie passive Wahlrecht gewährt und alle Beschränkungen der politischen und bürgerlichen Rechte dieser Personengruppe aufgehoben. Ferner war befohlen worden, Beschlagnahmungen, Sequestrierungen und Zwangsausweisungen bei ehemaligen NSDAP-Angehörigen nur noch aufgrund richterlicher Verfügungen vorzunehmen. Am 28. Februar 1948 erklärte die SMAD im »Befehl Nr. 35« sogar, es habe auch in der NSDAP »vaterländisch gesinnte Menschen aus dem Volk« gegeben, die imstande und gewillt seien, »gemeinsam mit den demokratischen Kräften der Gesellschaft an der Sicherung des Friedens und der demokratischen Entwicklung Deutschlands ehrlich mitzuarbeiten«. Mit diesem Befehl löste die sowjetische Besatzungsmacht die Entnazifizierungskommissionen auf. Alle bis zum 10. April 1947 nicht abgeschlossenenen Verfahren wurden eingestellt oder mussten an Gerichte überwiesen werden. Außerdem konnten sich frühere NSDAP-Mitglieder nun wieder um eine Anstellung in öffentlichen Ämtern und Betrieben bewerben. Alle vorherigen Befehle, die ehemaligen NSDAP-Angehörigen Restriktionen auferlegten, wurden zeitgleich aufgehoben, vor allem mit »Befehl Nr. 153« vom 29. November 1945, der unter anderem den Ämtern für Arbeit und Sozialfürsorge auferlegte, früheren NSDAP-Mitgliedern ausschließlich körperliche Arbeit zuzuweisen. Dieser Befehl bedeutete letztlich eine Amnestie, sofern die Betroffenen nicht zu Kriegsverbrechern oder Hauptbelasteten gezählt wurden.

Schauprozesse für die Öffentlichkeit

Das »Neue Deutschland« veröffentlichte am 28. April 1948 eine Schlussbilanz der Entnazifizierung in der SBZ. Danach waren 520 000 »Naziaktivisten« aus allen führenden Stellungen entfernt worden. Die wichtigen Gebiete der Volksbildung, Justiz und Polizei seien von Faschisten gesäubert und durch »fortschrittlich-demokratische Kräfte« ersetzt worden. Dem Faschismus sei jede wirtschaftliche Basis entzogen worden: »So wurden im Zuge der Bodenreform bis Ende 1947

6 807 Junker und Gutsbesitzer sowie 1 065 ehemalige aktive Faschisten und Kriegsverbrecher enteignet und 917 286 ha Land an 466 065 Neubauern verteilt.«[22] Die Entnazifizierung wurde teilweise öffentlichkeitswirksam im Stil von Schauprozessen durchgeführt. Lobend erwähnte das »Neue Deutschland«, dass das Interesse der Bevölkerung an den öffentlichen Entnazifizierungs-Verhandlungen ständig gestiegen sei. 1 000 bis 1 500 Zuhörer seien keine Seltenheit gewesen. Unter die Vergangenheit sei nun ein Schlussstrich gezogen. Alle wirkliche Nazi-Verbrecher seien bestraft und ausgeschaltet, den so genannten nominellen Parteigenossen sei die Möglichkeit gegeben, »mit allen fortschrittlichen Kräften gemeinsam an den großen Zielen der Einheit Deutschlands, dem Wiederaufbau und der Verständigung der Völker untereinander mitzuarbeiten«.

Ausgerechnet Walter Ulbricht war es, der ehemaligen Nationalsozialisten die Hand reichte, um sie in sein neues »demokratisches« Deutschland einzubeziehen. Es waren nicht nur die werktätigen Massen, denen er verzieh, sofern sie sich zum Sozialismus bekannten, er bemühte sich besonders um die so genannte »technische Intelligenz«. Auf dem 1. Parteitag der SED bezeichnete er es als nicht mehr tragbar, »die technische Intelligenz, soweit sie noch als vorbelastet durch ihre ehemalige Zugehörigkeit zur NSDAP gilt, abseits vom Produktionsprozess stehen zu lassen«.[23] Auch Fritz Selbmann, der Chef der Deutschen Wirtschaftskommission, habe in Leipzig erklärt, man könne auf keinen Ingenieur verzichten, um den Zweijahresplan zum Nutzen der Volkswirtschaft nicht zu gefährden. In Sachsen könne nur das Landesarbeitsamt die Anstellung von Ingenieuren mit NS-Vergangenheit genehmigen, was aber selten geschehe. Die Kammer führte eine Reihe von Experten auf, die völlig unter ihrem fachlichen Niveau beschäftigt wurden. Ein früherer Lehrstuhlinhaber für Wärmewirtschaft musste als Schlosser arbeiten, ehemalige Professoren, Pumpenbau-Spezialisten oder Experten auf dem Gebiet des Gießerei- und Hüttenwesens mussten als Hilfsarbeiter ihren Lebensunterhalt verdienen, während entsprechende Posten in Universitäten, in der Verwaltung und in Betrieben unbesetzt blieben. Diese und andere Experten wurden dringend benötigt, entsprechend durften sie auf ihre Posten zurückkehren. Parallel aber verschärfte die SED ihren Kurs gegenüber ehemaligen Angehörigen der SS oder des SD. Ins Visier gerieten hier der »Genosse Staatsanwalt Hölzer« und der Dresdener Generalstaatsanwalt Hentschel, denen ein zu milder Umgang mit Kriegsverbrechern und Naziaktivisten vorgeworfen wurde.[24] Angehörige der SS-Leibstandarte seien nur zu einem Jahr Gefängnis verurteilt worden, was einem Freispruch gleichkomme. Händler und ein Bäcker seien mangels Beweises freigesprochen worden, in Leipzig mache sich angesichts solcher Urteile Unruhe breit: »Solche Urteile sind umso unverständlicher, da gegen belastete Nazis aus Arbeiterkreisen Urteile zustande kommen, währenddem man obigen Freibriefe ausstellt«, hieß es in dem an Erich Mückenberger, 2. Sekretär der SED-Landesleitung Sachsen, gerichteten Brief.

Häftlingslager und Strafvollzug mit produktiver Arbeit

Nachdem die Entnazifizierung offiziell bereits abgeschlossen war, machte sich die SED daran, Häftlingslager einzurichten, die verurteilten ehemaligen NSDAP-Angehörigen vorbehalten waren.[25] Zur »Stammanstalt« wurde das Zuchthaus in Brandenburg bestimmt. Zusätzlich wurden Arbeitshaftlager in den Ländern der Besatzungszone eingerichtet. Nach dem »Strukturplan« wurden die Häftlinge von Brandenburg nach folgenden Grundsätzen auf die Arbeitshaftlager verteilt:

- Alle Häftlinge mit einer Freiheitsstrafe unter 5 Jahre werden in die Arbeitshaftlager der Länder sofort überwiesen,
- alle Häftlinge mit einer Freiheitsstrafe über 5 Jahre verbleiben in der Stammanstalt, bis sie einen Teil der Strafe, mindestens aber 1/3 in der Stammanstalt verbüßt haben.

Der Strafvollzug musste »durch einen ständigen Einsatz der Häftlinge in produktiver Arbeit« vollzogen werden. In den Arbeitslagern hatten die Häftlinge folgende Arbeiten zu leisten: Steinbrucharbeit, Flussregulierungen, Moorarbeiten, Arbeit in Zement- und Kalkfabriken,

Aufforstungen, Arbeiten im Bergtagebau. Die Bestimmungen erinnerten sehr an die Bedingungen in sowjetischen Straflagern. Besonders der Abteilungsleiter Staatliche Planung im ZK der SED, Anton Plenikowski, drängte auf eine zügige Umsetzung der Beschlüsse.[26] Die Lagerfrage sei dringend, »weil wir solche Erscheinungen haben, dass in Gefängnissen die nach 201 Verurteilten Kalfaktorenstellen, Vertrauensstellungen usw. zu übernehmen beginnen. Und als ›bessere Häftlinge‹ gelten. In einer Strafanstalt, wo die Häftlinge eine Art Vertretung wählen dürfen, sind in dieser Vertretung von 15 gewählten 8 Personen, die nach 201 verurteilt waren«.

»Urteil nach höchstens fünf Tagen«

Es gab zwar in der sowjetischen Besatzungszone die Deutsche Justivverwaltung sowie Justizabteilungen bei den Landes- und Provinzialregierungen, doch einen wie auch immer gearteten Handlungsspielraum ließ die Sowjetische Militäradministration nicht zu, wie im Folgenden belegt werden soll. Auf einer Konferenz der deutschen Justiverwaltungen am 1. und 2. November 1946 in Berlin sprach im Beisein der sowjetischen Vertreter Oberstleutnant Jakupow und Major Shitomiersky der deutsche Ministerialdirektor Erich Rosenthal-Pelldram den Befehl der SMAD an, »dass die Voruntersuchungen in allen Sabotage- und Diversionssachen in 10 Tagen abzuschließen und den Gerichten zu übergeben« seien.[27] Außerdem war vorgegeben, dass die Gerichte anschließend nach höchstens fünf Tagen ihr Urteil fällten. Von brandenburgischer Seite hieß es dazu, die Landgerichte könnten die vorgesehenen Fristen keinesfalls einhalten. So habe es ein Landrat fertig gebracht, etwa 400 Fälle wegen Sabotage vor Gericht zu bringen. Mit einem Ansteigen der Zahl sei zu rechnen. Dem pflichtete Amtschef Eugen Schiffer bei, zumal die SMAD den Begriff der Sabotage weiter ausgelegt habe als bisher. Schiffer fasste die Diskussion mit der Feststellung zusammen, man werde nicht umhin können, leichtere Fälle von Sabotage den Schöffengerichten zu überweisen. Da für diese Fälle Todesurteile oder langjährige Zuchthausstrafen nicht zu erwarten seien, dürfte gegen ein solches Verfahren nichts einzuwenden sein.

Die enorme Spannbreite der Auslegung des Sabotagebegriffes durch die SMAD wurde deutlich, als der brandenburgische Vertreter auf die Erklärung von Major Nikolajew antwortete, die Lage in seiner Provinz sei außerordentlich ernst. »Von der SMA in Potsdam sei festgestellt worden, dass ganze Dörfer unter Billigung der Bürgermeister ihr Ablieferungssoll bewusst nicht erfüllt hätten. Er glaube infolgedessen, dass tatsächlich die Ziffer von 5–600 Fällen nicht zu hoch gegriffen sei.« Nicht einverstanden zeigten sich die SMAD-Offiziere mit der Höhe der bisher verhängten Strafen. Oberstleutnant Jakupow machte deutlich, was von den deutschen Gerichten erwartet wurde: »Wir können nicht damit einverstanden sein, dass Urteile gefällt werden, in denen auf eine Geldstrafe von 200–300 RM erkannt worden ist. Ist in Befehl Nr. 160 überhaupt eine Geldstrafe vorgesehen? Oder es wird nur auf 3 Monate Gefängnis erkannt. Wenn der Befehl bis zu 15 Jahren Gefängnis vorsieht, hat man natürlich nicht an eine Geldstrafe oder 3 Monate Gefängnis gedacht.«[28]

So wie die SMAD in diesem Fall in grundsätzlichen Fragen den Deutschen vorschrieb, was sie zu tun hatten, machte sie es auch auf anderen Ebenen. Am 12. Mai 1947 beschwerte sich der Leiter des Strafvollzugs in Sachsen, Landgerichtsdirektor Marwitz, über »das wiederholte Eingreifen der örtlichen Stellen der Besatzungsmacht in die einzelnen Gefängnisse«. So seien in Dresden den Untersuchungsgefangenen die Bücher weggenommen worden. In Zwickau habe man verlangt, dass die Stoßeisen von den Schuhen der Gefangenen wegen der damit verbundenen Gefahr, sich Ausbruchswerkzeuge herzustellen, entfernt würden. Teilweise seien sämtliche Außenkommandos mit Strafgefangenen untersagt worden.

Dies war darauf zurückzuführen, dass die SMAD verboten hatte, bei einem Außenkommando einem Justizwachtmeister mehr als fünf Häftlinge mitzugeben. Damit sollte die Flucht von Gefangenen erschwert werden. Die Hauptabteilung IV der Justizverwaltung mochte zwar einwenden, dass in Cottbus im ersten Halbjahr 1947 vier Häftlinge entwichen waren und diese in einem Arbeitsverhältnis zur Besatzungsmacht gestanden hatten, das aber änderte nichts an der

Befehlslage. Bei einem Arbeitskommando von 60 Gefangenen wären zwölf Mann zur Beaufsichtigung erforderlich, kritisierte die Justizverwaltung und fügte gleich zwei weitere Beschwerden über die sowjetische Militärverwaltung an:[29] »b) Inspektor Kambüsek, die rechte Hand und der ständige Vertreter des Anstaltsleiters in Luckau, musste auf Anordnung der SMA mit 5 Tagen Arrest und fristloser Entlassung bestraft werden, weil ihm nicht rechtzeitig gemeldet worden war, dass ein von der Kommandantur angeordnetes Gefangenen-Schneeräum-Kommando aus dem Grunde nicht angetreten war, weil die mit der Bewachung beauftragte örtliche Polizei keine geeigneten Beamten dafür gestellt hatte. Mit Mühe ist es den Vorstellungen des Anstaltsleiters gelungen, nach Verbüßung der 5 Tage Arrest die fristlose Entlassung des Inspektors zurückzunehmen; den ›Arrest‹ musste Kambüsek in einer Gefängniszelle verbüßen, eine seine Autorität den Gefangenen gegenüber schwer schädigende Maßnahme. c) In einem für den Etat der Anstalt nicht mehr tragbaren Maße werden Gefangene zu Arbeiten der örtlichen Besatzungsmacht herangezogen, ohne dass ein Entgelt dafür entrichtet wird. Diese Gefangenen werden notwendigen Anstaltsarbeiten entzogen, die der Bilanzierung des Arbeitsetats dienen. Es wird auf eine generelle Anweisung der SMAD hinzuwirken sein, dass Gefangenenarbeiten für die Besatzungsmacht entweder bezahlt oder auf Reparationskonto angerechnet werden müssen.«

Umerziehung

Vom Lautsprecherwagen zum Rundfunk

In Begleitung der Roten Armee befanden sich deutsche Kommunisten, die vor den Nationalsozialisten in die Sowjetunion geflohen waren, sich in den Dienst des Kreml gestellt hatten und nun nach jahrelangem Exil zurückkehrten. Unter ihnen war auch Stefan Doernberg, der Deutschland 1935 verlassen hatte und als Politoffizier in der Roten Armee den besiegten Deutschen – zunächst den Berlinern – den Kommunismus nahebringen wollte. »Befreiung 1945« nannte er seine Erinnerungen, die er 1985 veröffentlichte und die aus Sicht eines Deutschen in russischer Uniform Aufschluss über die ersten Wochen der Besatzung geben.[1]

Als Politoffizier gehörte Doernberg zur 8. Gardearmee, die ihr Oberkommando im Karolinenhof am südöstlichen Stadtrand von Berlin einrichtete. Von hier aus organisierte er mit Lautsprecherwagen politische Vorträge unter freiem Himmel, die stets mit Musik eingeleitet wurden. Doernberg räumt ein, dass viele Berliner zu verängstigt und zu misstrauisch waren, um mit den Siegern in Kontakt zu treten oder gar das politische Gespräch zu suchen.

Bereits am 13. Mai 1945, nicht einmal eine Woche nach der Kapitulation, nahm der Berliner Rundfunk sein Programm wieder auf. Die Sowjetische Militäradministration hatte mit Hans Mahle einen verlässlichen Kommunisten an die Spitze des Senders gestellt, der sich als führender Funktionär im Kommunistischen Jugendverband Deutschlands bewährt hatte und später Chefredakteur des Organs der Sozialistischen Partei Westberlins (SEW) »Die Wahrheit« wurde.

Am 15. Mai 1945 erschien in Berlin die erste Ausgabe der »Täglichen Rundschau«. Es handelte sich um die »Frontzeitung« der Roten Armee und sie war die erste deutschsprachige Zeitung in Berlin nach dem Krieg. Parallel dazu wurden »Nachrichten für die deutsche Bevölkerung« herausgegeben, die die Politabteilung der 8. Gardearmee in einer Druckerei in Zossen herstellen ließ. Hauptsächlich waren in diesen »Nachrichten« Meldungen aus dem Parteiorgan der KPdSU »Prawda« und aus anderen Armeezeitungen nachgedruckt. Doernberg war Redakteur dieses Nachrichtenblattes, doch änderten sich seine Aufgaben, als die 8. Gardearmee nach Sachsen verlegt wurde. Hier begegneten ihm »Spezialisten«, die der Kreml in seine Besatzungszone geschickt hatte, um möglichst großen wirtschaftlichen Nutzen aus ihr zu ziehen. So traf er in Chemnitz eine Gruppe von schon älteren Männern in Uniformen der Roten Armee, durchweg Oberstleutnante oder Oberste. Doernberg schreibt: »Ich erfuhr, dass es Ingenieure und Wissenschaftler waren, die soeben erst aus Moskau eingetroffen und dort vor dem Abflug militärisch eingekleidet worden waren. Sie hatten einen Spezialauftrag, der mit Schürfarbeiten nach irgendwelchen seltenen Metallen – die Rede war von Uran – zusammenhing. (…) Die Entsendung von Spezialisten mit Sonderaufträgen gehörte zu den ersten Maßnahmen, die unmittelbar nach Kriegsende von der Sowjetregierung eingeleitet wurden. So wusste ich davon, dass in Dresden und Umgebung eine Gruppe von Kunstwissenschaftlern und Bildrestauratoren emsig tätig waren. Sie waren aus Moskau und Leningrad gekommen und hatten den Auftrag, die weltberühmten Gemälde der Dresdner Galerie zu retten und sicherzustellen. Auch ihr Wirken war ein Teil der Friedensanstrengungen der Sowjetunion.«[2]

Von Dresden wechselte Doernberg mit dem neuen stellvertretenden mecklenburgischen SMA-Chef General Michail Alexandrowitsch Skossyrew nach Parchim, wo sich der Stab der 2. Stoßarmee befand. Am 9. Juli 1945 wurde in Berlin-Karlshorst der »Befehl Nr. 5« über die Einrichtung der Verwaltungen der SMA in den Ländern und Provinzen unterschrieben, am selben Tag nahm die SMA Mecklenburg in Schwerin ihre Arbeit auf. Mit zu den ersten Aufgaben Doernbergs gehörte es, »die Genossen der KPD bei den Vorbereitungen einer Zeitung zu unterstützen«. Zum Chefredakteur der »Schweriner Volkszeitung«, die am 13. Juli erstmals erschien, wurde der Kommunist Karl Raab berufen.

Da die Nachrichtenverbindungen erst wieder aufgebaut werden mussten, sollten über den alten Reichssender Königs Wusterhausen vom 1. September 1945 an täglich Nachrichten als »Zeitungsinformation für Provinzzeitungen« gesendet werden. Mit »Befehl Nr. 45« vom 31. August 1945 wies SMAD-Chef Shukov den späteren Leiter des Informationsbüros der Militäradministration, Oberst Sergej Iwanowitsch Tulpanow, an, unverzüglich »einen 5 klw. Langwellensender in Königs-Wusterhausen [sic] und einen Aufenthaltsraum herzurichten«.[3] Das Personal hatte die Post zu stellen, die technische Kontrolle übte der Kommandeur des 38. Einzel-Nachrichten-Regiments aus. Der Besitz von Radios war Deutschen zu diesem Zeitpunkt zwar verboten, doch der entsprechende Befehl wurde am 27. September 1945 mit »Befehl Nr. 78« modifiziert.[4] Von nun an durften Deutsche, mit Ausnahme der »ehemaligen aktivistischen Mitglieder der faschistischen Partei (…) Geräte der 3. Klasse (1 bis 3 Lampen, für Ortsempfang)« besitzen. Personen, »die eine leitende Stellung in den deutschen Selbstverwaltungsbehörden der Provinzen, Bezirke und Städte« einnahmen, konnten Rundfunkgeräte ohne Begrenzung der Empfangsmöglichkeit betreiben. Solche Radios waren auch in Fabriken, Werken, Clubs, in Theatern, auf Sportplätzen und auf anderen öffentlichen Plätzen zum Gemeinschaftsempfang zugelassen. Um den Berliner Rundfunk in der gesamten Besatzungszone hören zu können, befahl der stellvertretende SMAD-Chef Serov, der zugleich für die Geheimdienste zuständig war, die Sendungen über Leitungen von Berlin nach Halle, Potsdam, Weimar, Greifswald, Magdeburg, Dessau, Leipzig, Erfurt, Chemnitz, Zwickau, Eberswalde, Bernau, Brandenburg und Cottbus bis zum 1. November 1945 zu übermitteln. Bis zum 1. Januar 1946 sollten dann sämtliche Kreisstädte und kreisfreien Städte in der Besatzungszone an das Netz angeschlossen sein. Das Ziel des umfangreichen Ausbaus des Drahtfunks wurde nicht verschwiegen: »Hierdurch soll der ganzen Bevölkerung die rechtzeitige und regelmäßige Versorgung mit politischen Nachrichten usw. gesichert werden.«[5] Alle wichtigen Posten bei Rundfunk und Presse wurden mit Personen besetzt, die den politischen Anschauungen der Sowjets nahestanden. Viele von ihnen trafen sich nach Jahren des Exils wieder, wie Doernberg schreibt:[6] »Einige der sowjetischen Redakteure kannte ich aus ihrer früheren Tätigkeit in der Politischen Verwaltung der 1. Belorussischen Front. In der Redaktion traf ich auch die Genossin Emmi Stenzer, die ich von der Sowjetunion her kannte. (…) Mit ihr zusammen fuhr ich zum Rundfunk in der Masurenallee, wo Mischa Wolf, den ich noch von der Karl-Liebknecht-Schule in Moskau her kannte, als Redakteur tätig war. Der Rundfunk strahlte jetzt schon ein ganztägiges Programm aus, obwohl das Redaktionskollektiv nach wie vor sehr klein war.«

»Nationales Befreiungs- und Aufbauwerk«

Der sowjetischen Führung war bewusst, dass die Deutschen nach der jahrelangen nationalsozialistischen Propaganda, aber auch nach dem brutalen Vorgehen der Roten Armee während ihres Vormarsches und angesichts der Zerstörung der Wirtschaft durch Demontagen dem kommunistischen Denken ablehnend gegenüberstehen würden. Umerziehung war deshalb eine vorrangige Aufgabe, wobei die Gruppe um Ulbricht wesentliche Vorarbeiten geleistet hatte. Die »Umerziehung des deutschen Volkes« bezeichnete Johannes R. Becher als einen »Politisierungs- und Demokratisierungsprozess – um ein nationales Befreiungs- und Aufbauwerk größten Stils auf ideologisch-moralischem Gebiet«.[7] Durchaus im Sinn der vier Kriegsverbündeten bezeichnete er die Ausrottung des Nazismus als vorrangige Aufgabe, um dann jedoch den Herrschaftsanspruch des Kommunismus anzumelden: »Mit festen Maßen und Wertungen gegenüber den nazistischen Zwecklehren und deren Begriffsinflation stellte der Marxismus feste, saubere Größenverhältnisse wieder her im Bereich des Begrifflichen: Marxismus: als die fortgeschrittenste und als die vollendete deutsche Denklehre. Marxismus: Krönung der deutschen klassischen Philosophie. Die Partei als eine Partei neuen Typs, in welcher aufgehoben ist der Dualismus zwischen Erkenntnis und Handeln. Die Partei ist sowohl das Erkenntnisorgan objektiver Wahrheiten als auch das Vollzugsorgan dieser objektiven Wahrheiten, das heißt, der geschichtlichen Notwendigkeiten.«

Suche nach dem »demokratischen Lehrer«

Dem Schulwesen widmete die SMAD besondere Aufmerksamkeit. Der sowjetische Stadtkommandant von Berlin gab beim Wiederbeginn der Erziehungsarbeit die Losung aus, die neue Schule müsse nicht nur gründlich demokratisiert werden, sondern als Einheitsschule allen Volksschichten gleichermaßen offen stehen. Da in Berlin von 13 000 Altlehrern nur noch 4 500 zur Verfügung standen, wurden über 1500 Hilfslehrer eingestellt, um den Unterricht aufnehmen zu können.[8]

Der sowjetischen Besatzungsmacht war bewusst, dass ohne die Lehrerschaft die Jugend nicht gewonnen werden konnte. Dieser Erkenntnis schloss sich Becher an, wobei diese Punkte für ihn im Vordergrund standen:[9]

»1.) Pädagogik. Kritik des deutschen Erziehungswesens: auch der Erzieher muss erzogen werden.
2.) Geschichtsunterricht. Wer Schulbücher schreibt, schreibt Geschichte.
3.) Philosophie. Herstellung fester Maße und Werte im Begrifflichen, Frage der Logik, der Abstraktion und des Denkens im Zusammenhang.
4.) Gesellschaftswissenschaften. Die Vernachlässigung der Gesellschaftswissenschaften in Deutschland eines der ideologischen Hauptübel.«

Pfarrer und Geistlichkeit müssten für den Kampf gewonnen werden. Vor allem aber stehe die Literatur im weiteren Sinne – Film, Presse, Radio, Theater eingeschlossen – vor Aufgaben, »wie sie noch niemals in der deutschen Geschichte zu lösen waren«.

Im Hinblick auf den Umgang mit der Lehrerschaft hatte die Gruppe um Ulbricht konkrete Vorstellungen, die sie konsequent umsetzte. Die Gruppe ging davon aus, dass vier Fünftel der Lehrerschaft nach Kriegsende aus Lehrerinnen und Schulhelferinnen bestehen würde, »die gefühlsmäßig dem Einfluss der Naziideologie mehr unterliegen als die Lehrer«. Daher galt es, eine radikale Erneuerung herbeizuführen:[10]
»Der demokratische Lehrer ist die zentrale Figur im Werke der ideologischen und politischen Erneuerung des deutschen Volkes wie der

heranwachsenden Jugend. (…) In jeder Provinz werden Kommissionen von 5–7 politisch zuverlässigen Männern gebildet. (…) Grundsatz muss sein: In den leitenden Stellen werden künftighin nur politisch zuverlässige und fachlich gute Kräfte verwendet. Jede Neubesetzung ist zunächst nur kommissarisch. An jeder höheren Schule müssen der Direktor, der Oberstudienrat und ein Studienrat, möglichst ein Geschichtslehrer, den politisch zuverlässigen Stamm bilden. Das gleiche gilt für Volks-, Mittel-, Fach-, Haupt- und Berufsschulen. An den Universitäten müssen der Rektor, die Dekane, die Geschichtsprofessoren und bei jeder anderen Fakultät mindestens zwei Personen den politisch zuverlässigen Kern bilden.« Des weiteren müsse die gesamte Lehrerschaft ideologisch erneuert werden. Dies sei eine politische Aufgabe und obliege damit den politischen Organisationen. »Für die große Masse der Lehrerschaft wird die Umschulung durch Selbstschulung durchgeführt. Die kleine Zelle der fortschrittlichen Lehrer in jeder Schule wird das Kollegium durchsäuern.«

In Thüringen hatten 95 Prozent der Lehrer der NSDAP angehört, an der Leipziger Universität blieben von 220 Lehrkräften nur 50 übrig. Mit »Befehl Nr. 40« legte Marschall Shukow den Schulbeginn auf den 1. September 1945 fest und ordnete an, spätestens zum 1. Oktober mit dem Schulbetrieb zu beginnen. Bis zum 15. Oktober öffneten über 10 000 Schulen, an denen rund zwei Millionen Kinder unterrichtet wurden. Anfang 1946 waren es bereits über 13 000 Schulen mit zweieinhalb Millionen Kindern, und über sechs Millionen Schulbücher waren gedruckt worden. 12 000 Neulehrer hatten ihren Dienst angetreten, ferner 27 000 Frauen und Männer, denen in achtmonatigen Kursen das notdürftige – auch ideologische – Rüstzeug vermittelt worden war. Hinzu kamen 36 Volkshochschulen, die ebenfalls dazu dienten, der Bevölkerung den Kommunismus nahezubringen.

Bodenreform: »Junkerland in Bauernhand«

Beseitigung des freien Bauerntums

Um die Versorgung der Bevölkerung sicherzustellen, hatte die SMAD am 11. September 1945 die noch aus dem Nationalsozialismus stammenden Verordnungen über die Pflichtabgaben der Bauern außer Kraft gesetzt. Um sie zu größerer Leistung anzuspornen, durften sie einen Teil ihrer Erzeugnisse behalten. Abliefern mussten sie nun 30 kg von einem Stück Großvieh, 45 kg pro Schwein und 6 kg je Schaf oder Ziege. Pro Kuh hatten sie jährlich 550 Liter Milch abzuliefern, wobei der Fettgehalt mit 3,5 Prozent festgelegt war. Wurde er unterschritten, musste zusätzliche Milch geliefert werden. Für jedes Huhn war die Abgabemenge auf 20 Eier festgelegt, bei jedem Schaf die Menge an abzuliefernder Wolle auf 1 200 g.

In rascher Folge erließ die Militäradministration Befehle, die den Bauern keine Möglichkeit ließen, selbstständig zu entscheiden, was sie anbauen, welches Vieh sie halten oder wie sie es vermarkten wollten. Am 21. November 1945 erhielt der Direktor der Verwaltung für Landwirtschaft die Anweisung, die Ablieferung der gesamten Zuckerrübenernte zu überwachen und »den Verlust der Wurzeln zu verhindern«, und am 23. November 1945 wurde den Landesverwaltungen befohlen, in Städten und Dörfern »Märkte und Jahrmärkte zum freien Verkauf landwirtschaftlicher Überschüsse zu organisieren«. Der Verkauf war allerdings nur Landwirten selbst gestattet, und auch nur denen, die ihr Ablieferungssoll erfüllt hatten und hierüber eine amtliche Bescheinigung vorlegen konnten. Am 8. Januar 1946 erließ die Besatzungsmacht eine »Verkaufsordnung für Samen landwirtschaftlicher Kulturen für die Frühjahrsaussaat 1946«, regelte am 26. Januar 1946 den Fischfang und am 30. Januar 1946 die »Organisation der Beschaffung von Häuten und Fellen«. Es folgten am 22. Februar 1946 »Bestimmungen zur Vorbereitung der Frühjahrsaussaat« und am 23. Februar Vorschriften zur

Förderung der Viehzucht. Gerade diese Bestimmung traf die Bauern, denn mit ihr wurde ihnen für 1946 bei strengsten Strafen untersagt, Arbeitsvieh, Zuchtvieh aller Art, Muttertiere, Kälber und Fohlen aller Altersstufen zur Fleischgewinnung zu schlachten, um den Bestand der Herden zu vergrößern.

Durch die zahlreichen Befehle der SMAD waren die Bauern in der SBZ in ihren Freiheiten schon recht eingeschränkt, wenngleich diese Anordnungen der Versorgung der Bevölkerung dienen sollten. Am 3. September aber beschlossen SMAD und SED die Bodenreform, mit der unter anderem das freie Bauerntum abgeschafft werden sollte. Die folgende Verordnung der Provinz Sachsen benennt die Ziele der Bodenreform:

»Artikel 1

1. Die demokratische Bodenreform ist eine unaufschiebbare nationale, wirtschaftliche und soziale Notwendigkeit. Die Bodenreform muss der Liquidierung der feudaljunkerlichen Großgrundbesitzer im Dorfe ein Ende bereiten, weil diese Herrschaft immer eine Bastion der Reaktion und des Faschismus in unserem Lande darstellte und eine der Hauptquellen der Aggression und der Eroberungskriege gegen andere Völker war. (…) 2. Das Ziel der Bodenreform ist: a) das Ackerland der bereits bestehenden Bauernhöfe unter 5 Hektar zu vergrößern; b) neue, selbstständige Bauernwirtschaften für landlose Bauern, Landarbeiter und kleine Pächter zu schaffen; c) an Umsiedler und Flüchtlinge, die durch die räuberische hitlerische Kriegspolitik ihr Hab und Gut verloren haben, Land zu geben; d) zur Versorgung der Arbeiter, Angestellten und Handwerker mit Fleisch- und Milchprodukten in der Nähe der Städte Wirtschaften zu schaffen, die der Stadtverwaltung unterstehen (…)

Artikel 2

1. Zur Durchführung dieser Maßnahmen wird ein Bodenfonds aus dem Grundbesitz gebildet, der unter den Ziffern 2, 3 und 4 dieses Artikels angeführt ist.

Mit Pflöcken markierten Neubauern das ihnen im Zuge der Bodenreform zugewiesene Land. Die Aufnahme entstand im thüringischen Kreis Eisenberg.

2. Folgender Grundbesitz wird mit allen darauf befindlichen Gebäuden, lebendem und totem Inventar (…), unabhängig von der Größe (…), enteignet: a) der Grundbesitz der Kriegsverbrecher und Kriegsschuldigen (…) b) der Grundbesitz mit allem darauf befindlichen landwirtschaftlichen Vermögen, der den Naziführern und den aktiven Verfechtern der Nazipartei und ihrer Gliederungen sowie den führenden Personen des Hitlerstaates gehörte. (…)

3. Gleichfalls wird der gesamte feudaljunkerliche Boden und Großgrundbesitz über 100 Hektar mit allen Bauten, lebendem und totem Inventar und allem anderen landwirtschaftlichen Vermögen enteignet.

4. Der dem Staat gehörende Grundbesitz wird ebenfalls in den Bodenfonds der Bodenreform einbezogen, soweit er nicht für die Zwecke verwandt wird, die unter der nachfolgenden Ziffer 5 dieses Artikels aufgeführt sind.

Die Bodenreform in der SBZ fand viele Anhänger. Die SED warb auch in Chemnitz mit Kundgebungen für den vorangehenden Volksentscheid.

5. Folgender Grundbesitz und folgendes landwirtschaftliches Vermögen unterliegen nicht der Enteignung: a) der Boden der landwirtschaftlichen und wissenschaftlichen Forschungsinstitutionen, der Versuchsanstalten und Lehranstalten; b) der Boden, der den Stadtverwaltungen gehört und für die Produktion landwirtschaftlicher Erzeugnisse zur Versorgung der Stadtbevölkerung benötigt wird; c) Gemeindeland und Grundbesitz der landwirtschaftlichen Genossenschaften und Schulen; d) der Grundbesitz der Klöster, kirchlichen Institutionen, Kirchen und Bistümer.«

Die Bodenreform der SMAD beeinflusste das Verhalten der Westmächte in ihren jeweiligen Zonen mehr, als dies gemeinhin bekannt ist. Amerikaner und Briten hätten gern auf eine Bodenreform verzichtet, wenn Moskau sie nicht seinerseits unter Zugzwang gesetzt hätte. Da in den ersten Nachkriegsjahren noch die Fiktion aufrechterhalten wurde, Deutschland sei eine wirtschaftliche Einheit, mussten die Westalliierten auf den sowjetischen Vorstoß reagieren, wollten sie sich nicht dem Vorwurf aussetzen, bewusst die Grundlagen der gemeinsamen Politik zu verletzen. Allerdings wurde die Bodenreform in den Westzonen halbherzig, teilweise überhaupt nicht umgesetzt, anders als in der SBZ. Aus weltanschaulichen Gründen wollte man möglichst allen Grund und Boden enteignen. Unter dem Schlagwort »Junkerland in Bauernhand« wurde der Besitz des Adels enteignet, denn der Adel war der »Klassenfeind« schlechthin. Ebenso verloren sämtliche Funktionsträger der NSDAP ihren Besitz, aber auch lediglich nominelle Parteimitglieder oder Sympathisanten. Notfalls wurden Gründe konstruiert, um die Enteignungen durchzusetzen – schließlich sollte alles »nach Recht und Gesetz« vonstatten gehen.

»Freiwillige« Mitgliedschaft in der Vereinigung der gegenseitigen Bauernhilfe

Bereits vor der Bodenreform hatte die SMAD mit dem »historischen Befehl Nr. 146 über die landwirtschaftlichen Genossenschaften« die Beseitigung des freien Bauerntums eingeleitet. Shukow als Chef der Militäradministration hatte diesen Befehl »unter Berücksichtigung der außerordentlichen Wichtigkeit des Genossenschaftswesens für die maximale Leistungssteigerung der Produktion in der Landwirtschaft, in der Versorgung der Bauern mit Erzeugnissen, in der Hilfeleistung den Bauern gegenüber in Bezug auf Verarbeitung und Absatz von landwirtschaftlichen Produkten« am 20. November 1945 erlassen. Bauern, die sich Genossenschaften nicht anschlossen, war damit auf Dauer gesehen die Existenzgrundlage entzogen.

Die Landwirtschaft in der SBZ wurde nach und nach bis ins Detail durchorganisiert und reglementiert und ließ den Bauern immer weniger Freiraum. Sie waren in Produktionsgenossenschaft organisiert und bewirtschafteten Volkseigene Güter (VEG). Landwirtschaftliche Geräte wurden ihnen von den Maschinen-Ausleih-Stationen (MAS) zur Verfügung gestellt und sie hatten Mitglied in der Vereinigung der gegenseitigen Bauernhilfe (VdgB) zu sein. Diese Einrichtung war im

Zuge der Bodenreform als »demokratische Massenorganisation« gegründet worden. Sie zeichnete sich, wie der Präsident der Deutschen Verwaltung für Land- und Forstwirtschaft Edwin Hörnle im Mai 1946 erklärte, durch diese Merkmale aus:[1] »Die absolute Freiwilligkeit der Mitgliedschaft, wodurch sie sich grundsätzlich von der faschistischen Zwangsorganisation des Reichsnährstandes unterscheidet. Die höchste Instanz in der Vereinigung der gegenseitigen Bauernhilfe ist die Generalversammlung der Mitglieder. Vorstände, Beiräte und Sekretäre sind die Vollzugsorgane der Bauernschaft und stehen unter deren Kontrolle. Damit ist das faschistische Führerprinzip endgültig überwunden, ebenso wie durch den Grundsatz der geheimen und direkten Wahl der Ausschüsse. Die Vereinigung der gegenseitigen Bauernhilfe umfasst alle in der Landwirtschaft Werktätigen ohne Unterschied einer Parteizugehörigkeit. Damit ist das Prinzip zur Anwendung gekommen, das alle politischen Einrichtungen in unserer Zone kennzeichnet: die Zusammenarbeit aller antifaschistischen demokratischen Kräfte Deutschlands.« Hörnle gestand damit ein, dass es sich bei der VdgB keineswegs um eine herkömmliche berufsständische Organisation handelte, sondern um eine politische. Und wenn Bauern sich auf die Freiwilligkeit der Mitgliedschaft beriefen, wurde ihnen schnell klar gemacht, welche Konsequenz der Verzicht auf die Zugehörigkeit bedeutete: Sie bekamen weder Saatgut noch Maschinen. Ihre Ablieferungspflichten hatten sie dennoch zu erfüllen. In der Bilanz »Ein Jahr sächsische Bodenreform« kam zum Ausdruck, dass die Zugehörigkeit zur VdgB für jeden Bauern geradezu überlebenswichtig war. [2] In Sachsen hatte die VdgB im ersten Jahr nach der Bodenreform 415 Traktorenstationen, zahlreiche Saatreinigungsstellen sowie 862 Deckstationen eingerichtet, die den VdgB-Mitgliedern vorbehalten waren.

Bevorzugung der Neusiedler

Die landwirtschaftliche Nutzfläche Deutschlands in den Grenzen von 1938 machte rund 27 Millionen Hektar aus. Davon entfielen nach dem Krieg 22,8 Prozent auf die sowjetische, 20,3 Prozent auf die britische, 21,9 Prozent auf die amerikanische und 8,6 Prozent auf die französische Besatzungszone. 26,8 Prozent lagen in den für Deutschland verlorenen Ostgebieten.[3] Unter die Bodenreform in der sowjetischen Besatzungszone fielen grundsätzlich alle landwirtschaftlichen Betriebe mit einer Größe von über hundert Hektar. Sie wurden ausnahmslos enteignet. Um das Ausmaß der Veränderungen, die ja nicht nur die Landwirtschaft betrafen, zu ermessen, ist ein Blick in die Schluss-Statistik der Bodenreform vonnöten.[4]

Beschlagnahmt und in einen Bodenfonds überführt wurden 6 330 Betriebe mit über hundert Hektar (Bundesland Sachsen: 934, Provinz Sachsen: 1 656, Thüringen: 424, Brandenburg: 1 614, Mecklenburg: 1 702), dazu weitere 2 002 Betriebe von »Faschistenführern« unter hundert Hektar.

Diese beiden Kategorien ergaben 2 255 438 ha Fläche.

Hinzu kamen 966 öffentliche Güter, sodass insgesamt 9 298 Betriebe mit 2 621 512 ha Ackerland, Wäldern und Wirtschaftsflächen beschlagnahmt wurden.

442 317 Bewerbern für diese Ländereien standen 352 399 Bauern und Neubauern gegenüber, die mit Land bedacht wurden. Geschaffen wurden 168 098 Neubauernstellen in einer Größe von durchschnittlich 6,5 ha. Vergeben wurden an

- 119 000 landlose und Landarbeiter 885 000 ha,
- 84 000 landarme Bauern 272 000 ha,
- 80 588 Umsiedlerfamilien mit 318 622 Personen 675 896 ha,
- 40 000 Kleinpächter 40 000 ha,
- 25 000 Angestellte und Arbeiter 102 000 ha sowie
- 24 000 Altbauern 39 000 ha Wald.

Im Besitz der Länder und Provinzen befanden sich Ende 1947 über 1 082 Objekte mit 498 000 ha Land, im Besitz der Kreise 29 000 ha, der Gemeinden 182 000 ha und der Vereinigung der gegenseitigen Bauernhilfe (VdgB) 50 000 ha. Außerdem bewirtschaftete zum 1. Januar 1947 die Besatzungsmacht 291 Güter mit 30 175 ha.

Zugleich mit dem Boden verloren die vorherigen Eigentümer Gebäude mit einer Wohnfläche von knapp 3,2 Millionen Quadratmetern, Viehställe, Scheunen und Schuppen, Lagerräume und Speicher.

Ebenfalls enteignet wurden: 38 073 Pferde, 108 350 Stück Großrindvieh, 43 071 Schweine, 150 341 Schafe und Ziegen sowie 72 623 Stück Geflügel. Hinzu kamen an technischem Gerät 4 632 Schlepper, 4 581 Dreschmaschinen, 7 552 Garbenbinder, 5 864 Schlepperpflüge, 1 819 Lokomobile und anderes mehr. 157 140 Ackergeräte mit Pferdezug wurden enteignet, darunter circa 48 000 Pflüge, dazu Eggen, Mäh- und Pflanzmaschinen oder Anhänger. Schließlich wechselten zwangsweise 2 952 Schmieden und Reparaturwerkstätten sowie 34 Molkereien, 587 Mühlen, 18 Stärke- und Sirupfabriken, 442 Branntweinbrennereien, 41 Ziegeleien, 425 Pumpwerke und 82 Elektrostationen den Besitzer.

In wenigen Fällen wurden die beschlagnahmten Güter zumindest vorübergehend zurückgegeben, weil den Enteignungskommissionen Fehler unterlaufen waren. In Sachsen betraf dies beispielsweise ein Gut, bei dem die Anschuldigungen gegen den früheren Besitzer nicht aufrechterhalten werden konnten. In anderen Fällen waren »Neubauern nicht bauernfähig«. In Bulleritz hatte die Gemeinde gegen eine Enteignung gestimmt und mehrfach waren Güter beschlagnahmt worden, obwohl die Rote Armee sie noch besetzt hielt und die deutsche Seite darüber nicht verfügen konnte.[5]

Der Besatzungsmacht reichte es nicht, Grundbesitzer im Rahmen der Bodenreform zu enteignen, sie fand weitere Wege, das bisherige Bauerntum zu benachteiligen und zur Aufgabe zu zwingen. Exemplarisch dafür kann der SMAD-Befehl vom 21. März 1946 genannt werden, mit dem vordergründig den Bauern sogar geholfen wurde. Denn »zur weiteren Vergrößerung der Kopfzahl von Vieh und Geflügel in der sowjetischen Besatzungszone« hatte der Chef der SMAD die »Normen des jährlichen Durchschnitts der Pflichtabgabe von Erzeugnissen der Tierzucht und von Eiern, von jedem Stück Vieh und Geflügel« von der jeweiligen Bodenfläche einer Bauernwirtschaft abhängig gemacht.[6] Dieser Befehl bevorzugte Neubauern und enthielt die Bestimmung, dass für »Bauernwirtschaften, die durch die Bodenreform des Jahres 1945 erstmalig Land erhielten, (...) sich die Normen der Pflichtabgabe an Fleisch, Milch und Eiern um 50 Prozent [verringern]«. Zur Pflichtabgabe wurden 1946 nicht herangezogen: »Fleisch-

Bauernwirtschaften, die durch die Bodenreform 1945 Land zugeteilt erhielten und die zur persönlichen Nutzung nicht mehr als eine Kuh oder ein Stück Jungvieh von großen oder kleinen Haustieren besitzen.« Ähnlich bevorzugt wurden Neubauern bei den am 8. Juni 1946 erlassenen Bestimmungen zur »Pflichtabgabe von Getreide, Ölsaaten, Kartoffeln und Gemüse aus der Ernte des Jahres 1946« sowie bei der »Pflichtabgabe von Heu und Stroh aus der Ernte des Jahres 1946«, für die am 25. Juni 1946 detaillierte Bestimmungen erlassen wurden.

Die Folgen der Bodenreform waren vielschichtig. Beispielsweise waren in Thüringen fast 700 Berufsmelker und 300 Schäfer arbeitslos geworden. Einem Teil von ihnen waren Neubauernstellen zugewiesen worden, doch das Ergebnis war äußerst negativ. »Durch den Unverstand vieler Neubauern für die Schafzucht ist der Bestand an Schafen um 100 000 zurückgegangen«, stellte ein Zwischenbericht der Abteilung Landarbeiterfragen in der DVLF am 11. Juni 1948 fest.[7] Mecklenburg meldete über 1 100 vorherige Fachkräfte, die nun als Neubauern ihr Glück versuchten. Die Pferdezucht war stark betroffen, da die SMAD darauf bestand, dass auch Zuchtpferde für die Holzabfuhr und für die Feldbestellung eingesetzt werden mussten.[8]

»Laufend neue Forderungen durch die Besatzungsmacht«

Eine Reihe von Gütern hatte die Rote Armee für sich behalten und ließ sie durch deutsche Kräfte bewirtschaften. Die Missstände auf diesen Gütern waren besonders arg, wie viele Inspektionsberichte zeigen. Nach einer »Dienstreise zur Überprüfung des Landesgutes Leppin, Kreis Neu-Brandenburg, in Mecklenburg und des Saatzuchtgutes Netzow, Kreis Ruppin, vom 10.–12.12.1947« war zu lesen, dass es an Möglichkeiten zur Unterbringung von Arbeitskräften, Vieh, Ernte, Maschinen und Geräten fehlte.[9] Und weiter: »Zwei Drittel des großen Gutshauses werden, außer einem Zimmer welches als Büro eingerichtet ist, von der Besatzungsmacht (ein Mann Zivil und zwei Frauen) bewohnt, es stehen somit diesen drei Personen 16 Zimmer zur Verfügung. Dasselbe Bild ergibt sich bei den Stallungen und Wirtschaftsgebäuden. Das zur Unterbringung der Ernte [genutzte] große

Speicherhaus wird restlos besetzt gehalten. Das Gut hat 800 t Getreideanfall, die jetzige Unterbringungsmöglichkeit beträgt 80 t. Die für das Gut erfolgten Viehzuweisungen mussten zurückgewiesen werden, da keine Möglichkeit zur Unterbringung der Tiere bestand.« Die Traktoren stünden im Freien und seien allen Witterungseinflüssen ausgesetzt, weil das russische Viehkommando sämtliche Räumlichkeiten für sich beanspruche. Von fünf Traktoren sei nur einer einsatzbereit. Zum Viehbestand der Besatzungsmacht gehörten 16 Pferde, 200 Stück Jungvieh, drei Kühe für den russischen Betriebsleiter, 400 Schweine und 72 Schafe. »Ein großer Schafstall ist eingestürzt, im 2. liegt der Dung fast bis zur Dachhöhe, ein Ausfahren wird verboten, weil der russische Betriebsleiter ebenfalls den Einsturz fürchtet. Das Gewächshaus ist unbenutzt, eine Benutzung von Seiten der Gutsverwaltung wird nicht zugelassen. Die anliegenden Pflanzbeete und Spargelbeete sind mit großen Dunghaufen bedeckt und liegen brach. (...) Dadurch, dass die Besatzungsmacht laufend neue Forderungen stellt, entstehen für die Gutsverwaltung immer größere Schwierigkeiten. So werden z. Zt. 20 ha Zuckerrüben-Blatt verlangt, bis jetzt sind 5 ha abgeben worden. Ungefähr 10 ha Rotklee sind von der russischen Verwaltung restlos abgeweidet worden. (...) Die Handwerker müssen ständig bereit sein und werden von den auf dem Gut befindlichen Zivilrussen dauernd in Anspruch genommen.« Bei den Ablieferungen würden einwandfreie Produkte nicht anerkannt und heruntergestuft, sodass die Vorgaben gar nicht erfüllt werden könnten. Die Besatzungsmacht habe die Ablieferung von 866 Doppelzentnern Elite-Winterweizen und 1 300 Doppelzentnern Hochzuchtsommerweizen verlangt, sie aber als Konsumgetreide abgerechnet. Die gesamte Menge ging als Saatgut verloren, ganz abgesehen vom finanziellen Verlust.

»Den Versorgungsplan über den Haufen geworfen«

Erwähnt sei in diesem Zusammenhang, dass Saatgut auch zu den Reparationsleistungen zählte, was sich negativ auf die Ernten in der SBZ auswirkte. Allein in Thüringen wurden Ende 1947 rund 370 t Saatgut für Reparationszwecke beschlagnahmt – von Rotklee und Luzerne über Hafer, Speiseerbsen bis hin zu Zuckerrüben oder Gurken und Weißkohl.[10] Zur selben Zeit hatte die Zweigstelle Schwerin der Deutschen Saatgut-Gesellschaft (DSG) von der SMA den Befehl erhalten, 18 700 Doppelzentner Saatgut – darunter Futterpflanzen, aber auch Speise- und Gemüseerbsen – für Reparationszwecke sicherzustellen. Hinzu kamen nicht bezifferbare Mengen, die die örtlichen Kommandanten requirierten. In einem internen Vermerk der DVLF hieß es dazu lapidar: »Damit ist unser ganzer Versorgungsplan über den Haufen geworfen.«[11]

Häufig waren Vorgaben völlig unrealistisch, beispielsweise bei den »Normen des Milchverbrauchs und der Butterherstellung.« So hatte die DVLF am 31. Mai 1948 angeordnet, die Zahl von 82,36 Fetteinheiten pro Kilogramm Butter auf 80,60 Fetteinheiten herabzusetzen. Dazu waren die Molkereien aufgrund ihrer technischen Ausstattung nicht in der Lage und liefen Gefahr, wegen Nichtbeachtung der Normen bestraft zu werden. Intern wurde daher davor gewarnt, solche Anordnungen könnten dazu führen, dass »unter dem Druck, der Unmögliches von ihnen verlangt, die Molkereiverwalter dazu übergehen werden, die (...) Einzelnachweise so aufzustellen, dass auf dem Papier der Verordnung Genüge getan ist. Es bedeutet dies praktisch nichts anderes, als dass die Molkereien auf Kosten der anliefernden Bauern den überspannten Anforderungen der Verordnung Rechnung tragen«.[12]

Höhere Fruchtbarkeitsziffer für Pferde befohlen

Am grünen Tisch der SMAD in Berlin-Karlshorst wurden ständig neue Befehle formuliert, die abseits jeder Realisierungsmöglichkeit lagen. So wurde angeordnet, die »Fruchtbarkeitsziffer« bei Pferden von 40 auf 60 Prozent heraufzusetzen und die »Abgangsquote« von zehn auf sieben Prozent zu senken. Diesen sowjetischen Forderungen stand die Wirklichkeit gegenüber, wie sie in einem Memorandum der Hauptabteilung Viehzucht der DVLF zum Ausdruck kam.[13] Es gebe einen erheblichen Verlust an Pferden durch ihren Einsatz bei der Holzabfuhr. Die Kondition der Tiere sei »im allgemeinen mäßig«. Unter der Futterknappheit hätten vor allem die Mutterstuten zu leiden, da das Futter nicht für die Arbeitsleistung, geschweige denn für das werdende Fohlen reiche. Die Lösung könne nur heißen: »Weniger Arbeit – mehr Futter.« Andernfalls sei der Verfall des Bestandes an Arbeitspferden nicht mehr aufzuhalten. Da diese Möglichkeit nicht in Frage kam, sollte die Zahl von »Arbeitskühen« in der sowjetischen Besatzungszone erhöht werden, was aber ebenfalls auf erhebliche Schwierigkeiten stieß. In Brandenburg gab es zwar 1947 etwa 34 000 Arbeitskühe, 4 000 mehr als im Jahr zuvor. In Sachsen-Anhalt war die Zahl der Arbeitskühe im selben Zeitraum sogar von 60 000 auf 80 000 gestiegen. Aber die Beschaffung von Arbeitsgeschirren stieß auf unüberwindbare Hemmnisse. In Brandenburg war die Herstellung von 10 000 Geschirren geplant, 500 waren in Auftrag gegeben, für weitere fehlte das Leder. Flugzeugreifen sollten als Material genutzt werden, eine Freigabe durch die SMA stand noch aus. Auch in Sachsen-Anhalt wurden tausende neuer Kuh-Geschirre benötigt, doch: »Einige hundert Geschirre wurden den VdgB in den Kreisen übergeben. Für eine weitere Fertigung fehlt das Leder.«[14]

Die SMAD fochten solche Probleme nicht an. Nachdem beispielsweise in Sachsen 1948 die Zahl der Pferde gesunken statt gestiegen war, machte die sowjetische Verwaltung für Land- und Forstwirtschaft der deutschen Seite den Vorwurf einer »verantwortungslosen Einstellung in Bezug auf die wichtigsten Papiere zur Methodik der Tiervermehrung«.[15] Die SMAD ignorierte die Realität und zu ihr gehörten neben der Überbeanspruchung der Pferde und dem Futtermangel auch das Fehlen von Hufeisen und Hufnägeln. Ähnlich sah es in anderen Bereichen der Tierzucht aus. Den Bauern waren hohe Fleisch-Ablieferungssolls auferlegt worden, gleichzeitig aber auch hohe Ablieferungsquoten für Getreide und Kartoffeln. Dies führte 1946 dazu, dass »unter Abrechnung der zum Eigenverbrauch zur Saat wie zur Erhaltung der Zugkräfte und des Rinderbestandes benötigten Mengen für die Fütterung der Schweine nur so geringe Reste verbleiben, dass eine wesentliche Verminderung des Schweinebestandes nicht zu umgehen sein dürfte«.[16] Die Bauern befanden sich angesichts der Ablieferungspflichten in allen Zweigen der Produktion in einem Teufelskreis.

Ärger über doppelte Sommerzeit

Zu Unmut führte die Anweisung der SMAD, vom 11. Mai 1947 an die »doppelte Sommerzeit« in der Besatzungszone einzuführen. Dies bedeutete, dass an diesem Tag die Uhren um zwei Stunden vorgestellt werden mussten. Dagegen wehrte sich – vergebens – die IG Land- und Forstwirtschaft im FDGB. Sie verwies darauf, das sei vielleicht in der Industrie möglich, nicht aber in der Landwirtschaft. Die Natur lasse sich nichts vorschreiben und weiter: »Wenn also in der Erntezeit gemäht oder eingefahren werden soll, so muss immer erst gewartet werden, bis das zu verarbeitende Material, sei es Getreide, Raps oder Heu vom Nachttau abgetrocknet ist. Während dieser Wartezeit müssen die Arbeiter unnützerweise herumsitzen und dadurch ihre wertvolle Nachtruhe opfern. Durch die ungenügende Ernährung ist die ländliche Arbeitnehmerschaft sowieso in ihrer Körperkraft geschwächt und wenn nun noch mangelnde Nachtruhe hinzukommt, ist ein Zusammenbruch unvermeidlich.«[17]

Darauf, dass Erntearbeiten wegen des vorgezogenen Feierabends frühzeitig abgebrochen werden müssten, machte die sächsische Landesregierung aufmerksam und fügte ein weiteres Argument gegen die »doppelte Sommerzeit« hinzu: das politische Leben in den Dörfern werde beeinträchtigt. Molkereien und Genossenschaften richteten sich nach der neuen Zeit, wodurch die Bauern gezwungen würden, so früh in den Ställen zu arbeiten, dass unnötig Strom für das Licht verbraucht werde.[18]

Von der Landwirtschaft zur Demontage

Während Arbeiter aus der Industrie zur Feldbestellung und zur Ernte aufs Land beordert wurden, wurden gleichzeitig Landarbeiter abgezogen, um eben dort, speziell im Bergbau und für Demontagearbeiten, eingesetzt zu werden. Vorausgegangen waren Befehle der SMAD, die von den deutschen Dienststellen die Stellung Zigtausender Arbeitskräfte für den Bergbau verlangt hatten. Darüber beriet die Deutsche Wirtschaftskommission am 16. September 1947 und legte diese Disposition fest:

»I. Bedarf an Arbeitskräften

Erzbergbau. Für den Erzbergbau in Aue sind auf Befehl der SMAD 20 000 Arbeitskräfte zu stellen. 3 000 Arbeitskräfte wurden bereits gestellt.

Kohlebergbau. Im Protokoll der deutschen Wirtschaftskommission über ›Maßnahmen zur Sicherung der Versorgung von Wirtschaft und Bevölkerung mit Brennstoffen‹ wird die Einführung einer durchgehenden Schicht im Kohlebergbau gefordert. Dazu ist ein Bedarf von 14 000 Arbeitskräften erforderlich. (...)

Zu Punkt 1 und 2: Für den Einsatz im Bergbau sollen nur bergtaugliche ungelernte Arbeiter in Frage kommen, die zurzeit nicht in Reparationsfirmen beschäftigt sind. Es ist an sich an einen dauernden Einsatz gedacht, jedoch ist bis zur Erfüllung aller Voraussetzungen auch ein kurzfristiger Einsatz (z.B. Saisoneinsatz) möglich.

II. Möglichkeiten zur Deckung des Bedarfs an Arbeitskräften

Aus der Industrie. Unproduktiv Beschäftigte (Hortung von Arbeitskräften in den Betrieben), Beschäftigte in nicht lebenswichtigen Produktionen, Arbeitskräfte aus Saisonbetrieben, wie z. B. Bauhilfsarbeiter oder Arbeiter, die im Winter wegen der Kohleeinsparung frei sind, Arbeiter, die durch allgemeine Betriebskonzentration im Hinblick auf die Wirtschaftlichkeit der Industrie frei werden.

Aus Handel und Handwerk: Insbesondere kommen hier Beschäftigte aus dem überbesetzten Handel und Handwerk in Frage, wie z. B. Friseurgeschäfte, Schuhgeschäfte, Tabakgeschäfte, Gaststätten usw.

Aus der Landwirtschaft. Saisonarbeiter, Umsiedler.

Ersatz von Arbeitskräften in Industrie, Handel und Handwerk durch Arbeitsbehinderte, Frauen und Jugendliche.

Arbeitskräfte aus Oberschlesien aus dem Waldenburger Gebiet und aus der sowjetischen Kriegsgefangenschaft. Verhandlungen mit der SMAD wurden bereits aufgenommen.«[19]

Dass Menschen wie Figuren innerhalb der sowjetischen Besatzungszone hin und her geschoben wurden, war Bestandteil einer »planvollen Lenkung«, wie es in einem Schreiben der Deutschen Verwaltung für Arbeit und Soziales vom 24. Oktober 1947 hieß.[20] Die angespannte Arbeitsmarktlage erfordere vielfach einschneidende Maßnahmen. Selbstverständlich müsse die Ernährung sichergestellt werden, aber in der SBZ gebe es durch den starken Zuzug von Umsiedlern eine Überbesetzung der landwirtschaftlichen Betriebe mit Arbeitern. Zu den Umsiedlern kämen noch heimatlose Heimkehrer und ehemalige Stadtbewohner, »die aus naheliegenden Ernährungsgründen zurzeit Beschäftigung in der Landwirtschaft suchen bzw. bereits gefunden haben, und einer berufsmäßigen Umsetzung in andere Produktionszweige ablehnend gegenüberstehen«. Hier müsse ein Wandel geschaffen werden, »weil die berufsfremd in der Landwirtschaft eingesetzten Handwerker in den Industrie- und Handwerksbetrieben dringend gebraucht werden. Die Ämter für Arbeit und Sozialfürsorge, welche die erheblichen Anforderungen der Besatzungsmacht, der Reparations-, der Bergbau-, Verkehrs- und Transportbetriebe infolge Arbeitermangels trotz größter Anstrengungen nur in unzureichendem Maße befriedigen können, sind gezwungen, die fremdberuflich beschäftigten Fachkräfte aus sämtlichen Produktions- und sonstigen Wirtschaftszweigen, auch aus der Landwirtschaft, herauszunehmen und sie da einzusetzen, wo sie hingehören«.[21] Im Hinblick auf die Landwirtschaft war zu lesen: »Unstreitig befindet sich mit Rücksicht auf die Ernährungslage und die Art ihrer Beschäftigung unter den landwirtschaftlichen Arbeitern im Verhältnis zu den Städtern eine erheblich größere Anzahl gesünderer und kräftigerer Leute. Nicht nur, dass die hierbei Überzähligen für andere, ihrer guten körperlichen Beschaffenheit entsprechende, Arbeit in Industriezweige, z. B. in den Bergbau vorweg heranzuziehen sind, ist bei den übrigen, insbesondere bei den Ledigen, zu prüfen, ob nicht auch von diesen Kräften gegen geeignete Austauschkräfte aus den Reihen der Umsiedler, Heimkehrer oder der sonst arbeitspflichtigen Bevölkerung, wozu auch Frauen bis zu 50 Jahren rechnen, zurzeit besserer Gebrauch gemacht werden kann, als gerade in der Landwirtschaft.«

Mit anderen Worten: Die deutschen Stellen in der SBZ sahen sich zu einem solchen Vorgehen gezwungen, weil die sowjetische Besatzungsmacht einen großen Teil der Bevölkerung ausschließlich für sich arbeiten ließ. Und je gesünder und kräftiger ein Arbeiter auf dem Land war, umso höher war die Wahrscheinlichkeit, dass er sich in einem Bergwerk oder in einer Fabrik wiederfand.

Statt Bergbau Flucht in den Westen

In der Konsequenz entschieden sich viele von der drohenden Zwangsverpflichtung Betroffenen für die Flucht in den Westen. Der Kreisrat Saalfeld berichtete am 24. Oktober 1947: »Die Landarbeiter, die zwangsverpflichtet werden, verlassen ihren Arbeitsplatz und verschwinden dann über die Grenze.«[22] Nach amerikanischen Angaben waren allein im Juli 1947 rund 40 000 Menschen aus der SBZ in die Westzonen geflüchtet. Allerdings wurde eine größere Zahl zurückgeschickt, da sie zu dieser Zeit in Westdeutschland weitgehend als soziale Belastung empfunden wurden.

Über diese Verfahrensweise beschwerte sich die Deutsche Wirtschaftskommission bei der Deutschen Verwaltung für Arbeit und Soziales am 13. März 1948. Danach sollten in Thüringen 7 300 Arbeitskräfte sofort aus der Landwirtschaft abgezogen werden, um anderweitig eingesetzt zu werden. Während der Frühjahrsbestellung sollten sie durch Frauen und ältere Leute ersetzt werden.[23] Ausgangspunkt für die Klage war eine Anweisung der DVAS an die Thüringer Landesregierung vom 27. Februar 1948. Darin hatte die Berliner Zentralverwaltung angeordnet, bis zum 15. März dem Erzbergbau Aue 4 000 Arbeitskräfte zur Verfügung zu stellen.

Hinzu kam, dass die Landesregierung auf sowjetischen »Befehl Nr. 186« weitere 3 000 Arbeitskräfte in den Bezirk Suhl zu beordern hatte und zusätzlich 1 000 für die Maxhütte. »Zur Abdeckung der Befehlsauflage müssen diese Arbeitskräfte aus Arbeitsverhältnissen herausgezogen werden, da volleinsatzfähige arbeitslose Männer nicht vorhanden sind. Wir sehen uns deshalb gezwungen, auch aus der Landwirtschaft vor allen Dingen zur Durchführung des Befehls 186 Arbeitskräfte abzuziehen«, schrieb das Weimarer Ministerium für Arbeit und Sozialwesen.[24]

Klassenkampf auf dem Dorf

1948 und 1949 verschärfte die SED den »Klassenkampf auf dem Dorf«, enteignete so genannte »Großbauern« und zerschlug gewachsene Strukturen. Eine besondere Rolle im Kampf gegen die hergebrachten Strukturen hatte die SED der VdgB zugewiesen. Sie hatte es weitgehend allein in der Hand, darüber zu entscheiden, welche Bauern Saatgut oder Baumaterial für die Renovierung ihrer Höfe bekämen und welche Bauern bei Aussaat oder Ernte mit landwirtschaftlichen Maschinen durch die Maschinen-Ausleih-Stationen (MAS) bedacht werden sollten. Bevorzugt wurden in erster Linie die Neubauern, die das Land der enteigneten Bauern erhalten hatten. So versteht es sich auch beinahe von selbst, dass mit Stichtag 23. August 1948 von den 532 000 VdgB-Mitgliedern 90 Prozent Neubauern waren, denen noch 516 000 freie Bauern gegenüberstanden. Bei der VdgB handelte es sich ausschließlich um ein machtpolitisches Instrument der SED, dem es in keiner Weise um irgendeine Form der gegenseitigen Hilfe ging. Die Rechnung der SED war einfach: Wer sich als Bauer nicht der VdgB anschloss, hatte kaum Chancen, sein Land zu bewirtschaften. Aber selbst Mitgliedern der VdgB fiel dies angesichts zahlreicher organisatorischer Mängel nicht leicht, wie ein Bericht für das Zentralkomitee der SED am 23. August 1948 verdeutlicht. Aufgrund des »Befehls Nr. 209« der SMA wurden in den Dörfern der gesamten Besatzungszone Schlösser, Herrensitze und Landgüter abgerissen, um die Spuren der »Junkerherrschaft« zu tilgen. Die Materialien wurden zum Aufbau von Maschinen-Ausleih-Stationen verwendet. Desgleichen hatte die DWK in einer »Anordnung über die Erfüllung des Programms für die Errichtung von Neubauerngehöften im Jahre 1948« vom 28. Juli 1948 ausdrücklich den »Abriss von Gutsanlagen« befohlen. Größere Gebäude wie Herrenhäuser, Gutshäuser, Schlösser, Großscheunen, Großställe, Schnittkerkasernen und ähnliches waren danach zur Gewinnung von Baumaterialien abzureißen. Das durch den Abriss dieser Gebäude sowie der auf enteigneten land- und forstwirtschaftlichen Grundstücken vorhandenen Ruinen aller Art gewonnene Material war restlos für die Errichtung von Bauerngehöften zu verwenden. Sollten in den zum

Abriss bestimmten Gebäuden bereits Bauern untergebracht sein, so hatten diese bevorzugten Anspruch auf die Belieferung mit den gewonnenen Materialien.[25]

Dem Landesverband Thüringen der SED war Anfang 1948 aufgefallen, dass es eine Lücke bei der Enteignung ehemaliger Fürstenhäuser gab, die eiligst korrigiert werden musste.[26] Es hatte sich gezeigt, dass die Vermögen der ehemaligen Fürstenhäuser nicht überall enteignet worden war. So existierte zum Beispiel in Weimar eine »Schatullenverwaltung des ehemaligen Großherzoglichen Hauses von Weimar«, die noch Grundstücke verwaltete und an die die Stadt Weimar weiterhin Miete zahlte. Auf Drängen der SED beschloss der thüringische Landtag daraufhin, »Familiensonderrechte der ehemaligen Fürstenhäuser aufzuheben«. Dasselbe galt für »Großgrundbesitzer, Naziaktivisten oder Militaristen«, bei denen die Enteignung bis dahin übersehen worden war.

Allerdings hatten die Zerstörungen nicht allein unter dem Aspekt zu erfolgen, aus den Trümmern Neubauerngehöfte und MAS entstehen zu lassen. Für die SED war der klassenkämpferische Zweck entscheidender. So hatte das ZK der SED bereits am 31. März 1948 formuliert, der Abriss dürfe »nicht nur unter dem Gesichtswinkel betrachtet werden, Baumaterialien für Neubauernsiedlungen zu gewinnen, viel wichtiger ist, soweit als möglich die Spuren der Junkerherrschaft auf dem Dorf zu vernichten«.[27]

Mit welcher Rigorosität die SED daran ging, den »Klassenkampf auf dem Dorf« durch die Zerstörung von Schlössern und Herrenhäusern durchzusetzen, zeigt ein »Informationsblatt« der thüringischen Landesbodenkommission vom 1. November 1949. Das Soll der »Gutsabbrüche« war danach zu diesem Zeitpunkt weitgehend erfüllt:[28] Für den Abbruch freigegeben waren in Thüringen beispielsweise 28 Schlösser, 209 Herrenhäuser, 131 Wohnhäuser, 671 Ställe, 569 Scheunen. Abgerissen waren bereits 27 Schlösser und 206 Herrenhäuser.

Auf der ZK-Sitzung vom 23. August 1948 hatte aber auch festgestellt werden müssen, dass »wahllos 1 400 Gebäude von MAS abgerissen worden [waren], sodass die Maschinen ohne Unterkunft im

Freien stehen mussten. Jetzt sollen wiederum neue Unterkünfte errichtet werden«. Kurt Vieweg, 1. Sekretär des Zentralvorstandes der VdgB, berichtete, »im Zuge des Traktorenausgleiches [haben] die Länder vielfach schlechte Maschinen geliefert. Teilweise seien sie in einem solchen Zustand, dass sie nur noch reif seien zur Ausschlachtung. Von 4 622 Schleppern seien 1 996 nicht einsatzfähig«.[29]

Derartige Probleme, die die Bauern in der SBZ beschäftigten, berührten Ulbricht in dieser Sitzung wenig. Er machte klar, welche Aufgabe die VdgB zu erfüllen hatte: sie müsse die Bauern im neuen Geist erziehen.[30] Sollte es Großbauern mit Flächen über 50 ha in der SED geben, hätten diese die Partei zu verlassen. Wichtig sei, so Ulbricht, die systematische Schulung von Söhnen und Töchtern der Landarbeiter, Klein- und Neubauern und deren Einsetzung in leitende Stellen der VdgB: »Großbauern gehören nicht in die VdgB-Leitungen.« Noch deutlicher wurde DWK-Vorsitzender Rau, der eine Definition von »Großbauern« durch den Leiter der Agrarabteilung im ZK, Rudolf Reutter, aufgriff und die Frage stellte, »welche Bauern überwiegend fremde Arbeitskräfte ausbeuten«. Dieses seien Bauern über 50 ha, »also der Klassenfeind im Dorfe, gegen den in entsprechender Weise der Klassenkampf geführt werden muss. Es sei richtig, dass Großbauern nichts in der Partei zu tun haben und sie diese zu verlassen hätten«.[31]

In diesem Sinne äußerte sich Ulbricht auch auf der Arbeitstagung der Abteilung Parteischulung, Kultur und Erziehung am 7. September 1948 in Berlin. Obgleich auf der Tagsordnung eigentlich Fragen der Beeinflussung von Schule und Erziehung, Hochschulen und Wissenschaft standen, forderte Ulbricht zur Verstärkung des Klassenkampfes auf dem Lande auf: »Die Großgrundbesitzer versuchen (…) auf Grund ihrer wirtschaftlichen Stärke das Dorf zu beherrschen. Ich rede jetzt von den Besitzern, die im Durchschnitt über 50 ha haben oder anders ausgedrückt: ich meine die Großgrundbesitzer, die ständig eine Anzahl Arbeitskräfte ausbeuten. Selbstverständlich versuchen sie, ihre Position im Dorf wirtschaftlich und politisch zu stärken und auch die Führung der VdgB in ihre Hand zu bekommen. Unsere Aufgabe ist es also, die VdgB zu unterstützen und die Großgrundbesitzer, von denen ich spreche, aus der VdgB und ihren Leitungen zu entfernen. Damit engen wir ihren Wirkungskreis ein und fördern gleichzeitig die Klein- und Mittelbauern. So versuchen wir Schritt für Schritt das Kräfteverhältnis im Dorf zu ändern und die soziale Grundlage der demokratischen Ordnung weiter zu festigen«[32].

Durch alle Äußerungen und Reden Ulbrichts zieht sich wie ein roter Faden der Aufruf zum Klassenkampf, während die Alltagsprobleme der Menschen, egal ob in den Städten oder auf dem Lande, allenfalls gestreift wurden. Auf einer Abteilungsleiter-Besprechung des Zentralsekretariats zur Vorbereitung der Parteiarbeiterkonferenz der SED im November 1948 forderte Ulbricht aufzuzeigen, »warum und in welcher Form sich der Klassenkampf verschärft hat und was dies bedeutet im Kampf um die Durchführung des Zweijahresplanes. Ohne die Hebung des ideologischen Niveaus des Klassenbewusstseins können die Aufgaben des Tages nicht gelöst werden«. Ulbrichts Beurteilung: »Wir haben in der Ostzone noch keine Volksdemokratie. Bei uns ist der demokratische Umschwung erst im Gange. (...) In der Landwirtschaft steht die Frage des Kampfes gegen die Großbauern, d.h. diejenigen Bauern, die einige fremde Arbeitskräfte beschäftigen und nicht solcher Bauern, die vielleicht nur einen Knecht oder eine Magd haben. (...) Die MAS als eine der wichtigsten Einrichtungen, mit der wir auch die Großbauern schlagen, müssen gefördert und verstärkt werden.«[33] Es müsse verhindert werden, dass Großbauern die VdgB oder die Gemeinde- und Kreisverwaltungen beherrschten. Die Landwirtschaftsabteilung müsse sich mit dem Problem der Steuerpolitik für die Bauern befassen, »um die kleinen und mittleren Bauern zu schützen und die Großbauern zu schlagen«.[34] Die »Verschärfung des Klassenkampfes im Dorfe« wie auch »die Einschränkung der klassenfeindlichen Elemente im Dorfe, vor allem der Großbauern« legten auch die politischen Mitarbeiter der Abt. IVc Landwirtschaft des ZS als vorrangige Ziele am 20. September 1948 fest.[35]

Der Klassenkampf auf dem Dorf, so wie ihn die SED verstand und verfolgte, führte zu einem unerträglichen Klima der Bespitzelung und Denunziation, wie zahllose Berichte der »Abt. Neubauern« der SED belegen. Ausdrücklich waren die Kreisverbände der SED aufgefordert worden, Großbauern als »Saboteure« zu entlarven, um damit eine weitere Begründung für das Vorgehen gegen sie zu bekommen. So stellte der SED-Kreisvorstand Auerbach in einem Schreiben an den sächsischen SED-Landesvorstand den »Genossen Stohr« als den »politisch klarsten Neubauern« heraus, bedauerte aber zugleich: »Einen Großbauern, den wir als Saboteur bezeichnen können, können wir euch heute nicht mitteilen. Die Kategorie der Großbauern existiert bei uns im Kreis praktisch nicht. Lediglich reaktionäre Elemente in den Reihen der Mittelbauern sind vorhanden, doch auch hier ist Sabotage bis jetzt nicht festzustellen gewesen.«[36]

Denunziert wurden in erster Linie die Bauern, die sich nicht der SED angeschlossen hatten. Ausdrücklich hatte dazu der SED-Landesvorstand Sachsen mit dem Rundschreiben 16/156 aufgefordert. Gefragt war darin nach »besonders aktiven, politisch klaren Neubauern« sowie nach »Großbauern, die wir als Saboteure der Wirtschaft und Gegner der neuen demokratischen Ordnung bezeichnen können«:

»Saboteur Hörig, Kurort Hertha, 39 ha, CDU, 7 Rinder, 8 Schweine und 1 Kuh verheimlicht. Ihm sind durch seine Schuld 3 Rinder und 10 Schweine verendet. Schweinesoll dadurch überhaupt nicht erfüllt.

Mäser, Schönborn, 25 ha. Hat in einem Monat nur 17 Ltr. Milch abgeliefert von 10 Kühen. Vor der Kontrolle 39 Liter Milch abgegeben, nach der Kontrolle 80 Liter Milch abgegeben.

Buntermann, Dorfhain, 28 ha. Milchschuld 12 500 FE[37], Eierschulden 259, durch seine eigene Schuld ist nichts erfüllt. Seine Wirtschaft ist zwangsverpachtet.«[38]

»Werte Genossen, bisher haben wir in unserem Kreis noch keinen Großbauern vor Gericht abgeurteilt, den wir als Saboteur bezeichnen können. (…) Verurteilt worden ist bei uns ein mittlerer Bauer, und zwar der Bauer Friemer aus Trautendorf bei Kleisnig wegen Wirtschaftssabotage zu 6 Jahren Gefängnis, seine Ehefrau zu 2 Jahren Gefängnis. Beide waren ihren Verpflichtungen dem Staate gegenüber in der Sollerfüllung nicht nachgekommen.«[39]

»Schramm besitzt einen Hof von 17 ha, hält einen Viehbestand. 4 Kühe, 1 Kalb, 2 Fresser, 2 Pferde. Erfüllt niemals sein Soll in allen Produkten, ist politisch unorganisiert, steht aber zur CDU. (…) Schramm ist bestimmt als Saboteur anzusprechen, hier liegt Sabotage fast eines ganzen Ortes vor.«[40]

»Charakteristik über Johannes Zerling, Großbauer von Liebertwolkwitz. Trotz aller Vorsicht, seine reaktionären Tendenzen nicht in Erscheinung treten zu lassen, ist zu erkennen, dass Z. für besondere Mitarbeit an den Aufgaben der heutigen Zeit kein Interesse hat. Abgesehen von der Erfüllung seines Solls, welches er als kluger Reaktionär als notwendiges Übel betrachtet, versucht er bei allen besonderen Gelegenheiten, vor allen Dingen seiner Profitgier zu dienen.«[41]

»Bericht über 1 sabotierenden Großbauern. Bauer Kabisch, Greifenhain. Der Bauer erfüllt zwar sein Soll, aber von Hilfsbereitschaft gegen seine Kollegen, vor allem kleinen Bauern, kann nicht die Rede sein. Besitzt den besten Boden, aber um freie Spitzen mit Gewalt herauszuholen, versteckt er sein Getreide unter dem Stroh.« [42]

Mit welcher Konsequenz die SED die »Großbauern« abschaffen wollte, unterstrich am 26. Oktober 1948 auf einer Arbeitstagung der Abteilung Landwirtschaft des ZS der SED der SED-Parteivorstands- und ZK-Mitglied Paul Merker in seinem Referat »Die gegenwärtig wichtigsten Probleme der Agrarpolitik«. Er erinnerte an einen Beschluss der DWK, nach dem »80 Prozent der gesamten Produktion an landwirtschaftlichen Maschinen und Geräten der VdgB angeboten werden müssen. Damit soll erreicht werden, dass alles, was auf diesem Gebiet produziert wird, den Maschinenausleihstationen und damit den Klein- und Mittelbauern zugute kommt. (…) In diesem Zusammenhang ein Wort zur politischen Bedeutung dieser Einrichtungen. Es ist klar, (…) dass wir das System der Maschinenhöfe und Maschinenausleihstationen als das Gerippe für eine starke politische Organisation, zur politischen und kulturellen Hilfe für die Klein- und Mittelbauern benutzen müssen. Wir brauchen also für die Landesmaschinenhöfe einen politisch starken Genossen, etwa als Kulturdirektor oder wie man ihn nennt«.[43]

Auf welche Widerstände jedoch diese Politik der SED stieß, verdeutlichte der Vorsitzende der Deutschen Zentralverwaltung für Landwirtschaft und Forsten, Ernst Busse, der zugleich Vorsitzender der Landeskommission für Bodenreform in Thüringen war. Zur Vorbereitung eines Zonenkongresses der landwirtschaftlichen Genossenschaften verwies er auf den Kreis Pritzwalk, wo man mitgeteilt habe, »man habe keine Zeit, Versammlungen zu machen, weil man mit Entlassungen usw. zu tun habe. Wir sollten selbst Leute schicken, wenn wir Versammlungen machen sollten. Als wir ihnen energisch antworteten, wir dächten nicht daran, sondern wir selbst seien verantwortlich, haben sie in einer Versammlung beschlossen, sie hätten nicht die Absicht, einen Zonenverband zu gründen, sie hätten also auch keine Delegierten zu wählen, und haben eine Entschließung mit 5 Punkten angenommen: Wir denken nicht daran, besondere Beiträge dafür zu leisten und unsere Rechte unten beschneiden zu lassen. (...) In der Diskussion wurde in den Versammlungen, bei denen auch die Vorstandsmitglieder der Genossenschaften von Brandenburg zugegen waren, erklärt, solange die Verwaltungsorgane mit den Russen und der Besatzungsmacht zusammenarbeiten, wird es überhaupt nicht besser. Es wurde also ganz offen eine antisowjetische Stimmung erzeugt. Ich habe fragen lassen, ob man sich gemerkt habe, welcher Bauer das war und wie groß seine Wirtschaft ist«.[44]

Justiz in der SBZ: Menschenrechte spielen keine Rolle

Angst und Schrecken durch »tschekistische Maßnahmen«

Die Menschen in der sowjetischen Besatzungszone waren vom ersten Tag des Einzugs der Roten Armee einem rigorosen System ausgesetzt, das sich in abgemilderter Form auch nach Gründung der DDR 1949 fortsetzte. Die Staatspartei allein – erst die KPdSU, dann die SED – definierte das Recht. Was ihr nicht diente oder sie bedrohte, war Unrecht und musste beseitigt werden. In den ersten Nachkriegsjahren fielen diesem Staatsterror Zehntausende zum Opfer.

Während des Einmarsches nach Deutschland und in der unmittelbaren Zeit danach spielte für die Rote Armee und die sowjetischen Geheimdienste die Angst vor Sabotageakten und Überfällen durch deutsche Untergrundorganisationen eine große Rolle. Diese Furcht schien begründet zu sein, denn die Nationalsozialisten – allen voran Reichspropagandaminister Joseph Goebbels – hatten gegen Ende des Krieges angekündigt, »Freiheitskämpfer« würden in dem besetzten deutschen Gebiet gegen die Besatzungstruppen agieren und sie vertreiben. Über einen »Werwolf-Sender« verbreiteten die NS-Propagandisten, es existiere eine mächtige Organisation, der sich Männer und Frauen, Jungen und Mädchen im ganzen Reich angeschlossen hätten. Sie hätten Verstecke mit Waffen angelegt und könnten jederzeit gegen die Besatzer losschlagen. Wenn auch der »Werwolf« als Widerstandsorganisation trotz einiger Anschläge gegen die sowjetischen Truppen bedeutungslos war, übte er doch eine wichtige psychologische Wirkung aus. Sowjetische Stellen sahen in jedem Deutschen, vor allem in jedem ehemaligen Hitler-Jungen oder Volkssturmkämpfer, einen potenziellen Untergrundkämpfer, und sie unterschieden sich damit nicht von den Kommandeuren der westlichen Alliierten. Allerdings war das sowjetische Vorgehen anders als das in den Westzonen. Im Machtbereich der Roten Armee konnte praktisch jeder von der Verhaftung, der

Verurteilung zu langjährigen Freiheitsstrafen, der Verbannung in ein sibirisches Arbeitslager oder von der Todesstrafe getroffen werden.

Die Willkür der sowjetischen Sieger hatte zunächst die deutschstämmige Bevölkerung in Rumänien, Ungarn, Bulgarien, Jugoslawien und in der Tschechoslowakei zu spüren bekommen. Im Dezember 1944 verfügte das Staatskomitee für Verteidigung der UdSSR mit »Erlass Nr. 7161ss« ihre Internierung.[1] Am 3. Februar 1945 erweiterte das Komitee seine Anordnung auf die Bevölkerung Oberschlesiens und Ostpreußens. Nicht nur Männer im Alter zwischen 17 und 50 Jahren wurden festgenommen, sondern auch viele Frauen und Mädchen. Bis Ende März 1945 wurden aus diesen Gebieten etwa 77 000 Deutsche in die Sowjetunion verschleppt. Am 11. Januar 1945 erließ das NKWD den streng geheimen »Befehl Nr. 16« zur Säuberung des Hinterlands der Front von »feindlichen Elementen«. Für jede Heeresgruppe der Roten Armee wurden »Bevollmächtigte des NKWD der UdSSR« sowie deren Stellvertreter bestimmt.[2] Ihre Aufgabe war es, beim Vorrücken der Roten Armee »unverzüglich die erforderlichen tschekistischen[3] Maßnahmen« durchzuführen. Damit war gemeint die Enttarnung und Festnahme von »Spionage und Diversion betreibenden Agenten der deutschen Aufklärungsorgane, Terroristen, Mitgliedern verschiedener feindlicher Organisationen sowie Gruppen von Banditen und Aufständischen unabhängig von ihrer nationalen Zugehörigkeit und Staatsbürgerschaft«. Die Tschekisten hatten illegale Rundfunkstationen, Waffenlager, Untergrunddruckereien zu enttarnen und darüber hinaus umfangreiche Festnahmen vorzunehmen. Verhaftet werden sollte »das leitende und operative Personal der Polizeiorgane, das leitende Personal von Gefängnissen und Konzentrationslagern, die Militärkommandanten, Staatsanwälte, Untersuchungsführer, Mitglieder von Militärgerichten und Tribunalen, Vorsitzende der Parlamente und Verwaltungen in den Gebieten, Kreisen und Landkreisen, die Bürgermeister, Mitglieder faschistischer Organisationen, Leiter großer Wirtschafts- und Verwaltungsorganisationen, Redakteure von Zeitungen und Zeitschriften, Verfasser antisowjetischer Publikationen, zum Kommandostab und zur Mannschaft gehörende Angehörige von Armeen, die gegen die UdSSR kämpfen, und Angehörige der so genannten ›Russischen Befreiungsarmee‹ sowie sonstige verdächtige Elemente«. Da alle führenden NSDAP-Mitglieder und Funktionäre der Partei, ihrer Untergliederungen und staatliche Amtsträger bis hinunter zur kommunalen Ebene ohnehin auf den Festnahmelisten standen, lässt sich erahnen, dass ein erheblicher Prozentsatz der Bevölkerung die Verhaftung zu befürchten hatte.

Die Macht des Ivan Alexandrovic Serov

Neben dem NKWD, das ab 1946 dem Innenministerium – MVD – unterstellt war, gab es zwei weitere Geheimdienste beim Volkskommissariat für Staatssicherheit: den NKGB unter Vsevolod Merkulov (ab 1946 MGB) und das NO beim Volkskommissariat für Verteidigung, das Stalin selbst leitete. Ihm unterstand die militärische Spionageabwehr, die zuerst lediglich »Sonderabteilung« hieß, zwischen 1943 und 1946 jedoch in SMERS umbenannt wurde, was nichts anderes als »Tod den Spionen« bedeutete, und anschließend als Dritte Hauptverwaltung Spionageabwehr in das Ministerium für Staatssicherheit eingegliedert wurde.

Auf dem Gebiet der sowjetischen Besatzungszone gab es die Besonderheit, dass Generaloberst Ivan Alexandrovic Serov als stellvertretender SMAD-Chef für das Aufspüren und die Festnahme von Spionen, Diversanten, Terroristen und anderen aktiven Elementen – mithin Zivilisten – zuständig und zugleich NKWD-Bevollmächtigter für die sowjetischen Streitkräfte war. Damit war er einer der mächtigsten und gefürchtetsten sowjetischen Offiziere in Deutschland.

War ein Deutscher erst einmal in das Visier des NKWD geraten, waren Schuld oder Unschuld zweitrangig geworden. Chancen, seine Unschuld zu beweisen, wurden erst gar nicht eingeräumt. »Geständnisse« wurden oft durch Folter erzwungen und dienten zur Aburteilung durch die Militärtribunale, die ihre Urteile im Schnellverfahren fällten. Das Präsidium des Obersten Sowjets hatte am 22. Juni 1941 diese Tribunale für Gebiete, »die unter Kriegszustand stehen« per Erlass geschaffen. Da der Kriegszustand mit Deutschland auch nach der Kapitulation fortbestand, waren die Militärtribunale für die Aburteilung von Verbrechen, »von wem auch immer sie begangen wurden«, zuständig.[4]

Die Sowjetischen Militärtribunale (SMT) wandten üblicherweise die Artikel 58-8 (Terror), 58-9 (Diversion) und 58-11 (Untergrundorganisation) an. Sie waren Grundlage für schwerste Strafen, häufig den Tod durch Erschießen. Für die Sowjetischen Militärtribunale boten sich diese Artikel besonders deshalb an, weil die Begriffe Terror, Diversion und Untergrund-Organisation weit auslegbar waren. So konnte in der sowjetischen Besatzungszone beispielsweise für Wirtschaftssabotage die Todesstrafe verhängt werden. Wirtschaftssabotage aber bedeutete bereits, ein Produktionssoll oder die Ablieferungspflicht an Kartoffeln oder Fleisch nicht erfüllt zu haben.

Mit ihren willkürlichen Verhaftungen und Verurteilungen glaubte sich die SMAD im Recht, denn der Alliierte Kontrollrat hatte ihr praktisch einen Freibrief ausgestellt. In der »Direktive Nr. 38« vom 1. Oktober 1945 war die Bestrafung von Kriegsverbrechern festgelegt worden, aber auch die Inhaftierung von Personen, die den Zielen der Alliierten gefährlich werden konnten. In der Praxis zeigte sich, dass allein das Abreißen von Wahlplakaten oder Aufrufen der SED bereits als Gefährdung der Ziele der Sowjetunion verfolgt und mit härtesten Strafen sanktioniert wurde. Keine andere Besatzungsmacht missbrauchte diesen Passus derart, wie es die Sowjetunion tat.

Die Verfahren vor den Militärtribunalen sprachen jedem rechtsstaatlichen Denken Hohn. Nachdem die Verhafteten ein »Geständnis« abgelegt hatten, kam es zu den meist nicht öffentlichen Verhandlungen.[5] Verteidiger gab es ebenso wenig wie Entlastungszeugen. Größtenteils waren die Strafen vor Beginn der Verhandlungen bereits festgelegt. Das Sondergericht mit der Feldpostnummer 49 240 führte beispielsweise wenige Tage vor dem Verhandlungstermin zur Probe eine so genannte vorbereitende Gerichtsverhandlung durch, bei der Urteil und Strafmaß bereits beschlossen wurden. Außerdem diente sie der Schulung der sowjetischen Militärjustizkader.

Neben dem sowjetischen Strafgesetzbuch bildete der SMAD-»Befehl Nr. 160« vom 3. Dezember 1945[6] eine weitere Grundlage für die Verhaftung oftmals Unschuldiger. Darin war festgelegt, dass Personen, »die Sabotageakte zwecks Lähmung der Tätigkeit der Unternehmer, zwecks ihrer Beschädigung oder Vernichtung ausüben«, mit Gefängnisstrafen bis zu 15 Jahren und in schweren Fällen zur Todesstrafe verurteilt werden mussten. Symptomatisch war das drakonische Vorgehen vor allem gegen Kinder und Jugendliche. In der Sowjetunion waren Kinder ab zwölf Jahren strafmündig und an dieses Recht hielten sich die Besatzer auch in ihrer Zone. Von den verurteilten deutschen Jugendlichen waren die meisten zwischen 14 und 20 Jahre alt. Diese Altersgruppe war auch besonders häufig von Todesurteilen betroffen. 1947 gehörten dieser Altersgruppe 66 von 79 an. Angesichts der Zustände in den sowjetischen Speziallagern auf deutschem Boden bedeutete jedoch häufig auch eine Haftstrafe in der Wirklichkeit das Todesurteil: Zwischen Mai 1945 und Februar 1950 starben mindestens 3 417 Kinder und Jugendliche allein in den Speziallagern auf dem Boden der sowjetische Besatzungszone an den Folgen von Folter ebenso wie an Entkräftung oder typischen Hungerkrankheiten wie Tbc. Viele erfroren im kalten Winter 1946/47 in den ungeheizten Baracken und Zuchthäusern.

»Werwolf«-Hysterie und Massenverhaftungen

Am 27. August 1945 ordnete Marschall Shukow mit »Befehl Nr. 42« an, dass alle Angehörigen der aufgelösten SS und SA, alle Mitarbeiter der Gestapo und alle Wehrmachtsangehörigen vom Dienstgrad eines Leutnants aufwärts sich bei den örtlichen Militärkommandanturen registrieren lassen mussten. Ihnen drohte die Internierung in den Speziallagern ebenso, wie allen Funktionären der NSDAP sowie deren zahlreichen Untergliederungen. Doch mochte es hierfür noch eine rechtliche Grundlage durch den Alliierten Kontrollrat gegeben haben, gingen die sowjetischen politischen Offiziere oder Kommandanten bei den Verhaftungen äußerst willkürlich vor. Eine Denunziation reichte, um für ein Verhör, das selten mit der Freilassung endete, festgenommen zu werden. Die frühere Tätigkeit als Blockwart, die Mitgliedschaft in der Hitler-Jugend oder im Bund Deutscher Mädel genügten, um vor ein Sowjetisches Militärtribunal gestellt zu werden. Die Verhandlungen waren geheim, die Strafen drakonisch. Verwandte erfuhren weder, weswegen man ihre Angehörigen angeklagt und verurteilt hatte, noch die Höhe der Strafe oder wo sie sich befanden. Das Strafmaß bewegte sich in der Regel zwischen zehn und 25 Jahren Zwangsarbeit, die viele der Verurteilten nicht überlebten, insbesondere dann nicht, wenn sie in Speziallager in der UdSSR gebracht wurden. Folter im herkömmlichen Sinn wurde zwar selten angewandt, doch Hunger und Kälte sowie im Gefolge Krankheiten schwächten die Gefangenen.

Unter dem Vorwand, es handele sich um Angehörige »illegaler Diversions- und Terrororganisationen und -gruppen und andere feindliche Elemente« kam es in der sowjetischen Besatzungszone zu Massenverhaftungen. Nach einem Bericht an die Moskauer Führung vom 10. September 1945 waren bis dahin 12 384 Personen mit dieser Begründung festgenommen worden.[7] Häufig wurde den Verhafteten vorgeworfen, es handele sich bei ihnen um »Werwölfe«, die Sabotageakte gegen die Besatzungstruppen ausüben wollten. In Berichten an Moskau war oftmals die Rede von solchen Gruppen, bei denen gewaltige Mengen an Munition gefunden worden seien. Bis zum 1. Oktober 1945 hatte sich die Zahl der aufgedeckten vermeintlichen »Werwolf«-Gruppen bereits auf 359 erhöht, hieß es in einem Rapport von Berija vom 24. Oktober 1945 an Stalin, Molotow und Malenkov.[8] 3 336 »Werwölfe« seien verhaftet, acht Granatwerfer, 89 Maschinengewehre, 2 169 Gewehre, 113 Maschinenpistolen, 564 Pistolen, 1 917 Panzerfaustgeschosse, 11 328 Granaten, 681 Minen, circa vier Millionen Patronen und etwa zwei Tonnen Sprengstoff beschlagnahmt worden.

Zum 1. Februar 1946 befanden sich 74 088 Personen in den sowjetischen Gefängnissen und Lagern auf dem Gebiet der SBZ. Serov hielt dazu fest: »Im Ergebnis operativer Maßnahmen zur Aufdeckung und Liquidierung faschistischer Untergrundorganisationen, die in unserer Zone agieren, wurden seit dem Zeitpunkt der Kapitulation Deutschlands von den MVD-Operativsektoren der Provinzen in Deutschland 832 Diversions- und Terrororganisationen liquidiert und mehr als 10 000 Angehörige verhaftet.«[9]

Glaubt man Serov, dann hatte die »Werwolf«-Bewegung in der sowjetischen Besatzungszone beträchtliche Ausmaße angenommen. Der Historiker Johannes Raschka mutmaßt jedoch, dass sich die Macht, die sich in Serovs Hand konzentrierte, vor allem auf der Angst der sowjetischen Militärbehörden vor »Werwolf«-Gruppen beruhte. Entsprechend intensiv habe Serov über Verhaftungen vermeintlicher »Werwölfe« berichtet und die unterschiedlichsten Zusammenschlüsse Jugendlicher als »Werwolf« deklariert. Je offensichtlicher sich der »Werwolf« als Chimäre entpuppt habe, desto größer sei der Widerstand von Serovs Gegnern gegen die Zusammenballung von Kompetenzen und Vollmachten geworden.[10]

Die Einrichtung der Speziallager

Anfangs wurden die Verhafteten, insbesondere aus den deutschen Ostgebieten, fast ausnahmslos in Lager in der Sowjetunion gebracht. Angesichts der großen Zahl von Festnahmen erließ Lavrentij Pavlovic Berija, Generalkommissar für Staatssicherheit, am 18. April 1945 jedoch einen Befehl, nach dem Festgenommene an Ort und Stelle in Haft gehalten werden sollten, also in der sowjetischen Besatzungszone. Vorgabe war es unter anderem, so hieß es in einer vorläufigen Anordnung vom 27. Juli 1945, die Gefangenen vollständig von der übrigen Bevölkerung und von der Entwicklung in der Zone zu isolieren. Dafür richtete die Besatzungsmacht ihre berüchtigten Speziallager ein, was zu den besonders düsteren Seiten der sowjetischen Besatzungszeit gehört. In der Missachtung selbst elementarster Menschenrechte kam die Herrschaftspraxis zum Ausdruck, wie sie Stalin gegenüber der eigenen Bevölkerung praktizierte: Terrormethoden, Verhaftungen, Todesurteile und Verbannung von politisch Missliebigen oder aus sonstigen Gründen in Ungnade Gefallenen gehörten zum sowjetischen Alltag. Dieses System übertrugen Berija und Serov nun auf die sowjetische Besatzungszone.

Die SMAD bediente sich hierfür auch früherer Konzentrationslager, da diese für ihre Zwecke und das Haftregime am besten geeignet waren, sowie ohnehin schon bestehender Zuchthäuser und Arbeitslager. In Thüringen beispielsweise war der operative Sektor des NKWD mit der Suche nach einem geeigneten Lager beauftragt. Der Chef dieser Einheit, Generalmajor Beshanow, bat Serov am 26. Juli 1945 um Weisungen zur Einrichtung von Spezial- und Kriegsgefangenenlagern auf thüringischem Gebiet, in die »Arrestierte und Aussortierte« überstellt werden könnten.[11] Ein Hauptmann Matuskow machte sich daraufhin auf die Standortsuche und teilte sein Ergebnis entsprechend der Weisung Nr. 069 vom 3. August 1945 dem Leiter der Abteilung Speziallager des NKWD, Oberst Swiridow, mit:[12]

»1. Bei der Besichtigung des Kon[zentrations]lagers Buchenwald, das 8 km von der Stadt Weimar entfernt auf einer Anhöhe in einem Buchenwald liegt, stellte sich heraus:
Aufnahmefähigkeit 10 bis 15tausend Personen.
Die Baracken sind aus Holz und zum Teil aus Ziegelsteinen, ohne Umzäunung, die vorhandene Umzäunung aus Drahtzaun um das große Gelände ist verfallen.
Es ist keine Bäckerei vorhanden, Licht- und Wasseranlagen sind defekt, Wasser gibt es nur nachts, die angrenzenden SS-Kasernen sind durch die 13. Flakdivision der 8. Armee belegt, die übrigen Wohnunterkünfte beim Lager nicht.

2. In der Stadt Erfurt:

a) ehemaliges Russenlager ist ausgestattet. Aufnahmefähigkeit 10[tausend] Personen, belegt durch die 13. Art[illerie]brigade der 8. Armee.
Lager repatriierter Sowjetbürger vollständig ausgerüstet, seine Aufnahmefähigkeit 10tau[send Personen]. Gegenwärtig ist es von niemandem belegt, die Wache wird von der 22. Art[illerie]division gestellt, sie hat offensichtlich die Absicht, Truppenteile unterzubringen.
Polnische Polizeikasernen [Lager], seine Aufnahmefähigkeit 10taus[end] Personen, ist ausgerüstet, [besteht] aus 11 dreistöckigen

Gebäudeblocks und Nebengebäuden, umzäunt durch eine Ziegelmauer, liegt 3 km von der Stadt Erfurt entfernt unweit eines Bahnhofs, isoliert von der Bevölkerung. Belegt vom 246. Art[illerie]regiment der 13. Art[ilelrie]div[ision] der 8. Armee.

Schlussfolgerungen: Zweckmäßig für die Einrichtung eines neuen Lagers sind die polnischen Polizeikasernen, ebenso geeignet ist das Lager repatriierter Sowjetbürger. Bei den Gesprächen mit dem Kommando der 8. Armee über den Vorschlag eines Lagerstandortes hatte besonders das Mitglied des Kriegsrates der Armee Gen. Pronin keine Einwände gegen eine Übergabe der polnischen Polizeikasernen an uns, aber der Stabschef der Armee, Generalmajor Beljawski stellt uns nur das Lager Buchenwald zur Verfügung, das meines Erachtens aus den dargelegten Gründen ungeachtet seiner Größe zur Verlegung unseres Lagers nicht geeignet ist.«

Innerhalb kurzer Zeit richtete die Besatzungsmacht zehn Speziallager zwischen Elbe und Oder ein, und zwar:

SpezLager Nr 1: Mühlberg/Elbe, vorher als deutsches Kriegsgefangenenlager Stalag IV B genutzt;

SpezLager Nr. 2: Buchenwald, zuvor Konzentrationslager;

SpezLager Nr. 3: Hohenschönhausen (Berlin); die ehemalige Großküche, wurde später von der Staatssicherheit der DDR weiterbetrieben;

SpezLager Nr. 4: Bautzen (ab 1948 SpezLager Nr. 3), zwischen 1900 und 1904 als Zuchthaus gebaut;

SpezLager Nr. 5: Ketschendorf/Fürstenwalde, auf dem Gelände einer Arbeitersiedlung der deutschen Kabelwerke errichtet;

SpezLager Nr. 6: Jamlitz, ehemaliges Außenlager des KZ Sachsenhausen;

SpezLager Nr. 7: Weesow (im August 1945 geschlossen und nach Sachsenhausen verlegt);

SpezLager Nr 7: Sachsenhausen (ab August 1945 mit dieser Nummerierung), ehemaliges NS-Konzentrationslager;

SpezLager Nr. 8: Torgau (Fort Zinna), ehemaliges Wehrmachtsgefängnis;

Appell im befreiten Konzentrationslager Buchenwald. Anschließend nutzte es die sowjetische Besatzungsmacht als eines ihrer berüchtigten Speziallager.

SpezLager Nr. 9: Fünfeichen (Neubrandenburg), ehemaliges Kriegsgefangenenlager Stalag II A;

SpezLager Nr. 10: Torgau (Seydlitz-Kaserne), ehemalige Wehrmachtskaserne.

Im Speziallager Nr. 3 in der Berliner Genslerstraße befand sich die zentrale Verwaltung für alle Speziallager in der SBZ, die von Michail J. Swirodow geführt wurde. Das Speziallager Sachsenhausen Nr. 7 wurde mit rund 60 000 Häftlingen innerhalb von fünf Jahren zum größten von Stalins Speziallagern in Deutschland. Mindestens 26 143 Häftlinge starben hier an Hunger und Krankheiten, Kälte und Misshandlungen.

Interventionen der SED

Die willkürlichen Verhaftungen und ihre hohe Zahl beunruhigten die Bevölkerung und schadeten der SED, da sie ohnehin als »Russenpartei« angesehen wurde. Offensichtlich versuchte die Parteiführung mehrfach, bei Serov zu intervenieren, um ihn zu einer Änderung des

Vorgehens zu bewegen. Am 8. August 1946 sprach der SED-Vorsitzende Wilhelm Pieck das Thema bei einem Treffen mit NKWD-Kapitän Ruschin[13] im Berliner Parteihaus an. In Piecks Notizen ist dazu zu lesen, dass Fragen der Methoden und der gemachten Fehler erörtert wurden. Augenscheinlich brachte Pieck Vorwürfe der Bevölkerung vor, hauptsächlich, dass die Angehörigen bei Festnahmen nicht benachrichtigt wurden und dass die Verhafteten spurlos verschwanden. Bezeichnenderweise war offizieller Gegenstand des Treffens die Besprechung über »oppositionelle Treibereien«. Von Sabotage, Terror und Diversion, die doch immer wieder als Grund für die Festnahmen angegeben wurden, war keine Rede.[14]

Ein weiteres Mal wurde Pieck am 9. Juli 1947 bei der SMAD wegen der hohen Zahl von Verhaftungen vor allem Jugendlicher vorstellig. Von sowjetischer Seite nahmen der Chef für Sicherheitsfragen auf der Landesebene Berlin, Generalleutnant A. M. Sidnew, und Kapitän Roschtschin daran teil. Pieck notierte als Stichworte: »Verhaftungen von Jugendlichen. (Werwolf) Liste von Jugendlichen zuverlässiger Eltern – eine Anzahl entlassen. (…) Benachrichtigung von Angehörigen – ›Verschwinden von Leuten‹«.[15] Auch am 14. Mai 1948 war bei einem Treffen zwischen der SED-Spitze und SMAD-Vertretern das Schicksal der NKWD-Opfer ein Thema. Piecks Notizen hierzu ist zu entnehmen, dass die sowjetische Administration der deutschen Kriminalpolizei die Untersuchungen aus der Hand nahm, ohne dass diese etwas dagegen hätte tun können. Erwähnt wurde bei dieser Gelegenheit der Begriff der »Edelweißpiraten«, die von den sowjetischen Dienststellen fälschlicherweise für antisowjetische Untergrundkämpfer gehalten wurden.

Die Mär von Agenten und Spionen

Hatte das NKWD 1945 und Anfang 1946 noch zahlreiche Einwohner der Besatzungszone unter dem Verdacht festgenommen, aus dem Untergrund gegen die Rote Armee kämpfen zu wollen, mag das noch nachvollziehbar gewesen sein. Das galt aber nicht mehr für die Verhaftungswellen des Jahres 1948, über die Generaloberst Nikolai Kusmitsch Kowaltschuk, Chef des MGB in der sowjetischen Besatzungszone, am 10. November 1948 Pieck unterrichtete.[16]

Vorgelegt wurden Listen von 486 verhafteten Jugendlichen, von denen 206 wieder entlassen worden waren, sich 98 in Gewahrsam befanden, 95 in Lagern und Gefängnissen gestorben, 39 wegen »ernster Verbrechen« verurteilt und zwei erschossen worden waren. In der Zeit vom 1. Juli bis 1. Oktober 1948 hatte es 231 Verhaftungen wegen sowjetfeindlicher »Terror- und Sabotageakte« gegeben. In Sachsen-Anhalt war ein »feindlicher Spionagering« mit 28 Personen aufgedeckt worden und darüber hinaus diese vermeintlichen Spionage- und Terrorgruppen:

»Lübbenau – August 1948 – verhaftet 10 (...) Aufgabe für amerik. Geheimdienst (...)

Edelweiß-Club – Güsten/Sa. 12 [verhaftet] Jugend – Diversionen – Sprengungen Eisenbahn – Terrorakte gegen SED-Funktionäre im Kriegsfalle – Zersetzung FDJ-Org. Sprengungen von Parteigebäuden – Bürgermeister – Waffen – Gift beschlagnahmt

Sangershausen illegal. fasch. Gruppe. 6 Angehörige Waffen-SS-(illegale Störungsarbeit)

Seehausen – illegal. Gruppe 5

Brandenburg – Waffen, Patronen – Attentat auf sow. Bes.-Truppen 21.7., 27.9., 38 Mann ›Immer bereit sein‹. Geleitet von Frankf.a./M.«

Wegen sowjetfeindlicher Untergrundbewegung, Tätigkeit und Propaganda hatte das NKWD weitere 129 »Agenten« verhaftet, unter anderem in Rostock. Darüber hinaus war ein Bürgermeister festgenommen worden, weil er die SPD begünstigte. Gruppen von Jugendlichen in Weimar, die Flugblätter und Plakate verbreitet und Material über die »Demontierung«, gemeint war Demontage, gesammelt hatten, waren ebenfalls in Haft genommen worden.

Zu Zeiten der DDR war es denen, die die sowjetischen Speziallager überlebt hatten, strikt verboten, über ihre Haftzeiten oder die Haftgründe zu sprechen. Erst nach der Wiedervereinigung wurden Einzelheiten bekannt. Da es zahlreiche Veröffentlichungen über Stalins Lager in Deutschland gibt, soll hier nicht näher darauf eingegangen werden. Erwähnt werden muss aber das Ausmaß des Staatsterrors, unter dem die Menschen in der sowjetischen Besatzungszone litten.

Das sowjetische Innenministerium räumte in einer Denkschrift 1990 ein, dass zwischen 1945 und 1950 von 122 671 gefangenen Deutschen 42 889 in den Speziallagern gestorben waren. 42 262 sind demnach wieder freigekommen, die übrigen wurden in andere Einrichtungen überstellt.[17]

42 000 Tote klagen an

Die sowjetische Denkschrift gibt auch keine Auskunft darüber, wie viele von den Freigelassenen die Folgen der Haft nicht überlebten, denn in der Mehrzahl litten sie an Krankheiten wie Lungen-Tbc, Herzschwäche und Unterernährung. 1950 löste die Sowjetunion die Speziallager in Deutschland offiziell auf. Aus den noch bestehenden Lagern Bautzen, Buchenwald und Sachsenhausen sollten 15 088 entlassen und 13 945 an die inzwischen gegründete DDR übergeben werden. 3 432 ehemalige Gefangene, die von der SMAD zur Verurteilung durch DDR-Gerichte bestimmt waren, wurden ins Zuchthaus Waldheim verlegt, mehr als 1 100 Frauen ins Zuchthaus Hoheneck. 248 bereits Verurteilte oder noch unter Anklage stehende Deutsche, denen vorgeworfen worden war, besonders schwere Verbrechen gegen die Sowjetunion begangen zu haben, wurden von der UdSSR übernommen. Bei der Auflösung des Speziallagers Bautzen fand die Volkspolizei 30 Kleinstkinder vor, deren Existenz unbekannt gewesen war. Die Kinder wurden in einem Kinderheim untergebracht. Im Dezember 1955 überstellte die Sowjetunion 260 Gefangene, darunter drei Frauen, nach langjährigen Haftstrafen in sowjetischen Lagern an die DDR.

So erschreckend diese Zahlen sind, sie waren tatsächlich weitaus höher. Dies geht aus Dokumenten der Washingtoner National Archives hervor.[18] (Siehe Tabelle)

Selbst diese Angaben müssen ergänzt werden, denn sie berücksichtigen weder die bis 1946 auf dem Gebiet des heutigen Polens existierenden Lager, noch die auf den Transporten Gestorbenen, die bei der Verhaftung Erschossenen und auch nicht die bei den Verhö-

Lager	Insassen	Tote
Bautzen	30000	16700
Buchenwald	30600	13200
Hohenschönhausen	12000	3500
Jamlitz	14200	5200
Ketschendorf	19850	7200
Landsberg	9800	3800
Mühlberg	21750	8800
Fünfeichen	17200	6700
Sachsenhausen	60000	26143
Weesow	13750	1400
Torgau	11050	3000
Gesamt	240000	95643

ren und Folterungen durch das NKWD Umgekommenen. Weiteren Aufschluss geben hier Zahlen, die der Historiker Norman Naimark nennt. Sie basieren auf einem Dokument, das von einem Hauptmann Skworzow aus der für die Speziallager zuständigen MWD-Abteilung stammt.[19] Danach waren in der sowjetischen Besatzungszone 153 953 Personen verhaftet worden, davon 119 743 Deutsche. 1 148 wurden in die UdSSR verbannt, 5 035 in Spezialkontingenten dorthin deportiert. 6 680 Festgenommene wurden in Kriegsgefangenenlager geschickt, 5 297 den Militärtribunalen übergeben. 30 519 Freigelassenen stehen 41 907 gestorbene Häftlinge gegenüber. Erschossen wurden 756, geflohen waren 109, von denen 22 wieder gefasst wurden.

Im Zusammenhang mit der Gründung der Deutschen Demokratischen Republik kam es am 10. November 1949 zu einer Besprechung, an der unter anderem Wilhelm Pieck, Marschall Wassilij Iwanowitsch Tschuikow und einer der Stellvertreter des Hohen Kommissars und späteren Botschafters Wladimir Semojonowitsch Semjonow teilnahmen. Im Mittelpunkt stand die Übergabe der Verwaltungsfunktionen an die DDR-Behörden und die Bildung einer 4 000 Mann starken Sowjetischen Kontrollkommission, nicht zuletzt aber die Auflösung der sowjetischen Speziallager in Deutschland.[20] Man war sich einig, die Gefangenen noch einmal zu überprüfen und sie dann in Kategorien einzuteilen: in die an die deutsche Verwaltung auszuliefernden, in jene, die unter Umständen amnestiert werden könnten, in solche, die sich nunmehr vor deutschen Gerichten verantworten mussten, und in »Spione und Diversanten«, die der sowjetischen Gerichtsbarkeit unterlagen.

Mit der Schließung der Spezial- und Internierungslager wurden 15 038 Gefangene entlassen einschließlich 5 504 Personen, die von Sowjetischen Militärtribunalen verurteilt worden waren.[21]

Dem DDR-Ministerium des Innern wurden 10 515 Gefangene übergeben, die ihre Strafe nun unter DDR-Hoheit zu verbüßen hatten. Bei weiteren 3 324 Internierten sollte die DDR-Justiz Untersuchung und Verurteilung übernehmen. Im Zusammenhang mit dem Wechsel der Zuständigkeiten für die Gefangenen waren im Ministerium des Innern knapp 800 Vorschläge für vorzeitige Haftentlassungen gemacht worden. Chefinspekteur Röbelen vom Ministerium des Innern lehnte 58 Anträge ab. In den Genuss der Amnestie kamen dagegen Jugendliche, die bis 1947 wegen Waffenbesitzes oder Untergrundtätigkeit verhaftet worden waren, ebenso im Jahr 1948 Verhaftete, »wenn sie besonders jung gewesen sind«.[22]

Die Unrechtsprozesse von Waldheim

Eine große Zahl von Gefangenen, die die DDR von der SMAD übernommen hatte, wurde in das berüchtigte Zuchthaus Waldheim, 40 km von Chemnitz entfernt, gebracht. Sie kamen vorwiegend aus den NKWD-Speziallagern Bautzen, Sachsenhausen und Buchenwald und wurden nun von deutschen Richtern, so wie sie es von ihren sowjetischen Vorbildern gelernt hatten, in Schnellverfahren abgeurteilt. Zwischen April und Juni 1950 wurde gegen 3 442 politische Gefangene verhandelt, denen in der Mehrzahl Kriegsverbrechen oder Verbrechen gegen die Menschlichkeit vorgeworfen wurden. Die Verhandlungen dauerten nur wenige Minuten, die Urteile waren vorher festgelegt. Die Richter beriefen sich auf Untersuchungsunterlagen, die sie von sowjetischen Ermittlern erhalten hatten. Etwaige Geständnisse waren unter Folter erzwungen worden, Rechtsbeistände gab es nicht, die Richter waren von der SED bestimmt worden. Bei ihnen handelte es sich um so genannte Volksrichter, die in Kurzlehrgängen kaum juristisches Handwerk gelernt hatten, dafür aber umso linientreuer waren. Liefen die meisten Verhandlungen unter Ausschluss der Öffentlichkeit, hatte die SED für einige wenige Fälle Schauprozesse angeordnet, die im Rathaussaal Waldheim stattfanden. Die Zuhörer mussten von Betriebsdelegationen aus Chemnitz und Umgebung gestellt werden. Der Landesvorstand des FDGB-Sachsen war hierfür verantwortlich. Dass nicht Recht gesprochen, sondern politische Prozesse geführt werden sollten, ging aus einem Vermerk des Kleinen Sekretariats des ZK der SED vom 12. Juni 1950 hervor. In einem Kommuniqué sollte das Amt für Informationen die Bevölkerung auf die Prozesse hinweisen. »In dem Kommuniqué muss die politische Bedeutung dieser Prozesse im Kampf um den Frieden und die demokratische Einheit zum Ausdruck kommen.«[23]

In nur vier Fällen kam es zu Freisprüchen. Gegen 32 Angeklagte wurde die Todesstrafe verhängt; sieben Todeskandidaten wurden begnadigt, zwei starben vor der Hinrichtung, 24 Todesurteile wurden vollstreckt. Die übrigen Strafen lauteten zwischen 15 und 25 Jahren Zuchthaus. 75 Verurteilte hatten die Wiederaufnahme ihres Verfahrens beantragt, doch das war politisch nicht gewollt. Hauptabteilungsleiter Böhme vom Justizministerium hielt in einem Vermerk vom 12. Dezember 1951 fest, Minister Max Fechner sei der Auffassung, »dass diese Verfahren in keinem Falle nochmals durchgeführt, also wieder aufgenommen werden sollen«.[24] Fechner habe vorgeschlagen, den Gesuchstellern mitzuteilen, ihre Angelegenheit sei noch einmal überprüft worden, doch lägen die Voraussetzungen für eine Wiederaufnahme der Verfahren nicht vor.

Erst nach weltweiten Protesten nahm die SED-Führung den dritten Jahrestag der DDR-Gründung zum Anlass, um eine Amnestie der Waldheim-Gefangenen vorzubereiten. Zur Durchführung wurde beim Ministerium für Staatssicherheit unter Wilhelm Zaisser eine

Kommission eingesetzt, die die Akten sämtlicher in Waldheim einsitzender Verurteilter überprüfen und zu jedem Gefangenen ein Urteil abgeben sollte.[25] Generalstaatsanwalt Ernst Melsheimer übermittelte am 14. März 1952 Oberst Wassilij Fjodorowitsch Titow, Leiter der Abteilung für Verwaltungsfragen für Justizangelegenheiten der Sowjetischen Kontrollkomission, eine Liste mit Namen von Häftlingen, deren Verurteilung noch ausstand und bei denen eine Begnadigung aus Sicht der SED ausgeschlossen war. Hinter jedem Namen hatte Melsheimer die Höhe der von der Partei bestimmte Strafe festgehalten: von drei bis zwölf Jahren Zuchthaus.[26] Schließlich hatte die Kommission der Staatssicherheit 3 030 Gefangene überprüft und 625 zur Entlassung vorgeschlagen. Hinzu kamen 150 in Berlin überprüfte Gefangene, von denen 19 entlassen werden sollten.[27] Weitere 525 Gefangene schlug dann Justizministerin Hilde Benjamin am 22. Mai 1955 dem DDR-Präsidenten zur Begnadigung vor.[28]

Brandenburg-Goerden: Zentral-Zuchthaus »nach 201«

Im Vorfeld der Auflösung der Speziallager hatte die SMAD der Justizverwaltung den Auftrag erteilt, das Zuchthaus in Brandenburg-Goerden als zentrale Anstalt für die Unterbringung von Gefangenen, die nach »Befehl Nr. 201« verurteilt waren, also vorwiegend ehemalige Nationalsozialisten, herzurichten. Die Rote Armee selbst hatte das Zuchthaus, in dem die Nationalsozialisten 1 722 Menschen hingerichtet hatten, bis 1947 als Haftanstalt für so genannte Kollaborateure genutzt, vorwiegend für Angehörige der Wlassow-Armee.[29] Ende 1948 erging der Befehl, das Zuchthaus schnellstens für die Aufnahme von zunächst 100 Gefangenen im Januar 1949 und weiteren 200 im Februar bereit zu machen. Nur etwa zwei Wochen blieben der Justizverwaltung, um dem Befehl der SMAD nachzukommen.[30] Trotz der hohen Kosten, der Schwierigkeit, das Zuchthaus auszustatten und Personal zu beschaffen, wurde die Anstalt rechtzeitig belegt, doch gab sich die SMAD nicht zufrieden und äußerte ihren Unmut bei einer Besprechung am 28. April 1949 in Karlshorst. Der entsprechende Vermerk lässt tiefe Einblicke in das Verhältnis von Siegern und Besiegten und

Aufmarsch sowjetischer Soldaten in Chemnitz. Später blieben die Soldaten weitgehend in den Kasernen.

in die Psyche der Sieger zu. Neben Max Fechner nahm Werner Gentz von der Justizverwaltung teil, der den Vermerk verfasste:[31]

»Herr Karassew erkundigte sich über den Fortgang der Arbeiten in Goerden. Er äußerte sich sehr unzufrieden darüber, dass die dortigen Angestellten keine Waffen hätten und keine Uniform trügen. Dr. Gentz trug vor, welche Schritte bisher vergeblich unternommen worden sind, um die erforderlichen Waffen für die Angestellten zu erhalten, und dass Herr Locherer eben zur Zeit sich wieder in Potsdam befinde, um über diese Angelegenheit mit Landespolizeichef Staimer zu verhandeln. Herr Karassew forderte, dass binnen 48 Stunden die erforderlichen Waffen beschafft würden. Er werde am 30.4.49 selbst nach Brandenburg fahren, um sich davon zu überzeugen, dass der Befehl ausgeführt worden ist. (…)

Herr Karassew wünschte, dass vordringlich auch die Frage der Uniformierung der Aufsichtskräfte geregelt werde.

Er gab ferner den Auftrag, beschleunigt die weitere Materialbeschaffung zu betreiben und notfalls eine Sondermittelbewilligung im Vorgriff auf den Etat 1949 bei der DWK zu erwirken.

Herr Karassew erklärte es für erforderlich, dass die vier Ecktürme des Anstaltsgeländes ständig von einem Angestellten besetzt seien, um Entweichungen zu verhindern.

Herr Karassew ließ sich darüber unterrichten, wie das Aufsichtspersonal in Brandenburg zusammengesetzt ist, wie es gewonnen, sowie welcher Weg bei den Einstellungen eingeschlagen wird. (…)

Herr Karassew ordnete an zu prüfen, in welchem Umfange es möglich ist, Gefängnisse, die nur ein paar Mann Belegung aufweisen, überhaupt zu schließen, um auf diese Weise Aufsichtskräfte einzusparen und wirtschaftlicher zu arbeiten.«

»Ein Schandfleck der Justiz«

Im August 1949 begann die SMAD mit der Räumung der großen Untersuchungshaftanstalten in Bautzen und Zwickau. Aber selbst nachdem die Speziallager offiziell aufgelöst waren, unterhielt das NKWD weiterhin eigene Haftanstalten, so in Halle, Dresden und Chemnitz. Das Justizministerium der neu geschaffenen DDR unter seinem Minister Max Fechner bemühte sich um die Freigabe dieser Haftanstalten sowie der Gerichtsgefängnisse Potsdam, Luckenwalde und Eberswalde. Die Justizverwaltung benötigte sie dringend, denn die DDR-Zuchthäuser und -Gefängnisse waren völlig überbelegt. Am 17. Mai 1950 schilderte Fechner in einem Schreiben an die Abteilung Justiz der Sowjetischen Kontrollkommission die Situation in den DDR-Haftanstalten und verband damit die Bitte, von den Sowjets noch nicht freigegebene Gefängnisse zu übernehmen.[32] Zur Unterbringung der aus den Internierungslagern überstellten Häftlinge habe die Justizverwaltung der Deutschen Volkspolizei zuständigkeitshalber eine Reihe von Vollzugsanstalten überlassen. Dadurch sei es in den Anstalten, die der Justizverwaltung geblieben seien, zu einem empfindlichen Haftraummangel gekommen. In den »Besonderen Vollzugsanstalten« des Landes Brandenburg seien bei einer Kapazität von 372 Plätzen 697 Gefangene untergebracht. Auch die Gerichtsgefängnisse seien mit 1 594 Gefangenen überbelegt. In bemerkenswerter Offenheit beschrieb Fechner dann die Verhältnisse in den Gerichtsgefängnissen Luckenwalde, Eberswalde und Potsdam, die er als menschenunwürdig bezeichnete. Das Behelfsgefängnis Luckenwalde war in einer ehemaligen Dachwohnung eingerichtet und derart unsicher, dass die Polizeiverwaltung eine Bewachung abgelehnt hatte, um ihre Angestellten nicht der Gefahr auszusetzen, »für das Entweichen von Gefangenen haftbar gemacht zu werden«.

Das Behelfsgefängnis in Eberswalde war ebenfalls nicht ausbruchssicher, die Wände zwischen den Zellen bestanden aus einfachen Brettern. Es verfügte weder über Kanalisation, noch über Gas- oder Wasseranschluss. Das Gesundheitsamt Eberswalde hatte bei einer Besichtigung festgestellt, dass die Unterbringung der Gefangenen »jeder hygienischen Grundforderung Hohn spricht«. Ähnlich schlimm waren die Verhältnisse im Potsdamer Behelfsgefängnis im zweiten Stock des Polizeigefängnisses. 202 Häftlinge waren in Räumen untergebracht, die für 51 ausgelegt waren. Während der brandenburgische Justizminister die Zustände »als einen Schandfleck in der brandenburgischen Justiz« bezeichnete, waren die eigentlichen Gerichtsgefängnisse unter Oberhoheit der Sowjetischen Kontrollkommission mit nur wenigen Häftlingen der Besatzungsmacht belegt, das Cottbuser Gefängnis stand sogar völlig leer. Ohne weiteres wollten sich die sowjetischen Dienststellen jedoch nicht von den Gefängnissen trennen. In Dresden stimmten sie zwar im Juli 1950 der Freigabe des Untersuchungsgefängnisses am Münchener Platz zu, verlangten dafür aber im Tausch das Gebäude des sächsischen Justizministeriums mit dem angrenzenden Untersuchungsgefängnis für sich.[33]

Das Sagen in der DDR hatte also weiterhin die Sowjetische Kontrollkommission, ähnlich wie die Hohen Kommissare in Westdeutschland – dort allerdings in geringerem Maß. So bedurfte es der Zustimmung der Kontrollkommission, wenn beispielsweise durch Militärtribunale Verurteilte vorzeitig entlassen werden sollten. Erst mit dem Vertrag über die Beziehungen zwischen der DDR und der UdSSR vom 20. September 1955 fand die sowjetische Rechtssprechung gegenüber den Deutschen in der DDR durch Militärtribunale ihr Ende.

»Nichts als eine überflüssige Quälerei«

Der gravierende Charakter mancher sowjetischer Eingriffe in das Alltagsleben wird besonders deutlich aus einem Befehl zur Behandlung von Untersuchungsgefangenen, den die SMAD Mitte 1948 erteilte. Der Leiter der Justizverwaltung, Fechner, antwortete mit einem umfangreichen Schreiben darauf und versuchte, den Leiter der SMAD-Rechtsabteilung zu einer Korrektur der Anordnungen zu bewegen:[34]

»Zu Ziffer 1. Es ist unmöglich, aus einer Zelle alle Dinge zu entfernen, mit denen ein Gefangener sich oder andere verletzten kann. Dazu kann er ein loses oder abgebrochenes Bein seines Sitzschemels oder ein Stück Eisen von seiner Bettstelle genau so gut benutzen, wie Glasscherben aus dem zertrümmerten Zellenfenster. (...) Alle Glassachen aus der Zelle zu entfernen, führt zu Maßnahmen, die die primitivsten Lebensbedürfnisse der Gefangenen beeinträchtigen. So wird verlangt, dass die Gefangenen ihre Wasserkrüge und Wasserbecher abgeben. Sie werden dadurch zum Dursten genötigt, weil es bei einer großen Anstalt, zumal wenn auf möglichste Verringerung des Personals Wert gelegt werden soll, unmöglich ist, so viel Aufsichtskräfte ständig im Dienst zu halten, wie nötig sind, um den Gefangenen, wenn sie Durst haben, Wasser zu reichen. Die Anordnung hat bereits dazu geführt, den Gefangenen die ärztlich verordneten Medizinen, die sie in bestimmten Abständen einzunehmen haben, wieder fortzunehmen, weil sie in Glasfläschchen geliefert werden. Die Anordnung hat dazu geführt, ihnen kleine Porzellan- oder Steingutschälchen fortzunehmen, in denen sie die Fettration, die Zuckerration, die Marmeladenration aufbewahrten, die sie zugeteilt erhielten. Dadurch werden sie genötigt, diese Dinge in hygienisch nicht zu verantwortender Weise auf Papierstückchen aufzuheben. (...) Den Gefangenen auch das Essgeschirr (den Blechnapf oder Steinguttopf) aus der Zelle herauszunehmen, hat überhaupt keinen Sicherheitswert und ist für viele Gefangene, die ihre Essensportion namentlich für die 12 bis 14

Stunden zwischen Abendbrot und Frühstück auf mehrere Mahlzeiten einzuteilen gewohnt oder aus gesundheitlichen Gründen gezwungen sind, nichts als eine überflüssige Quälerei. (…)

Zu Ziffer 3: Den Gefangenen die Hosenträger und Gürtel fortzunehmen, ist eine überflüssige Maßnahme, die sie dazu zwingt, ihre Hosen und Unterkleidung ständig mit den Händen festzuhalten, sobald sie stehen oder gehen; es macht sie lächerlich und tötet das Gefühl für Menschenwürde in ihnen; es sind Menschen, deren Schuld noch nicht feststeht. Man kann sie nicht schlechter behandeln als bereits Verurteilte.

Zu Ziffer 5 und 6: Weshalb ein Untersuchungsgefangener nicht ein Bild eines Angehörigen (des Kindes, des Mannes, der Frau) oder eine Blume soll in der Zelle haben dürfen, ist unerfindlich. Das sind keine Gegenstände, die irgendwie die Sicherheit der Anstalt beeinträchtigen oder im Umgang mit ihm gefährlich sein können. Er muss solche Maßnahmen notwendigerweise als Schikane empfinden. (…)

Zu Ziffer 8: Untersuchungsgefangene zu keiner Arbeit zuzulassen, ist sinnlos und steht im Widerspruch zu den Bestrebungen des Zweijahresplans. (…) Im Übrigen zermürbt eine monatelange Einzelhaft ohne die Möglichkeit zu nutzbringender Arbeit in leerer Zelle einen Menschen in jeder Art und Weise. (…)«

Dass Fechner sich bei solchen Ansichten überhaupt politisch halten konnte, ist erstaunlich. Schließlich wurde er 1953 wegen parteischädigenden Verhaltens aus der SED ausgeschlossen und 1955 zu acht Jahren Zuchthaus verurteilt.

Die Fiktion von der wirtschaftlichen Einheit Deutschlands

Das absehbare Scheitern des Alliierten Kontrollrats

Der Alliierte Kontrollrat – in gewissem Maß als Vier-Mächte-Regierung für ganz Deutschland anzusehen – trat am 30. Juli 1945 unter dem Vorsitz des amerikanischen Oberbefehlshabers Dwight D. Eisenhower zu seiner ersten Sitzung im Gebäude des Berliner Kammergerichts zusammen. Beschlossen wurde, dass der Vorsitz monatlich wechseln sollte, vor allem aber, dass aus den bisher drei Sektoren Berlins ein vierter für Frankreich herausgeschnitten werden sollte.[1] Auf der 5. Sitzung am 10. September 1945 kamen die Alliierten überein, den deutschen Binnenverkehr wieder in Gang zu bringen und sprachen sich dafür aus, alle nicht notwendigen Beschränkungen im innerdeutschen Warenverkehr aufzuheben. Allerdings behielten sich die Militärgouverneure das Recht vor, die Lieferung von Mangelwaren aus ihrer jeweiligen Zone in eine andere zu verbieten. Noch wurde an der Einheit Deutschlands festgehalten, was aber angesichts der Tatsachen nur noch eine Fiktion war. So wurde am 20. September 1945 eine einheitliche Politik in der Frage der Ein- und Ausfuhren für Deutschland festgelegt. Außerdem sollten Gesetzeskopien und Informationen unter den Alliierten ausgetauscht werden, »um die gleichartige Behandlung der deutschen Bevölkerung, soweit es möglich ist, in ganz Deutschland durchzuführen«.[2] Die Bewaffnung der deutschen Polizei erlaubte der Kontrollrat am 30. Oktober 1945. Auf dieser Sitzung teilte Marschall Shukow seinen westlichen Kollegen mit, er habe für die SBZ die Schaffung von »anti-faschistischen Frauenausschüssen« genehmigt. Auf ihrer 12. Sitzung am 20. November billigten die vier Gouverneure nicht nur zwei Listen von Werken, die zur Demontage freigegeben wurden, sondern vor allem den Plan zur Umsiedlung von Deutschen. Die Vertreibung von über sechs Millionen Menschen wurde damit sanktioniert:

»1. Die gesamte aus Polen ausgewiesene deutsche Bevölkerung (3,5 Millionen Menschen) wird in die sowjetische und in die englische Besatzungszone Deutschlands aufgenommen.
2. Die gesamte aus der Tschechoslowakei, Österreich und Ungarn ausgewiesene deutsche Bevölkerung (3 150 000 Menschen) wird in die amerikanische, französische und sowjetische Besatzungszone Deutschlands aufgenommen.
3. Die vorläufige Verteilung dieser Bevölkerung auf die Zonen wird orientierungsweise folgende sein:
a) in die sowjetische Zone aus Polen: 2 000 000 Menschen, in die sowjetische Zone aus der Tschechoslowakei: 750 000 Menschen;
b) in die englische Zone aus Polen: 1 500 000 Menschen;
c) in die amerikanische Zone aus der Tschechoslowakei: 1 750 000 Menschen;
d) in die französische Zone aus Österreich: 150 000 Menschen.«[3]

In den ersten Monaten seines Bestehens fasste der Kontrollrat in der Tat noch Beschlüsse, die für ganz Deutschland galten. Dazu zählten die Schaffung eines Suchdienstes für vermisste Personen (17. September 1945), die Beschlagnahme und Auflösung der I.G. Farben (12. Oktober 1945), die Einführung einer für Deutschland einheitlichen Zeit (23. Oktober 1945), der Aufbau des gemeinsamen Hydrographischen Institutes in Hamburg (12. Dezember 1945) oder der uneingeschränkte Austausch von Elektroenergie und Gas zwischen den Zonen (17. Dezember 1945).

Das absehbare Scheitern des Alliierten Kontrollrats

Doch die Einigkeit im Kontrollrat begann zu bröckeln. Schon während der Pariser Außenministerkonferenz im Sommer 1946 war die Skepsis gewachsen, der Kontrollrat werde angesichts des Prinzips der Einstimmigkeit bei allen Beschlüssen in der Lage sein, sich auf wichtige Entscheidungen zu einigen. Eine Außenministerkonferenz in New York brachte im Dezember 1946 hinsichtlich eines Friedensvertrages mit Deutschland keine Fortschritte. Diese Frage sollte auf der Folgekonferenz in Moskau behandelt werden. Im Kontrollrat wurden die Standpunkte immer unversöhnlicher. Moskau verweigerte auf der Grundlage der Ergebnisse der New Yorker Außenministerkonferenz alle verlangten Angaben über die Zahl der Kriegsgefangenen, die Demontagen, die Reparationsentnahmen aus der laufenden Produktion und über die Besatzungskosten. Die Amerikaner verweigerten daraufhin ebenfalls die Nennung konkreter Zahlen, die Briten und Franzosen schlossen sich an. Wechselweise stellten Großbritannien und die Sowjetunion die Arbeit in verschiedenen Direktoraten und Unterorganen des Kontrollrats ein. Die Situation spitzte sich nach Bildung der Bizone am 1. Januar 1947 zu, als Marschall Sokolowskij den Westmächten vorwarf, wichtige Informationen vorzuenthalten, und gleichzeitig die Kompetenzen des Kontrollrats, soweit sie die SBZ betrafen, begrenzt wissen wollte. Auf der Moskauer Außenministerkonferenz zeigte sich, wie Gunther Mai beschreibt, die Unversöhnlichkeit der Standpunkte: Während die Westmächte zu der Erkenntnis gelangt waren, die eigene Rekonstruktion könne nur mit Deutschland verwirklicht werden, hielt die Sowjetunion an dem Wiederaufbau auf Kosten Deutschlands fest. Molotow erweiterte die Entmilitarisierung um Fragen der Demontagen und Reparationen, der Demokratisierung, der Landreform usw. und zielte somit auf eine radikale strukturelle Transformation. Die Westmächte beharrten dagegen auf Wirtschaftseinheit, Einheitlichkeit der politischen Organisation und demokratischen Prinzipien, definierten die ökonomische Sicherung der Lebenshaltung der Deutschen als Grundlage auch der Sicherheit der Alliierten.[4]

Einigung über Luftkorridore

Immerhin gelang es dem Kontrollrat, sich nach vielen Debatten auf rechtliche Grundlagen für die Zufahrtswege von und nach Berlin zu einigen. In der Reichshauptstadt Berlin lebten 3,17 Millionen Menschen nach dem Stand der Volkszählung vom 29. Oktober 1946, davon 1,17 Millionen im sowjetisch besetzten Sektor. Den westlichen Alliierten wurden auf der Sitzung am 5. Februar 1947 – reichlich spät also –

drei Luftkorridore zugestanden: Berlin–Hamburg, Berlin–Bückeburg und Berlin–Frankfurt/Main. Gleichzeitig wurde die gemeinsame Luftsicherheitszentrale, »Berlin Air Safety Center«, gebildet, die zum Zeitpunkt der deutschen Wiedervereinigung die letzte noch funktionierende Vier-Mächte-Einrichtung in Deutschland darstellte. Weitergehenden Vorstellungen der Westmächte erteilte die sowjetische Seite eine Absage. »Flugfreiheit über Deutschland« und die Bildung von besonderen Dienststellen auf Vier-Mächte-Basis hielt sie für überflüssig. Besonders dramatisch sollte sich schon bald die Tatsache auswirken, dass es für die Land- und Wasserwege nach Berlin nicht ähnlich verbindliche Regelungen wie im Luftverkehr gab. Das Versäumnis der Westmächte sollte dann die Blockade der Berliner Westsektoren erst möglich machen.

Weitere Konferenzen über Deutschland blieben ergebnislos

Die Moskauer Konferenz scheiterte ebenso wie die Vorkonferenzen vom 6. bis 22. November 1947 zur Londoner Außenministerkonferenz, bei denen man sich nicht einmal auf eine Tagesordnung hatte einigen können. Der Bruch zwischen den Westmächten und der Sowjetunion wurde immer offensichtlicher:

»Nach Molotows Bericht an Stalin über die Londoner Konferenz waren Sokolowskij und führende Repräsentanten der SMAD zu Beratungen nach Moskau beordert worden. Nach deren Rückkehr am 10. Januar 1948 verstärkte sich das propagandistische Trommelfeuer, da Stalin inzwischen davon ausging: ›Der Westen wird sich Westdeutschland zu eigen machen, und wir werden aus Ostdeutschland unseren eigenen Staat machen‹. (...) Hinzu trat der organisierte Druck ›von unten‹. Der Volkskongress protestierte gegen seine Nichtzulassung in den Westzonen bei den Zonenkommandeuren und beim Kontrollrat. Am 11. Februar 1948 trug Sokolowskij diesen Protest vor den Kontrollrat und verlangte, erwartungsgemäß vergeblich, die Genehmigung einer ›ungehinderten Tätigkeit‹ für diesen; Kulturbund, FDJ, SED und KPD appellierten öffentlich an den Kontrollrat und beantragten ebenfalls ihre gesamtdeutsche Zulassung.«[5]

Zentralregierung für die SBZ

Hatte sich die sowjetische Besatzungsmacht bisher einer Vielzahl von deutschen Zentralverwaltungen bedient, um ihre Zone zu verwalten, ordnete Marschall Sokolowskij mit »Befehl Nr. 32« am 12. Februar 1948 die Bildung der Deutschen Wirtschaftskommission (DWK) an. Zu ihren Aufgaben gehörte es, die Tätigkeit der Zentralverwaltungen zu koordinieren. Sie war verantwortlich für die termingerechte Lieferung der Reparationsleistungen sowie für die Versorgung der sowjetischen Streitkräfte, und sie erhielt das Recht, »Verfügungen und Instruktionen, die für alle deutschen Organe im Gebiet der sowjetischen Besatzungszone Deutschlands in Einklang mit der von der Sowjetischen Militär-Administration festgesetzten Ordnung verbindlich sind, zu beschließen und zu erlassen sowie deren Durchführung zu prüfen.«[6] Damit hatte Moskau erstmals eine Zentralregierung für sein Besatzungsgebiet in Deutschland installiert, die als Vorläufer der späteren DDR-Regierung diente. Gleichzeitig versuchte die Sowjetunion die Verantwortung für die sich abzeichnende Spaltung Deutschlands den Westmächten zuzuschieben und nutzte dafür die ab dem 19. Februar 1948 in London geplante Konferenz, zu der die Sowjetunion wegen zunehmender Differenzen zwischen Ost und West bereits nicht mehr geladen war. In einer Note vom 13. Februar 1948 verwies Moskau darauf, die Behandlung von Fragen, die Deutschland betreffen, sei Angelegenheit aller vier Siegermächte. Wenn die drei Westmächte unter sich blieben, stelle dies eine Verletzung der Beschlüsse der Potsdamer Konferenz dar, nach der die Verantwortung für die Verwaltung Deutschlands und die Bestimmung der Politik Deutschland gegenüber von den Besatzungsmächten gemeinsam getragen werde und somit ein separates Vorgehen ausschließe.[7]

Am 20. März 1948 verließ die Sowjetunion den Kontrollrat. Offiziell vertagte sie nur dessen Sitzung, doch er trat nie mehr zusammen. Die deutschlandpolitischen Vorstellungen der einstigen Kriegsverbündeten waren nicht mehr auf einen gemeinsamen Nenner zu bringen. So spontan wie die Sowjets glauben machen wollten, erfolgte der sowjetische Auszug aus dem Kontrollrat jedoch keineswegs, denn am selben

Tag veröffentlichte die »Tägliche Rundschau« bereits einen Beitrag, nach dem die Westmächte den Kontrollrat gesprengt hätten.[8]

Zu diesem Zeitpunkt war es für den Kreml offensichtlich klar, dass es keine Wiedervereinigung geben würde. Im Westen hatte sich die Bizone etabliert, dazu hatten die USA unter anderem mit den Hilfen des Marshall-Planes begonnen, West-Europa und ganz besonders Westdeutschland zum Bollwerk gegen den expandierenden Kommunismus auszubauen. Aus diesen Entwicklungen zog Stalin augenscheinlich die Konsequenz, auch die sowjetische Besatzungszone auf den Weg zur Eigenstaatlichkeit zu führen. Das zumindest lässt sich aus der schriftlichen Fassung eines Vortrages von Sergej Iwanowitsch Tulpanow, dem Chef der SMAD-Informationsverwaltung, schließen, den er am 23. Mai 1948, wenige Wochen vor Beginn der Berlin-Blockade, hielt.[9] Er forderte »eine drastische Hebung des Niveaus der organisatorischen und ideologischen Arbeit der Partei [SED] und einen Wechsel im Stil der Parteiführung«. Auf die rhetorische Frage, worin konkret die Veränderungen in der politischen und staatlichen Situation bestünden, gab Tulpanow selbst die Antwort: »Faktisch ist eine Aufteilung Deutschlands in zwei Teile, welche sich nach verschiedenen Gesetzen entwickeln, zustande gekommen.« Trotz der immer wieder verkündeten Forderung nach der Einheit Deutschlands hatte die Sowjetunion und damit auch die SED sie zu diesem Zeitpunkt längst zu den Akten gelegt.

Währungsreformen und ihre Folgen

Zehn Tage nach dem Auszug aus dem Kontrollrat kündigte der stellvertretende SMAD-Chef General Dratwin am 30. März 1948 in einem Brief an die amerikanische Militärregierung mit Wirkung vom 1. April Restriktionen im Militärverkehr zwischen Berlin und Westdeutschland an, woraufhin General Gailey, Chef des Stabes der US-Militärregierung, am 31. März 1948 antwortete, er sei zwar damit einverstanden, dass die Kommandanten der Militärzüge den Sowjets Passagierlisten übergäben. Er weise aber die Forderung zurück, dass sowjetisches Personal US-Militärzüge betrete.[10]

Noch arbeitete – anders als der Kontrollrat – die Alliierte Kommandantur für Berlin, doch auch ihr Ende zeichnete sich ab. Wenige Tage vor der westdeutschen Währungsreform, die am 21. Juni 1948 in Kraft trat, stellte Moskau am 16. Juni seine Mitarbeit in diesem Gremium ein. In einer amtlichen sowjetischen Verlautbarung wurde dies so begründet:

»Wie aus offiziellen sowjetischen Kreisen bekannt wird, erhielt Oberst Kalinin, der Chef der sowjetischen Abteilung des Stabes der Alliierten Kommandantur, Weisung vom sowjetischen Kommandanten Berlins, die Chefs der anderen drei Abteilungen des Stabes davon zu unterrichten, dass er es als Chef der sowjetischen Abteilung des Stabes nicht länger für möglich hält, an den Treffen des Stabes teilzunehmen. Das liegt daran, dass die Alliierte Kommandantur in Berlin für alle praktischen Zwecke ihre Tätigkeit eingestellt hat, seit der amerikanische Kommandant Oberst Howley es am 16. Juni bei einem Treffen der Kommandantur ablehnte, sowjetische Vorschläge für eine Verbesserung der materiellen und rechtlichen Lage der Arbeiter und Büroangestellten in der Berliner Industrie und im Transportwesen zu besprechen und nach einer Reihe von Bemerkungen, die die Alliierte Kommandantur beleidigten, das Treffen verließ. (…) Danach erließen der amerikanische, britische und französische Kommandant unter Nichtbeachtung der Tatsache, dass Berlin in der sowjetischen Besatzungszone liegt und wirtschaftlich einen Teil der Sowjetzone bildet, einen ungesetzlichen Dreimächtebefehl in den westlichen Sektoren über die Einführung der neuen Währung der Westzonen in Berlin mit einem besonderen Aufdruck ›B‹. Diese Maßnahmen waren darauf abgestellt, den Währungsumlauf in der sowjetischen Besatzungszone und in Groß-Berlin zu zerrütten und ihre Wirtschaft zu unterhöhlen, was mit den Prinzipien der Viermächteverwaltung Berlins unvereinbar ist.«[11]

Mit den Formulierungen dieser Verlautbarung stellte die Sowjetunion Grundlagen der Viermächte-Vereinbarungen über Deutschland in Frage, negierte sie sogar. Denn bei Berlin handelte es sich um ein besonderes Gebiet unter Kontrolle der Siegermächte, das keineswegs

»in der sowjetischen Besatzungszone« lag. Ebenso war es nicht wirtschaftlich »ein Teil der Sowjetzone«. Die Ansprüche, die der Kreml mit diesen Begriffen auf ganz Berlin erhob, versuchte er kurz darauf mit der Berliner Blockade in die Tat umzusetzen. Zunächst aber antwortete Moskau auf die westdeutsche Währungsreform mit einer eigenen. Um die Interessen der deutschen Bevölkerung und der Wirtschaft der sowjetischen Besatzungszone und des Gebietes von Groß-Berlin »vor wirtschaftlichem Chaos und der Zerrüttung des Währungsumlaufes durch das Einfließen ungültiger Banknoten von Westdeutschland zu schützen«, habe sich die sowjetische Administration gezwungen gesehen, selbst eine Währungsreform durchzuführen, teilte der SMAD-Chef seinem amerikanischen Kollegen Clay am 22. Juni 1948 mit.[12]

»Zerschmetternder Schlag für Deutschlands Einheit«

Dass eine Währungsreform in den westlichen Besatzungszonen bevorstand, war Moskau lange vorher bekannt. Immerhin war von den Westmächten angeboten worden, die sowjetische Besatzungszone sowie das gesamte Gebiet von Groß-Berlin in diese Reform einzubeziehen. Natürlich war den westlichen Alliierten bewusst, dass der Kreml dieses Angebot nicht annehmen würde, hatte er doch im Vorfeld immer wieder vor einer solchen Reform gewarnt. Als dann am 21. Juni 1948 in den Westzonen die Währungsreform in Kraft trat, reagierte Moskau umgehend – zum einen durch die Blockade West-Berlins, zum anderen durch eine eigene Währungsreform. Marschall Sokolowskij erließ am 23. Juni 1948 den »Befehl Nr. 111« zur Durchführung der Währungsreform in seinem Machtbereich. Ihm stellte er die Behauptung voran, mit der separaten westlichen Währungsreform sei die »Grundlage der wirtschaftlichen Verbundenheit der einzelnen Gebiete des Landes« zerstört und der Einheit Deutschlands »ein zerschmetternder Schlag versetzt« worden. Damit nicht genug: »Verletzt sind das Abkommen über den Kontrollmechanismus und die Potsdamer Beschlüsse, die die Wahrung der Einheit Deutschlands vorsahen. Die separate Währungsreform beschließt die Spaltung Deutschlands.«

Dass die sowjetische Seite bereits am 20. März 1948 durch ihren Auszug den Alliierten Kontrollrat gesprengt hatte, übersah Sokolowskij geflissentlich. Stattdessen behauptete er, die amerikanischen, britischen und französischen Besatzungsbehörden hätten sich den Monopolen ihrer Länder gebeugt, die bestrebt seien, »Deutschland zu schwächen und zu zergliedern«. Die Vertreter des deutschen Großkapitals und die Junker sollten mit der westdeutschen Währungsreform gestärkt werden, um nun der »Verknechtung Westdeutschlands durch die ausländischen Imperialisten Vorschub« zu leisten. Die Währungsreform in der sowjetischen Besatzungszone, zu der man nun gezwungen sei, habe dagegen einen völlig anderen Charakter: Sie berücksichtige die »Interessen des werktätigen Volkes« und sei getragen »von den Grundlagen sozialer Gerechtigkeit, von der Notwendigkeit der schnellsten Wiederherstellung und Entwicklung der deutschen Friedenswirtschaft«. Da die sowjetische Administration sich die Notwendigkeit einer Doppelreform nicht habe vorstellen können, seien auch keine neuen Geldscheine vorhanden. Die Währungsreform in der SBZ werde deshalb aufgrund der Reichsmark und der Rentenmark durchgeführt, auf die Spezialkupons geklebt würden.

Sokolowskij dehnte den Geltungsbereich der neuen »Ost-Mark« auf das Gebiet von Groß-Berlin aus. Auch in den Westsektoren der Stadt sollte also die »Kuponmark« allein gültiges Zahlungsmittel sein, was zwangsläufig den Widerspruch der Westmächte hervorrief. Er hoffe, so der SMAD-Chef, dass die Amerikaner bei der Einführung dieser Währung in der sowjetischen Besatzungszone und im Gebiet von Groß-Berlin »keine Unannehmlichkeiten« bereiten werden. Das Ansinnen, die Kupon-Mark auch in den westlichen Sektoren einzuführen, konnte nur als Provokation gemeint sein und bedeutete eine weitere Stufe zur Eskalation der Situation um Berlin.

Keine Juli-Gehälter im öffentlichen Dienst

An der Währungsreform in der sowjetischen Besatzungszone beteiligten sich 17,2 Millionen von 17,6 Millionen Einwohnern. Bargeld wurde im Verhältnis von 3,5:1 umgetauscht. Die Reform führte zu erhebli-

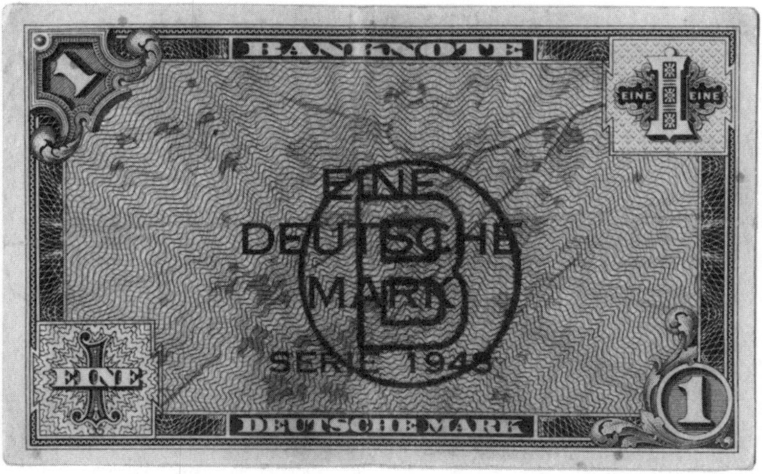

Währungsreform 1948. In West-Berlin galt die »B-Mark«, im Ostsektor und in der sowjetischen Besatzungszone wurde die »Kupon-Mark« eingeführt.

Das Währungsgefälle zwischen Ost und West ließ den illegalen Geldumtausch boomen.

chen Schwierigkeiten, weil nicht genügend Banknoten zur Verfügung standen. Vor allem die Wirtschaft war betroffen, sodass sich die Finanzminister der Zone auf einer Konferenz am 15. Juli 1948 dafür aussprachen, »den bargeldlosen Zahlungsverkehr mit allen Mitteln zu fördern«.[13] Für die öffentliche Verwaltung ordnete die SMAD an, dass Gehälter von über 300 Mark netto pro Monat nicht mehr bar ausgezahlt werden durften, sondern überwiesen werden mussten. Ein solches Verfahren sollte auch in der privaten Wirtschaft eingeführt werden. Dies allerdings bereitete Probleme, da es nicht genügend Papier für die erforderlichen Formulare gab. Außerdem unterlag auch die Bankpost der sowjetischen Zensur, was den bargeldlosen Zahlungsverkehr erschwerte. Zudem hatte die SMAD verfügt, dass die öffentlichen Verwaltungen nur über zehn Prozent der Geldbestände in neuer Währung verfügen durften. Das wiederum hatte zur Folge, dass die Juli-Gehälter nicht gezahlt werden konnten. Betroffen davon waren auch Reparationszahlungen sowie Subventionen an die Sowjetischen Aktiengesellschaften in der Besatzungszone.

Die ostzonale Währungsreform traf in besonderer Weise die Landwirtschaft. Denn die Geldreserven des verbliebenen privaten Getreidehandels wurden im Verhältnis 10:1 abgewertet. Kredite konnte der private Handel sich nicht leisten. Gleichzeitig bevorzugte die Militärregierung aus ideologischen Gründen die ländlichen Genossenschaften bei der Vergabe von Krediten, wodurch der private Sektor auf dem Land weiter geschwächt wurde.

Ein weiteres Problem ergab sich daraus, dass Polen Umsiedlern seit kurzem erlaubt hatte, 500 Mark mit auf den Weg in die SBZ zu nehmen, und zwar in alten und nunmehr ungültigen Scheinen. Eine nachträgliche Umwertung im Rahmen von Härtefällen kam für sie ebenso wenig in Frage wie für Binnenschiffer, die noch mit dem alten Geld in die SBZ zurückkehrten.

Der Beginn der Berliner Blockade

Die Reaktionen auf die westliche Währungsreform ließen nicht lange auf sich warten. Am 24. Juni 1948 veröffentlichte die ostdeutsche

Nachrichtenagentur ADN eine Meldung, nach der die Transportverwaltung der SMA sich wegen angeblicher technischer Störungen gezwungen gesehen habe, den Passagier- und Güterverkehr auf der Eisenbahnstrecke Berlin – Helmstedt in beiden Richtungen einzustellen. Umleitungen seien nicht möglich, da sie sich auf den gesamten Eisenbahnverkehr in der SBZ ungünstig auswirken würden. Auch sei nicht abzusehen, wann der Verkehr wieder aufgenommen werden könne. Die Blockade der Berliner Westsektoren hatte begonnen und wurde erst am 12. Mai 1949 wieder aufgehoben.[14]

Die Sperren um Berlin waren nicht so dicht wie meistens dargestellt. Die innerstädtischen Sektorengrenzen blieben weitgehend offen und der Weg ins Brandenburger Umland war fast immer möglich. Viele Berliner nutzen ihn, um sich mit Kohle oder frischem Gemüse, mit Kartoffeln oder Milch zu versorgen. Geschäftstüchtige Potsdamer organisierten mit Pferdefuhrwerken sogar einen Zubringerdienst, fuhren Kohle zum Bahnhof, welche die West-Berliner dann kiloweise mit der S-Bahn nach Hause brachten. Den SED-Landesvorsitzenden von Groß-Berlin, Hermann Matern, veranlasste das am 3. Oktober 1948, von »200 000 zersetzenden Berlinern« zu sprechen, die 100 000 t Kartoffeln und Gemüse schwarz in die Stadt geholt hätten, das sei Ausplünderung. Razzien waren die Folge. Und während die West-Berliner unter extremer Stromknappheit litten und der sowjetische Stadtkommandant Stromlieferungen in den Westteil stoppte, wurde in einem internen Bericht der BEWAG vom 12. Oktober 1948 eingeräumt, dass nicht nur die sowjetische Zentralkommandantur Strom aus West-Berlin bezog, sondern dass ohnehin mehr Strom von West nach Ost als umgekehrt floss.

Da Moskau sich nicht dem weltweit schon erhobenen Vorwurf aussetzen wollte, über zwei Millionen West-Berliner auszuhungern, wurde am 24. Juli 1948 der »Befehl Nr. 80« erlassen, nach dem sich alle West-Berliner zur Versorgung mit Lebensmitteln und Brennstoffen im Ostteil anmelden konnten. Hierauf gingen die 2,1 Millionen West-Berliner zwar nicht ein – im März 1949 war mit 103 000 die Höchstzahl erreicht –, dennoch mussten die ostzonalen Behörden sich auf den erwarteten und dann nicht eingetretenen Ansturm vorbereiten. Über die ohnehin festgelegten Mengen hinaus hatten die Länder der SBZ zusätzlich Kartoffeln, Getreide oder Gemüse nach Berlin zu liefern. Doch die West-Berliner hungerten eher, als dieses Angebot anzunehmen.

Die Versorgung der Menschen in der SBZ war zu Zeiten der Blockade erheblich schlechter als in West-Berlin. Sie waren die eigentlichen Opfer der sowjetischen Politik. Im November 1948 erhielt ein West-Berliner Arbeiter eine Tagesration von 2 202 Kalorien, der Ost-Berliner von 2 289. Während die Tagesrationen in den Westzonen noch darüber lagen, mussten die Arbeiter in den Großstädten der SBZ mit 1 818 und auf dem Land mit 1 724 Kalorien auskommen. Noch schlechter ging es dem so genannten »Normalverbraucher.« In der SBZ bekam er auf dem Land gerade einmal 1 541 Kalorien, in West-Berlin dagegen 1 882.

Gegenblockade als Druckmittel gegenüber Moskau

Durch die Amerikaner veranlasst, verhängte der Westen am 19. September 1948 eine »Gegenblockade«, die die Wirtschaft in der SBZ empfindlich traf. Viele Betriebe mussten wegen fehlender Maschinenersatzteile ihre Produktion drosseln oder ganz einstellen. Außerdem entfiel der Absatz von Gütern in die Westzonen, dessen Erlöse für den Import anderer Waren unverzichtbar waren. Zudem war damit ein direktes Interesse der Sowjetunion berührt, da Reparationsleistungen nicht mehr in dem befohlenen Ausmaß geliefert werden konnten.

Es gibt zwar viele Darstellungen über Blockade und Luftbrücke, aber nur wenige über die Auswirkungen der Gegenblockade, an der im Übrigen die westdeutsche Wirtschaft auch kein Interesse hatte. Betroffen war aber vor allem die sowjetische Besatzungszone, deren Wirtschaftskommission am 23. November 1948 den »Niedergang des Interzonenhandels« beschrieb.[15] Bereits mit der Währungsreform seien im Westen alle Guthaben sowjetzonaler Firmen blockiert worden. Aus der unterschiedlichen Bewertung der alten Schuldverhältnisse, die im Westen 10:1 abgewertet wurden, während sie in der sowjetischen Besatzungszone in alter Höhe beibehalten wurden, ergaben sich unzählige Streitfragen. Am 25. Juni 1948 untersagten die amerikanischen Militärbehörden sämtliche Bahntransporte im Rahmen des Interzonenhandels in die sowjetische Besatzungszone und dehnten dieses Verbot am 15. Juli auf alle Transitlieferungen aus. Damit war der bisher noch funktionierende Interzonenhandel auf den Straßenverkehr angewiesen, der mit der Gegenblockade ebenfalls zum Erliegen kam.

Gemeinsam mit westdeutschen Firmen versuchte die Deutsche Wirtschaftskommission die Gegenblockade zu umgehen, gleichzeitig aber neue Absatzmärkte in Europa zu erschließen oder auf Umwegen doch in die Westzonen zu liefern. Besonderen Aufschluss über die Schwierigkeiten, aber auch die über Findigkeit der ostzonalen Stellen gibt ein Papier, in dem die Liefermöglichkeiten für die Güter aufgelistet waren, die nicht mehr von Westdeutschland abgenommen werden konnten. Es zeigt zugleich, in welcher Weise sich die Sowjetzone auf eine Gegenblockade vorbereitet hatte.[16]

»Futtergetreide – 4 Millionen RM – Absatz wird schwierig sein. Gegebenenfalls Holland oder Dänemark (Viehwirtschaft).

Speisekartoffeln – 8,96 Millionen RM – Speisekartoffeln dürften über dänische Zwischenhändler in den norddeutschen Hafenstädten abzusetzen sein. Anderswohin ist der Absatz sehr schwierig.

Grubenholz – 12,6 Millionen RM – Ohne Schwierigkeit nach Polen, Holland, Belgien, vielleicht auch Italien abzusetzen. Verkauf an holländische Zwischenhändler für die Ruhr nicht ausgeschlossen.

Nadelstammholz – 6 Millionen RM – Verkauf an Wettstein, Zürich, für Schweizer und italienischen Verbrauch.

Nadelschnittholz – 5 Millionen RM – (davon 3 Millionen RM für Magistrat Berlin) – Absatz in veredelter Form (Möbelindustrie) wird möglich sein.

Maschinen und Maschinenersatzteile – 14,32 Millionen RM – Die Maschinen sind überall hin abzusetzen. Für gewisse Reiseschreibmaschinen mit deutscher Tastatur müssen unter Umständen Kompensationswaren zweiter Wertigkeit genommen werden.

Elektrotechnische Erzeugnisse – 1,5 Millionen RM – Dürfte ohne Mühe an europäische Devisenländer abzusetzen sein (Holland, Schweiz).

Chemie – 17,4 Millionen RM – (davon 4,5 Millionen für Sprit) – Der größte Teil der aufgeführten Chemikalien dürfte nach europäischen Ländern, vor allem Polen, Schweiz, Holland und Ungarn, gegebenenfalls auch Jugoslawien abzusetzen sein.

Kautschukwaren – 4,2 Millionen RM – (davon Cord und Garn RM 3,7 Millionen) – Der Cord und das Garn dürften an Holland, Ungarn und die UdSSR (Reifen- und Förderbandindustrie) mühelos abzusetzen sein.

Glaswaren – 5 Millionen RM – Diese Artikel finden unter Umständen zu etwas reduzierten Preisen Absatz in der chemischen Industrie der Schweiz, Hollands und zum Teil auch Dänemarks wie Ungarns.

Zellstoff und Papier – 7,5 Millionen RM – Schwierigkeiten macht voraussichtlich der Absatz des Zellstoffs, der sich auf RM 1 104 000 beläuft. Im Zellstoff enthalten ist pergamentfähiger Zellstoff im Werte von RM 520 000, von dessen Lieferung die Belieferung unserer Zone mit Pergamentpapier für Nahrungsmittelverpackung abhängig ist. Hier muss Veredlungsmöglichkeit in anderen Ländern, z. B. Czechoslowakei und Italien, gesucht werden oder das Geschäft unter Einschaltung eines holländischen Zwischenhändlers trotzdem mit dem ABB [Amerikanisch-Britisches Besatzungsgebiet] durchgeführt werden.

Textilien – 41,7 Millionen RM – Es ist zu berücksichtigen, dass ein großer Teil der Textilindustrie Sachsens bei Ausfall dieser Geschäfte stillstehen wird. Die größte Position, RM 17 500 000 = 7 Millionen Paar Damenstrümpfe aus 600 t Kunstseide, wird sich außerhalb des ABB nicht realisieren lassen, da allenthalben Devisenbeschränkungen hemmen. Das ABB hat bereits erklärt, dass das Damenstrumpfgeschäft nur zu einem Drittel durchzuführen sein wird. Im Interesse der Textilindustrie muss versucht werden, die Belieferung mit Kunstseidengarnen durch Belieferung mit Baumwoll- und Wollgarnen bzw. Baumwolle und Wolle zu ersetzen. Gegebenenfalls ist auch unsere Lieferung von Perlon nach der UdSSR zu stoppen, und es müssen dafür aus dem Perlon gefertigte Strümpfe geliefert werden.«

Welche Kosten Blockade und Gegenblockade der sowjetischen Besatzungszone abverlangten, lässt sich kaum ermitteln. Dagegen gibt es Zahlen für die finanziellen Folgen der Währungsreformen in West- und Ostdeutschland. Weil die Preise in den Westzonen gestiegen waren, konnte der deutsch-deutsche Handel nicht mehr im Verhältnis 1:1 abgewickelt werden.[17] Über die Konsequenzen berieten die ostzonalen Finanzminister am 12. August 1948. Die Verluste für die Landeskreditbanken bezifferten sie mit 700 Millionen Mark, die für die Emissions- und Girobanken mit einer Milliarde Mark. Inklusive der Verluste, die die Deutsche Notenbank zu decken hatten, kamen die Finanzminister auf einen finanziellen Schaden von rund neun Milliarden Mark allein für das Jahr 1948.[18]

Die Spaltung Berlins

Die Berliner Blockade führte im Ergebnis zu der bis 1990 andauernden Teilung Berlins. Für den 5. Dezember 1948 waren Magistratswahlen angesetzt, die die sowjetische Seite als »Spalterwahlen« torpedierte. Die Bevölkerung im Ostteil Berlins durfte daran nicht teilnehmen. Stattdessen berief Ottomar Geschke, stellvertretender Vorsitzender der Stadtverordnetenversammlung, für den 30. November 1948 eine Außerordentliche Versammlung im Admiralspalast ein. Von vornherein war klar, dass sich hieran nur die Kommunisten und ihnen nahestehende Abgeordnete beteiligen würden. Entsprechend erklärte die Versammlung den bisherigen Magistrat für abgesetzt und setzte als »provisorischen« Bürgermeister den Sohn des früheren Reichspräsidenten Friedrich Ebert ein. Der amtierende sowjetische Stadtkommandant, Gardeoberst Iwan Jelisarow, sanktionierte den kommunistischen »Putsch«, indem er am 2. Dezember dem Vorsitzenden der Außerordentlichen Stadtverordnetenversammlung mitteilte, bis zur Durchführung von »einheitlichen, freien und demokratischen Wahlen in ganz Berlin« werde die Sowjetische Kommandantur »den provisorischen demokratischen Magistrat Groß-Berlins als das einzige rechtmäßige Stadtverwaltungsorgan« anerkennen.[19] Am 5. Dezember kam es zu den Wahlen in den Westsektoren, bei denen die SED eine katastrophale Niederlage erlitt und die SPD einen überwältigenden Wahlsieg errang. In den folgenden Wochen und Monaten bildeten sich getrennte Stadtverwaltungen, für den Ostteil der Stadt der Magistrat von Groß-Berlin und für die Westsektoren der Magistrat, aus dem dann später der Senat wurde. Alle Bereiche der öffentlichen Daseinsvorsorge – von der Polizei über die Feuerwehr – entstanden nun in doppelter Ausführung – in den westlichen Sektoren und im Ostteil der Stadt.

Nachgeben ohne Gesichtsverlust

Angesichts der zunehmenden wirtschaftlichen Schwierigkeiten und der Aussichtslosigkeit, West-Berlin der SBZ einverleiben zu können, begann Stalin nach einem Ausweg aus der Krise zu suchen, ohne das Gesicht zu verlieren. In einem Interview mit einem amerikanischen Journalisten am 30. Januar 1949 erwähnte er die Währungsreform in den Westzonen mit keinem Wort, obwohl sie doch als Vorwand für die Blockade hatte dienen müssen, was im amerikanischen Außenministerium auf besonderes Interesse stieß. Der stellvertretende US-Delegierte im UN-Sicherheitsrat, Philipp Jessup, trat am 15. Februar an den sowjetischen Delegierten Jakob Alexandrowitsch Malik mit der Frage heran, welche Bedeutung die Nicht-Erwähnung der Währungsfrage habe. Einen Monat später, am 15. März, teilte Malik seinem amerikanischen Kollegen mit, die Weglassung sei nicht zufällig erfolgt: »Die Sowjetregierung sei der Auffassung, die Währungsfrage sei zwar wichtig, doch könne diese Frage auf einer Konferenz der Außenminister der vier Großmächte besprochen werden, falls eine solche Konferenz zur Prüfung des gesamten deutschen Problems einberufen werden könne.« Am 21. März ersuchte Malik Jessup um eine neue Unterredung. Der Sowjetdelegierte teilte Jessup mit, falls der endgültige Zeitpunkt für eine Außenministerkonferenz festgelegt werden könne, könnten die Einschränkungen im Handel und Verkehr mit Berlin gegenseitig aufgehoben werden, wobei die Blockade Berlins vor dem Zusammentritt der Konferenz aufgehoben werden könne.[20] Bereits am 4. Mai 1949 veröffentlichten die Großen Vier ein Kommuniqué, nach dem die Blockade am 12. Mai 1949 aufgehoben werden und am

Bedrohlich wie eine Trutzburg. Der Sitz der Sowjetischen Militäradministration in Weimar.

23. Mai in Paris eine Außenministerkonferenz über Deutschland beginnen sollte. Mit »Befehl Nr. 56« erließ Armeegeneral Tschuikow die erforderlichen Regelungen; mit Beginn des 12. Mai 1949 war die Blockade beendet.

Die Militarisierung der SBZ

Militärische Ausbildung für die Volkspolizei

Frühzeitig gab der Kreml eines der Hauptanliegen der Verbündeten auf: die Entmilitarisierung Deutschlands. Die Wehrmacht und alle paramilitärischen Einrichtungen des NS-Regimes waren aufgelöst, ebenso war die Kriegsindustrie zerstört oder demontiert worden. Am 1. Juni 1945 wurden in der sowjetischen Besatzungszone erste Polizeieinheiten von Gemeinde- und Landespolizei aufgestellt und erhielten von den sowjetischen Streitkräften die erforderliche Ausrüstung. Nachdem sich die SED als Staatspartei etabliert hatte und alle konkurrierenden Parteien weitgehend ausgeschaltet oder ihrer Selbstständigkeit beraubt worden waren, erhielt die Polizei zunehmend militärischen Charakter. Nach Notizen von Wilhelm Pieck wurde schon am 27. Juli 1946 bei einer Besprechung bei der SMAD in Karlshorst die Forderung erhoben, die Polizei müsse mehr militärisch geschult werden.[1]

Am 30. September 1946 begann der Aufbau der Deutschen Verwaltung des Innern, an deren Spitze ausschließlich Mitglieder der Gruppe Ulbricht standen. Damit wurde eine zentrale Führung für die Volkspolizei geschaffen, was im Widerspruch zu den alliierten Vereinbarungen stand. Erste Grenzpolizei-Einheiten wurden am 23. November 1946 aufgestellt, was die Sowjetunion mit der »Direktive Nr. 16« des Alliierten Kontrollrats vom 6. November 1945 begründete. Danach war es den Besatzungsmächten gestattet, Gendarmerie und Grenzpolizisten mit Karabinern, Pistolen und Revolvern auszurüsten, sofern die Ausbildung durch alliierte Sicherheitskräfte sichergestellt war. Gab es 3 800 Grenzpolizisten im Jahr 1946, waren es im Frühjahr 1947 bereits rund 10 000 in kasernierten Bereitschaften. Der militärische Charakter war unverkennbar.

Beschlossen wurde ferner der Aufbau der Schutzpolizei, der Kriminalpolizei, der Verwaltungspolizei sowie der Eisenbahn- und Wasserpolizei. Unter Führung von Präsident Erich Reschke verlangte die DVdI die Einstellung von vier Polizisten je 1 000 Einwohner, was eine Gesamtstärke dieser Polizeikräfte von 50 000 Mann bedeutet hätte. Der Chef der SMAD-Abteilung für innere Angelegenheiten, NKWD-Generalmajor P. M. Malkow, wies am 19. November 1946 allerdings derartige Größenordnungen zurück. Am 4. Dezember 1946 ließ die Sowjetunion den »Eisernen Vorhang« zwischen der sowjetischen Besatzungszone und Westdeutschland fallen. Mit »Befehl 0208« ordnete Generalmajor Dimitri Georgewitsch Dubrowski, Chef der SMA für Sachsen, nicht nur die Bewaffnung der Deutschen Grenzpolizei an, sondern wies den Präsidenten der sächsischen Selbstverwaltung an, in Chemnitz, Dresden und Bautzen Internierungslager für Grenzverletzer einzurichten.

Eine eigene bewaffnete Hausmacht wollten sich DVdI-Präsident Erich Reschke und Vizepräsident Erich Mielke schaffen. Sie erbaten von der SMAD die Zustimmung zur Aufstellung eines bewaffneten Wachkommandos.[2] Gegenüber Oberst Lapenkow meinten sie bei einem Treffen am 26. September 1946, die bisher zugestandene Zahl von 34 Mitgliedern des Wachkommandos sei zu gering. Neben dem Schutz des Objekts und der Überwachung des Publikumsverkehrs gebe es jetzt eine weitere Aufgabe, nämlich, bei Dienstfahrten von Präsident und Vizepräsident eine ausgebildete Wachmannschaft zu stellen. Wesentlich zu dieser Frage beigetragen hatten Vorkommnisse in der letzten Zeit, die zwar nicht den Präsidenten oder die Vizepräsidenten betrafen, sondern hohe Funktionäre der SED. »In den Bundesländern und Provinzen wird seitens der Polizei für alle höheren Funktionäre ein polizeilicher Begleitschutz gewährt. Da das in Berlin durch seine besondere politische Struktur nicht möglich ist, sind wir durch Anfragen seitens der Funktionäre zu der Überzeugung gekommen, dass wir die Aufgabe des Begleitschutzes auch auf dieselben ausdehnen müssen. Mit der Frage der Aufstellung des Begleitschutzes steht aber sofort die Frage der Bewaffnung und darüber hinaus die der Schussberechtigung auf.«

Am 14. Mai 1948 wurde in einer Besprechung, an der Tulpanow, Nasarow, Grotewohl und Dahlem teilnahmen, die endgültige Militarisierung der sowjetischen Besatzungszone festgelegt.[3] Es sei eine kasernierte Polizei nötig mit jungen Kräften, die politisch erzogen werden müssten, hieß es. Als Aufgaben notierte Pieck »Zahl = Soll/Ist, Bewaffn. Einsatzmöglichkeit, Mil. Schulung. Disziplin, Versorgung – Bekleidung – Besoldung. Zuverlässigkeit.« Beschlossen wurden Umorganisation und massive Aufrüstung der Grenzpolizei, die Reorganisation der Kriminalpolizei sowie die Neuausrichtung der Verwaltungspolizei, die bereits 55 000 Mann stark war, während die Sollstärke bei lediglich 22 000 lag.

In der Folge wurde die deutsche Verwaltung des Innern umgegliedert. Am 3. Juni 1948 ordnete die SMAD die Gründung der Hauptabteilung Grenzpolizei und Bereitschaften an und am 2. Juli 1948 stimmte Stalin der Schaffung einer 10 000 Mann starken kasernierten Polizeibereitschaft zu, die mit militärischen Waffen ausgerüstet und militärisch ausgebildet werden sollte.[4] Einen Tag später erließ die SMAD den entsprechenden Befehl; erster Chefinspekteur wurde der frühere Wehrmacht-Oberleutnant Hermann Rentsch.

Ehemalige Wehrmachtssoldaten bildeten das Rückgrat der künftigen »Kasernierten Volkspolizei« (KVP). In der Kriegsgefangenschaft waren sie umerzogen und teilweise nur unter der Bedingung entlassen worden, an der Aufstellung der KVP mitzuarbeiten. Insgesamt waren für diese Aufgabe rund 5 000 Kriegsgefangene – Soldaten und Unteroffiziere – ausgewählt worden, dazu etwa 100 Offiziere und fünf Generäle. Der frühere Grenztruppen-Generalmajor Erich Wöllner berichtete kurz nach der Wiedervereinigung über seine ersten Erfahrungen beim Eintritt in die Polizeischule Sachsen im Jahr 1949 und schreibt, er sei schon »stutzig [geworden], als wir merkten, dass die Ausbilder nicht alle Polizisten waren, sondern viele als ehemalige Offiziere der deutschen Wehrmacht angehört hatten«.[5] Die Schüler seien zwar auch mit Fragen der polizeilichen Ausbildung befasst gewesen, aber im Wesentlichen sei es um eine rein militärische Ausbildung gegangen, um den Umgang mit Granatwerfern und Maschinengewehren.

Aus der Gefangenschaft zur Volkspolizei

Dem Heimkehrerlager in Fürstenwalde/Spree kam bei der Rekrutierung künftiger kasernierter Volkspolizisten eine besondere Rolle zu: Über dieses Lager wurden die entlassenen Kriegsgefangenen geschleust, die sich entweder bereits in der Sowjetunion für die Volkspolizei verpflichtet hatten oder im Lager dafür gewonnen werden sollten. Von Seiten der Sowjetischen Militäradministration wie der deutschen Dienststellen wurde ein immenser Aufwand betrieben, um aus den Heimkehrern in Fürstenwalde ein möglichst große Zahl künftiger sozialistischer Soldaten zu rekrutieren – immerhin verstanden sie ihr Handwerk.

5 000 entlassene Kriegsgefangene sollten von Frankfurt/Oder direkt nach Fürstenwalde gebracht werden und sich hier von den Fortschritten in der sowjetischen Besatzungszone beeindrucken lassen. Beinahe täglich inspizierten der örtliche sowjetische Kommandant, Delegationen der SMAD aus Berlin und Vertreter der Deutschen Verwaltung des Innern das Lager. SMAD-Oberst Kumarow bemängelte lediglich, dass Brandenburg gebrauchte Koppel geliefert hatte und ordnete die »Ausschmückung der Baracken mit Parolen und Transparenten« an. Baumaterialien und Dachpappe wurde zusätzlich freigegeben, sodass die DVdI am 9. September 1948 melden konnte, der Major der Stadtkommandantur Fürstenwalde habe eine gründliche Besichtigung vorgenommen und sich zufrieden gezeigt.[6] Der Major regte an, zwischen den Baracken einen Platz zu schaffen, an dem die Heimkehrer unbesorgt rauchen könnten. Mit größter Akribie wurde das Lager ausgestattet. 100 Rollen Dachpappe trafen an diesem 9. September ein, dazu 5 798 Unterhosen, zwei Offiziere der SMA Sachsen und weitere Angehörige der DVdI. Vorhanden waren nun an Zuteilungswaschmitteln 1 356 Stück Seife, 660 kg Seifenpulver, sowie 6 150 Stücke Seife als Marketenderware. Vom Konsum Fürstenwalde waren 253 Dosen schwarze und 35 Dosen braune Schuhcreme eingetroffen, ferner 750 Zahnbürsten. Erwartet wurden je 1 000 Schuhbürsten und Handbürsten. Je näher der Zeitpunkt der Ankunft der ersten Transporte rückte, um so mehr stapelten sich Waren, die es sonst in der sowjetischen

Besatzungszone kaum zu bekommen gab: Handtücher, Bettwäsche, ferner auf Anordnung von DVdI-Vizepräsident Fischer weitere 4 600 Schachteln Schuhcreme. Schließlich waren die Unterkunftsräume für 750 Mann fertiggestellt; es gab eine Bibliothek mit 600 Bänden, Arbeitsräume und täglich 100 Exemplare der Tageszeitung »Volksstimme«. Die Verpflegung war sichergestellt und auch die Verwaltung. Sie bekam drei Schreibmaschinen, 1 500 Fragebogen, 200 Bleistifte, 1 500 schmale Ordner, Bilder für den Wandschmuck von Thälmann, Stalin, Marx und Lenin. Schallplatten mit Spanienliedern und Kampfliedern der Arbeitereinheitsfront lagen bereit.[7]

Am 10. September 1948 war die Ausgestaltung des Lagers abgeschlossen, es mussten lediglich noch einige Fahnenmasten aufgestellt werden. Die Landeskapelle Thüringen probte am 11. September die Begrüßung und inzwischen waren auch ein Sendewagen des Berliner Rundfunks und »einige Schallplatten mit proletarischen Liedern« eingetroffen. Der erste Teiltransport von 897 entlassenen Kriegsgefangenen kam am 14. September 1948 endlich in Fürstenwalde an.[8] Die Heimkehrer hätten die Ausschmückung des Lagers gelobt, aber bereits beim Gesang »Brüder zur Sonne, zur Freiheit« habe man verschiedenartige Einstellungen erkennen können. In einem Bericht »Über die Stimmung« hieß es:

»Entgegen den früheren Antifa.-Transporten fiel dieser Transport dadurch auf, dass er den Gesang von Liedern durch die Stadt, das Einhalten einer Gruppen-Marschordnung und einer guten Haltung ignorierte. (…) Es wurde festgestellt, dass die Instruktionen, die die verschiedenen sowj. Offiziere, die mit der Betreuung und Weiterleitung dieses Transports beauftragt waren, nicht übereinstimmend mit den Instruktionen waren, die die SMAD der Leitung der DVdI erteilte. Heimkehrer aus dem Lager Minsk, Lagernr. 7 168, berichteten übereinstimmend, dass die Bewerbung für die Volkspolizei der sowj. Besatzungszone sehr nachdrücklich betrieben wurde. Des Öfteren wurden sie in der Nacht durch Offiziere der operativen Gruppe (NKWD) in Gegenwart des Oberstleutnants Reppin und des Oberstleutnants Bulow, meistens in Gruppen von 4 Mann, nach ihrer antifaschistischen

Einstellung befragt. Es wurde ihnen der Vorschlag gemacht, ein Bewerbungsschreiben an die deutsche Volkspolizei zu richten. Gefangene, die die Bewerbung nicht schrieben bezw. unterschrieben, wurden sofort abgesondert. (…) Nach Aussagen der verschiedenen Heimkehrer wurde die Anwerbung in Briansk teilweise sehr unzweckmäßig durchgeführt. Einzelne wurden bis zu 4 Mal vorgeladen, um die Bewerbung bezw. ein Gesuch zu unterschreiben. (…) Eine Anzahl der Heimkehrer brachte offen zum Ausdruck, dass sie sich betrogen fühlen, da ihnen die sowjetischen Dienststellen Versprechungen gemacht haben, die jetzt nach Rückkehr in die Heimat nicht eingelöst würden. (…) Viele Berliner erklärten bei ihrem Eintreffen im Lager, sie wissen, dass morgen um 10.25 ein Zug nach Berlin fährt und dass sie dorthin fahren würden, keine 10 Pferde werden sie zurückhalten können.«

Letztlich blieb den Heimgekehrten nichts anderes übrig, als sich zur Volkspolizei zu verpflichten, wollten sie nicht in sowjetischem Gewahrsam bleiben. Entsprechend fiel die Bilanz der Aktion aus: Bis zum 6. Oktober waren 4934 Kriegsgefangene in Fürstenwalde eingetroffen, 4774 wurden für die Polizei verpflichtet. Die Übrigen waren aus unterschiedlichen Gründen für die Volkspolizei nicht tauglich.[9] »Das ideologische Niveau« sei bei allen Gefangenen noch sehr schwach entwickelt gewesen, befand die DVdI. Nach Brandenburg wurden 542 entlassene Gefangene geschickt, 412 nach Mecklenburg, 1 157 nach Sachsen-Anhalt und nach Thüringen 1 262. Die übrigen wurden der Zonenleitung zugewiesen. Unter denen, die nun Volkspolizisten, dann Kasernierte Volkspolizisten und schließlich Angehörige der Nationalen Volksarmee der DDR wurden, befanden sich rund 200 Offiziere und 900 Unteroffiziere, die einst in der Wehrmacht gedient hatten.

Sie bildeten den Grundstock, mit dem bis 1949 in der sowjetischen Besatzungszone bereits 24 Infanterie-, acht Artillerie-, drei Panzer-, drei Nachrichten- und zwei Pionierbereitschaften aufgestellt wurden, was einen klaren Bruch aller alliierter Vereinbarungen über die Entmilitarisierung Deutschlands bedeutete.

Von der Besatzungszone zur DDR

Wechsel der Besatzer und der Bevölkerung

Große Gebiete der den Sowjets zugesprochenen Besatzungszone waren zunächst von amerikanischen und britischen Truppen besetzt worden: ganz Thüringen, Teile Sachsens, Sachsen-Anhalts sowie Mecklenburgs. In Sachsen-Anhalt waren die Amerikaner bis zur Elbe-Mulde-Linie vorgerückt, wodurch die Stadt Magdeburg für einige Wochen geteilt war: Auf dem westlichen Ufer der Elbe standen zunächst Amerikaner und dann Briten, östlich des Flusses sowjetische Truppen. Da der Rückzug der westlichen Streitkräfte in die auf der Krimkonferenz festgelegten Besatzungszonen feststand und nur der konkrete Termin offen war, beschränkten sich die beiden Westalliierten auf den Aufbau provisorischer Verwaltungen und versuchten, das öffentliche Leben unter Führung vertrauenswürdiger, politisch nicht belasteter Persönlichkeiten in Gang zu bringen. Die US-Militärregierung setzte örtliche Militärkommandanten in den besetzten sächsischen Gebieten sowie Regierungspräsidenten für Thüringen, Magdeburg und Merseburg ein. In Sachsen-Anhalt und in Mecklenburg lösten britische Truppen für wenige Wochen die amerikanischen ab.

Der vereinbarte Abzug der westlichen Truppen hatte zwischen Briten und Amerikanern zu einem Dissenz geführt, denn der britische Premierminister Winston Churchill traute dem Kreml längst nicht mehr. Er hatte nicht nur Unverständnis darüber geäußert, dass die Amerikaner den Sowjets den Einzug in die Reichshauptstadt Berlin überließen, sondern wollte den Russen besetztes deutsches Gebiet so weit östlich wie nur möglich übergeben. Erst nach einem Telegrammwechsel zwischen dem amerikanischen Präsidenten Truman und Stalin am 18. Juni 1945 stand fest, dass sich die westlichen Alliierten Anfang Juli in die festgelegten Besatzungszonen westlich der Elbe zurückziehen würden.

Ein Kuriosum jener Tage, um das sich inzwischen zahlreiche Legenden ranken, stellt die »Freie Republik Schwarzenberg« dar. Die am Zusammenfluss von Schwarzwasser und Großer Mittweida gelegene Stadt blieb selbst nach der Kapitulation der Wehrmacht am 8. Mai 1945 ohne alliierte Besatzungstruppen. Um die Ordnung dennoch aufrechtzuerhalten und die Versorgung für die Bevölkerung zu sichern, wurde der bisherige NSDAP-Bürgermeister abgesetzt. SPD und KPD bildeten am 12. Mai einen Aktionsausschuss, der die Geschicke der Stadt für kurze Zeit leitete. Mit dem Einmarsch sowjetischer Truppen am 26. Mai 1945 war diese Episode beendet.

Als sich der Rückzug der amerikanischen und britischen Truppen aus den der Sowjetunion zugesprochenen Gebieten abzeichnete, kam es zu Auseinandersetzungen mit antifaschistischen Bürgermeistern, die nun gegen die »Verschleppung Volkseigentums« aufbegehrten und alles unternahmen, um die künftigen sowjetischen Machthaber gebührend zu begrüßen. Besonders eifrig zeigte sich hierbei unter anderem Eislebens Oberbürgermeister Büchner. Als die »Hessische Post« mitteilte, am 14. Juli 1945 würden die Amerikaner das Gebiet der Roten Armee überlassen, war, wie er in einem Vermerk vom 27. Juni 1945 festhielt, »die Arbeiterschaft, die konsequenteste antifaschistische Kraft, freudig bewegt, äußerte tiefe Genugtuung und wartete mit Ungeduld auf den Einmarsch der Roten Armee«. Das Bürgertum sei dagegen von Angst und Furcht erfasst worden und habe Gräuelmärchen über die Rote Armee verbreitet.[1] Mit Angehörigen der – von den Amerikanern nicht zugelassenen – Gewerkschaften und des Antifaschistischen Ausschusses machte sich Büchner an die »politische Mobilisierung der Bevölkerung« und bereitete den Empfang der Roten Armee vor. Zu diesem Zweck erschien ein Flugblatt, außerdem »wurde eine großzügige Beschaffung von rotem Tuch, Fahnenmasten, Anfertigung von Transparenten organisiert«. Der Oberbürgermeister ließ ein Lenin-Denkmal, das die Nazis aus Russland geraubt hatten und das angeblich er vor der Verschrottung bewahrt hatte, aufstellen und erteilte den Befehl, die Gräber russsicher Kriegsgefangener aus dem Ersten Weltkrieg wieder herzurichten und für sie ein Denkmal aufzustellen. Damit nicht genug: Büchner ordnete zusätzlich die Herstellung eines weiteren Denkmals für die in Eisleben während des Krieges gestorbenen polnischen Zwangsarbeiter an. Fahrzeuge von Personen, von denen er vermutete, sie würden sich mit den Amerikanern absetzen, ließ er fahruntüchtig machen. Auf dem Gut Welfenholz verhinderten seine Häscher die Abfahrt zweier Lastwagen, mit denen Baron von Stromberg einen Teil seines Besitzes hatte retten wollen.

Die Übergabe der geräumten Gebiete an die Rote Armee führte zu einer Fluchtwelle nach Westen, weil die Bevölkerung nicht zu Unrecht Übergriffe der nachrückenden sowjetischen Einheiten befürchtete. Außerdem beeinflusste der Abzug nachhaltig das Verhältnis gegenüber Berlin, denn es entstand der Eindruck, von den Westmächten für deren Sektoren in der Hauptstadt geopfert worden zu sein.

Das Gebiet der SBZ zwischen Elbe und Oder-Neiße umfasste eine Fläche von 105 000 km^2 und bezog mit dem Westteil des Kreises Liegnitz auch einen Teil von Schlesien ein. Trotz der zahllosen Vertriebenen und Flüchtlinge blieb die Bevölkerungszahl in der SBZ nahezu konstant. Nach der Volkszählung 1946 lebten 17,18 Millionen Menschen in der SBZ, ein Jahr später 17,73 Millionen. Den stärksten Bevölkerungszuwachs hatte es in Sachsen-Anhalt und Sachsen mit einem Plus von jeweils rund 20 000 Einwohnern auf 4,32 bzw. 5,7 Millionen gegeben.[2] Das heißt: Im selben Maße, wie so genannte Umsiedler aus dem Osten kamen – insgesamt blieben etwa vier Millionen in der SBZ –, flohen Menschen in die Westzonen. Bemerkenswert ist, dass die DDR bei ihrem Untergang 1990 nur noch 16,6 Millionen Einwohner zählte, während die Bevölkerungszahl in Westdeutschland im selben Zeitraum von rund 46,2 Millionen auf 65 Millionen gestiegen war.

Frühzeitige Bildung von Ländern

Am 9. Juli 1945 ordnete die SMAD mit »Befehl Nr. 5« die »sofortige Organisierung normalen Lebens in den Provinzen« an. Es entstanden die Länder Thüringen, Sachsen und Mecklenburg sowie die Provinzen Brandenburg und Sachsen. Zu Chefs der regionalen Militäradministrationen wurden ernannt:

- Generaloberst I. I. Fedjuninski für das Land Mecklenburg mit dem Westteil von Pommern – ausgenommen Stettin,
- Marschall der Panzertruppen Bogdanow für die Provinz Brandenburg, die um einen Teil des Kreises Frankfurt/Oder mit der Stadt Cottbus erweitert wurde,
- Generaloberst W. I. Kusnezow für die Provinz Sachsen, der das Land Anhalt angegliedert wurde,
- Generaloberst W. I. Tschuikow für Thüringen,
- Generaloberst M. E. Kutikow für das Land Sachsen mit dem Westteil des schlesischen Kreises Liegnitz.

Als deutsche Behörden setzten die sowjetischen Militärbehörden Länder- beziehungsweise Provinzialverwaltungen ein, an deren Spitze ein Präsident und drei Vizepräsidenten standen. Schon Ende Juni waren die künftigen Länderchefs in die SMAD-Zentrale nach Berlin-Karlshorst beordert worden, um dort Instruktionen entgegen zu nehmen. In den Räumen, in denen wenige Wochen zuvor die Kapitulationsurkunde der deutschen Wehrmacht unterzeichnet worden war, wurden ihnen ihre neuen Ämter offiziell übertragen. Über den Rahmen, in dem dies geschah, schreibt Stefan Doernberg, der als Dolmetscher Zeitzeuge war:[3]

»Von Seiten der SMAD nahmen an dem Gespräch auch der Chef des Stabes der SMAD, Generaloberst W. W. Kurassow, das Mitglied des Militärrates der SMAD Generalleutnant Fjodor Jefimowitsch Bokow, der Stellvertreter von Marschall Georgij Konstaninowitsch Shukow, Generaloberst Ivan Alexandrotisch Serow, der politische Berater des Obersten Chefs der SMAD, Wladimir Semojonowitsch Semjonow und weitere Offiziere teil. Ihnen gegenüber saßen als Gesprächspartner Vertreter der verschiedensten Schichten des deutschen Volkes. Zu ihnen gehörten die sozialdemokratischen Präsidenten Dr. Rudolf Friedrichs aus Sachsen, Wilhelm Höcker aus Mecklenburg und Dr. Karl Steinhoff aus der Mark Brandenburg, die kommunistischen Vizepräsidenten Kurt Fischer, Johannes Warnke, Edwin Hörnle, Gottfried Grünberg, die bürgerlichen Demokraten Otto Möller, Dr. Georg

Remak, Dr. Reinhard Uhle, Gerhard Rohner und andere. Anwesend war weiterhin der Oberbürgermeister von Berlin, Dr. Arthur Werner. An dem Gespräch nahmen auch die Genossen Walter Ulbricht, Hermann Matern und Gustav Sobottka teil.« Ohne Umschweife wurden die Landesverwaltungen mit je einem Präsidenten und mehreren Vizepräsidenten offiziell ernannt, war die Vorschlagsliste doch ohnehin zuvor von Shukov genehmigt worden. In Thüringen wurde mit etwas Verspätung Rudolf Paul in das Amt berufen. Er hatte die Sowjets als Oberbürgermeister der Stadt Gera beeindruckt. Bei dem Besatzungswechsel von der amerikanischen zur sowjetischen Armee hatte er die Stadt mit roten Fahnen schmücken lassen und die Rote Armee als Befreierin begrüßt. Als Dank wurde er nun unter kommunistischer Regie erster thüringischer Präsident, 1947 floh er in die US-Zone. Erhard Hübener musste auf seine Ernennung zum Präsidenten der Provinz Sachsen warten, da auch hier die westlichen Alliierten erst Anfang Juli das von ihnen eroberte Territorium den Sowjets überließen.

Formelle Rechte ohne Kompetenzen

Die Länder- beziehungsweise Provinzverwaltungen waren nicht mehr als ausführende Organe der Besatzungsmacht und unterschieden sich damit in dieser Phase nicht von den Selbstverwaltungsorganen im Westen Deutschlands. Daran änderte sich auch nichts, als Marschall Shukov ihnen am 23. Oktober 1945 das Recht einräumte, auf den Gebieten der gesetzgebenden, richterlichen und vollstreckenden Gewalt Gesetze und Verordnungen zu erlassen, sofern sie den Gesetzen und Verordnungen oder den Befehlen der sowjetischen Militärverwaltung nicht widersprachen.[4]

Von erheblicher Bedeutung für die Vorbereitung einer künftigen zentralen deutschen Regierung im Gebiet der sowjetischen Besatzungszone war am 12. September 1945 die Einrichtung von »Deutschen Verwaltungen«, denen länder- beziehungsweise provinzübergreifende Kompetenzen eingeräumt wurden. Sie hatten sich jedoch nach den Direktiven der entsprechenden Fachabteilungen der SMAD zu richten und unterlagen ihrer direkten Kontrolle.[5] Es entstanden die:

- Transportabteilung, Leitung Wilhelm Pfitzner
- Post- und Telegraphenabteilung, Leitung Wilhelm Schröder
- Verwaltung für Brenn-, Heizmaterial und Energieerzeugung, Leitung Ferdinand Friedensburg
- Verwaltung für Handel und Versorgung, Leitung Hugo Buschmann
- Industrieverwaltung, Leitung Leo Skrypczinski
- Landwirtschaftliche Verwaltung, Leitung Edwin Hörnle
- Finanzverwaltung, Leitung Henry Meier
- Verwaltung für Arbeit und soziale Fürsorge, Leitung Gustav Gundelach
- Verwaltung für Volksbildung, Leitung Paul Wandel
- Justizverwaltung, Leitung Eugen Schiffer, sowie die
- Verwaltung für Gesundheitswesen, Leitung Paul Konitzer

Die Zonenverwaltungen besaßen gegenüber den Ländern und Provinzen sowie gegenüber den Kreisen und Gemeinden ein unbegrenztes Weisungsrecht, waren selbst aber lediglich ausführendes Organ der Militäradministration für das gesamte besetzte Gebiet. Die Deutschen Verwaltungen für das Gebiet der sowjetischen Besatzungszone stellten also keine »Zentralregierung« dar. Das Recht der Länder und Provinzen zur Gesetzgebung war ebenso eine Farce wie die vermeintliche Selbstverwaltung der Kreise und Gemeinden.[6] Allerdings war diese Form der Verwaltung Ausdruck der sowjetischen Politik, die mittelfristig eine starke Zentralregierung für ganz Deutschland anstrebte und den Ländern nur eine untergeordnete Bedeutung beimaß.

Die SED auf dem Weg zur Staatspartei

Zwar bekannte sich Moskau offiziell zur Wiedervereinigung Deutschlands – unter kommunistischen Vorzeichen –, doch nachdem bereits der Alliierte Kontrollrat nicht in der Lage gewesen war, einheitliche Richtlinien für ganz Deutschland zu formulieren, stülpte der Kreml der sowjetischen Besatzungszone mehr und mehr das eigene System über. Dazu gehörte neben der Bodenreform vor allem die Zwangsvereinigung von KPD und SPD, mit der ein Einparteien-System installiert wurde. Die Blockparteien CDU und LDP waren allenfalls ein Alibi, um einen Anschein von Wahlfreiheit vorzutäuschen. Dass die Sowjetunion gleichzeitig durch ihre Demontage- und Reparationspolitik die wirtschaftlichen Grundlagen ihrer Besatzungszone vernichtete, dass sie die Gesellschaft rigoros in kommunistischem Sinn veränderte und diejenigen, die ihr im Weg standen, in Zuchthäuser und Arbeitslager schickte, stand im Gegensatz zu der von der Potsdamer Konferenz geforderten »Demokratisierung« Deutschlands, es sei denn man legte – wie es Moskau tat – den sowjetischen Maßstab an.

Mit der Einheitspartei SED, mit bürgerlichen Parteien als bloße Statisten und mit Unterorganisationen der SED wie dem Demokratische Frauenbund oder der Vereinigung der gegenseitigen bäuerlichen Hilfe und gestützt auf schätzungsweise 400 000 in der Besatzungszone stationierte Soldaten, ging Moskau kein Risiko ein, für den Herbst 1946 Gemeindewahlen anzuberaumen. Sie fanden am 1. September 1946 im Bundesland Sachsen statt. Vorher hatte es dort bereits eine Volksabstimmung über die Enteignung des Besitzes von aktiven Nationalsozialisten und Militaristen gegeben, bei der am 1. Juni die drei Parteien SED, CDU und LDP als »Blockparteien« gemeinsam aufgetreten waren. Da die Bodenreform durchaus die Zustimmung der meisten Menschen fand, konnte die Besatzungsmacht von einem für sie günstigen Ergebnis ausgehen und erteilte daher bei einer Besprechung mit SED-Vertretern am 25. Juli 1946 ihre Zustimmung zu diesem »Testlauf«.[7] Von 3,6 Millionen Wahlberechtigten gaben 3,5 Millionen ihre Stimme ab, 2,683 Millionen votierten für die Enteignung. Merkmal der folgenden Gemeindewahlen vom 1. September 1946 war das Auftreten der SED und die Tatsache, dass die SPD im Bundesland Sachsen wie auch in den anderen Gebieten der sowjetischen Besatzungszone keine Kandidaten aufstellen durfte. Von Berlin aus hatten die Sozialdemokraten dazu aufgerufen, aus Protest ungültige Stimmen abzugeben, was 325 978 Sachsen und damit nahezu zehn Prozent der Wähler taten. Die SED erhielt rund 1,6 Millionen Stimmen, die LDP 671 000 und die CDU 655 000 Stimmen.

Frauenausschuss, die Vereinigung der gegenseitigen Bauernhilfe und andere Gruppen blieben im Promillebereich. Gekennzeichnet waren die Vorbereitungen zu den Wahlen dadurch, dass die SED von der Besatzungsmacht organisatorisch klar bevorzugt wurde. Die CDU war nur in knapp der Hälfte der 2 577 sächsischen Gemeinden vertreten. Bei der LDP war die Situation ähnlich. Die weiteren Wahlen, am 8. September in der Provinz Sachsen und in Thüringen sowie am 15. September in Mecklenburg und in der Mark Brandenburg, brachten ähnliche Ergebnisse. In Thüringen entfielen von 1,6 Millionen Stimmen 752 000 auf die SED, in der Provinz Sachsen 1,234 Millionen von 2,09 Millionen gültigen Stimmen. In Brandenburg erhielt die SED 820 000 von 1,37 Millionen Stimmen, in Mecklenburg 677 000 von 973 000.

Durch die Ergebnisse beruhigt, setzte die Sowjetische Militäradministration »zur Festigung der demokratischen Prinzipien« für den 20. Oktober 1946 Landtags- und Kreistagswahlen an. Die SED kam auf Ergebnisse zwischen 43,9 Prozent (Brandenburg) und 49,5 Prozent (Mecklenburg-Vorpommern), die CDU in Mecklenburg immerhin auf 34,1 Prozent, während sie in Thüringen mit 18,9 Prozent weit abgeschlagen war.

Dass die hohen Stimmenanteile für die SED nicht die wirkliche Stimmung unter der Bevölkerung wiedergaben, zeigen die Resultate aus Berlin, wo am selben Tag gewählt wurde. Dort kam die SPD auf 48,7 Prozent, gefolgt von der CDU mit 22,2 Prozent der Stimmen. Erst auf dem dritten Platz fand sich die SED mit 19,8 Prozent. Selbst in den im Ostsektor Berlins liegenden Bezirken erreichte die SED nur ein knappes Drittel der abgegebenen Stimmen – Grund genug für die SMAD, auch dort halbwegs freie Wahlen nicht mehr zuzulassen.

Deutsche Wirtschaftskommission als Zentralregierung

Nach den Landtagswahlen vom 20. Oktober 1946 wurden auf Befehl der SMAD die bis dahin bestehenden »Verwaltungen« auf Landes- und Provinzebene in Regierungen umgewandelt, was jedoch nicht mit einer Erweiterung der Kompetenzen verbunden war. Zu einer einschneidenden Veränderung kam es erst mit der Bildung der Deutschen Wirtschaftskommission. Sie kann als Vorläufer einer Zentralregierung betrachtet werden und wurde am 4. Juni 1947 mit SMAD-»Befehl Nr. 138« ins Leben gerufen. Ihr wurden die Deutschen Zentralverwaltungen unterstellt. Außerdem erhielt sie im Februar 1948 das Recht, Gesetze und Verordnungen für die gesamte Besatzungszone zu erlassen. Die ohnehin geringen Zuständigkeiten der Länderregierungen wurden damit zunehmend unterhöhlt. Sie waren nun nur noch Ausführende der Bestimmungen der Berliner Zentrale. Ihren Sitz fand die DWK im nur teilweise zerstörten Gebäude des Reichsluftfahrtministeriums, das nach Kriegsende auf Befehl der sowjetischen Militärbehörden wieder hergerichtet worden war. Formell hatte die DWK die Vertreter der Besatzungsmacht zu »beraten«, wichtiger aber war ihre Aufgabe, für den reibungslosen Ablauf der Reparationslieferungen zu sorgen. Vorsitzender wurde 1948 der brandenburgische Minister für Wirtschaftsplanung, Heinrich Rau. Mit »Befehl Nr. 183« vom 27. November 1948 wurde die Wirtschaftskommission, die zuerst aus nur 36 Mitgliedern bestand, erheblich erweitert. Marschall Sokolowskij begründete diesen Schritt unter anderem so:

»Die demokratische Entwicklung in der sowjetischen Besatzungszone Deutschlands macht es erforderlich, dass die Verbindungen der deutschen Zonenverwaltungsorgane mit der Bevölkerung verbessert werden. Dies soll dazu beitragen, dass sich die Arbeit der Verwaltungsorgane verbessert und dass sich die Aktivität der Bevölkerung zum Zweck der Verwirklichung der Wirtschaftspläne für die Zone und der Verbesserung der Lebensbedingungen der Bevölkerung weiter verstärkt. Hiervon ausgehend und unter Berücksichtigung der Empfehlungen der Deutschen Wirtschaftskommission vom 24. Oktober 1948 sowie der Vorschläge der demokratischen Parteien und Organisationen betreffs der Reorganisierung der Deutschen Wirtschaftskommission durch die Schaffung einer umfassenderen Vertretung des Volkes in ihr befehle ich:

1. Die Mitgliederzahl der Deutschen Wirtschaftskommission ist von 36 auf 101 Mitglieder zu erhöhen, mit der Maßgabe, dass

die Mehrzahl der Mitglieder gewählte Vertreter der Bevölkerung der Länder sowie Vertreter der demokratischen Parteien und der sonstigen Organisationen der Bevölkerung der sowjetischen Besatzungszone umfasst.

2. Dementsprechend ist die Mitgliederzahl der Deutschen Wirtschaftskommission folgendermaßen festzusetzen:

a) 48 Vertreter der Bevölkerung der Länder der sowjetischen Besatzungszone, die von den Landtagen nach der Norm zu wählen sind: Ein Vertreter für je 360 000 Einwohner, und zwar:
15 Vertreter der Bevölkerung von Sachsen,
12 Vertreter der Bevölkerung von Sachsen-Anhalt,
8 Vertreter der Bevölkerung von Thüringen,
7 Vertreter der Bevölkerung von Brandenburg,
6 Vertreter der Bevölkerung von Mecklenburg.

b) 15 Vertreter der deutschen demokratischen Parteien, und zwar je drei Vertreter jeder Partei: für die Sozialistische Einheitspartei drei, für die Christlich-Demokratische Union drei, für die Liberal-Demokratische Partei drei, für die Demokratische Bauernpartei drei und für die National-Demokratische Partei drei.

c) 10 Vertreter der demokratischen Massenorganisationen der Werktätigen, und zwar: für den Freien Deutschen Gewerkschaftsbund drei, für die Vereinigung der gegenseitigen Bauernhilfe zwei, für die Freie Deutsche Jugend einen, für den Demokratischen Frauenbund einen, für den Kulturbund einen, für die Genossenschaften zwei.

d) Der Vorsitzende, die stellvertretenden Vorsitzenden und die Mitglieder des Sekretariats der Deutschen Wirtschaftskommission, der Vorsitzende der Zentralen Kontrollkommission, die Leiter der entsprechenden deutschen Hauptverwaltungen sowie der Vorsitzende des Ausschusses zum Schutze des Volksvermögens bei der Deutschen Wirtschaftskommission.«

Mit der Deutschen Wirtschaftskommission war die Sowjetunion den Westmächten bei der Bildung einer Zentralregierung einen Schritt

Erst Sitz von NS-Reichsmarschall Hermann Göring, dann der Deutschen Wirtschaftskommission: das Reichsluftfahrtministerium in Berlin

voraus. Zwar gab es westlich der Elbe die Bizone und gemeinsame Fachverwaltungen für die amerikanische und britische Besatzungszone, doch weigerte sich Frankreich beharrlich, die Bi- zur Trizone zu erweitern und stand auch jeder Zentralregierung skeptisch bis ablehnend gegenüber.

Vergeblicher Druck auf die westlichen Außenminister

Die Sowjetunion und die SED hatten längst von der deutschen Einheit Abschied genommen, da sie unter kommunistischen Vorzeichen nicht zu erreichen war. Für den Juni 1947 hatte der bayerische Ministerpräsident Ehard zu einer gesamtdeutschen Konferenz nach München eingeladen, doch die Begegnung scheiterte, bevor sie überhaupt begann. Die fünf Ministerpräsidenten aus der sowjetischen Besatzungszone waren am 5. Juni 1947 in München eingetroffen, doch kam es zu heftigen Auseinandersetzungen um die Tagesordnung. Die westliche

Seite bot an, ein gemeinsames feierliches Bekenntnis zur deutschen Einheit abzulegen, aber das war den ostzonalen Vertretern zu wenig. Sie bestanden auf der sofortigen Bildung einer deutschen Zentralverwaltung und einer Erklärung, »die selbstverständlich eine Verständigung der demokratischen Parteien und Gewerkschaften zur Schaffung eines deutschen Einheitsstaates mit dezentralisierter Selbstverwaltung beinhaltet«. Da die westliche Seite dies ablehnte, verließen die Vertreter von Brandenburg, Thüringen, Sachsen-Anhalt, Mecklenburg und Sachsen den Konferenztisch und reisten ab.

Wenngleich der Kreml und mit ihm die SED die Münchener Konferenz torpediert hatten, hielten sie gegenüber der Öffentlichkeit an der deutschen Einheit fest. Ein Instrument hierfür war der von der SED ins Leben gerufene »Deutsche Volkskongress für Einheit und gerechten Frieden«.[8] Mit ihm sollte Druck auf die Ende November in London tagende Außenministerkonferenz ausgeübt werden. Insbesondere aber sollte die Schuld für die sich abzeichnende Teilung Deutschlands dem Westen zugewiesen werden.

Obwohl den »Blockparteien« CDU und LDP in der sowjetischen Besatzungszone ohnehin nur noch eine Statistenrolle geblieben war, lehnten die CDU-Vorsitzenden Jakob Kaiser und Ernst Lemmer die Volkskongressbewegung als Propagandamanöver ab und weigerten sich, mit der Teilnahme an der Bewegung den Rest ihrer politischen Eigenständigkeit aufzugeben. Diese Unbotmäßigkeit gegenüber dem Willen Moskaus bestrafte die SMAD, indem sie im Dezember 1947 abgesetzt wurden. Zum »Ersten Deutschen Volkskongress« am 6. Dezember 1947 hatte die SED Vertreter von Parteien und Massenorganisationen, Betriebsräte, Bauernverbände, Künstler und Wissenschaftler aus allen Besatzungszonen nach Berlin eingeladen. Die meisten der 2000 durch keine Wahl legitimierten Delegierten kamen aus der sowjetischen Besatzungszone und aus Berlin, wobei die SED allein 605 Delegierte stellte. Der »Volkskongress« gab sich als ein »gesamtdeutsches Vorparlament« aus und forderte von den in London tagenden Außenministern die Vorbereitung eines Friedensvertrags und die Bildung einer gesamtdeutschen Regierung.

Der Zweite Deutsche Volkskongress tagte am 17. und 18. März 1948 und stand im Zeichen des 100. Jahrestags der Märzrevolution von 1848. Er protestierte gegen die Diskussion über eine Staatsgründung in den Westzonen und beschloss, im Mai/Juni 1948 ein Volksbegehren für die deutsche Einheit in allen vier Zonen durchzuführen, was die westlichen Besatzungsmächte für ihre Zonen jedoch nicht erlaubten. Darüber hinaus bestellte der »Volkskongress« einen 400 Mitglieder starken »Deutschen Volksrat« mit dem Anspruch, ganz Deutschland zu repräsentieren. Unter der Leitung Grotewohls arbeitete der »Volksrat« einen Verfassungsentwurf aus, für den ein Ende 1946 von der SED vorgelegtes Papier zu einer gesamtdeutschen »Verfassung für die Deutsche Demokratische Republik« als Vorlage diente. Der Verfassungsentwurf des »Volksrats« wurde Ende Oktober 1948 öffentlich zur Diskussion gestellt, obwohl Gegenargumente oder Ablehnung nicht geduldet wurden.

»Nationaler Notstand« und die Auflösung der SMAD

Im März 1949 verkündete der »Deutsche Volksrat« wegen der bevorstehenden Verabschiedung des Bonner Grundgesetzes den »nationalen Notstand«. Ein dritter »Volkskongress« sollte den Verfassungsentwurf bestätigen. Dieser »Dritte Deutsche Volkskongress« sollte durch Wahlen legalisiert sein. Dazu wurden am 15. und 16. Mai 1949 in der SBZ und in Ost-Berlin Wahlen angesetzt, allerdings nach dem Prinzip der Einheitsliste des »Demokratischen Blocks«, in dem Parteien und Massenorganisationen zusammengeschlossen waren. 25 Prozent der Listenplätze bekam die SED, jeweils 15 Prozent erhielten CDU und LDP und entsprechend weniger die anderen Parteien und Massenorganisationen. Die Wahl war mit einer Volksabstimmung über die deutsche Einheit verbunden. Der auf dem »Dritten Volkskongress« am 29. und 30. Mai 1949 neu gewählte »Zweite Deutsche Volksrat« konstituierte sich am 7. Oktober 1949 mit 330 Abgeordneten als »Provisorische Volkskammer« der DDR. Drei Tage später übergab in Berlin-Karlshorst der Chef der Sowjetischen Militäradministration, General Tschuikow, die von der Militärregierung ausgeübten Funktionen an die Regierung der DDR. Die SMAD wurde aufgelöst und durch eine fast 4000 Personen starke Sowjetische Kontrollkommission (SKK) abgelöst. Als erster Vorsitzender dieser Kontrollkommission erklärte Wassilij Iwanowitsch Tschuikow am 11. November 1949 bei einem Empfang für die Mitglieder der Provisorischen Regierung der DDR, die Aufgaben der Militäradministration und ihrer Verwaltungsstellen gingen nun auf die Kontrollkommission über.[9] Die Aufgabe der Kommission bestehe in der Kontrolle der Durchführung der Potsdamer Beschlüsse und der anderen von den vier Siegermächten für ganz Deutschland getroffenen Entscheidungen. Der Vertreter der Sowjetischen Kontrollkommission werde in ihrem Auftrag die erforderlichen Beziehungen mit den entsprechenden Vertretern der westlichen Besatzungsbehörden aufrechterhalten. Daraus ergebe sich als Selbstverständlichkeit, »dass die Sowjetregierung auch künftig in jeder Weise zur Wiederherstellung der Einheit Deutschlands auf friedlicher, demokratischer Grundlage sowie zum Zustandekommen eines Friedensvertrages mit Deutschland beitragen wird«. Dies dauerte jedoch noch vierzig Jahre.

Schlussbetrachtung

Am 6. Oktober 1949 war aus der sowjetischen Besatzungszone die »Deutsche Demokratische Republik« geworden. Bis zum Ende dieses Staates und zur Wiedervereinigung 1990 hatten ihre Repräsentanten immer wieder die Souveränität der DDR betont. Doch in der Realität blieb sie als Moskaus westlicher Vorposten an der Schnittstelle zwischen den beiden großen Blöcken stets ein Satellitenstaat. Angesichts der exponierten Lage konnte der Kreml eine eigenständige Politik der DDR nicht zulassen, wobei diese Gefahr ohnehin nicht bestand, solange die Mitglieder der Ulbricht-Gruppe die führenden Posten in Partei und Regierung innehatten. Die Niederschlagung des Volksaufstandes vom 17. Juni 1953 durch sowjetische Panzer zeigte, dass Moskau keinesfalls gewillt war, diesen »ersten sozialistischen Staat auf deutschem Boden« aus seinem unmittelbaren Einflussbereich zu entlassen. Daran änderten auch die vielen Verträge nichts, die zwischen der Sowjetunion und der DDR geschlossen wurden. Am 25. Januar 1955 hatte beispielsweise das Präsidium des Obersten Sowjets der UdSSR den Vertrag über die Beendigung des Kriegszustandes zwischen der UdSSR und Deutschland unterzeichnet, sich aber wohlweislich die Rechte und Pflichten, die Deutschland als Ganzes betrafen, vorbehalten. Am 20. September 1955 schlossen Moskau und Ost-Berlin einen Vertrag über die gegenseitigen Beziehungen, nach dem die sowjetischen Streitkräfte in der DDR ihren Status als Besatzungstruppen formell verloren. Ihr Aufenthalt wurde durch ein »Protokoll über die Bedingungen der Stationierung sowjetischer Truppen auf dem Gebiet der Deutschen Demokratischen Republik« vom selben Tag geregelt, das an der Praxis aber ebenso wenig änderte wie ein Stationierungsabkommen vom 12. März 1957. Bekräftigt wurde in diesem Abkommen beispielsweise die Lufthoheit der DDR. Tatsächlich hat die DDR sie über ihrem Land nie besessen, wie eine Geheime Verschlusssache des DDR-Verteidigungsministeriums aus dem Jahr 1988 belegt.[1] Darin heißt es: »Aufgrund der im ›Warschauer Vertrag‹ abgestimmten Verantwortung des Oberkommandierenden der GSSD[2] für die Luftverteidigung der Objekte auf dem Territorium der DDR, der Verantwortung der GSSD über die ›zeitweilige Ausübung der Kontrolle‹ in den Luftverbindungswegen und der Berliner Kontrollzone wurde von der sowjetischen Seite bisher die ausschließliche Souveränität, die Zuständigkeit der Organe der DDR und die nationale Verantwortung für die Gewährleistung der Flugsicherheit verneint.« Aus den »Gesamteinschätzungen« der Analyse sollen nur die wichtigsten angeführt werden: Seitens der DDR sei es versäumt worden, ein »koordinierendes Organ« festzulegen. Besonders in den 60er und 70er Jahren sei vieles »nicht auf der Grundlage der Abkommen und Rechtsvorschriften der DDR«, sondern nach Ermessen »auf Freundschaftsbasis« und ohne Kenntnis der zentralen Staatsorgane geregelt worden. Fragen wie die eines Rechtshilfeabkommens, des Umweltschutzes und der Wasserwirtschaft, des Verkehrs-, des Post- und Fernmeldewesens und einige Planungs- und Bilanzierungsfragen seien nicht umgesetzt worden. Wesentlich für die fehlende Umsetzung der Abkommen seien unter anderem »eine relativ hohe Fluktuation bei den Führungskräften des Oberkommandos der GSSD, (...) die mangelhaften Kenntnisse im Oberkommando der GSSD und bei den Truppenkommandeuren über die Regelungen der Abkommen, (...) teilweiser Schlendrian, Disziplinlosigkeiten, verantwortungsloses Verhalten zu den Regelungen der Abkommen, Unvermögen der Einordnung in die gesellschaftlichen Verhältnisse der DDR und falsche Auffassungen über den Status ihrer Streitkräfte. (...) Schließlich fehlte generell ein aktiverer Beitrag der sowjetischen Seite zur Verbesserung der Durchsetzung der Abkommen.« Dennoch – so die überraschende Forderung – sollte auf eine Überarbeitung der Abkommen verzichtet werden, denn »es bestehen keine Garantien, ›bessere‹ Abkommen zu erhalten«.

Dies – wohlgemerkt – waren Erkenntnisse des Ministeriums für Nationale Verteidigung der DDR, nicht etwa Einschätzungen westlicher Beobachter, und sie ließen sich auf alle politischen Bereiche übertragen.

Die Sowjetunion brauchte die DDR als verlässliches Bollwerk gegenüber dem kapitalistischen Westen, wie umgekehrt ja auch die USA der Bundesrepublik Deutschland eine ähnliche Funktion beimaßen. Solange die beiden Blöcke sich feindlich gegenüberstanden, waren beide Staaten in Deutschland Aufmarschräume für die beiden damaligen Supermächte. Allerdings unterschied sich die Behandlung durch die ehemaligen Besatzungsmächte ganz wesentlich. Die SED war organisiert nach sowjetischem Muster, sie allein bestimmte, was Recht war. Die Freiheit des Einzelnen hatten sich dem Wohl der Partei unterzuordnen. Dem Marshall-Plan der USA stand die Ausbeutung der DDR durch die Sowjetunion gegenüber. Nicht vergessen werden darf in diesem Zusammenhang, dass der Uranbergbau von Wismut bis zum Ende eine deutsch-sowjetische Aktiengesellschaft war. Die DDR war zwar nicht die sechstgrößte Industrienation der Welt, wie sie selbst darstellte und es der Westen glaubte, aber die Aufbauleistungen der Menschen in der DDR waren angesichts der zahlreichen Verpflichtungen gegenüber der UdSSR erstaunlich und bewundernswert. Im Rahmen des »Rates für gegenseitige Wirtschaftshilfe« 1949, der als Antwort auf den Marshall-Plan gedacht war und 1991 aufgelöst wurde, hatte die DDR der Sowjetunion technologische Spitzenerzeugnisse zu »Freundschaftspreisen« zu liefern, aber wichtige Rohstoffe wie Gas und Erdöl zu Weltmarktpreisen zu beziehen.

Schwierigkeiten in der Kontrolle der DDR bereiteten Moskau zu allen Zeiten seit Ende des Zweiten Weltkrieges die engen verwandtschaftlichen Verflechtungen der Menschen in den beiden deutschen Staaten. Durch die Flüchtlingsströme wurden sie ständig erneuert und vertieft. Dagegen kamen weder die sowjetischen Soldaten noch die Stasi an – und auch die Berliner Mauer nicht!

Im Zuge der Annäherung der Blöcke und der Politik Michail Gorbatschows von Perestroika und Glasnost entstand ein enges »Zeitfenster«, das die Wiedervereinigung erlaubte. Als in der DDR die Menschen auf die Straße gingen, hatte Moskau die Erfahrungen eines blutigen

Afghanistan-Krieges hinter sich. Gorbatschow war nicht bereit, sich auf ein militärisches Abenteuer einzulassen, um die DDR zu halten und ließ die Soldaten der GSSD in den entscheidenden Stunden der friedlichen November-Revolution in den Kasernen. Das ursprüngliche Ziel der Einheit Deutschlands unter kommunistischen Vorzeichen hatte Moskau nicht erreichen können. Ernsthaft daran geglaubt hatten zuletzt nur noch wenige wie SED-Generalsekretär Erich Honecker. Als Moskau ihn fallen ließ, war der Weg für ein geeintes Deutschland frei.

Anhang

Annotiertes Personenverzeichnis

Genannt wird in der Regel die für den dargestellten Zeitabschnitt relevante Funktion.

Ackermann, Anton
Leiter der KPD-Initiativgruppe für Sachsen, ab 1946 Mitglied des ZK der SED, 1954 aus der SED ausgeschlossen

Adenauer, Konrad
deutscher Bundeskanzler

Attley, Clement R.
britischer Premierminister

Axen, Hermann
Mitbegründer der FDJ, Sekretär des FDJ-Zentralrats

Becher, Joannes R.
Mitbegründer des NKFD, Vizepräsident der Deutschen Zentralverwaltung für Volksbildung

Benjamin, Hilde
DDR-Ministerin der Justiz

Berija, Lavrentij Pavlovic
Generalkommissar für Staatssicherheit

Bersarin, Nikolai
Generaloberst, erster sowjetischer Stadtkommandant in Berlin

Bevin, Sir Ernest
britischer Außenminister

Beshanow
Generalmajor, NKWD-Chef in Thüringen

Bokow, Fjedor Jefimowitsch
Generalleutnant, Mitglied des Militärrats der SMAD

Bolz, Lothar
Vorsitzender der NDPD

Bredel, Willi
Mitglied der »Gruppe Ulbricht«

Buschmann, Hugo
Direktor der Verwaltung für Handel und Versorgung

Busse, Ernst
Vorsitzender der Deutschen ZV für Landwirtschaft und Forsten

Dahlem, Franz
Mitglied des Parteivorstandes bzw. des ZK der KPD, Mitglied des Zentralsekretariats des SED-Parteivorstandes

Doernberg, Stefan
in die Sowjetunion emigrierter deutscher Kommunist, Politoffizier der Roten Armee

Dratwin, Michail
Generalleutnant, stellvertretender Oberster Chef der SMAD

Dubrowski, Dimitri Georgewitsch
Generalmajor, Chef der SMAS

Ebert, Friedrich
Sohn des ersten Reichspräsidenten, 1948 von den Kommunisten eingesetzter Berliner Oberbürgermeister

Eden, Anthony
britischer Außenminister

Ehrenburg, Ilja Grigorjewitsch
sowjetischer Schriftsteller

Engel, Rudolf
Präsident der Deutschen Zentralverwaltung für Umsiedler

Erpenbeck, Fritz
Mitglied der »Gruppe Ulbricht«

Fechner, Max
Präsident der Deutschen Zentralverwaltung für Justiz

Fischer, Kurt
Mitglied der KPD-Initiativgruppen, sächsischer 1. Vizepräsident und Innenminister, Präsident der DVdI

Fischer, Otto
Mitglied der »Gruppe Ulbricht«

Florin, Peter
Mitglied der KPD-Initiativgruppen

Friedensburg, Ferdinand
Direktor der Verwaltung für Brenn-Heizmaterial und Energieerzeugung

Friedrichs, Rudolf
Sächsischer Ministerpräsident

Gebhardt, Willy
KPD-Sekretär, SED-Kreisleiter, thüringischer Innenminister

Gentz, Werner,
Leiter der Abteilung Strafvollzug in der Deutschen Justizverwaltung

Gorbatow, Alexander Wassilewitsch
Chef der Garnison und Militärkommandant der Stadt Berlin

Grotewohl, Otto
Vorsitzender des Zentralausschusses der SPD, nach der Zwangsvereinigung Vorsitzender der SED

Grünberg, Gottfried
Landesminister für Volksbildung und Kultur, Mitbegründer der DSF und deren Generalsekretär

Gyptner, Richard
Mitglied der »Gruppe Ulbricht«

Gundelach, Gustav
Mitglied der »Gruppe Ulbricht«, Direktor der Verwaltung für Arbeit und soziale Fürsorge

Harriman, W. Averell
Roosevelts Sonderbotschafter bei Churchill und Stalin

Höcker, Wilhelm
Präsident der Landesverwaltung von Mecklenburg-Vorpommern (ab 1947 nur noch Mecklenburg)

Hörnle, Edwin
1. Vizepräsident in der Provinz Brandenburg, ab September 1945 Direktor der landwirtschaftlichen Verwaltung

Honecker, Erich
Jugendsekretär des ZK der KPD, Mitglied des SED-Parteivorstands, Mitglied des ZK

Hopkins, John
US-Gesandter, Sonderbotschafter

Howley, Frank L.
Oberst, US-Stadtkommandant in Berlin

Hübener, Erhard
erster Präsident der Provinz Sachsen

Iljitschow
Stellvertreter von Semjonow

Jelisarow, Iwan
Gardeoberst amtierender sowjetischer Stadtkommandant von Berlin

Jendretzky, Hans
Mitglied im ZK der KPD, Berliner Stadtrat, Vorsitzender des FDGB

Jessup, Philipp
US-Delegierter beim UN-Sicherheitsrat

Kalinin
Oberst Chef der sowjetischen Abteilung des Stabes der Alliierten Kommandantur

Kern, Käte
Mitglied des Zentralausschusses der SPD, dann Mitglied des Zentralsekretariats des Parteivorstands der SED, Frauensekretariat der SED

Kirssanow, A. W.
Oberst, Chefredakteur der »Täglichen Rundschau«
Köppe, Walter
Mitglied der »Gruppe Ulbricht«
Kolesnitschenko, I.S.
Generalmajor, Chef der SMATh
Konitzer, Paul Ignatz
Direktor der Verwaltung für Gesundheitswesen
Kotikow, Alexander Georgiewitsch
General, Stadtkommandant von Berlin
Kowaltschuk, Nikolai Kusmitsch
Generaloberst, Chef des MGB in der SBZ
Kurotschkin, Pawel Alexejewitsch
stellvertretender SMAD-Chef
Kurrassow, W. W.
Generaloberst, Mitglied des Militärrates
Kusnezow
Generalmajorarzt zuletzt Chef der Abteilung für das Gesundheitswesen bei der SMAD

Lehmann, Helmut
Vizepräsident der Zentralverwaltung für Arbeit und Soziales
Leonhard, Wolfgang
Mitglied der »Gruppe Ulbricht«
Leuschner, Bruno
Abteilungsleiter im SED-Parteivorstand, dann stellv. Vorsitzender der DWK

Mahle, Hans
Leiter des Berliner Rundfunks
Maijskij, Iwan M.
stellvertretender sowjetischer Außenminister
Malik, Jakow Alexandrowitsch
sowjetischer Delegierter beim UN-Sicherheitsrat
Malkow, P. M.
NKWD-Generalmajor, Chef der SMAD-Abteilung für innere Angelegenheiten
Maron, Karl
Mitglied der »Gruppe Ulbricht«, stellvertretender Berliner Oberbürgermeister, stellvertretender Chefredakteur des »Neuen Deutschland«, Generalinspekteur der Deutschen Volkspolizei
Matern, Hermann
Mitglied der KPD-Initiativgruppen, erster Landessekretär der KPD Sachsen
Meier, Henry
Direktor der Finanzverwaltung
Melsheimer, Ernst
Vizepräsident der Deutschen Zentralverwaltung für Justiz, ab 1949 Generalstaatsanwalt der DDR
Merker, Paul
Mitglied des SED-Parteivorstands und des ZK
Meyer, Therese
Mitglied des ZS des Politbüros
Mielke, Erich
KPD-Funktionär, Vizepräsident der Deutschen Zentralverwaltung des Innern, Leiter der Hauptabteilung zum Schutz des deutschen Eigentums
Möller, Otto
LDP, 1. Vizepräsident der Landesverwaltung Thüringen
Molotow, Wjatscheslaw M.
sowjetischer Außenminister
Montgomery, Sir Bernard L.
Feldmarschall, Oberbefehlshaber der britischen Besatzungstruppen
Mückenberger, Erich
Vorsitzender SED-Kreisleitung Chemnitz, 2. Sekretär der SED-Landesleitung Sachsen

Nares, Erik P.
Generalmajor, britischer Stadtkommandant von Berlin

Oelßner, Fred
Mitglied der KPD-Initiativgruppen, Lei-

ter der Deutschland-Abteilung des Moskauer Rundfunks, Leiter der Abteilung Agitation und Propaganda des ZK der KPD, Leiter der Abteilung Parteischulung im SED-Parteivorstand

Paul, Rudolf
Oberbürgermeister von Gera, dann Präsident des Landes Thüringen
Pieck, Wilhelm
Vorsitzender des ZK der KPD, Vorsitzender der SED, Präsident des Deutschen Volksrats, erster Präsident der DDR
Pfitzner, Wilhelm
Direktor der Transportverwaltung
Plenikowski, Anton
Abteilungsleiter Staatliche Planung im ZK der SED

Raab, Karl
erster Chefredakteur der Schweriner Volkszeitung
Rau, Heinrich
Minister für Wirtschaft in der Landesregierung Brandenburg, dann Vorsitzender der DWK und Minister für Wirtschaftsplanung
Remark, Georg
Leiter der Justizabteilung der Provinz Brandenburg
Rentsch, Hermann
Chefinspekteur der Kasernierten Bereitschaftspolizei der SBZ
Reschke, Erich
Präsident der DVdI
Reutter, Rudolf
Leiter der Agrarabteilung im ZK des SED
Ribbentrop, Joachim von
deutscher Außenminister
Rohner, Gerhard
Mitbegründer der Ost-CDU, Vizepräsident der sächsischen Landesleitung
Roosevelt, Franklin Delano
amerikanischer Präsident
Rosenthal-Pelldram
Erich, Ministerialdirektor in der Deutschen Verwaltung für Justiz

Schiffer, Eugen
Direktor der Justizverwaltung, vorher Reichsjustizminister
Schmidt, Elli
Mitglied im Frauensekretariat der SED, dann Vorsitzende des DFD-Bundesvorstandes
Schleusener, Franz
brandenburgischer Finanzsekretär
Schröder, Wilhelm
Direktor der Post- und Telegrafenverwaltung
Schulenburg, Friedrich-Werner von der
Deutscher Botschafter in Moskau
Semjonow, Wladimir Semojonowitsch
politischer Berater des Obersten Chefs der SMAD
Serov, Ivan Alexandrovic
Generaloberst und stellvertretender Chef der SMAD, Chef des NKWD in der SBZ
Seydlitz, Walther von
General der Artillerie, Vorsitzender des Bundes deutscher Offiziere
Sidnew, A. M.
Generalleutnant, Chef für Sicherheitsfragen in Berlin
Shukow, Georgij Konstaninowitsch
Marschall der Sowjetunion, 1945/46 Oberbefehlshaber der sowjetischen Truppen in Deutschland, Oberster Chef der SMAD, sowjetischer Vertreter im Alliierten Kontrollrat
Sindermann, Horst
Chefredakteur der »Sächsischen Volkszeitung« und der »Chemnitzer Volksstimme«, 1. Sekretär der SED-Kreisleitung Chemnitz und Leipzig
Skossyrew, Michail Alexandrowitsch
General, SMA-Chef in Mecklenburg

Skrczypcynski, Leo
Direktor Industrieverwaltung
Smirnov, Andrej
Generalleutnant, sowjetischer Stadtkommandant in Berlin
Sobottka, Gustav
Leiter der KPD-Initiativgruppe für Mecklenburg, Präsident der Zentralverwaltung für Brennstoffindustrie
Sokolowskij, Wassilij D.
Marschall, 1946–1949 Oberbefehlshaber der sowjetischen Truppen in Deutschland, Oberster Chef der SMAD und Mitglied des Alliierten Kontrollrats
Spellman, Francis Joseph
amerikanischer Kardinal
Steinhoff, Karl
Präsident von Brandenburg
Stalin, Josef Wissarionowitsch
(eigentlich: Dschugaschwil) Vorsitzender des Rates der Volkskommissare
Stoph, Willi
Hauptabteilungsleiter in der Deutschen Zentralverwaltung für Industrie, Leiter der Abteilung Wirtschaftspolitik im Zentralsekretariat der SED
Swiridow, Michail J.
Oberst, Leiter der Abteilung Speziallager in der SBZ

Titow, Wassilij Fjodorowitsch
Leiter der SMAD-Rechtsabteilung, dann Leiter der SKK-Abteilung für Verwaltungsfragen für Justizangelegenheiten
Tschuikow, Wassilij Iwanowitsch
Leiter der Militärverwaltung in Thüringen, 1949 Oberbefehlshaber der sowjetischen Truppen in Deutschland, Oberster Chef der SMAD, nach Gründung der DDR Vorsitzender der Sowjetischen Kontrollkommission (SKK)
Tulpanow, Sergej Iwanowitsch
Oberst, Chef der Informationsverwaltung der SMAD

Uhle, Reinhard
LDP, sächsischer Landespräsident
Ulbricht, Walter
Mitbegründer des NKFD, Leiter der Initiativgruppe des ZK der KPD für Berlin, stellvertretender SED-Vorsitzender, Mitglied des Landtages von Sachsen-Anhalt

Verner, Paul
Mitbegründer des NKFD, nach Rückkehr 1. Sekretär der SED-Kreisleitung Stralsund, Mitbegründer der FDJ
Vieweg, Kurt
1. Sekretär des VdgB-Zentralvorstands

Wandel, Paul
Lehrer an der Moskauer Komintern-Schule, Chefredakteur des KPD-Organs »Deutsche Volkszeitung«, Direktor der Verwaltung für Volksbildung
Warnke, Hans (Johannes)
1. Vizepräsident in Mecklenburg-Vorpommern, Innenminister
Warnke, Herbert
1. Vorsitzender des FDGB-Landesverbandes Mecklenburg
Weinert, Erich
Schriftsteller, Vorsitzender des NKFD
Werner, Arthur
Berliner Oberbürgermeister
Winzer, Otto
Chefredakteur der sowjetischen Sender »Deutscher Volkssender« und »Soldatensender«, Mitglied der KPD-Initiativgruppe »Ulbricht«, Leiter der Abteilung Volksbildung des Berliner Magistrats, Chefredakteur des SED-Pressedienstes
Wischinsky, A. J.
Stellvertreter des Volkskommissars für Auswärtige Angelegenheiten
Wolf, Mischa
Redakteur beim Berliner Rundfunk, späterer DDR-Geheimdienst-Chef

Wossnessenski, Nikolai
stellvertretender sowjetischer Ministerpräsident

Zaisser, Wilhelm
Minister für Staatssicherheit
Ziller, Gerhard
Leiter der Hauptabteilung Industrie im sächsischen Wirtschaftsministerium

Abkürzungen

ABB	Amerikanisch-britisches Besatzungsgebiet
ADN	Allgemeine Deutsche Nachrichtenagentur
BArch	Bundesarchiv
BDM	Bund Deutscher Mädel
ČSR	Tschechoslowakische Republik
DDR	Deutsche Demokratische Republik
DFD	Demokratischer Frauenbund Deutschlands
DSF	Gesellschaft für deutsch-sowjetische Freundschaft
DVfAS	Deutsche Verwaltung für Arbeit und Soziales
DVF	Deutsche Verwaltung der Finanzen
DVfLF	Deutsche Verwaltung für Land- und Forstwirtschaft
DVdI	Deutsche Verwaltung des Inneren
DWK	Deutsche Wirtschaftskommission
FDGB	Freier Deutscher Gewerkschaftsbund
FDJ	Freie Deutsche Jugend
Ffo.	Frankfurt/Oder
Geb.	Gebiet
Gen.	Genosse, je nach Kontext auch General
HJ	Hitler-Jugend
HUPWI	Sowjetische Hauptverwaltung für Angelegenheiten von Kriegsgefangenen und Internierten
Kgf.	Kriegsgefangener
klw	Kilowatt
KPD	Kommunistische Partei Deutschlands
KVP	Kasernierte Volkspolizei
LAB	Landesarchiv Berlin
MAS	Maschinenausleihstation
MVD	Ministero vnutrennich del, sowjetisches Ministerium des Innern
NDPD	National-Demokratische Partei Deutschlands
NKFD	Nationalkomitee »Freies Deutschland«
NKGB	Geheimdienst des Volkskommissariats für Staatssicherheit
NKWD	Geheimdienst des Volkskommissariats des Innern, üblicherweise NKVD abgekürzt
NO	Geheimdienst des Volkskommissariats für Verteidigung
NSDAP	Nationalsozialistische Deutsche Arbeiterpartei
PA	Parlamentsarchiv des Deutschen Bundestags
Pg	Parteigenosse
RM	Reichsmark

SAG	Sowjetische Aktiengesellschaft
SAPMO	Stiftung Archiv der Parteien und Massenorganisationen der DDR
SBZ	Sowjetische Besatzungszone
SED	Sozialistische Einheitspartei Deutschlands
SEW	Sozialistische Einheitspartei Westberlins
SKK	Sowjetische Kontrollkommission
SMA	Sowjetische Militäradministration
SMAD	Sowjetische Militäradministration in Deutschland
SMAS	Sowjetische Militäradministration Sachsen
SMATh	Sowjetische Militäradministration Thüringen
SMERS	sowjetischer Geheimdienst unter Stalin, wörtlich »Tod den Feinden«
SMT	Sowjetisches Militärtribunal
SMV	Sowjetische Militärverwaltung
SPD	Sozialdemokratische Partei Deutschlands
SU	Sowjetunion
UN	United Nations (Vereinte Nationen)
UdSSR	Union der Sozialistischen Sowjetrepubliken
USA	Vereinigte Staaten von Amerika
VdgB	Vereinigung der gegenseitigen Bauernhilfe
VEB	Volkseigener Betrieb
VEG	Volkseigenes Gut
ZFV	Zentrale Finanzverwaltung (auch ZFV Verw)
ZS	Zentralsekretariat
ZV	Zentralverwaltung

Archive

Bundesarchiv Berlin
Landesarchiv Berlin
Sächsisches Staatsarchiv, Hauptstaatsarchiv Dresden
Sächsisches Staatsarchiv, Staatsarchiv Chemnitz
Sächsisches Staatsarchiv, Staatsarchiv Leipzig
Stiftung Archiv der Parteien und Massenorganisationen der DDR
Thüringisches Hauptstaatsarchiv Weimar

Zitierhinweis

Zitate sind weitgehend im Original, jedoch in der neuen verbindlichen Rechtschreibung wiedergegeben. Ergänzungen durch den Autor sind durch eckige, Auslassungen durch runde Klammern gekennzeichnet. Im Namensverzeichnis wurden der Übersichtlichkeit wegen lediglich die aktiv handelnden Personen genannt, nicht aber die in Originalzitaten lediglich erwähnten.

Abbildungsnachweis

Archiv des Autors: 41, 49, 143,161, 253
Landesarchiv Berlin: 11, 20, 21, 24, 33, 39, 87, 123, 254, 279
Sächsisches Staatsarchiv, Staatsarchiv Chemnitz: 185, 202, 231, 239
Sächsisches Staatsarchiv, Staatsarchiv Leipzig: 35, 169
Thüringisches Hauptstaatsarchiv Weimar: 32, 35, 65, 83, 163, 201

Literatur und gedruckte Quellen

Applebaum, Anne, Der Gulag, Berlin 2003
Badstübner, Rolf, Loth, Wilfried (Hg.), Wilhelm Pieck – Aufzeichnungen zur Deutschlandpolitik 1945–1953, Berlin 1994
Behring, Rainer, Schmeitzner, Mike, Diktaturdurchsetzung in Sachsen, Studie zur Genese der kommunistischen Herrschaft 1945–1952, Köln 2003
Berner, Kurt, Spezialisten hinter Stacheldraht, Berlin 1990
Bienert, Michael, Schaper, Uwe, Theisen, Andrea, Die Vier Mächte in Berlin, Berlin, 2007
Bohlen, Charles, Witness to History, New York 1974
Bundesministerium der Justiz (Hg.), Im Namen des Volkes? Wissenschaftlicher Begleitband zur Ausstellung des Bundesministeriums der Justiz, 2. Auflage 1996, Leipzig 1996
Cornides, Wilhelm, Volle, Hermann, Um den Frieden mit Deutschland, Oberursel 1948
Deane, John R., Ein seltsames Bündnis. Ein Bericht des Leiters der US-Militärmission in Moskau 1943–1945 über Amerikas Bemühungen, während des Krieges mit Russland zusammenzuarbeiten, Wien 1946
Dilas, Milovan, Conversations with Stalin, London 1962
Doernberg, Stefan, Befreiung 1945, Berlin 1985
Eden, Anthony, The Eden Memoires, London 1965
Ehrenburg, Ilja, Der Krieg, Moskau 1943
Falin, Valentin, Politische Erinnerungen, München 1993
Fedorowski, Wladimir, Der Kreml, München 2006
Fein, Elke (Hg.), Von Potsdam nach Workuta, Potsdam 2002
Foerster, Roland G., (Hg.), Seelower Höhen 1945, Hamburg 1998
Foitzik, Jan, Sowjetische Militäradministration in Deutschland (SMAD) 1945–1949, Struktur und Funktion, Berlin 1999
Forschungsinstitut der Deutschen Gesellschaft für Auswärtige Politik (Hg.), Dokumente zur Berlin-Frage 1944–1966, München 1987
Friedensburg, Ferdinand, Es ging um Deutschlands Einheit. Rückschau eines Berliners auf die Jahre nach 1945, Berlin 1971
Friedrich-Ebert-Stifung (Hg.), Sozialistische Mitteilungen. News for the German Socialists in England, Bonn 2003
Friemuth, Cay, Die geraubte Kunst – Der dramatische Wettlauf um die Rettung der Kunstschätze nach dem Zweiten Weltkrieg, Braunschweig 1989
Glotz, Peter, Die Vertreibung – Böhmen als Lehrstück, München 2003
Göttinger Arbeitskreis (Hg.), Deutschlandvertrag, westliches Bündnis und Wiedervereinigung, Berlin 1985
Graml, Hermann, Die Alliierten und die Teilung Deutschlands – Konflikte und Entscheidungen 1941–1948, Frankfurt 1985
Halder, Winfried, Deutsche Teilung. Vorgeschichte und Anfangsjahre der doppelten Staatsgründung, Zürich 2002
Harriman, Elie Abel, In geheimer Mission. Als Sonderbeauftragter Roosevelts bei Churchill und Stalin, Stuttgart 1979
Haus der Geschichte (Hg.), Sowjetische Kriegsgefangene in Deutschland – Deutsche Kriegsgefangene in der Sowjetunion, Düsseldorf 1995
Hilger, Andreas, Deutsche Kriegsgefangene in der Sowjetunion 1941–1956, Essen 2000

Hilger, Andreas, Schmeitzner, Mike, Vollnhals, Clemens (Hg), Sowjetisierung oder Neutralität? – Optionen sowjetischer Besatzungspolitik in Deutschland und Österreich 1945–1955, Göttingen 2006

Hilger, Andreas, Schmeitzner, Mike, Schmidt, Ute (Hg.), Diktaturdurchsetzung, Instrumente und Methoden der kommunistischen Machtsicherung in der SBZ/DDR 1945–1955

Hübsch, Reinhard (Hg,), »Hört die Signale«. Die Deutschlandpolitik von KPD/SED und SPD 1945–1970, Berlin 2002

Inventar der Befehle des Obersten Chefs der Sowjetischen Militäradministration in Deutschland (SMAD) 1945–1949. Offene Serie im Auftrag des Instituts für Zeitgeschichte zusammengestellt und bearbeitet von Jan Foitzik <http://www.ifz-muenchen.de/jan_foitzik.html?&L=27>, München u. a. 1995

John, Jürgen (Hg.), Quellen zur Geschichte Thüringens 1945–1952, I. und II. Halbband, Erfurt 1999

Judt, Matthias, (Hg), DDR-Geschichte in Dokumenten, Bonn 1998

Karlsch, Rainer, Allein bezahlt? Die Reparationsleistungen der SBZ/DDR 1945–53, Berlin 1993.

Karlsch, Rainer, Laufer, Jochen (Hg.): Sowjetische Demontagen in Deutschland 1944–1949. Hintergründe, Ziele und Wirkungen, Berlin 2002

Karlsch, Rainer, Hilger, Andreas, Schmeitzner, Mike, Schmidt, Ute (Hg.), Sowjetische Militärtribunale, Bd.2: Die Verurteilung deutscher Zivilisten 1945–1955, Köln 2003

Kleßmann Christoph, Misselwitz, Hans, Wichert, Günter (Hg.), Deutsche Vergangenheiten – eine gemeinsame Herausforderung. Der schwierige Umgang mit der doppelten Nachkriegsgeschichte, Berlin 1999

Koop, Volker, Ausgegrenzt. Der Fall der DDR-Grenztruppen, Berlin 1993

Ders., Zwischen Recht und Willkür – Die Rote Armee in Deutschland, Bonn 1996

Ders., »Den Gegner vernichten!« Die Grenzsicherung der DDR, Bonn 1996

Ders., Kein Kampf um Berlin. Deutsche Politik zur Zeit der Berlin-Blockade 1948/1949, Bonn 1998

Ders., Das Recht der Sieger. Absurde alliierte Befehle im Nachkriegsdeutschland, Berlin 2004

Ders., Besetzt. Französische Besatzungspolitik in Deutschland, Berlin 2005

Ders., Besetzt. Amerikanische Besatzungspolitik in Deutschland, Berlin 2006

Ders., Besetzt. Britische Besatzungspolitik in Deutschland, Berlin 2007

Ders., Himmlers letzte Reserve. Die SS-Organisation »Werwolf«, Köln 2008

Kowalcuk, Ilko-Sascha, Wolle, Stefan, Roter Stern über Deutschland, Berlin 2001

Künzel, Werner, Lakowski, Richard,(Hg.), Niederlage – Sieg – Neubeginn, Potsdam 2005

Leiserowitz, Ruth, Von Ostpreußen nach Kyritz. Wolfskinder auf dem Weg nach Brandenburg, Potsdam 2003

Loth, Wilfried, Stalins ungeliebtes Kind, Warum Moskau die DDR nicht wollte, München 1996

Magistrat der Stadt Berlin, Verzeichnis der auszusondernden Literatur, Berlin 1946

Mai, Gunther, Der Alliierte Kontrollrat in Deutschland 1945–1948, München 1995

Militärgeschichtliches Forschungsamt (Hg.), Vom Kalten Krieg zur deutschen Einheit. Analysen und Zeitzeugenberichte zur deutschen Militärgeschichte 1945 bis 1995, München 1995

Mironenko, Sergej, Niethammer, Lutz, Plato, Alexander von, Sowjetische Speziallager in Deutschland, 1945–1950, Bd. 1, Berlin 1998

Dies., Sowjetische Speziallager in Deutschland, 1945–1950, Bd. 2, Berlin 1998
Naimark, Norman M., Die Russen in Deutschland, Die sowjetische Besatzungszone 1945 bis 1949, Berlin 1997
Oehlsen, Sven Olaf, Vertriebenenlager in Brandenburg 1945–1953, Potsdam 2006
Rupp, Franz, Die Reparationsleistungen an die Sowjetunion, Bonn 1954
Scherstjanoi, Elke (Hg.), Rotarmisten schreiben aus Deutschland. Briefe von der Front (1945) und historische Analysen, München 2004
Schwarz, Hans-Peter, Vom Reich zur Bundesrepublik Deutschland – Im Widerstreit der außenpolitischen Konferenzen in den Jahren der Besatzungsherrschaft 1945–1949, Stuttgart 1980
Seaton, Albert, Der russisch-deutsche Krieg 1941–1945, Frankfurt/M, 1973
Senat von Berlin (Hg), Berlin. Kampf um Freiheit und Selbstverwaltung 1945–1946, Berlin 1957
Stiftung Haus der Geschichte der Bundesrepublik Deutschland (Hg), Flucht – Vertreibung – Integration, Bonn 2005
SWA-Verlag (Hg.), Befehle des Obersten Chefs der Sowjetischen Militärverwaltung in Deutschland. Aus dem Stab der Sowjetischen Militärverwaltung in Deutschland, Sammelheft 1, Berlin 1946
ders., Befehle des Obersten Chefs der Sowjetischen Militärverwaltung in Deutschland. Aus dem Stab der Sowjetischen Militärverwaltung in Deutschland, Sammelheft 2, Berlin 1946
ders., Die Berliner Konferenz der Drei Mächte, Der Alliierte Kontrollrat für Deutschland. Die Alliierte Kommandantur der Stadt Berlin, Berlin 1946
Truman, Harry S., Memoiren Bd. I: Das Jahr der Entscheidungen, Stuttgart 1955
Tschuikow, W. I., Gardisten auf dem Weg nach Berlin, Berlin 1976
Tullner, Matthias, Zwischen Demokratie und Diktatur – Die Kommunalwahlen und die Wahlen zum Provinziallandtag Sachsen-Anhalts im Jahr 1946, Magdeburg 1997
Vollnhals, Clemens (Hg). Entnazifizierung. Politische Säuberung und Rehabilitierung in den vier Besatzungszonen, München 1991
Weigelt, Andreas, Umschulungslager existieren nicht. Zur Geschichte des sowjetischen Speziallagers Nr. 6 in Jamlitz. 1945–1947, Potsdam 2001
Yergin, D., Der zerbrochene Frieden – Der Ursprung des Kalten Krieges und die Teilung Europas, Frankfurt 1977

Anmerkungen

Einleitung

1 Quelle: Eden, The Eden Memoires, S. 395 ff.
2 Graml, Die Alliierten und die Teilung Deutschlands, S. 20
3 Yergin, Der zerbrochene Frieden, S. 55
4 Schwarz, Vom Reich zur Bundesrepublik Deutschland, S. 48
5 Zahlenangaben in: Seaton, Der russisch-deutsche Krieg, S. 459 f.
6 Teheran papers, S. 510/600
7 PA, Kommuniqué der Konferenz von Teheran, 28. November – 1. Dezember 1943
8 PA, Kommuniqué der Konferenz von Jalta, 3.–11. Februar 1945
9 Ausführlich dargestellt in: Harriman, In geheimer Mission, S. 318 ff.
10 Bohlen, Witness to History, S. 146
11 Zitiert in Graml, Die Alliierten und die Teilung Deutschlands, S. 63
12 Harriman, In geheimer Mission, S. 363 f.
13 Ebd., S. 364 f.

14 PA, Feststellung der Siegermächte, Anlage zur Erklärung in Anbetracht der Niederlage Deutschlands, 5. Juni 1945
15 Tägliche Rundschau, Frontzeitung für die deutsche Bevölkerung, Aufbau der Landwirtschaft, Berlin, 5. Juni 1945
16 Tägliche Rundschau, Pressekonferenz bei Marschall G.K. Shukow und A.J. Wyschinski, Berlin, 10. Juni 1945
17 Vgl. Foitzik, SMAD
18 PA, Potsdamer Abkommen, Potsdam, 2. August 1945
19 Quelle: Tägliche Rundschau, Ein Molotow-Interview in Paris, Berlin, 18. September 1956
20 Quelle: Tägliche Rundschau, Stalin über die brennenden Fragen der Politik, Berlin, 25. September 1946.
21 Abgedruckt in: Tägliche Rundschau, Sonderausgabe, Stalin zur Weltlage, 29. Oktober 1946
22 Die Alliierte Kommandantur der Stadt Berlin, Sammelheft 1, Befehl Nr. 1 des Chefs der Besatzung der Stadt Berlin, Berlin, 28. April 1945
23 Bekanntmachung, An die Bevölkerung der Stadt Berlin, Stadtverwaltung von Berlin, 13. Mai 1945
24 Truman, Memoiren Bd. I, S. 284
25 Ebd.
26 Quelle: Stalin's Correspondence with Churchill, Attlee, Roosevelt and Truman 1941–1945, London 1958
27 SWA-Verlag, Die alliierte Kommandantur der Stadt Berlin, S. 90

Kriegsgefangene in der Sowjetunion

1 Quelle: Hilger, Deutsche Kriegsgefangene in der Sowjetunion, S. 59 ff.
2 PA, Bestand 1, Schreiben an das deutsche Sekretariat des Zonenbeirats, Herford, 10. November 1947
3 Quelle: Hilger, Deutsche Kriegsgefangene in der Sowjetunion, S. 64 f.
4 BArch, SAPMO, NY 4182/815, Manifest des Nationalkomitees »Freies Deutschland«, 9. Juli 1943
5 BArch, SAPMO, NY 4182/829, Aufruf Seydlitz an die »Generale, Offiziere und Soldaten der mir einst unterstellten Divisionen«, Moskau, 12. Oktober 1943
6 BArch, SAPMO, NY 4182/828, Arbeitsplan des NKFD für die 21. Armee, 10. Januar 1943
7 Vgl. Koop, Volker, Besetzt. Amerikanische Besatzungspolitik in Deutschland, S. 95 und ders., Besetzt. Französische Besatzungspolitik in Deutschland, S. 144
8 BArch, SAPMO, DO 2/75, Aufstellung der Organisationsabteilung der ZV für deutsche Umsiedler, Kriegsgefangene, Berlin, 12. Februar 1946
9 Ebd.
10 BArch, SAPMO, NY 4177/4, Schreiben aus dem Gefangenenlager 7941, an Hennecke, 11. Januar 1949
11 BArch, SAPMO, NY 4177/4, Schreiben des Antifaschistischen Komitees des Lagers 7445/2 an Hennecke, 5. Dezember 1948
12 BArch, SAPMO, NY 4177/4, Schreiben aus dem Lager 7932 an das »Neue Deutschland«, 11. Januar 1949
13 BArch, SAPMO, DO 2/76, ZV für deutsche Umsiedler, Aktenvermerk, Potsdam, 5. Juli 1946
14 BArch, SAPMO, DY 30/3361, SMAD-Befehl zum Empfang ehemaliger Gefangener aus der UdSSR, Übersetzung vom 27. Juli 1946
15 Ebd.
16 BArch, SAPMO, DO 2/76, ZV für deutsche Umsiedler, Aktenvermerk, Potsdam, 5. Juli 1946
17 BArch, SAPMO, DO 2/76, Vermerk der ZV für deutsche Umsiedler, Unterredung zwischen Oberstleutnant Ugrumov

und Vizepräsident Tschesno, Berlin, 6. Juli 1946

18 Der Name musste aus Datenschutzgründen anonymisiert werden.

19 BArch, DO 2/75, ZV für deutsche Umsiedler, Aktenvermerk, Betr.: Demontage-Einsatz in Muldenstein, Krs. Bitterfeld, Berlin, 27. Juni 1946

20 BArch, SAPMO, DO 2/75, ZV für deutsche Umsiedler, Aktenvermerk, Betr.: Einsatz entl. Kgf. zu Demontage-Arbeiten, Berlin, 19. Juni 1946

21 BArch, SAPMO, DO 2/75, ZV für deutsche Umsiedler, Vermerk für Vizepräsident Tschechsno, Berlin, 5. Juli 1946

22 Ebd.

23 Ebd.

24 Alte Bezeichnung für einen Unteroffizier, der für Verpflegung und Unterkunft verantwortlich war.

25 BArch, SAPMO, DO 2/76, Schreiben des Präsidiums der ZV für deutsche Umsiedler, Berlin, 22. August 1946

26 BArch, SAPMO, DQ 1/5548, Verwaltung für Gesundheit, Betr.: Lager Rüdersdorf, Berlin, 1. November 1946

27 BArch, SAPMO, DO 2/75, Landesverwaltung Sachsen, Abt. für deutsche Umsiedler, Aufstellung über Heimkehrer, Dresden, 15. Mai 1946

28 BArch, SAPMO, DO 2/75, Präsidialamt Thüringen, Landeskommission für Neubürger, Weimar, 1. Oktober 1946

29 BArch, SAPMO, DO 2/75, Aufstellung der ZV für deutsche Umsiedler, Berlin, 30. April 1948 [sic], richtig muss es heißen: 1949

30 BArch, SAPMO, DO 2/75, Vermerk der ZV Gesundheitswesen für die ZV Umsiedler, Berlin, März 1947, undatiert

31 Ebd.

32 PA, Zonenbeirat, Aufstellung vom 28. November 1947

33 PA, Drucksache Nr. 12, Mündlicher Bericht des 7. Ausschusses, Bonn, 26. Juli 1950

34 Ebd.

35 Ebd.

36 BArch, SAPMO, DQ 1/719, Stadtrat Annaberg-Buchholz, Bericht für das Kreisgesundheitsamt, Betr.: Transport vom 24.1.1947 vom Umsiedlerlager Elsterhorst (Neuweise), Annaberg, 25. Januar 1947

37 BArch, SAPMO, DQ 1/4363, Zentralstelle für Hygiene der Landesverwaltung Bautzen, Betr.: Ruhrepidemie im Lager Elsterhorst, Bautzen 15. November 1946,

38 BARch, SAPMO, DQ 1/719, Schreiben der ZVU an die SMAD, Betr.: Polnische Lazarettzüge und Umsiedlerzüge, Berlin, 17. Dezember 1947

39 BArch, SAPMO, DQ 1/719, Aktennotiz der Transportabteilung der ZVU, betr.: Unzureichend ausgerüstete Polen-Transporte, Berlin, 6. Januar 1947

40 BArch, SAPMO, DQ 1/719, Bericht der Zentralstelle für Hygiene, Chemnitz, an den Präsidenten der ZVU, Chemnitz, 17. Dezember 1947

41 BArch, SAPMO, DQ1/719, handschriftliche Notiz des Präsidenten der DVU an die Abteilung III, Berlin, 28. Januar 1947

42 BArch, SAPMO, DQ 1/719, Bericht der Zentralstelle für Hygiene, Betr.: Besondere Berichte, Umsiedlertransport: Siebenbürgener Sachsen aus dem Donez-Bergbau, Chemnitz, 22. Juli 1947

43 BArch, SAPMO, DO 2/76, Aufstellung des MdI, Abteilung Bevölkerungspolitik, Gesamtzahl der in die sowjetische Besatzungszone gekommenen Umsiedler nach Herkunftsländern, Berlin, 14. November 1949

44 BArch, SAPMO, Do 2/108, ZV für deutsche Umsiedler, Instruktionen über die organisatorischen Änderungen der Arbeit der Umsiedlerabteilungen der Länder, Berlin, 25. Februar 1948. Zahlen so im Original

45 BARch, SAPMO, DQ 1/5548, Bericht der Deutschen Verwaltung für Gesundheit, Berlin, 5. September 1945
46 BArch, SAPMO, DQ 1/5548, Landesgesundheitsamt, Rotes Kreuz, Landesstelle Thüringen, Schreiben an die DVAS, Betr.: Ost-Umsiedler, Weimar, 19. September 1945
47 Ebd.
48 BArch, SAPMO, DO 2/63, Schreiben der Provinzialregierung Mark Brandenburg an die ZVfU, Potsdam, 3. Juni 1946 .
49 BArch, SAPMO, DO 2/63, Schreiben der DVU an die Provinz- und Landesregierungen, Berlin, 20. Mai 1946
50 BArch, SAPMO, DQ 1/5548, DVU, Lagerbesichtigung im Bezirk Friedrichshain, Berlin, 30. November 1945
51 BArch, SAPMO, DQ 1/5548, DVU, Bericht über die Dienstreise in den Kreis Oberbarnim vom 27.–31.12. 1945
52 Ebd. Zahlen so im Original
53 BArch, SAPMO, DQ 1/5548, DVU, Betr.: Verpflegung der Umsiedler auf den Transporten, Berlin, 2. Februar 1946
54 BArch, SAPMO, DO 2/63, Schreiben der Anhaltinischen Kohlenwerke, Gruppe Klettwitz, an den Landrat in Calau, Grube Viktoria III, Niederlausitz, 18. März 1946
55 Ebd.
56 BArch, SAPMO, DO 2, 107, Schreiben der DZVU an die SMAD, Berlin, 16. Oktober 1945
57 BArch, SAPMO, DO 2/63, Schreiben des Präsidenten der ZVU an die ZVLF, Betr.: Landverteilung im Rahmen der Bodenreform für Antifaschisten aus der CSR, Berlin, 6. Juni 1946
58 BArch, SAPMO, DO 2/108, Papier der DVdI, Org. und Plan., Staatsangehörigkeit der Umsiedler, Berlin, 6. Juli 1948
59 Ebd.
60 BArch, SAPMO, DO 2/54, DVU, Vermerk, Betr.: Aufnahme von Umsiedlern in den Monaten Oktober und November 1947, Berlin, 23. Oktober 1947
61 BArch, SAPMO, DO 2/54, Schreiben DVU-Präsident Engel an den Chef der Abteilung für Umsiedlung und Zivilangelegenheiten bei der SMAD Berlin, 9. Januar 1947
62 BArch, SAPMO, DQ 1/5548, Auszug aus dem Protokoll der Sitzung des Zentralausschusses der Volksolidarität am 28.11.1946
63 BArch, SAPMO, DQ 1/5548, Papier: Elternlose Umsiedlerkinder, Berlin, 5. November 1946
64 Ebd.
65 Ebd.
66 Quelle: Telegraf, Um die Dienstverpflichtungen, 26. Oktober 1946
67 Telegraf, Facharbeiter für die Sowjetunion, Berlin, 26. Oktober 1946
68 Quelle: Carl Zeiss GmbH, Firmengeschichte
69 Quelle: Telegraf, Präsident Skrczypcynski erklärt, Berlin, 27. Oktober 1946
70 BArch, SAPMO, DY 30 IV2/13/389, MdI, Der Staatssekretär, Betr.: Rückkehr deutscher Facharbeiter aus der SU, Berlin, 2. Juni 1950
71 Ebd.
72 Ebd., 8. Juni 1950
73 BArch, SAPMO, DY 30 IV2/13/389, MdI, HA Staatliche Verwaltung, Betr.: Übernahme von deutschen Spezialisten aus der UdSSR, Berlin, 19. Oktober 1950
74 BArch, SAPMO, DY 30 IV/ 2/13/389, MdI, Bericht, Betr.: Politische Betreuung deutschen Spezialisten aus der UdSSR, Erfurt, 3. Oktober 1951
75 BArch, SAPMO, DY 30 IV/ 2/13/389, MdI, Abt. Bevölkerungspolitik, Bericht über zurückgekehrte Spezialisten im Jahre 1950, Berlin, 25. Oktober 1951
76 Ebd.
77 BArch, SAPMO, DY 30 IV/ 2/13/389,

MdI, Abt. Bevölkerungspolitik, Übernahme von 5 Sondertransporten aus der UdSSR, Berlin, 7. Februar 1952

78 BArch, SAPMO, DY 30 IV/ 2/13/389, MdI, Abt. Bevölkerungspolitik, Betreuung der Spezialisten, die aus der UdSSR zurückkehren, Berlin, 18. Juli 1952

Reparationen und Demontagen

1 PA, Informationsdienst für die Mitglieder des Zonenbeirats, Russische Vorschläge zur Reparationsfrage, Hamburg, 12. November 1946

2 PA, Informationsdienst für die Mitglieder des Zonenbeirats, Stop der Reparationen nach Osten, Hamburg, 16. Januar 1948

3 BArch, Z 1/ 263, Ausführungen auf Interzonenkonferenz der Chefs der Länder und Freien Städte, Bremen, 4./5. Oktober 1946

4 BArch, SAPMO, DN 1, 35832, Schreiben der ZVW an die Landesverwaltung Thüringen, Betr.: Erstattung von Besatzungskosten, Berlin, 28. Dezember 1945

5 Ebd.

6 BArch, SAPMO, DN 1, 38030, Aufstellung der ZFW, Betr.: Zahlungen der Länder für Reparationslieferungen, Berlin, 20. März 1948

7 BArch, SAPMO, DN 1/ 35986, Befehl des Chefs der SMA des Landes Sachsen Nr. 066, Der Plan für Reparationslieferungen im 2. Quartal 1047 mit Aufteilungen im Lande Sachsen, Dresden, 11. April 1947

8 Angaben in 1000 RM

9 BArch, SAPMO, DN 1/ 35986, Befehl des Chefs der SMA des Landes Sachsen Nr. 066, Der Plan für Reparationslieferungen im 2. Quartal 1047 mit Aufteilungen im Lande Sachsen, Dresden, 11. April 1947

10 BArch, SAPMO, DN 1, 35832, Anlage zum Schreiben der Landesverwaltung Thüringen an die ZFV, Weimar, 4. Dezember 1945

11 BArch, SAPMO, DN 1, 35832, Schreiben der Landesverwaltung Sachsen an die ZFW, Dresden, 15. Februar 1946

12 BArch, SAPMO, DN 1, 35832, Schreiben der Treuhandgesellschaft Mecklenburgischer ländlicher Genossenschaften an die ZFW, Rostock, 26. August 1946

13 BArch, SAPMO, DN 1, 35832, Schreiben der Carl Zeiss-Werke Jena an das Landesamt für Finanzen, Weimar, Jena, 12. November 1945. Zahlen so im Original

14 Ebd.

15 BArch, SAPMO, DK 1, 95/45, SMAD-Befehl Nr. 95, Über die Registrierung der Verträge und Vereinbarungen über die Lieferungen von allen Arten Erzeugnissen aus der Sowjet-Besatzungszone in Deutschland nach der UdSSR, Berlin, 13. Oktober 1945

16 BArch, SAPMO, DK 1, 128/45, SMAD-Befehl Nr. 128, betreffs Durchführung der Warenlieferungen an die U.d.S.S.R. aus der Sowjetischen Besatzungszone Deutschlands, Berlin, 1. November 1945

17 BArch, SAPMO, DN 1, 35832, Schreiben des Landrates des Kreises Leipzig an die ZVW, Markkleeberg, 6. Oktober 1945

18 BArch, SAPMO, DN 1, 35832, Schreiben der Allgemeinen Deutschen Eisenbahnbetriebs-Gesellschaft, Berlin-Wilmersdorf, an die ZVW, Berlin, 14. November 1945

19 BArch, SAPMO, DN 1, 35832, Schreiben des Säge- und Hobelwerks Lobenstein an die ZVW, Lobenstein, 29. April 1946

20 BArch, SAPMO, DN 1, 35832, Schreiben der Stadt Riesa an die ZFW, Riesa, 8. Februar 1946

21 BArch, SAPMO, DN 1, 35832, Schreiben des Präsidenten der Provinz Sachsen an den Präsidenten der ZFV, Betr.: Besatzungsleistungen, Reparationen und Besatzungsschäden, Halle, 11. Oktober 1946

22 Ebd.

23 Ebd.
24 BArch, SAPMO, DN 1, 35832, Schreiben der SMA Sachsen, Abteilung Finanzen, an die Verwaltung des Bundeslandes Sachsen, 8. Juni 1946
25 BArch, SAPMO, DN 1, 35832, Schreiben des Präsidenten der ZFV an die Landesregierung Mecklenburg-Vorpommern, Berlin, 25. Februar 1947
26 BArch, SAPMO, DN 1, 35832, Aufstellung der Deutschen Zentralverwaltung des Verkehrs in der SBZ, undatiert
27 BArch, SAPMO, DN 1, 35832, Aufstellung der Deutschen Zentralverwaltung des Verkehrs in der SBZ, Berlin, 6. November 1946 und 27. Dezember 1946
28 Badstübner, Notizen Pieck, Bericht Ulbrichts über eine Beratung bei Stalin am 6.2.1946 um 9 Uhr abends, S. 68
29 BArch, SAPMO, DN 1, 34302, Bericht über die Konferenz der Finanzminister in der sowjetischen Besatzungszone und der Abteilungsleiter der DZFV, Berlin 14. April 1948
30 BArch, SAPMO, DO 3, 66654, Befehl Nr. 154 des Chefs der SMA der Provinz Sachsen, Übernahme der Dessauer Waggonfabrik A.G., Halle, 22. Juli 1946
31 BArch, SAPMO, DO 3, 66454, Aufstellung der Landesregierung Sachsen, MdI, Amt zum Schutz des Volkseigentums, Dresden, 21. Januar 1947
32 BArch, SPAMO, NY 4182/957, Verzeichnis der Betriebe, von deren Abbau durch die Rote Armee die Wirtschaftskammer Dresden bisher Kenntnis erhalten hat, Dresden, 6. Juli 1945
33 BArch, SAPMO, NY 4182/957, Schreiben des Betriebsrates der Riesaer Stahlwerke an den Leiter der sowjetischen Reparationskommission in Berlin-Karlshorst, Riesa, 10. Juli 1945
34 BArch, SAPMO, DQ 2, 2055, SMAD-Befehl Nr. 178 betreffend Gestellung von 218 000 Arbeitern für die Abteilungen der Beute-Kommission in der sowjetischen Besatzungszone Deutschlands, Berlin, 22. Dezember 1945
35 BArch, SAPMO, DQ 2, 2055, ZVAS, Bericht über die Ausführung des Befehls Nr. 178, Berlin, 3. Januar 1946
36 BArch, SAPMO, DQ 2/1503, Befehl Nr. 257, Betr.: Komplettierung der Autoreparaturwerker der Truppenteile mit qualifizierter Arbeitskraft, Berlin, 22. August 1946
37 BArch, SAPMO, DP 1/30062, Schreiben der Provinzialregierung Mark Brandenburg, Betr.: Erstbestrafte im Gefängnis, Potsdam, 31. März 1947
38 BArch, SAPMO, DX1/33/47, SMAD-Befehl Nr. 33, Betr.: Vorratsbeschaffung von abmontierbaren militärischen Einrichtungen für das Jahr 1947, Berlin, 19. Februar 1947
39 BArch, SAPMO, DY 34/20331, Protokoll der Beratung beim stellv. Obersten Chef der SMAD Generalleutnant Dratwin, M.J., Berlin, 7. Juli 1947
40 BArch, SAPMO, DY 34/20331, Schreiben der Hauptverwaltung Landeseigene Betriebe, Brandenburgischer Bergbau, an das Landratsamt Senftenberg, Senftenberg, 25. August 1947
41 BArch, SAPMO, DO 3, 66453, Demontierte Betriebe im Land Thüringen, Aufstellung vom 12. Juli 1948
42 Zitiert in: Telegraf, Jenaer Betriebe an den Kontrollrat, Berlin, 26. Oktober 1946
43 Badstübner, Notizen Pieck, S. 100ff.
44 Ebd., S. 144ff.
45 Ebd., S. 152ff.
46 BArch, SAPMO, DO 3, 66453, Fragebogen für Objekte, über die noch keine Entscheidung vorliegt, Demontagenummer 105, Berlin, 14. Juni 1949
47 BArch, SAPMO, DO 3, 66453, Fragebogen für Objekte, über die noch keine

Entscheidung vorliegt, Demontagenummer 136, Berlin, Juni 1949, undatiert
48 BArch, SAPMO, DO 3, 66453, Fragebogen für Objekte, über die noch keine Entscheidung vorliegt, Demontagenummer 138, Berlin, Juni 1949, undatiert
49 BArch, SAPMO, DO 3, 66453, Fragebogen für Objekte, über die noch keine Entscheidung vorliegt, Demontagenummer 144, Berlin, Juni 1949, undatiert
50 BArch, SAPMO, DO 3, 66453, Fragebogen für Objekte, über die noch keine Entscheidung vorliegt, Demontagenummer 37, Berlin, Juni 1949, undatiert
51 BArch, SAPMO, DO 3, 66453, Fragebogen für Objekte, über die noch keine Entscheidung vorliegt, laufende Nummer 95, Berlin, September 1949, undatiert
52 BArch, SAPMO, DO 3, 66453, Fragebogen für Objekte, über die noch keine Entscheidung vorliegt, Blatt 100, ohne Demontagenummer, Berlin, Juni 1949, undatiert
53 BArch, SAPMO, NY 4182/957, Bericht der Abteilung Wirtschaft über den Stand der Enteignungen, Berlin, 24. März 1947
54 BArch, SAPMO, NY 4182/957, Aufstellung der Abteilung Wirtschaft, 18. September 1947
55 BArch, SAPMO, NY 4182/957, Abteilung Wirtschaft; Stand der Sequestrierungsangelegenheiten, Berlin, 9. September 1947
56 BArch, SAPMO, NY 4182/958, Protokoll der Besprechung der Sequesterfragen bei General Dubrowski, Dresden, am 21.2.1948, Dresden, 23. Februar 1948
57 BArch, SAPMO, NY 4182/958, Aufstellung der Abteilung Wirtschaft für Dahlem, Berlin, 28. Februar 1948
58 Ebd.
59 BARch, SAPMO, NY 4182/958, Schreiben an die SMV, Kreiskommandantur Weißenfels, Naumburg, 23. März 1948
60 BArch, SAPMO, NY 4182/958, Aktennotiz der Landesregierung Brandenburg, Panther & Sohn, Brandenburg, Befehl 106, Potsdam, 27. April 1948
61 BArch, SAPMO, NY 4182, 957, Schreiben Ulbricht an Rau, Berlin, 30. April 1948
62 BArch, SAPMO, DO 3, 66454, Enteignung von Lichtspielunternehmen, Bericht über die bisherige Durchführung und die beabsichtigten Maßnahmen im Lande Mecklenburg, Schwerin, 16. Juli 1947
63 BArch, SAPMO, DO 3, 66454, Enteignung von Lichtspielunternehmen, Bericht über die bisherige Durchführung im Lande Mecklenburg, Schwerin, 1. Dezember 1947
64 BArch, SAPMO, NY 4182/957, Bericht der Abteilung Wirtschaft über den Stand der Enteignungen, Berlin, 24. März 1947
65 Quellen: Rupp, Die Reparationsleistungen an die Sowjetunion, und Bundeszentrale für politische Bildungsarbeit, Wirtschaft in beiden deutschen Staaten, Demontagen und Reparationsleistungen
66 Badstübner, Notizen Pieck, S. 320 f.
67 Quelle: Mai, Der Alliierte Kontrollrat in Deutschland, S. 394
68 Bundeszentrale für politische Bildung
69 BArch, Z 1/263, Reparationen, Sozialprodukt, Lebensstandard, Beitrag für die Außenministerkonferenzen, Bremen, Oktober 1947
70 Tägliche Rundschau, Nr. 113, Berlin, 17. Mai 1950

Die schlimme Seite der Besatzung

1 Naimark, Die Russen in Deutschland, S. 99 f.
2 Prawda, 14. April 1945
3 Naimark, Die Russen in Deutschland, S. 100 f.
4 Seaton, Der russisch-deutsche Krieg, S. 404 ff.
5 Dilas, Conversations with Stalin, S. 82

6 Zahlenangaben aus: der Spiegel Special 2/2005, Die Abrechnung, Tief vergraben, nicht dran rühren. S. 219 f.,
7 BArch, SAPMO, NY 4182/815, Ratschläge für die Arbeit auf dem Lande in dem von der Sowjetarmee besetzten deutschen Gebiet, 25. Februar 1945
8 Badstübner, Notizen Pieck, Besprechung mit Shukow vom 11.7.1945, S. 53
9 Badstübner, Notizen Pieck, Besprechung am 23.1. 1946 um 4 Uhr bei Marsch. Bockow, S. 64
10 Zitiert in Naimark, Die Russen in Deutschland, S. 114 f.
11 LAB, C Rep Nr. 768, Meldungen der Bezirksämter an den Magistrat 10. Mai bis 5. Juni 1946
12 BArch, SAPMO, NL 182/853, Bericht der SED-Leitung, Berlin, undatiert
13 BStU, MfSZ, 400/66, Bericht von Mielke an Ulbricht, Berlin, 3. Juni 1946
14 Quelle: Rede von Bundespräsident Johannes Rau, Berlin, 7. September 2003
15 Ausführlich in: Koop, Zwischen Recht und Willkür, S. 11 ff.
16 Aus dem Stab der Sowjetischen Militärverwaltung in Deutschland. Über die Maßnahmen gegen Infektionskrankheiten in der sowjetischen Besatzungszone Deutschlands, Berlin, 25. September 1945
17 BArch, SAPMO, DQ 1/727, Ausführungen von Oberstarzt Sokolow, Berlin, 3. Oktober 1945
18 BArch, SAPMO, DQ 1/727, DVG, Zahlenmaterial für die Sitzung am 2. und 3. Oktober 1945
19 BArch, SAPMO, DQ 1/727, Bericht über die Unterredungen mit den russischen Sanitätsoffizieren in der Provinz Mecklenburg, Berlin, 1. Oktober 1945
20 BArch, SAPMO, DQ 1/633, DVG, Die monatlichen Sterbeziffern der deutschen Länder in der russischen Zone seit Januar 1946 im Vergleich mit den monatlichen Sterbeziffern des Deutschen Reichs in den Jahren 1919–21, Berlin, undatiert
21 BArch, SAPMO, DQ 1/544, Bericht des ZK der KPD über die Ernährungslage in der Provinz Brandenburg, Berlin, 14. September 1945
22 BArch, SAPMO, DQ 1/5448, Bericht des ZK der KPD über die Ernährungslage in der Provinz Brandenburg, Berlin, 14. September 1945
23 BArch, SAPMO, DP 1/30030, Bericht über eine Inspektion des Zuchthauses Waldheim, o.U., 23. Oktober 1947
24 BArch, SAPMO, DP 1/30030, Bericht über eine Inspektion des Zuchthauses Waldheim, o.U., 23. März 1947
25 BArch, SAPMO, DP 1, Übersicht über die entlassenen Gefangenen, Berlin, 1. August 1948 bzw. 1. August 1949.
26 BArch, SAPMO, DP 1/30037, Bericht über eine Dienstreise der Abteilung IV, 8.–12. Juli 1947
27 BArch, SAPMO, ZPA, EA1275/1
28 BArch, SAPMO, DP 1/30030, Bericht über eine Inspektion des Zuchthauses Waldheim, o. U., 23.10.1947
29 BArch, SAPMO, DQ 1/708, Aufstellung der ZVG, Berlin, undatiert
30 Ebd.
31 BArch, SAPMO, DQ 1/88, Deutsche Verwaltung für Gesundheit, Bericht über die am 10.4. 1946 stattgefundene Reise nach Greifswald, Rostock, Berlin, 16. April 1946
32 BArch, SAPMO, DQ 1/708, Ausführungen des Oberstleutnants Bari anlässlich der Tagung am 14.–15. März 1846,
33 BArch, SAPMO, DQ 1/708, DVG, Bericht über die am 7.4.47 nach Magdeburg unternommene Dienstreise, Berlin, 9. April 1946

Die »Gruppe Ulbricht« als Moskaus Statthalter

1 zitiert nach: Sozialistische Mitteilungen 79/80, 1945
2 Badstübner, Notizen Pieck, Beratung am 4.6.1945, 6 Uhr, bei Stalin, Molotw, Shdanow, S. 50
3 Befehl Nr. 2 des Obersten Chefs der Sowjetischen Militärischen Administration, Berlin, 10. Juni 1945
4 Sozialistische Mitteilungen, Nr. 77/78, August–September 1945
5 BArch, SAPMO, DY 30 /V 2/13/668, Vermerk Ulbricht, Berlin, 19. Oktober 1945
6 Ebd.
7 Ebd.
8 zitiert nach: Sozialistische Mitteilungen 79/80, 1945
9 Badstübner, Notizen Pieck, Information von Ulbricht über ein Gespräch mit Bokow, Tulpanow, Wolkow am 22.12.1945, S. 62
10 Badstübner, Notizen Pieck, Besprechung am 23.1. 1946 um 4 Uhr bei Marsch. Bockow, S. 63
11 Badstübner, Notizen Pieck, Bericht Walter Ulbrichts über eine Beratung bei Stalin am 6.2.1946 um 9 Uhr abends, S. 68
12 BArch, SAPMO, DY 30 / IV 2/13 7 668, SPD Deutschlands, Bezirk Württemberg-Baden, Landessekretariat, Rundschreiben 13/46, Situationsschilderung von Berlin, 9. April 1946
13 Quelle: SPD-Parteivorstand, Zwangsvereinigung
14 Badstübner, Notizen Pieck, S. 77f.
15 BArch, SAPMO, DY 30/ IV//13/8, Verordnung zur Durchführung des Befehls Nr. 82 über Rückgabe des durch den Nazistaat beschlagnahmten Eigentums an demokratischen Organisationen, Berlin, undatiert
16 BArch, SAPMO, DL 2/559, Schreiben des FDGB-Vorstandes an Marschall Shukow, Betr.: Gesamtvermögen der Deutschen Arbeitsfront, Berlin, 16. Juli 1945

Die Hungerzone

1 BArch, SAPMO, NY 4182/1198, Betr.: Maßnahmen zur Verbesserung der Lage verschiedener Kreise der Bevölkerung, Berlin, 18. September 1946
2 BArch, SAPMO, NY 4182/1198, Mängel in der Wirtschaft, undatiert
3 BArch, SAPMO, NY 4182/1198, Antrag des Frauensekretariats an das ZK der SED, Berlin, 17. September 1946
4 BArch, SAPMO, NY 4182/1063, Schreiben des Bezirkspräsidenten Dessau an den Landrat in Ballenstedt, Betr.: Bereitstellung von Produkten in den Kreisen des Bezirks Dessau, Dessau, 5. November 1946
5 BArch, SAPMO, NY 4182/1064, Schreiben des Präsidenten der Provinz Sachsen an Bezirkspräsidenten, Landräte und Oberbürgermeister, Halle, 2. Dezember 1946
6 BArch, SAPMO, NY 4182/1064, Schreiben des Oberbürgermeisters von Aschersleben an Ulbricht, Betr.: Versorgung der Landwirtschaftlichen Betriebe mit Brot-, Futtergetreide und Kartoffeln, Aschersleben, 15. Dezember 1946
7 BArch, SAPMO, NY 4182/1064, Schreiben der Landesregierung Brandenburg, Abt. Landwirtschaft und Forsten, an den Landesvorstand der SED, Betr.: Sollablieferung von Vieh für Getreide, Potsdam, 12. Januar 1948
8 Ebd.
9 BArch, SAPMO, NY 4182/1064, Schreiben des Präsidenten der Provinz Sachsen an den Provinz-Vorstand der SED, Halle, 5. Oktober 1946
10 BArch SAPMO, NY 4182/1064, Schreiben des SED-Provinzvorstandes Sachsen an Ulbricht, Halle, 5. Oktober 1946

11 BArch, SAPMO, DN 1, 2632, Befehl des Obersten Chefs der SMAD, Nr. 272, Berlin, 11. September 1946
12 BArch, SAPMO, DN 1, 35300, Vermerk über die Verhandlung der auf Veranlassung der SMAD gebildeten Kommission zur Festsetzung von Preisen für Stiefel und Schuhe für die Rote Armee vom 18.2. und 19.2.48 bei der Finanzverwaltung der SMAD in Berlin-Karlshorst, Berlin, 20. Februar 1948
13 BArch, SAPMO, DN 1, 35300, Vermerk der ZFV über ein Gespräch mit Kapitän Schmurek von der Glaw s.U., betreffend Preise für Standardholzhäuser, Berlin, 21. April 1948
14 BArch, SAPMO, NY 4182/1198, ZK der SED, Anlage zum Vorschlag für die Weisung der Wirtschaftskommission über die Volkskontrollorgane, Berlin, 26. November 1947
15 BArch, SAPMO, NY 4182/1198, ZK der SED, Vorschlag für die Weisung der Wirtschaftskommission über die Volkskontrollorgane, Berlin, 26. November 1947
16 BArch, SAPMO, NY 4182/1198, Rundschreiben 28/48 des FDGB, Betr.: Richtlinien für die Arbeit der Ausschüsse gegen das Bummelantentum, Berlin, 30. März 1948
17 BArch, SAPMO, NY 4182/1198, SED, Abt. Wirtschaft/H&V, von der SMAD bestätigte Richtlinien für die Durchführung der warmen Zusatzverpflegung in den Werkküchen, Berlin, 27. Oktober 1947
18 BArch, SAPMO, NY 4182/1198, Deutsche Verwaltung für Handel und Versorgung, Betr.: Kontrolle der Durchführung des Befehls Nr. 234, Berlin, 8. Dezember 1947
19 BArch, SAPMO, NY 4182/1198, Untersuchung des Kuratoriums zur Förderung der Industrie-Seminare im Land Sachsen-Anhalt, Halle, 24, Januar 1948
20 Ebd.
21 BArch, SAPMO NY 4182/948, Papier Leuschner, Der Ausweg Deutschlands aus dem Wirtschaftschaos, Berlin, undatiert
22 BArch, SAPMO, DN 1, 34302, Bericht über die Konferenz der Finanzminister in der SBZ und der Abteilungsleiter der DZFV, Berlin 14. April 1948
23 BArch, SAPMO, DL 2/1429, Schreiben der Abt. Außenhandel, Betr.: Gestellung von Pferdegespannen für die Holzabfuhr durch die Landesforstämter zwecks fristgerechter Erfüllung der Lieferverpflichtungen 1949 an die SU, Berlin, 2. Dezember 1949
24 BArch, SAPMO, DL 2/1429, Schreiben der Abt. Außenhandel, Ausnutzung der Sonderzuweisung, die von der SKK für die Erfüllung von Holzexportaufgaben 1949 nach der SU zur Verfügung gestellt wurde, Berlin, 15. Dezember 1949
25 BArch, SAPMO, DK 1/8520, Schreiben an den Vizepräsidenten der DVLG, Matthias Kramer, Borne, 6. Februar 1947
26 BArch, SAPMO, DN 1/1509, Übersicht der DZFV für die Finanzabteilung der SMAD, Anlage 2, Berlin, 7. August 1947
27 BArch, SAPMO, DN 1/1509, Schreiben der DVF an die Finanzabteilung der SMAD, Betr.: Preissturz am schwarzen Markt, Berlin, 9. August 1947
28 Ebd.
29 BArch, SAPMO, DK 1/8526, Gebietsinspektion Mitte, Kreispolizeiamt Malchin, Verwaltungspolizei, Preisüberwachungsstelle, Schreiben an das Landratsamt, Betr.: Kartoffelumtauschaktion, Malchin, 27. April 1947
30 BArch, SAPMO, DK 1/8526, FS des FDGB-Landesvorstandes Schwerin an den FDGB-Bundesvorstand, Schwerin, 11. Mai 1948
31 BArch, SAPMO, DK 1/8526, Zentrale Lenkungsstelle Kolbe, Bericht über die Kartoffelaufkaufaktion 1948, Schwerin, 25. Juli 1948

32 Ebd.
33 BArch, SAPMO, DK 1/8526, Vermerk über eine Besichtigungsfahrt, Schwerin, 29. April 1949
34 BArch, SAPMO, DK 1/8226, Landespolizeibehörde Mecklenburg, Bericht der Schutzpolizei über Schwarzhandelsbekämpfung und Wirtschaftssabotage, Schwerin, 3. Mai 1948
35 BArch, DY 34/20331, An den FDGB-Vorsitzenden Jendretzky gerichteter Entwurf der IG Bergbau für eine Besprechung mit der SMA über Lage in der Kohlewirtschaft, Berlin, 28. Februar 1947
36 BArch, DY 34/20331, FDGB-Landesvorstand Sachsen, betr. Erzbergbau in Sachsen, Dresden, 15. April 1947
37 Ebd.
38 BArch, DY 34/20331, Schreiben des Zentral-Vorstands der IG Bergbau an den Bundesvorstand des FDGB, Halle, 18. August 1948
39 Ebd.
40 Ebd.
41 BArch, DY 34/20331, Lagebericht der IG Bergbau, Halle, 18. August 1948
42 Ebd.
43 Ausführlich in: Koop, Kein Kampf um Berlin
44 BArch, SAPMO, DK 1/7372, SMAD-Befehl Nr. 153
45 BArch, SAPMO, DK 1/7372, Schreiben der SMAD-Verwaltung für Land- und Forstwirtschaft, Nr. 448, Berlin, 6. Dezember 1948
46 BArch, SAPMO, DK 1/7372, Vermerk der DWK, HVLF, Berlin, 19. Mai 1949
47 BArch, SAPMO, DK 1/7372, DVLF, UA Rinderzucht, Zwischenbericht zum SMAD-Befehl 133, Punkt 7, über die Entwicklung eines Viehzucht-Basisrings um Berlin, Berlin, 24. Mai 1949

Entnazifizierung als Instrument der Willkür

1 Abgedruckt in: Telegraf, Einheitliche Entnazifizierung, Berlin, 16. Oktober 1946
2 BArch, SAPMO, DQ 1/95, Schreiben der Landesregierung Thüringen, Landesgesundheitsamt, Weimar, 23. November 1945
3 BArch, SAPMO, DQ 1/95, Aktennotiz der Zentralverwaltung für das Deutsche Gesundheitswesen in der Sowjetischen Okkupationszone, Berlin, 14. Dezember 1945
4 BArch, SAPMO, DQ 1/95, Richtlinien der Zentralverwaltung für das Deutsche Gesundheitswesen in der Sowjetischen Okkupationszone, Berlin, 1945, undatiert
5 BArch, SAPMO, DQ 1/95, Schreiben Gesundheitsabteilung der SMAD an Konitzer, Berlin, 10. Oktober 1935
6 BArch, SAPMO, DN 1/34302, Protokoll der VI. Sitzung des Arbeitsausschusses »Finanzorganisation«, 15. Oktober 1945
7 Sauckel, NSDAP Gauleiter
8 BArch, SAPMO, DN 1/ 34302, Protokoll der VI. Sitzung des Arbeitsausschusses »Finanzorganisation«, 15. Oktober 1945
9 Vollnhals, Entnazifizierung, S. 47
10 Ebd.
11 BArch, SAPMO, DN 1/2080/2, DVF, Reisebericht über eine Dienstreise am 18. und 19. April 1947 nach Sachsen, Berlin, 10. Mai 1947
12 Ebd.
13 BArch, SAPMO, NY 4182/1197, Resolution des SED-Parteivorstandes vom 20. Juni 1946, Zur Frage der ehemaligen nominellen Mitglieder der NSDAP, 20. Juni 1946
14 Ebd.
15 Tägliche Rundschau, Berlin, 13. Februar 1947
16 PA, Moskauer Außenministerkonferenz, Empfehlungen der Außenminister an den Kontrollrat, Moskau, 23. April 1947
17 Neues Deutschland, 21. Februar 1946

18 BArch, SAPMO, NY 4182/1197, Schreiben der ZV Wasserwirtschaft an die Landesregierung Sachsen-Anhalt, Betr. Entlassung ehemaliger Pg's, Berlin, 12. Juli 1947
19 BArch, SAPMO, NY 4182/1197, Gesprächsvermerk der Abteilung Justiz für Ulbricht, Vermerk über ein Gespräch in der Rechtsabteilung der SMAD, Berlin, 21. August 1947
20 BArch, SPMO, NY 4182/1197, Papier der Abteilung Wirtschaft/Ref. Finanzen, Betr.: Ehemalige Pg´s in den Vorständen der Landeskreditbanken der Länder, Berlin, 17. Oktober 1947
21 BArch, SAPMO, DO 1/75095, Schreiben Bolz an Fischer, Berlin, 4. April 1949
22 Neues Deutschland, Ostzone zieht Schlussstrich. 520 000 Naziaktivisten ausgeschaltet, Berlin, 28. April 1948
23 BArch, SAPMO, zitiert in einem Schreiben der Kammer der Technik, Bezirksausschuss Chemnitz an Fritz Selbmann, Betr.: Einsatz der technischen Intelligenz, Chemnitz, 26. März 1949
24 BArch, SAPMO, NY 4182/1197, Schreiben der SED, Kreis Leipzig, an den Landesvorstand der SED, Betr.: Große und Kleine Strafkammer Leipzig, Verhandlungen nach Befehl 201, Leipzig, 3. August 1949
25 BArch, SAPMO, NY 4182/1197, Schreiben Plenikowski an Ulbricht, Betr.: Häftlingslager gemäß Befehl 201, Berlin, 9. März 1948
26 BArch, SAPMO, NY 4182/1197, Schreiben Plenikowski an Ulbricht, Berlin, 12. Februar 1948
27 BArch SAPMO, DP 1/30063, Protokoll über die Konferenz mit den Vertretern der Justizabteilungen der Landes- und Provinzialregierungen am 1./2. November 1946, Berlin, undatiert
28 BArch, SAPMO, DP 1/30218, Notiz der DVJ, Berlin, 27. Mai 1947
29 BArch, SAPMO, DP 1/30218, Reisebericht über die Besichtigungsfahrt der Abteilung IV zu den Anstalten der Provinzialregierung Mark Brandenburg in Cottbus und Luckau am 29. und 30 Mai 1947

Umerziehung

1 Doernberg, Befreiung 1945
2 Ebd., S. 123 f.
3 BArch, SAPMO, DN 1, 2632, SMAD-Befehl Nr. 45, Berlin, 31. August 1945
4 SMAD-Befehl Nr. 78, Betr.: den Radioempfang in der Sowjetischen Besatzungszone Deutschlands, Berlin, 27. September 1945
5 Der Polizeipräsident in Leipzig, Informationsblatt Nr. 43, undatiert
6 Doernberg, Befreiung 1945, S. 202 f.
7 BArch, SAPMO, NY 4182/829, Johannes R. Becher, Vortrag »Zur Frage der politisch-moralischen Vernichtung des Faschismus, Bemerkungen zu unseren Kultraufgaben«, undatiert
8 Zahlenangaben in: Senat von Berlin, Kampf um Freiheit und Selbstverwaltung 1945–1946, S. 27
9 BAch, SAPMO, NY 4182/829, Johannes R. Becher, Vortrag »Zur Frage der politisch-moralischen Vernichtung des Faschismus, Bemerkungen zu unseren Kulturaufgaben«, undatiert
10 BArch, SAPMO, Papier des Nationalkomitees »Freies Deutschland«, Zur Frage der Erneuerung der Lehrerschaft, undatiert

Bodenreform: »Junkerland in Bauernhand«

1 Tägliche Rundschau, Die gegenseitige Bauernhilfe – demokratische Massenorganisation, Berlin, 16. Mai 1946

2 Tägliche Rundschau, Ein Jahr sächsische Bodenreform, Berlin, 29. September 1948
3 BArch, SAPMO, DO 2/108, ZV für deutsche Umsiedler, Protokoll der Abteilungsleitersitzung vom 23. Juli 1947, Berlin, 24. Juli 1947
4 BArch, SAPMO, DK 1/7375, DVLF, Schluss-Statistik der Bodenreform nach Provinzen und Ländern und in der Gesamtheit der Zone, undatiert
5 BArch, SAPMO, DK 1, 7373, Schreiben Landesverwaltung Sachsen an die DVLF, Ergänzungen zur Statistik der Bodenreform, Dresden, 22. Februar 1948
6 Aus dem Stab der SMV in Deutschland, Mitteilung vom 21. März 1946
7 BArch, SAPMO, DK 1/7828, DVLF, Zwischenbericht, Betr.: Durch die Bodenreform existenzlos gewordene Melker und andere Fachkräfte, Berlin, 11. Juni 1948
8 BArch, SAPMO, DK 1/7828, Schreiben der DVLF an alle Länderregierungen, Betr.: Befreiung bestimmter Kategorien von Pferden von der Holzabfuhr, Berlin, 21. Oktober 1947
9 BArch, SAPMO, DK 1/8528, DVLF, Abt. Landarbeiterfragen, Inspektionsbericht, Berlin, 19. Dezember 1947
10 BArch, SAPMO, DK 1/8520, Landesregierung Thüringen, Schreiben an die DVLF, Betr.: Reparationslieferungen, Weimar, 5. Januar 1948
11 BArch, SAPMO, DK 1/8520, Vermerk der DVLF über ein Telefongespräch mit der DSG-Außenstelle Schwerin, Berlin, 2. Januar 1948
12 BArch, SAPMO, DK 1/7373, DVLF, interner Vermerk, Betr.: Normen des Milchverbrauchs und der Butterherstellung, Berlin, 5. Juli 1946
13 BArch, SAPMO, DK 1/7340, DVLF, HA Tierzucht, Memorandum über den gegenwärtigen Stand der tierischen Anspannung, Berlin, 13. Juni 1947
14 Ebd.
15 BArch, SAPMO, DK 1/8302, Schreiben der SMAD an die DWK, Berlin, 5. März 1949
16 BArch, SAPMO, DK 1/7344, DVLF, Unterabteilung Schweinezucht, Betr.: Die Lage der Schweinehaltung im Dezember 1946, Berlin, 6. Dezember 1946
17 BArch, SAPMO, DK 1/7828, Schreiben der IG Land- und Forstwirtschaft an die DVLF, Betr.: Doppelte Sommerzeit, Berlin, 16. Mai 1947
18 BArch, SAPMO, DK 1/7828, Schreiben der Landesregierung Sachsen an die DVLF, Betr.: Auswirkung der neuen Sommerzeit auf dem Lande, Dresden, Mai 1947
19 BArch, SAPMO, DK 1/8528, DWK, Disposition »Arbeitskräfte für den Bergbau«, Berlin, 10. September 1947
20 BArch, SAPMO, DK 1/7828, Schreiben der DVAS an die DVLF, Betr.: Dienstverpflichtung von landwirtschaftlichen Arbeitskräften, Berlin, 24. Oktober 1947
21 Ebd.
22 BArch, SAPMO, DK 1/7825, Schreiben des Kreisrats Saalfeld an das Weimarer Ministerium für Versorgung, Saalfeld, 24. Oktober 1947
23 BArch, SAPMO, DK 1/8254, Schreiben der DWK an die DVAS, Betr.: Abzug von Arbeitskräften aus der Landwirtschaft während der Frühjahrsbestellung, Berlin, 13. März 1948
24 BArch, SAPMO, DK 1/8254, Schreiben des Ministeriums für Arbeit und Sozialwesen an die Deutsche Verwaltung für Land- und Forstwirtschaft, Erfurt, 11. März 1948
25 BArch, SAPMO, DY IV,2/13/256, DWK, Anordnung über die Erfüllung des Programms für die Errichtung von Neubauerngehöften im Jahr 1948, Berlin, 28. Juli 1948
26 BArch, SAPMO, DY 30/IV 2/13/8, Schreiben des SED-Landesvorstandes Thü-

ringen an das ZS der SED, Abt. Landespolitik, Weimar, 9. Juni 1948

27 BArch, SAPMO, DY 30/IV, 2/13//109, SED-Parteivorstand, Rundschreiben 8/48 an die Landesvorsitzenden der SED, Betr.: Abriss von Schlössern und Junkernsitzen, Berlin, undatiert

28 BArch, SAPMO, DY 30/IV Landesbodenkommission Thüringen, Informationsblatt über den Stand des Aufbauplans 209/49 und Bauprogramm, der MAS im Lande Thüringen, Erfurt, 1. November 1949

29 BArch, SAPMO, DY 30/IV 2/7, Kurzer Bericht über die wichtigsten Punkte des Zentralsekretariats der SED, Berlin, 23. August 1948

30 BArch, SAPMO, DY, 30/IV 2/7, Kurzer Bericht über die wichtigsten Punkte des Zentralsekretariats der SED, Berlin, 23. August 1948

31 BArch, SAPMO, DY 30/IV, 2/13//109. SED-Parteivorstand, Rundschreiben 8/48 an die Landesvorsitzenden der SED, Betr.: Abriss von Schlössern und Junkernsitzen, Berlin, undatiert

32 BArch, SAPMO, DY 30/IV, 2/13//109. SED-Parteivorstand, Rundschreiben 8/48 an die Landesvorsitzenden der SED, Betr.: Abriss von Schlössern und Junkernsitzen, Berlin, undatiert

33 BArch, SAPMO, DY 30/IV 2/7/74, Aktennotiz über die Sitzung der Abteilungsleiter des ZS, Berlin, 17. September 1948

34 Ebd.

35 BArch, SAPMO, DY 30/IV 2/7/74, Aktennotiz über die Sitzung der politischen Mitarbeiter der Abt. IVc Landwirtschaft des ZS, Berlin, 20. September 1948

36 BArch, SAPMO, DY 30 IV 2/7/62, Schreiben der SED-KV Auerbach, an den SED-LV Sachsen, 27. Oktober 1948

37 FE = Fetteinheiten

38 BArch, SAPMO, DY 30 IV 2/7/62, Mitteilung des SED-LV Sachsen, Abt. Neubauernhilfe, Dresden, 28. Oktober 1948

39 BArch, SAPMO, DY 30 IV 2/7/62, Mitteilung des SED-KV Döbeln, 28. Oktober 1948

40 BArch, SAPMO, DY 30 IV 2/7/62, Mitteilung des SED-KV Aue, 28. Oktober 1948

41 BArch, SAPMO, DY 30 IV 2/7/62, Mitteilung des SED-KV Leipzig, 28. Oktober 1948

42 BArch, SAPMO, DY 30 IV 2/7/62, Mitteilung des SED-KV Borna, 28. Oktober 1948

43 BArch, SAPMO, DY 30 IV 2/1.01//102, Arbeitstagung der Abt. Landwirtschaft des ZS, Berlin, 26. Oktober 1948

44 BArch, SAPMO, DY 30 IV 2/1.01//102, Arbeitstagung der Abt. Landwirtschaft des ZS, Berlin, 26. Oktober 1948

Justiz in der SBZ: Menschenrechte spielen keine Rolle

1 Siehe auch Erler, in: Fein, Von Potsdam nach Workuta, S. 63 ff.

2 Kilian, S. 383 ff.

3 Die Tscheka war 1917 von Lenin als Spezialkommission zur Bekämpfung zaristischer Beamter gegründet worden, später wurde der Begriff zum Synonym für die Geheimdienste der Sowjetunion und ihrer Satellitenstaaten

4 Erler, in: Fein, Von Potsdam nach Workuta, S. 15 ff.

5 Ausführlich beschrieben bei Erler, in: Fein, Von Potsdam nach Workuta, S. 22

6 BArch, SAPMO, DY 30/IV, 2/13, Befehl Nr. 160 des Obersten Chefs der SMA in Deutschland, Betr.: Die Verantwortung für Sabotage und Überfälle, Berlin, 3. Dezember 1945

7 GARF, f. 94021, op. 2, d. 97, l. 28–31, Bericht des NKVD- Bevollmächtigten

in Deutschland, Berlin, 10. September, abgedruckt in: Sowjetische Speziallager in Deutschland, S. 205 f.

8 GARF, f. 9401, op. 2, d. 100, l. 91–97, Bericht Berija, Moskau, 24. Oktober 1945, abgedruckt in: Mironenko, Sowjetische Speziallager in Deutschland, S. 209 ff.

9 GARF, f. 9401, op. 2, d. 138, l. 333–340, Bericht Serov an Kruglov, Berlin, 25. Juli 1946, abgedruckt in: Mironenko, Sowjetische Speziallager in Deutschland, S. 230 ff.

10 Raschlka, Johannes, Kaderlenkung durch die Sowjetische Militäradministration in Sachsen, in: Hilger, Diktaturdurchsetzung in Sachsen, S. 61

11 GARF, f. 9409, op. 1, d. 134, l. 35, Einrichtung eines sowjetischen Speziallagers in Thüringen, 28. Juli 1945

12 GARF, f. 9409, op. 1, d. 134, l.42, Bericht von Hautmann Matsukow an den Leiter der Abteilung Speziallager des NKWD Oberst Gen. Swiridow, undatiert

13 Auch Roschtschin oder Ruschtschin

14 Badstübner, Notizen Pieck, S. 79

15 Ebd., S. 127

16 Ebd., S. 244 ff.

17 Quelle: Erler, in: Fein, Von Potsdam nach Workuta, S. 67

18 HIA, Grabe, Box 1, NA, RG 260, Box 75 und RG 84, TSGC, Box 3, Penal Camps and Prisons in the Soviet Zome

19 Naimark, Die Russen in Deutschland, S. 474 f.

20 Badstübner, Notizen Pieck, S. 315 f.

21 BArch, SAPMO, DY 30 IV 2/13, 425–427, Meldung im Neuen Deutschland, 14. Januar 1950

22 BArch, SAPMO, DY 30 IV 2/13, 425–427, Interner MdI-Vermerk, »Pleni«, Berlin, undatiert

23 BArch, SAPMO, 30, IV/2/3/114, Vermerk des Kleinen Sekretariats des ZK der SED, 13. Juni 1950

24 BArch, SAPMO, DY 30, IV/ 213, Vermerk Böhme, Betr.: Wiederaufnahmegesuche der in Waldheim Verteilten, Berlin, 12. Dezember 1951

25 BArch, SAPMO, DY 30, IV 2/13, Büro Ulbricht, Merkblatt, undatiert

26 BArch, SAPMO, DY 30, IV/ 213, Schreiben Melsheimer an Oberst Titow, Berlin, 14. März 1952

27 BArch, SAPMO, DY 30, IV/ 213, Aktennotiz üb. Kommissionsarbeit, Berlin, undatiert

28 BArch, SAPMO, DY 30, IV/ 213, Schreiben Hilde Benjamin an das ZK der SED, Abt. Staatliche Verwaltung, Berlin, 22. April 1955 W

29 Benannt nach Andrei Andrejewitsch Wlassow, der die »Russische Befreiungsarmee« aufgestellt hatte und an der Seite Nazi-Deutschlands gegen die Rote Armee kämpfte

30 BArch, SAPMO, DP 1/20232, Schreiben Fechner an den Chef der Rechtsabteilung der SMAD, Betr.: Inbetriebnahme der Strafanstalt Brandenburg-Goerden als Zonenanstalt für die aus Befehl 201 verurteilten Personen, Berlin, 28. Dezember 1948

31 BArch, SAPMO, DP 1/30232, Vermerk Dr. Gentz über die Besprechung in Karlshorst am 28.4.1949

32 BArch, SAPMO, DP 1/30232, Schreiben Fechner an die SKK, Betr.: Freigabe der von der Besatzungsmacht in Anspruch genommenen Gerichtsgefängnisse in Luckenwalde, Eberswalde, Potsdam und Cottbus, Berlin, 17. Mai 1950

33 BArch, SAPMO, DP 1/30232, Schreiben Fechner an die SKK, Berlin, 17. Juli 1950.

34 BArch, SAPMO, DP 1, 30232, Schreiben Fechner an die SMAD-Rechtsabteilung, Betr.: Behandlung der Gefangenen, 1. November 1948

Die Fiktion von der wirtschaftlichen Einheit Deutschlands

1 Der Alliierte Kontrollrat für Deutschland, Kommuniqué der ersten offiziellen Sitzung des Alliierten Kontrollrats für Deutschland, Nachrichtenbüro der SMV, Berlin, 30. Juli 1945
2 Der Alliierte Kontrollrat für Deutschland, Kommuniqué der Sitzung des Alliierten Kontrollrats für Deutschland, Nachrichtenbüro der SMV, Berlin, 20. September 1945
3 Der Alliierte Kontrollrat für Deutschland, Kommuniqué Sitzung des Alliierten Kontrollrats für Deutschland, Nachrichtenbüro der SMV, Berlin, 20. November 1945
4 Ausführlich in: Mai, Der Allliierte Kontrollrat, S. 400 ff.
5 Ebd., S. 462 f.
6 Zentralverordnungsblatt, 1948, S. 89
7 Quelle: Cornides, Volle, Um den Frieden in Deutschland, S. 112
8 Tägliche Rundschau, Amerikaner und Engländer machen Viermächteverwaltung zunichte, Berlin, 20. März 1948
9 Badstübner, Notizen Pieck, S. 216 ff.
10 Quelle: Germany 1947–1949, The story in Documents, Washington 1950, S. 202
11 Soviet News, 5. Juli 1948
12 Quelle: Documents on International Affairs, S. 580 f.
13 BArch, DN 1, 34302, Bericht über die Konferenz der Finanzminister in der sowjetischen Besatzungszone und der Abteilungsleiter der DZFV, Berlin 15. Juli 1948
14 Zu Vorgeschichte, Ablauf und Ende der Blockade siehe: Koop, Volker, Kein Kampf um Berlin, Bonn, 1998
15 BArch, SAPMO, DL 2/5559, Deutsche Wirtschaftskommission, Der Niedergang des Interzonenhandels, Berlin, 23. November 1948
16 BArch, SAPMO, DL 2/5559, Deutsche Wirtschaftskommission, Betr.: Berliner Abkommen – Beurteilung der Liefermöglichkeiten, falls das ABB ausfällt, Berlin, 28. Juni 1948
17 BArch, DN 1, 34302, Bericht über die Konferenz der Finanzminister in der sowjetischen Besatzungszone und der Abteilungsleiter der DZFV, Berlin, 14. April 1948
18 BArch, DN 1, 34302, Bericht über die Konferenz der Finanzminister in der sowjetischen Besatzungszone und der Abteilungsleiter der DZFV, Berlin, 12. August 1948
19 Verordnungsblatt der Stadt Berlin, Schreiben Jelisarew vom 2. Dezember 1948
20 Quelle: The New York Times, 27. April 1949

Die Militarisierung der SBZ

1 Badstübner, Notizen Pieck, S. 76
2 Ausführlich in Koop, Den Gegner vernichten, S. 38 f.
3 Badstüber, Notizen Pieck, S. 228
4 Quelle: Weettig, Gerhard, Von der Entmilitarisierung zur Aufrüstung in beiden Teilen Deutschlands 1945–1952, in: Militärgeschichtliches Forschungsamt, Vom Kalten Krieg zur deutschen Einheit, S. 11
5 Koop, Ausgegrenzt, S. 67 f.
6 BArch, Pt 7187, Bericht über die Vorbreitungen zur Aufnahme von 5 000 Heimkehrern im Heimkehrerlager Fürstenwalde/Spree, Fürstenwalde, 9. September 1948
7 BArch, Pt 7187, Bericht vom 8. September 1948
8 BArch, Pt 7187, DVdI, HA P, Bericht über den ersten Transport Heimkehrer im Lager Fürstenwalde, Fürstenwalde, 15. September 1948
9 BArch, Pt 7187, Schlussbericht, Fürstenwalde, 7. Oktober 1948

Von der Besatzungszone zur DDR

1 BArch, SAPMO, NY 4182/854, die Vorgänge im Zusammenhang mit dem bevorstehenden Einmarsch der Roten Armee, Bericht des Oberbürgermeisters Büchner, Eisleben, 27. Juni 1945

2 BArch, SAPMO, DY 30, IV 2,/13/1, Übersicht der DVdI, Januar 1949, undatiert

3 Doernberg, Befreiung 1945, S. 148 f.

4 Befehle des Obersten Chefs der Sowjetischen Militärverwaltung in Deutschland, S. 18 f.

5 Aus dem Stab der Sowjetischen Militärverwaltung in Deutschland, Amtliche Bekanntmachungen 1945, S. 34 f.

6 BArch, SAPMO, DY 30, IV 2,/13/1, Übersicht der DVdI, Das Gebiet der Sowjetischen Besatzungszone«, Anlage zur Sitzung der Vertreter der Kreise und fünf Länder – Bad Berka, am 3. und 4.5.1947, Berlin 28.4.1947

7 Badstübner, Notizen Pieck, S. 75

8 Quelle: Bundeszentrale für politische Bildung, Ost-West-Konflikt und deutsche Teilung, Heft 259

9 Dokumente zur Berlinfrage, Erklärung des Vorsitzenden der Sowjetischen Kontrollkommission für Deutschland, Tschuikow, 11. November 1949

Schlussbetrachtung

1 BArch, Militärisches Zwischenarchiv Potsdam, Ministerrat, Ministerium für Nationale Verteidigung, Analyse des Abkommens zwischen der Regierung der Deutschen Demokratischen Republik und der Regierung der Union der Sozialistischen Sowjetrepubliken über Fragen, die mit der zeitweiligen Stationierung sowjetischer Streitkräfte auf dem Territorium der Deutschen Demokratischen Republik – Stationierungsabkommen – vom 12. März 1957 sowie der auf seiner Grundlage abgeschlossenen Folgeverträge, Geheime Verschlusssache A 426 034, Berlin, undatiert

2 GSSD- Gruppe der Sowjetischen Streitkräfte in Deutschland

Ortsregister

Abteroda 99
Altenburg 58, 99
Ammendorf 93
Annaberg-Buchholz 56
Apolda 72, 99
Arnstadt 99
Artern 93
Aschersleben 93, 150
Aue 169

Babelsberg 33
Ballenstedt 149
Balow 167
Barchfeld 99
Basa 109
Bautzen 57, 82, 230, 234 ff, 240, 264
Berlin 10 f, 14 f, 17, 19–23, 30–33, 39, 45, 47, 50 f, 57, 59, 62 f, 70 ff, 86, 89, 94, 96, 104, 106, 114, 118, 121, 136, 138, 141 f, 148 f, 151, 156, 160, 162 f, 174 f, 179, 181, 190, 193 ff, 197, 209, 217, 230, 232, 238, 246 f, 248–253, 256 ff, 260 f, 264, 266, 268 f, 271, 273, 275 f, 279 f, 287 ff, 290 f
Berlin-Hohenschönhausen 230, 235
Berlin-Karlshorst 20, 47, 57, 94, 120, 179, 194, 209, 272, 281
Berlin-Köpenick 72
Berlin-Lichtenberg 30
Berlin-Neukölln 50, 140
Berlin-Reinickendorf 133
Berlin-Schöneberg 30
Berlin-Spandau 89
Berlin-Wedding 31
Berlin-Weißensee 96
Bernau 63, 89 f, 195
Bernburg 76
Bischofswerda 57
Bitterfeld 50, 156
Bleicherode 73
Brandenburg 45, 63, 130, 189, 195, 233, 238 f
Brest 76
Briansk 268
Bruchmühle 136
Brüel 167
Brüssel 79
Buchenwald 235
Bückeburg 247
Bulleritz 206

Chemnitz 60, 72, 74, 82, 94, 121, 185, 194, 195, 202, 236, 237, 239, 240, 264
Chüttlich 89
Copitz 94
Coswig 131, 156
Cottbus 63, 161, 191, 195, 241, 272

Danzig 25, 62, 68
Demmin 104 f, 118
Dessau 33, 72, 76, 92 f, 149, 195
Dorfhain 219
Dreetz 97
Dresden 22, 61 f, 82, 94, 106, 114, 127, 138, 167, 181, 189, 191, 194, 240 f, 264

Eberswalde 180, 195, 240 f
Eilenburg 87
Eilendorf 93
Eisenach 99
Eisfeld 99
Eisleben 88, 270 f
Elsterhorst 57
Erfurt 99, 195, 229 f
Essen 80

Falkensee 71
Fort Zinna 230
Frankfurt am Main 247
Frankfurt/Oder 44, 47 f, 64, 69, 75, 136, 266, 272
Frankleben 93
Franzenhöhe 105
Freienwalde 64
Friedrichshagen 72
Fünfeichen 231, 235
Fürstenwalde 230, 266 ff

Gablonz 63
Gera 84, 99, 273
Gerstedt 89
Golpe 93
Görlitz 94
Gotha 63
Greifenhain 98, 220
Greifswald 195
Greiz 99
Groß-Berlin 20 f, 34, 250 ff, 256, 260 f
Großenhain 152
Großkayna 93
Gumbinnen 117

Halle 71 f, 87 f, 166, 181, 195, 240
Hamburg 67, 114, 245, 247
Hanau 89
Hannover 114
Heidenheim 73
Helmstedt 256
Hertha 219
Hildburghausen 99
Hoheneck 234

Ilmenau 58, 63

Jalta 13 f, 16, 19, 34
Jamlitz 230, 235
Jena 35, 72 f, 99 f, 112
Jessenitz 83
Johanngeorgenstadt 170 ff
Jüterbog 63

Kaliningrad 69
Karlsruhe 23
Katyn 15, 117
Ketschendorf 230, 235
Kiew 74
Klein Kussewitz 167
Kleinleipisch 98
Kleinwittenberg 157
Kleisnig 219
Klettwitz 66, 98
Königs Wusterhausen 195
Königsberg 14, 61, 69, 117
Krakow 104
Krasnogorsk 40
Krölpa 99
Küstrin 64, 136

Lauchhammer 98 f, 102
Lauenburg 118
Lauscha 63
Lauter 172
Leipzig 34, 82, 86, 101, 133, 169, 188 f, 195, 198
Leningrad 194
Leuna 50, 76
Liebertwolkwitz 220
Liegnitz 58 f, 271, 272
Lobenstein 86
London 12, 14, 16, 23, 26, 29, 79, 247 f, 280
Lübben 130
Lübbenau 233
Lübtheen 83
Luckau 192
Luckenwalde 132, 240 f
Ludwigslust 70, 167
Lützen 87

Magdeburg 17, 47, 93, 120, 132, 135, 159, 195, 269
Maibaum 37
Malchin 140, 164
Mansfeld 103, 171 f
Marke 50
Markkleeberg 86
Meiningen 99
Meißen 94, 182
Merseburg 50, 76, 87, 121, 184, 269
Minsk 267
Moskau 53, 55 ff, 71, 74, 77–80, 91 f, 116, 136 ff, 142, 144, 183, 194, 196, 202, 227, 246–251, 256 f, 274 f, 280, 283, 285 f
Mühlberg 230, 235
Muldenstein 50
München 67, 279 f

Naumburg 88, 108
Nemmersdorf 116 f
Netzkau 167
Netzow 207
Netzschkau 94
Neubrandenburg 104, 118, 231
Neubukow 167
Neuhof 167
Neukloster 104
Neustadt 97
Neustrelitz 97
New York 245 f
Niederbarnim 130
Niedersedlitz 94
Nürnberg 55, 117

Oberbarnim 64, 129
Oberschöneweide 72
Odessa 74
Oelsnitz 46
Oschersleben 89
Ost-Berlin 74, 76, 106, 124, 142, 174 f, 281, 283

Parchim 166, 194
Penzlin 118
Piesteritz 87
Plaue 60
Plauen 94, 182
Potsdam 22, 23 ff, 27 ff, 33, 45, 47, 78, 90, 97, 150, 191, 195, 239 ff, 248, 251, 256, 275, 282
Prag 62
Pretsch 87
Preußisch Holland 57
Pritzwalk 221
Profen 93

Quedlinburg 152

Radeberg 94
Radebeul 94
Rathenow 151
Reichenbach 58
Reichenberg 94
Riesa 86, 94
Ristedt 89
Ritschenhausen 99
Ribnitz 167
Rodleben 93
Rosswein 153
Rostock 134, 140, 233
Rottleberode 88
Rüdersdorf 51
Ruppin 207

Saalfeld 73, 99, 214
Sachsenhausen 230 f, 234 ff
Salzdetfurth 94
Sangershausen 93, 233
Schkeuditz 87
Schkopau 87
Schlema 172
Schmölln 153
Schönborn 219
Schönefeld 74 f
Schönlanke 118
Schwarzenberg 270
Schwerin 136, 166, 194, 209, 290
Seelow 129
Senftenberg 98
Siedengrieben 89
Spremberg 63, 129
Stadtilm 99
Stalingrad 11 f, 15, 38, 40, 42
Stettin 89, 272
Stolp 118
Stralsund 105, 291
Strausberg 136
Stuttgart 23, 26
Suhl 73, 214
Swinemünde 25

Teheran 13 ff
Teltow 86
Templin 151
Thale 93
Torgau 51, 230 f, 235

Trautendorf 219

Unterwellenborn 109

Vogelsang 51

Waldheim 131 f, 234, 236 ff
Warmbad-Wolkenstein 59
Warschau 284
Warsin 167
Weimar 31, 52, 83 f, 195, 214, 216, 229, 233, 262
Weißenfels 108, 153
Wennigsen 141
Werder 97
West-Berlin 7, 102, 142, 174, 193, 253, 256 f, 261
Wiesenheit 37
Wiltken 70
Wismar 104, 167
Wolfen 75, 93
Wriezen 64

Zeitz 93
Zittau 152
Zossen 194
Zwickau 46, 82, 172, 191, 195, 240
Zwönitz 94

Alliierte Besatzungspolitik in Deutschland

Volker Koop

Besetzt. Französische Besatzungspolitik in Deutschland

ISBN 3-89809-064-7, 24,90 € [D]

Volker Koop entwirft erstmals ein differenziertes Bild alliierter Besatzungspolitik, beginnend mit der französischen Zone. Er schildert den Einmarsch ihrer Truppen, den Umgang mit Kriegsgefangenen, die Demontagen, aber auch den Sonderweg Frankreichs in Bezug auf das Saarland.

Volker Koop

Besetzt. Amerikanische Besatzungspolitik in Deutschland

ISBN 3-89809-069-8, 24,90 € [D]

GIs mit Jeep und Lucky Strike bewaffnet bestimmen unser Bild der amerikanischen Besatzer. Die USA setzten mit ihrer Presse- und Entnazifizierungspolitik entscheidende Impulse, CARE-Pakete und Marshall-Plan halfen Deutschland wieder auf die Beine. Doch das Bild muss korrgiert und ergänzt werden.

Volker Koop

Besetzt. Britische Besatzungspolitik in Deutschland

ISBN 978-3-89809-076-6, 24,90 € [D]

Die Deutschen, die unter der Besatzung der als Kolonialmacht erfahrenen Briten lebten, hatten es wohl am besten getroffen. Zwar gab es auch hier Demontagen und vereinzelte Übergriffe gegen Zivilisten, aber die britischen Truppen wurden von Presse und Parlament streng kontrolliert.

Volker Koop

Das Recht der Sieger. Absurde alliierte Befehle im Nachkriegsdeutschland

ISBN 3-89809-049-3, 19,90 € [D]

Sieger haben immer Recht. Nach dem Zweiten Weltkrieg sollten die Deutschen politisch umerzogen und zu Demokraten werden. Volker Koop beschreibt anhand von Absurditäten eine Phase, in der die Alliierten einen quasi rechtsfreien Raum betraten und teils recht brachial besetzten.

be.bra verlag GmbH · Schönhauser Allee 37 · 10435 Berlin · Tel. 030/440 23 810 · Fax 030/440 23 819

www.bebraverlag.de

»Deutsche Geschichte im 20. Jahrhundert«

Mit der Reihe »Deutsche Geschichte im 20. Jahrhundert« wendet sich erstmals eine junge Generation von Historikern dem gerade zu Ende gegangenen »deutschen Jahrhundert« zu. In 16 populär geschriebenen Bänden werfen sie einen unverstellten Blick auf Alltag, Kultur, Politik und Wirtschaft vom Kaiserreich bis zur Berliner Republik.

Jeder Band ca. 208 Seiten, ca. 20 Abb., 19,90 € [D] / 33,80 SFr / 20,50 € [A]

Bd. 1: Frank-Lothar Kroll
Jahrhundertwende. Politik, Kultur und Gesellschaft im deutschen Kaiserreich 1900–1917. *Erscheint ca. Herbst 2009*

Bd. 2: Jürgen Angelow
Der Weg in die Urkatastrophe. Der Zerfall des alten Europa 1900–1914.
Erscheint ca. Herbst 2009

Bd. 3: Sönke Neitzel
Weltkrieg und Revolution. 1914–1918/19. *Bereits erschienen*

Bd. 4: Hans-Christof Kraus
Versailles und die Folgen. Die Außenpolitik zwischen Revisionismus und Verständigung (1919–1933).
Erscheint ca. Herbst 2009

Bd. 5: Peter Hoeres
Die Kultur von Weimar. Durchbruch der Moderne. *Bereits erschienen*

Bd. 6: Hendrik Thoß
Demokratie ohne Demokraten? Die Innenpolitik der Weimarer Republik.
Bereits erschienen

Bd. 7: Riccardo Bavaj
»Machtergreifung« und »Gleichschaltung«. Die Diktatur des Nationalsozialismus. *Erscheint ca. Herbst 2010*

Bd. 8: Lars Lüdicke
Die Außenpolitik des Dritten Reiches 1933–1945. *Erscheint ca. Frühjahr 2009*

Bd. 9: Alexander Brakel
Der Holocaust. Judenverfolgung und Völkermord. *Bereits erschienen*

Bd. 10: Rainer F. Schmidt
Der Zweite Weltkrieg. Die Zerstörung Europas. *Bereits erschienen*

Bd. 11: Matthias Uhl
Die Teilung Deutschlands. Niederlage, Ost-West-Spaltung und Wiederaufbau 1945–1949. *Erscheint ca. Frühjahr 2009*

Bd. 12: Carsten Kretschmann
Zwischen Spaltung und Gemeinsamkeit. Kultur in Deutschland 1945–1989.
Erscheint ca. Herbst 2010

Bd. 13: Thomas Brechenmacher
Die Bonner Republik. Politisches System und innere Entwicklung der Bundesrepublik.
Erscheint ca. Herbst 2009

Bd. 14: Stefan Creuzberger
Westintegration und Neue Ostpolitik. Die Außenpolitik der Bundesrepublik.
Erscheint ca. Frühjahr 2009

Bd. 15: Winfrid Halder
Von Ulbricht zu Honecker. Die DDR 1949–1989. *Erscheint ca. Frühjahr 2010*

Bd. 16: Manfred Görtemaker
Die Berliner Republik. Wiedervereinigung und Neuorientierung.
Erscheint ca. Herbst 2009

Alexander Brakel

Der Holocaust
Judenverfolgung und Völkermord

208 Seiten, 15 Abb., geb.
19,90 € [D] / 35,90 SFr / 20,50 € [A]

ISBN 978-3-89809-409-2

Der Holocaust ist das dunkelste Kapitel der deutschen Geschichte. Alexander Brakel beschreibt Voraussetzungen und Verlauf dieses Massenmordes an etwa sechs Millionen europäischen Juden: Von den ersten antijüdischen Maßnahmen nach 1933 über die Massaker an sowjetischen Juden bis zum industrialisierten Massenmord in den Vernichtungslagern. Dabei kommt die Judenpolitik der mit Deutschland verbündeten Staaten ebenso in den Blick wie die Frage, ob und was die Deutschen über das Schicksal ihrer deportierten jüdischen Nachbarn gewusst haben.

Rainer F. Schmidt

Der Zweite Weltkrieg
Die Zerstörung Europas

208 Seiten, 10 Abb., geb.
19,90 € [D] / 35,90 SFr / 20,50 € [A]

ISBN 978-3-89809-410-8

Der Zweite Weltkrieg verwandelte Europa in eine Leichen- und Trümmerlandschaft. Rainer F. Schmidt beschreibt Ursachen und Verlauf dieses Krieges: die ersten erfolgreichen »Blitzfeldzüge« der Wehrmacht, den Raub- und Vernichtungskrieg gegen die Sowjetunion und den zu Lande, zu Wasser und in der Luft geführten Kampf gegen Großbritannien und die USA. Die Gründe für die unausweichliche Niederlage Deutschlands werden dabei genauso in den Blick genommen wie die alliierten Pläne für die Gestaltung einer Nachkriegsordnung.